Beniamino Di Martino

# La grande guerra 1914–1918

## Stato onnipotente e catastrofe della civiltà

Monolateral

ISBN: 978-1946374073 (brossura)
ISBN: 978-1946374080 (Kindle)
ISBN: 978-1946374097 (EPUB)

Prima edizione: marzo 2018 (con revisioni a maggio e a dicembre 2018)

Copyright © 2018 Beniamino Di Martino

Fotografia del cavallo di Frisia di Nick Wotherspoon, della Lancashire Aircraft Investigation Team: http://laituk.org - © tutti i diritti riservati - menzione del nome dell'Autore obbligatoria ai sensi legge 633/41.

Proprietà Letteraria Riservata

Il presente testo può essere usato esclusivamente per finalità di carattere personale. I diritti di commercializzazione, di traduzione, di memorizzazione elettronica, di adattamento e di riproduzione totale o parziale con qualsiasi mezzo sono riservati per tutti i Paesi.

Monolateral™
https://monolateral.com
PO Box 940451
Plano, Texas 75094 (USA)

# Indice

| | | |
|---|---|---|
| | **Premessa** | 9 |
| 1. | **Introduzione** | 11 |
| 2. | **Il sentiero verso la guerra** | 23 |
| 2.1. | Un secolo di pace? | 23 |
| 2.2. | Grandi centralizzazioni | 26 |
| 2.3. | Il mito della Nazione | 37 |
| 2.4. | Il sentiero della pace e il sentiero della guerra | 52 |
| 2.5. | Le colpe degli intellettuali | 70 |
| 2.6. | Epoca liberale o trionfo della "ragion di Stato"? | 92 |
| 3. | **Stato totale e guerra totale** | 107 |
| 3.1. | Guerra democratica: la statalizzazione dell'individuo | 108 |
| 3.2. | Conflitto ideologico: guerra e rivoluzione | 127 |
| 3.3. | Guerra totale: l'apoteosi dello Stato | 141 |
| 4. | **Italia tra Risorgimento e Fascismo** | 159 |
| 4.1. | Particolarità italiane | 159 |
| 4.2. | Traguardo risorgimentale | 164 |
| 4.3. | Nuovo avvio | 170 |
| 5. | **L'America anti-americana** | 179 |
| 5.1. | Isolazionismo già in crisi | 179 |
| 5.2. | La crociata per la democrazia | 183 |
| 5.3. | L'anti-Mayflower | 193 |
| 6. | **L'accelerazione statalizzatrice** | 201 |
| 6.1. | Resa totale | 201 |
| 6.2. | L'epoca del socialismo | 212 |
| 6.3. | Declino del liberismo e ascesa dello statalismo | 238 |
| 7. | **Conclusione. Il tramonto della civiltà** | 245 |

La grande guerra 1914-1918

Stato onnipotente e
catastrofe della civiltà

Premessa

> «La politica perseguita dalle potenze europee porterà ad una guerra spaventosa che terminerà con rivoluzioni sconvolgenti, con l'annientamento totale della civiltà europea e con la distruzione del benessere di tutte le nazioni...» (Carl Menger).

Il discreto apprezzamento ricevuto per un volumetto elaborato in occasione del centenario dell'entrata in guerra dell'Italia nel primo conflitto mondiale[1] mi ha spinto a raccogliere nuove considerazioni, sviluppando questa pubblicazione che ora si presenta ai lettori ad un secolo dalla conclusione della tragedia bellica (1918-2018).

Rispetto a quel primo condensato lavoro, questo nuovo testo contiene riflessioni notevolmente ampliate sia in quantità sia in profondità e una migliore organizzazione del materiale, nella speranza di poter fornire un'analisi complessivamente più chiara ed efficace. Ma come il primo libretto, anche l'attuale pubblicazione vuole mantenere un taglio sintetico, provando a rimanere su un piano generale che, senza compromettere lo spessore delle argomentazioni e il rigore dell'esposizione, consenta una lettura agile e scorrevole di una vicenda tanto luttuosa.

Per garantire questo scopo e per non appesantire la lettura con particolari di natura specialistica, molte informazioni sono posizionate nelle

---

1 ) Beniamino DI MARTINO, *La Prima Guerra Mondiale come effetto dello "Stato totale". L'interpretazione della Scuola Austriaca di economia*, Leonardo Facco Editore, Treviglio (Bergamo) 2016.

note a pie' di pagina dove i lettori più esperti potranno trovare il rinvio ad ogni ulteriore documentazione. Pur ricercando questo tipo di interlocutori, il presente lavoro, per il suo carattere generico e per gli scopi divulgativi che certo non vengono disdegnati, può senz'altro essere tra le mani di tutti (anche di chi non conosce bene la storia degli ultimi decenni dell'Ottocento e dei primi vent'anni del Novecento). Ma, ancora per non penalizzare i lettori più esigenti, a loro utilità, si è pensato infine di corredare il tutto con un'accurata bibliografia.

Come dovremo ripetere tra breve, questo testo non si sofferma sulla descrizione delle vicende della Prima Guerra Mondiale perché intende rimanere nell'ambito che è proprio della storiografia. Non solo, dunque, non vi sarà alcun riferimento alla cronologia dei fatti, ma – non essendo questo saggio di natura narrativa o descrittiva – anche i principali eventi resteranno sullo sfondo. Ovviamente non si ritiene superflua la conoscenza dei fatti né si pretende di andare al di là di essi. I fatti sono e rimangono imprescindibili. Ma la descrizione di essi dev'essere lasciata a volumi ben più ponderosi e ai molti ricercatori di fama che si dedicano allo studio della guerra. Queste pagine, invece, dovrebbero inserirsi nel dibattito sulla spiegazione degli eventi e, collocate in quel campo, vorrebbero provare a dare uno specifico contributo.

E qui veniamo all'ultima questione da sollevare nelle righe della premessa.

Sono, comprensibilmente, numerosissimi gli studi sulla "Grande Guerra". Oltretutto, in occasione del centesimo anniversario del conflitto, sono proliferate non solo rievocazioni e celebrazioni, ma anche e soprattutto monografie e volumi sull'argomento. Considerando, quindi, questo vasto panorama di ricerche e di investigazioni continuamente approfondite, ci si sente alquanto intimoriti all'idea di dover proporre qualcosa se non di innovativo e di inedito, almeno di sufficientemente alternativo rispetto a ciò che è già stato prodotto.

È, tuttavia, questa la scommessa del presente lavoro che, in tal modo, tenta di ritagliarsi una giustificazione prospettando una stretta relazione tra Stato e catastrofe (sono i due elementi presenti nel sottotitolo: Stato onnipotente e catastrofe della civiltà) riproponendo l'interpretazione di una significativa corrente della tradizione liberale che, schiacciata tra le tendenze storiografiche più in voga, rischia di non avere lo spazio che, invece, ha ampiamente dimostrato di meritare.

*L'autore*

I

# Introduzione

«Con la guerra mondiale l'umanità entrò in una crisi per cui niente di ciò che era accaduto precedentemente nella storia poteva essere confrontato» (Ludwig von Mises).

«Un'immensa catastrofe della storia, dopo la quale nulla sarà più come prima»[1]. Con queste parole il grande storico francese François Furet (1927-1997) ha lapidariamente descritto la vicenda della Prima Guerra Mondiale[2]. Non è facile riuscire (ma le parole di Furet vi riescono) a dare un'immagine adeguata della immane tragedia che hanno vissuto gli uomini coinvolti e risucchiati nel vortice della sciagura bellica che si protrasse dall'estate del 1914 all'autunno del 1918; ma è ancora più difficile saper presentare le ragioni per le quali la Grande Guerra rappresenta uno dei grandi crinali della storia dell'umanità. Un evento che per portata e per conseguenze è paragonabile alla Rivoluzione francese.

---

1 ) François FURET, *Il passato di un'illusione. L'idea comunista nel XX secolo*, Mondadori, Milano 1997, p. 64.
2 ) Il primo conflitto che coinvolse il mondo intero, però, potrebbe essere considerato la guerra dei Sette Anni che si svolse tra il 1756 e il 1763 e riguardò la Gran Bretagna, la Prussia, la Francia, l'impero asburgico, la Russia, la Svezia, la Sassonia, la Polonia, il regno del Portogallo e la Spagna. La guerra fu combattuta non solo sul territorio europeo, ma in numerosi altri scenari geografici del globo (dalle Americhe all'Asia, dall'Africa alle lontane Filippine), a causa dei possedimenti coloniali delle potenze coinvolte. La vicenda bellica costituì anche una delle cause che innescarono la successiva indipendenza americana. Forse si deve a sir Winston Churchill (1874-1965) – che è stato anche un apprezzato storico – l'aver definito la guerra dei Sette Anni come la "prima guerra mondiale" della storia.

Gli studiosi di ogni tendenza storiografica hanno, tutti, avuto buoni motivi per considerare la Prima Guerra Mondiale un vero snodo per l'umanità, spesso indicata come uno spartiacque epocale della storia. Catastrofe, sconvolgimento, ecatombe. Una lunga serie di citazioni potrebbero dare ragione al modo con cui la Grande Guerra è abitualmente considerata punto di svolta, frattura epocale, frontiera storica, evento decisivo. Addirittura il momento in cui tutto è cambiato[3]. Sarà utile precisare meglio, ma, pur con le rettifiche che seguiranno, il 1914 è e rimane un anno che segna un passaggio fondamentale[4].

Un secolo fa il mondo era immerso nella guerra più ampia e sanguinosa che mai, sino a quel momento, l'umanità aveva sperimentato. Annotava Ludwig von Mises nel 1919: «con la guerra mondiale l'umanità entrò in una crisi per cui niente di ciò che era accaduto precedentemente nella storia poteva essere confrontato»[5]. Il Vecchio Continente, infatti, era stato, in buona parte, trasformato in un enorme campo di battaglia dove gli eserciti dei due schieramenti si fronteggiarono e si logorarono quasi sempre senza risultati determinanti, nonostante un altissimo prezzo pagato, da ambo le parti, in vite umane.

È un tristissimo anniversario quello che fa menzione della immane sciagura che i contemporanei chiamarono la "Grande Guerra" proprio perché mai si era visto un disastro più esteso. Neanche le dissennate campagne giacobine e napoleoniche che dissanguarono l'Europa per 23 anni (dal 1792 al 1815) – pur avendo il lugubre aspetto dell'anticipazione – sono comparabili con ciò che ebbe inizio nell'agosto del 1914 e che si protrasse per cinquanta mesi. La catastrofe più luttuosa che la storia dell'uomo aveva sino ad allora sperimentato e che in termini di vite umane, purtroppo, sarà poi gelidamente superata dal secondo conflitto mondiale e dallo sterminato universo concentrazionario comunista.

---

3 ) Alcuni testi hanno espresso ciò sin dal titolo. Così, ad esempio, Francesco PERFETTI (a cura di), *Niente fu più come prima. La grande guerra e l'Italia cento anni dopo*, Le Lettere, Firenze 2015; Gaetano RASI, *Tutto è cambiato con la Prima Guerra Mondiale. Società ed economia dal 1915 al 1922*, Edizioni Tabula Fati, Chieti 2015; Margaret MacMILLAN, *1914. Come la luce si spense sul mondo di ieri*, Rizzoli, Milano 2014; Paolo POMBENI (a cura di), *I cinque anni che sconvolsero il mondo. La prima guerra mondiale (1914-1918)*, Studium, Roma 2015.

4 ) Si è anche parlato del 1914 come l'anno che ha cambiato il mondo, o almeno, il mondo moderno: cfr. Jean-Jacques BECKER, *1914. L'anno che ha cambiato il mondo*, Lindau, Torino 2007.

5 ) Ludwig von MISES, *Nation, State, and Economy. Contributions to the Politics and History of Our Time*, New York University Press, New York (N. Y.) 1983, p. 215 («with the World War mankind got into a crisis with which nothing that happened before in history can be compared...»).

*Introduzione*

Di questo evento così decisivo intendiamo tanto ricercare i nessi basilari quanto provare a descriverli (più o meno sinteticamente) nel tentativo di farne percepire la perdurante importanza e la convalidata attualità.

Per incamminarci nella realizzazione di questo impegnativo proposito sembra opportuno introdurre alcune precisazioni di fondo che vorrebbero rendere le pagine di questo testo immediatamente decifrabili, dichiarando subito linee portanti e prospettiva generale. Si tratta certamente di tesi di fondo che, per questo, possono apparire precostituite; ma è anche vero che l'immediata esplicitazione di esse dovrebbe fornire al lettore qualche garanzia in più in termini di trasparenza. Ad ogni modo, quanto ora ci premuriamo di accennare, ci auguriamo possa trovare, nello svolgimento del testo, adeguata giustificazione mediante gli argomenti che saranno offerti.

**A.** La prima precisazione riguarda la propensione a considerare le vicende storiche come processi che debbono essere compresi nella continuità con ciò che precede e con ciò che segue. Più semplicemente: essendo la storia niente altro che la concatenazione e la connessione delle vicende umane, essa non può essere compresa al di fuori di ciò che gli uomini (alcuni in particolare, spesso a danno di tanti altri) determinano con le azioni e con le idee. Le scelte individuali sono il vero segreto per comprendere la storia[6]; se essa – la storia – è complessa, lo è per la molteplicità degli elementi in gioco, tutti legati alle interazioni intenzionali e inintenzionali.

Un evento ha sempre delle cause (con la probabile sola eccezione della nascita del Cristianesimo che rompe ogni concatenazione) e la conoscenza delle cause costituisce la prima modalità per accostarsi ad un fatto storico. Saranno, infatti, proprio le cause a fornire preziosi elementi per poter spiegare ciò che è avvenuto. Come la natura, anche la storia non procede per salti – *historia non facit saltus* – giacché il principio di causalità ha un suo rilievo che non è ristretto alle sole scienze naturali. Quindi, esattamente in forza di ciò, gli eventi umani vanno pienamente compresi nella loro continuità e nei nessi che essi manifestano.

Nel caso specifico della Prima Guerra Mondiale questa impostazione comporta alcune particolarità di approccio, che si evidenzieranno nel corso della trattazione. Se è convenzionale ritenere molto stretto il legame

---

6 ) Affermare ciò non significa né escludere Dio né disconoscerne l'intervento nella storia dell'umanità. Significa, invece, riconoscere come insostenibile l'idea che le scelte umane siano indifferenti, vacue o relative. Al contrario, le azioni e le idee dell'uomo possono conformarsi al bene ed alla verità, così come gli individui possono perseguire scopi deliberatamente malvagi o anche inconsapevolmente dannosi.

tra il conflitto e i successivi eventi del Novecento[7], meno sottolineata è la connessione tra la guerra e ciò che l'ha preceduta. Beninteso, non si vuol certo negare che ogni buon testo richiami abbondantemente la lunga incubazione della tensione esplosa a seguito dell'attentato di Sarajevo. Si vuole solo sottolineare la necessità di cogliere un legame ancora più stretto di come solitamente avviene tra il 1914-1918 e l'intero Ottocento, spesso liquidato come lungo periodo di pace. Se la connessione tra il conflitto e ciò che lo ha seguito è evidente, dev'essere ancor meglio illuminato il periodo che la Grande Guerra ha alle spalle per evitare di vedere la vicenda bellica come una pura sorpresa. È esatto proiettare il conflitto verso il Novecento totalitario; non meno utile è cogliere le sue connessioni con l'Ottocento ideologico e le sue radici remote presenti addirittura già nella Rivoluzione del 1789.

Ogni studio non manca di richiamare le estese ramificazioni delle cause della conflittualità esplosa nell'estate del 1914. Tuttavia, nei testi si trova spesso affermato che la Grande Guerra rappresenta una svolta della storia moderna. Spesso ciò è rappresentato anche nei titoli di opere famose[8]. È senz'altro lecito parlare del conflitto mondiale come "spartiacque" e come "svolta" rispetto al periodo immediatamente precedente. Quanto siamo convinti dell'importanza di ciò che è avvenuto lo dimostra questo stesso lavoro. Occorre, però, condizionare queste definizioni al fatto che la guerra ha fornito la grande occasione per *accelerare* alcune drammatiche istanze già di fatto operanti, evitando accuratamente di considerare la guerra un evento con tratti di assoluta novità.

La gran parte degli studi sottolinea le innovazioni apportate dal terribile conflitto. Senza nulla togliere al carattere autenticamente rivoluzionario e sconvolgente della Grande Guerra, in queste pagine, però, si proverà a mostrare che essa è stata innanzitutto un *effetto* di un processo già all'opera da tempo. È indubitabile che il conflitto ha fatto letteralmente esplodere, a sua volta, una serie portentosa di *conseguenze*, ma se esso è stato determinante per ciò che ha prodotto, è anche vero che per comprendere la natura di ciò che deflagrò nell'agosto del 1914 occorre capirne l'origine. La ricerca di queste radici consente di ancorare bene

---

7 ) Una delle definizioni più diffuse del Ventesimo secolo è quella dello storico inglese Eric John Hobsbawm che ha presentato il Novecento come "secolo breve": *breve* perché esso avrebbe il suo effettivo esordio con la guerra scoppiata nel 1914 e avrebbe la sua conclusione ideologica già nel 1989-1991 con la fine del socialismo reale.
8 ) Una per tutte (oltre quelle che poc'anzi richiamavamo): Stefan ZWEIG, *Il mondo di ieri. Ricordi di un europeo*, Mondadori, Milano 1994 (opera del 1941).

ogni analisi al principio della continuità storica[9] mentre un approccio che sottolinei maggiormente la frattura storica intervenuta a causa del disastro darebbe consistenza, più o meno implicita, alla tesi della discontinuità.

**B.** Una seconda acquisizione che affiora nelle pagine di questo testo riguarda la centralità ideologica della Prima Guerra Mondiale. Non si vuole con questa tesi sconfessare la precedente; si vuole però affermare che nella vicenda bellica trova compendio il lungo processo precedente e trova già anticipazione la successiva deriva totalitaria.

Svolgendo una funzione catalizzatrice, la guerra del '14-'18 detiene un infelice "primato politico" rispetto alla successiva deflagrazione del 1939. Nella Grande Guerra è, infatti, già contenuto il grande dramma dell'intero Novecento. Tutti i virus ideologici sono già all'opera in quel contesto e trovano, in quella congerie, il loro migliore terreno per crescere. Ecco perché, a dispetto dell'opinione più diffusa, non la Seconda, bensì la Prima Guerra Mondiale va considerata il crinale più significativo del secolo dell'ideologia[10].

Il vero *focus* fu il 1914 più di quello costituito dal 1939[11] non solo perché la Seconda Guerra Mondiale può essere *fattualmente* considerata un'appendice della Prima[12], ma perché il primo conflitto deve essere *idealmente* ritenuto il fermento nel quale si sono prodotti i totalitarismi. Come la Rivoluzione francese già contiene lo Stato totale e come l'epoca dell'imperialismo nazionalista contiene i germi che determineranno lo scoppio della Prima Guerra Mondiale, così la Grande Guerra è gravida dei virus che condurranno presto alla realizzazione dello Stato totalitario. Un drammatico processo che non sarebbe neanche ipotizzabile senza il consolidamento dello Stato, vera cifra della modernità politica.

---

9 ) Differente è il parere del grande Furet che ha, invece, scritto: «la guerra del 1914 è un tipico esempio di evento in cui gli attori della storia non prevedono le conseguenze delle loro azioni. In questo senso la prima guerra mondiale non è contenuta nelle sue cause, è un evento che crea una situazione nuova. Per questo, come Hannah Arendt, anch'io preferisco parlare di 'origini' piuttosto che di 'cause' della guerra. La causalità infatti non permette di pensare la novità» (François FURET - Giuliano PROCACCI, *Controverso Novecento*, Donzelli Editore, Roma 1995, p. 14).

10 ) François Furet non condividerebbe questa prospettiva, stando alle sue considerazioni sulla Grande Guerra in relazione allo sviluppo del comunismo. Cfr. FURET, *Il passato di un'illusione. L'idea comunista nel XX secolo*, cit., p. 44-45.

11 ) Cfr. Max HASTINGS, *Catastrofe 1914. L'Europa in guerra*, Neri Pozza, Vicenza 2014.

12 ) Cfr. Gian Enrico RUSCONI, *1914: attacco a Occidente*, Il Mulino, Bologna 2014, p. 16s.

Il primato politico della Prima Guerra Mondiale suggerisce e rafforza la tesi dell'unica matrice ideologica delle diverse forme di totalitarismo. Se tutte (nazionalista o internazionalista, comunista, fascista, nazional-socialista) intendono realizzare lo Stato perfetto significa che i mezzi particolari che possono differenziare le diverse forme di totalitarismo costituiscono ben poca cosa rispetto al fine che certamente le accomuna. Di questa sostanziale univocità dell'ideologia e del totalitarismo, il conflitto del 1914 è una lente d'ingrandimento addirittura più adeguata rispetto a quella costituita dall'ancor più estesa sciagura successiva.

In questa sorta di triste primato ideologico, la Grande Guerra svela gli orrori di molti decenni e spiega il nostro tempo. Per questo motivo, lo storico e diplomatico Sergio Romano (1929-viv.) ha potuto scrivere che «mai come oggi occorre, per capire il secolo [Ventesimo], tornare alla Prima Guerra Mondiale»[13].

**C.** Un altro presupposto, implicitamente ravvisabile nel testo, è quello dell'intelligibilità della storia. La storia, cioè, può essere analizzata e può essere sufficientemente compresa. Si tratta di un lavoro che comporta certamente fatica – ad iniziare da quella più ardua, la fatica che occorre per vincere il pregiudizio e per lasciar spazio all'oggettività – ma gli eventi della vicenda umana non sono condannati all'indecifrabilità.

Tale certezza è offerta dalla possibilità di identificare moventi e risultanze di ciò che è accaduto. Investigare le cause e rischiarare gli effetti di una determinata vicenda significa riuscire ad interpretarla in modo logico ed avveduto. Se ciò è possibile, allora la storia può essere esaminata razionalmente in forza di uno sguardo non prevenuto e non precostituito, sfuggendo ad ogni tentazione di piegare la lettura degli eventi a scopi ideologici.

A confermare questo assioma, concorre la tesi secondo cui la Prima Guerra Mondiale va letta innanzitutto come effetto di ciò che già si agitava, piuttosto che come un evento meramente sconvolgente ed improvviso, come un "passaggio" – un passaggio eminentemente rivelativo – anziché come una frattura storica con pochi motivi di continuità con ciò che l'ha preceduta.

Tale è il motivo per cui il testo è implicitamente strutturato in considerazioni che riguardano prima le cause della Grande Guerra (capitolo 1), poi la natura di questa (capitolo 2), infine le conseguenze (capitolo 5). È stato, infatti, ritenuto che anche l'organizzazione del materiale dovesse

---

13 ) Sergio ROMANO, *Confessioni di un revisionista. Uno sguardo sul secolo dopo la morte delle ideologie*, Ponte alle Grazie, Firenze 1999, p. 55.

rispondere ad una scelta tesa a mostrare quanto siano legati gli eventi nella vicenda dell'umanità.

D. Se, quindi, la storia è spiegabile e sufficientemente decifrabile, riuscire ad interpretare i suoi momenti – soprattutto se potenzialmente portatori di nuovi drammi – assume i tratti di una vera e propria missione. Si tratta di un compito troppo alto per queste pagine; esse, però, possono avere una giustificazione nel contribuire sia a rendere legittima l'analisi attraverso criteri complessivi sia ad indicare la plausibilità di uno di questi in particolare. Infatti, l'intento del lavoro rimane concentrato – sebbene nella forma più sintetica possibile – nella ricerca di una spiegazione che sia capace di dare lettura al vortice in cui precipitò la civiltà occidentale.

L'investigazione di un'interpretazione complessiva induce a dare riconoscimento al valore dell'approccio metodologico proprio della Scuola Austriaca di economia, una significativa corrente della più vasta area del pensiero liberale, che rischia di non avere lo spazio che, invece, ampiamente merita[14].

La Scuola Austriaca, nel corso dei decenni, è andata assumendo le fattezze di una vera e propria tradizione che, muovendo le proprie origini dalla prospettiva del "marginalismo" economico[15] di Carl Menger (1840-1921), è stata in grado di offrire contributi preziosi in molti campi delle scienze sociali. Contributi – a nostro avviso – troppo preziosi o addirittura insostituibili per essere negligentemente trascurati.

---

14 ) Valide introduzioni in italiano alla Scuola Austriaca di economia sono le seguenti opere (sebbene di vario taglio): Dario ANTISERI - Lorenzo INFANTINO (a cura di), *La Scuola austriaca di economia. Album di famiglia*, Rubbettino, Soveria Mannelli (Catanzaro) 1999; Eamonn BUTLER, *La Scuola austriaca di economia. Un'introduzione*, Istituto Bruno Leoni Libri, Torino 2014; Raimondo CUBEDDU, *Il liberalismo della scuola austriaca. Menger, Mises, Hayek*, Morano, Napoli 1992; Jesús HUERTA de SOTO, *La Scuola Austriaca. Mercato e creatività imprenditoriale*, a cura di Paolo Zanotto, Rubbettino, Soveria Mannelli (Catanzaro) 2003; Jörg Guido HÜLSMANN, *La Scuola austriaca tra la fine del Diciannovesimo e l'inizio del Ventesimo secolo*, in Philippe NEMO - Jean PETITOT (a cura di), *Storia del liberalismo in Europa*, Rubbettino, Soveria Mannelli (Catanzaro) 2013, p. 905-933; cfr. Pietro MONSURRÒ, *Introduzione alla Scuola Austriaca di economia*, Leonardo Facco Editore, Treviglio (Bergamo) 2017.

15 ) La teoria "dell'utilità marginale decrescente" può esprimersi semplicemente come l'attestazione del carattere soggettivo del valore da dare ai beni economici. I beni valgono secondo l'utilità che ad essi il soggetto attribuisce. Un tale paradigma comporterebbe una conversione della scienza economica al cui centro non dovrebbero esserci valori matematici quanto le libere scelte e le azioni degli individui. Per una spiegazione completa, cfr. Carl MENGER, *Principi fondamentali di economia*, a cura di Raimondo Cubeddu, introduzione di Karl Milford, Rubbettino, Soveria Mannelli (Catanzaro) 2001, p. 133s.

Il primo tra questi – da richiamare subito –, è ravvisabile nel suggerire la necessità di adeguate teorie che assicurino la «comprensione intellettuale della natura delle cose»[16]. È ciò che, gnoseologicamente ed epistemologicamente, si definirebbe "apriorismo"[17]. Il rispetto per la fattualità storica è imprescindibile (perché *contra factum non valet argumentum*), ma i meri fatti sono insufficienti e la «natura delle cose» richiede una spiegazione[18]. A condizione che questa sia idonea e corretta, possiamo ripetere con Pascal Salin (1939-viv.) che «non vi è nulla di più pratico della teoria»[19].

È sorprendente vedere come la prospettiva di studiosi di economia sia stata e sia ancora capace di interpretare meglio di altre prospettive i momenti più importanti della storia e della cultura. Già dicevamo che il contributo della Scuola Austriaca è insostituibile non solo nei campi direttamente collegati alle discipline propriamente economiche, ma è prezioso anche negli ambiti delle scienze sociali. La chiave di questa poliedricità è nell'aver identificato il metodo per rileggere anche i fenomeni sociali più complessi. Scriveva nel 1820 un illustre precursore del marginalismo, il saggista francese Frédéric Bastiat (1801-1850): «voglio un metodo che si possa applicare ad ogni cosa»[20]. Ebbene, questo metodo gli "austriaci" lo trovano nel riconoscimento della centralità dell'individuo come vero protagonista di ogni scelta sociale. È ciò che nelle scienze sociali viene definito "individualismo metodologico". La formula viene spesso equivocata in forza di un pregiudizio morale o religioso. Ma, lungi dal considerare questo individualismo sinonimo di egoismo o di rifiuto della socialità, tale metodo di analisi dei fenomeni sociali indica solo una precisa scelta epistemologica. Spiegando come per affrontare i fenomeni sociali occorra partire non dagli enti collettivi, ma sempre ed unicamente dalle singole individualità personali, l'"individualismo metodologico" intende opporsi al "collettivismo metodologico".

Posizionandosi, quindi, sulla scia dell'economista viennese Carl Menger, gli esponenti della Scuola Austriaca di economia hanno sviluppato tanti aspetti disciplinari a partire dalla centralità dell'individuo, una centralità

---

16 ) Hans-Hermann HOPPE, *Democrazia: il dio che ha fallito*, prefazione di Raimondo Cubeddu, Liberilibri, Macerata 2008, p. 12.
17 ) Cfr., ad esempio, Murray N. ROTHBARD, *In Defense of "Extreme Apriorism"*, in «Southern Economic Journal», n. 23, January 1957, p. 314-320.
18 ) Un'interpretazione che si basi sull'oggettività delle leggi naturali e sulla correlazione tra cause ed effetti ben poco ha a che fare con le tendenze della moderna filosofia ermeneutica.
19 ) Pascal SALIN, *Liberalismo*, a cura di Giuseppina Gianfreda, Rubbettino, Soveria Mannelli (Catanzaro) 2002, p. 45.
20 ) Cit. in Gérard BRAMOULLÉ, *Frédéric Bastiat teorico della prasseologia*, prefazione a Frédéric BASTIAT, *Ciò che si vede, ciò che non si vede e altri scritti*, a cura di Nicola Iannello, Rubbettino, Soveria Mannelli (Catanzaro) 2005, p. XXIX; cfr. anche p. XXXII.

che si precisa nel mettere a fondamento delle scienze sociali ed economiche le azioni umane[21] e le scelte individuali. La correttezza del cosiddetto individualismo metodologico si rivela, vieppiù, nell'adeguatezza con cui esso si applica ai vari aspetti delle scienze sociali. L'interpretazione della Guerra Mondiale, quindi, scaturisce dall'applicazione coerente del rifiuto di adottare gli enti collettivi per leggere la realtà: perciò gli "austriaci"[22] non hanno fatto altro che osservare gli eventi umani attraverso il metodo dell'individualismo.

Menger non immaginava di dar luogo, con i suoi scritti, ad un nuovo filone scientifico; in realtà da quella posizione assai bistrattata nel contesto del prevalente positivismo e dell'affermato storicismo, nacque una vera e propria scuola di pensiero che, anziché in una Mitteleuropa ormai decadente, era destinata a trovare – anche per il suo carattere affatto nazionalista – la sua migliore recezione nel mondo anglosassone. Una lunga catena di economisti e di studiosi ha, così, legato il proprio nome al liberalismo marginalista; tra questi scienziati sociali possiamo ricordare i principali nomi: Friedrich von Wieser (1851-1926), Eugen von Böhm-Bawerk (1851-1914), Ludwig von Mises (1881-1973), Friedrich August von Hayek (1899-1992), Karl Raimund Popper (1902-1994), Bruno Leoni (1913-1967), Murray Newton Rothbard (1926-1995), Hans-Hermann Hoppe (1949-viv.), Jesus Huerta de Soto (1956-viv.).

A partire da Menger – che fu osservatore acuto della crisi del tempo[23] –, tutti gli esponenti del liberalismo marginalista hanno sempre mostrato un'eccezionale sensibilità per il destino della civiltà e per l'analisi delle cause della crisi contemporanea. Quasi come se dalla correttezza della prospettiva economica germinasse istintivamente sia il riconoscimento della natura umana (che non può essere alterata senza che siano prodotte tragiche conseguenze già sul piano storico), sia la definizione di una vera e propria interpretazione filosofica e sapienziale della vicenda umana.

Trova, in questo modo, giusta luce quanto sosteneva Lord Acton (John Emerich Edward Dalberg Acton, 1834-1902) a proposito del carattere non meramente strumentale del liberalismo: «il liberalismo non è soltanto una teoria del governo, ma una filosofia della storia»[24].

---

21 ) Non a caso il più noto manuale di economia nell'ambito degli autori "austriaci" ha per titolo *Human action*. È il volume che von Mises completò nel 1949.
22 ) Si impone l'uso delle virgolette perché l'appartenenza alla Scuola Austriaca ha indicato e continua ad indicare una condizione culturale e scientifica, non certo geografica.
23 ) Giova ricordare che Carl Menger, dal 1876, fu precettore del principe ereditario Rudolf (1858-1889), figlio dell'imperatore Francesco Giuseppe d'Asburgo. La vicenda personale di Rudolf si inserisce tragicamente nella consapevolezza di Menger della imminente fine di un mondo.
24 ) John ACTON, *Storia della libertà*, Ideazione Editrice, Roma 1999, p. 252.

Se nella letteratura degli autori liberal-marginalisti lo studio della storia è tanto rilevante (pur in una costante contrapposizione allo storicismo), non potevano certo mancare riferimenti a quell'immane sciagura umana che è stata la Grande Guerra. Tutto ciò che ha generato il conflitto e tutto ciò che esso ha prodotto è di tale rilevanza per la vita dell'uomo contemporaneo che l'attenzione degli "austriaci" per questa crudele pagina della vicenda umana risulta pienamente giustificata. «La storia – scrive Nicola Iannello (1964-viv.) – è quella del passaggio dal liberalismo allo statalismo, dell'abbandono da parte dell'Occidente degli ideali di libertà, pace e rispetto dei diritti dell'uomo per inseguire nefaste ideologie di palingenesi terrena»[25].

Tuttavia, in ambito "austriaco" solo recentemente sono sopraggiunte opere specificamente dedicate alla vicenda bellica[26]; questa – come le altre grandi questioni storiche – il più delle volte trapela in modo più o meno *implicito* tra le pagine dei volumi degli "austriaci", segno – questo – di una visione coerente ed integrale del divenire umano. Uno dei principali propositi di questo contributo, pertanto, è quello di portare alla luce, in modo pressoché *esplicito*, l'interpretazione "nuova" e convincente – quale ci sembra essere quella dei liberali marginalisti – di un evento terribile e disumano qual è la Prima Guerra Mondiale – "guerra totale" – che può trovare adeguata comprensione solo nell'epoca dell'affermazione del potere pressoché illimitato dello Stato.

Guardando «la guerra attraverso le lenti dell'*individualismo metodologico*»[27], il viennese Mises, gli americani Rothbard e Raico o il tedesco Hoppe, richiamando un momento tragico della contemporaneità, hanno offerto una lettura genuinamente liberale delle cause e delle conseguenze della Grande Guerra e, in ciò, sono stati in grado anche di indicare i rimedi necessari per garantire un esito autenticamente anti-totalitario.

Per comprendere la Prima Guerra Mondiale occorre partire dal contesto che ha reso l'attentato di Sarajevo così carico di conseguenze. Questa consapevolezza, ovviamente, non appartiene solo alla scuola del liberalismo marginalista. Ma è anche vero che poche impostazioni – soprattutto

---

25 ) Nicola IANNELLO, *Mises di fronte allo Stato onnipotente*, in Lorenzo INFANTINO - Nicola IANNELLO (a cura di), *Ludwig von Mises: le scienze sociali nella Grande Vienna*, Rubbettino, Soveria Mannelli (Catanzaro) 2004, p. 260.
26 ) Ad esempio, cfr. Ralph RAICO, *Great Wars and Great Leaders. A Libertarian Rebuttal*, foreword by Robert Higgs, Ludwig von Mises Institute, Auburn (Alabama) 2010; cfr. Hunt TOOLEY, *The Western Front. Battleground and Home Front in the First World War*, Palgrave Macmillan, New York (N. Y.) 2003; cfr. Hunt TOOLEY, *The Great War. Western Front and Home Front*, Palgrave Macmillan, New York (N. Y.) 2016.
27 ) Roberta Adelaide MODUGNO, *Murray N. Rothbard e l'anarco-capitalismo americano*, Rubbettino, Soveria Mannelli (Catanzaro) 1998, p. 143.

nell'ambito della cultura contemporanea che non ama le visioni d'insieme – possono godere di una prospettiva così ampia come, invece, hanno dimostrato di avere i seguaci di Menger.

Da parte dell'autore di questo testo non sarebbe onesto celare la simpatia per l'approccio "austriaco", anzi si vuol subito ammettere che l'influenza marginalista fa da sfondo all'intero lavoro. Dichiarare ciò comporta innanzitutto la responsabilità di dover scrupolosamente motivare le proprie posizioni e di dover meglio sostenere le conclusioni cui si perviene; ma consente altresì al lettore di essere meglio attrezzato anche per orientarsi criticamente.

Se si confessa di riconoscere nel paradigma "austriaco" un metodo difficilmente surrogabile, è anche vero che il presente lavoro attinge da numerose altre fonti mettendole tutte in una relazione che si spera essere costruttiva e feconda. Questa sintesi non oscura la teoria austriaca, ma, mettendola al vaglio e al confronto, potrebbe dimostrarne vieppiù la adeguatezza; in questo modo, nel centenario della conclusione del tragico evento della Grande Guerra, il recupero in campo storiografico del cosiddetto marginalismo liberale consentirebbe di raccogliere utili acquisizioni dalla lezione della storia.

E. Dopo quanto detto, appare forse superfluo un cenno ad un ultimo elemento di introduzione. Ci riferiamo al carattere storiografico di questo testo. Nella pagine che seguono, infatti, non si ripercorrerà alcuna cronologia e nulla si ritroverà, ad esempio, circa i dettagli sui mandanti dietro Gavrilo Princip (l'attentatore dell'arciduca Francesco Ferdinando) o circa il piano Schlieffen (il piano strategico tedesco di aggiramento delle fortificazioni francesi attraverso il Belgio). Gli intenti che il presente lavoro vuole perseguire sono altri e si pongono sul piano delle idee di fondo. Quindi, per quanto genericamente ascrivibile all'ambito storico, il testo dev'essere, più propriamente, collocato nel campo della storiografia a causa della sua relazione con la storia delle idee. Non intendiamo, in altre parole, investigare su ciò che è successo (il *come* è successo, si direbbe), ma intendiamo indagare sul *perché* di ciò che è accaduto ed, avendo principalmente premura per la ricerca delle cause e per l'analisi delle conseguenze, la preoccupazione rimarrà mirata all'interpretazione complessiva del grande flagello costituito dalla Prima Guerra Mondiale.

Un buon libro è quello in cui si esprimono delle valide idee, magari nella forma di tesi, ben sostenute da argomentazioni e da documentazione. Non possiamo dire se questo è un buon testo (sarà il lettore a stabilirlo); di certo è un testo che presenta delle idee nella forma di tesi.

## 2

## Il sentiero verso la guerra

> La Grande Guerra «fu [...] il risultato di una lotta lunga ed aspra contro lo spirito liberale e l'inizio di un'epoca di contestazione ancor più aspra dei principi liberali» (Ludwig von Mises).

### 2.1. Un secolo di pace?

Quando, nella seconda parte dell'estate del 1914, le cancellerie si scambiarono le rispettive dichiarazioni di guerra, a molti il conflitto apparve come una sorpresa inspiegabile. Contemporaneamente, da molti altri (probabilmente ben più numerosi dei primi), lo scoppio della guerra venne considerato un evento ineluttabile e da tempo atteso, sebbene con contrastanti sentimenti: vi fu chi vi vedeva una tragedia annunciata e chi vi scorgeva l'occasione di una grande rigenerazione. Vi erano motivi che davano peso all'idea che un conflitto non sarebbe mai potuto scoppiare e ve n'erano altri che inducevano, al contrario, a ritenere la guerra come qualcosa di inesorabile.

Rimandiamo l'analisi del secondo atteggiamento e fermiamoci sul primo. Nel clima distratto e frivolo della *Belle époque* la fiducia positivistica nel progresso sembrava lasciare poco spazio a timori di incombenti rovesci. L'idea di un temporale che potesse incupire quello che sembrava essere un tempo sereno e prospero veniva debitamente esorcizzata con tutti i ritrovati che lo sviluppo concedeva. Ludwig von Mises, alcuni decenni dopo, così delineava l'atmosfera del periodo: «in quegli ottimistici anni [...], ciascuno era pienamente convinto che l'Europa si trovava alla vigilia di un periodo di pace e di prosperità. Non dovevano esserci più guerre, le barriere commerciali erano destinate a scomparire, gli uomini sarebbero stati desiderosi più di costruire e di produrre che di distruggere e di uccidersi a vicenda. Naturalmente gli uomini previdenti non potevano ignorare il fatto che la superiorità culturale dell'Europa sarebbe lentamente scomparsa»[1]. A sostenere l'idea di una pace duratura concorrevano diversi segnali e non poche testimonianze. Tra queste, possiamo considerare anche il noto romanzo avventuroso *Il giro del mondo in ottanta giorni* (*Le Tour du monde en quatre-vingts jours*) che lo scrittore francese Jules Verne (1828-1905) pubblicò all'inizio del 1873: la trama del racconto può essere vista anche come un esempio di globalizzazione, per quanto rudimentale. Di ben diverso spessore sono le pagine dell'opera autobiografica di Stefan Zweig (1881-1942), lo scrittore austriaco naturalizzato britannico (e morto in Brasile), alle quali Zweig affidava lo sconforto per il tramonto dell'Europa. Lo scrittore austriaco, dipingendo il quadro degli anni anteriori al conflitto, dichiarava che «nessuno credeva a guerre, a rivoluzioni e sconvolgimenti. Ogni atto radicale, ogni violenza apparivano impossibili nell'età della ragione. Questo senso di sicurezza era il possesso più ambito, l'ideale comune di milioni e milioni. La vita pareva degna di essere vissuta soltanto con tale sicurezza e si faceva sempre più ampia la cerchia dei desiderosi di partecipare a quel bene prezioso»[2]. Anche Victor Hugo (1802-1885) può essere citato in questa rapida carrellata a motivo di un'affermazione di uno dei personaggi del romanzo del 1862, *Les Misérables*. In esso, un giovane rivoluzionario – Enjolras – esprimeva l'attesa politica di un mondo rinnovato che non avrebbe più avuto bisogno di guerre: «Cittadini, il Diciannovesimo secolo è grande, ma il Ventesimo sarà felice. Allora, più niente di simile alla vecchia storia. Non si dovrà più temere, come oggi, una conquista, un'invasione, una rivalità di nazioni a mano armata, un'interruzione di civiltà legata a un matrimonio regio, e il patibolo e la spada e tutti i brigantaggi del caso nella foresta degli avvenimenti. Si potrebbe persino dire: non ci saranno avvenimenti. Si sarà felici»[3]. Ma la felicità non contraddistinse affatto gli uomini di quella generazione[4]. E quelle speranze si spensero presto in un

---
1 ) Ludwig von MISES, *Lo Stato onnipotente. La nascita dello Stato totale e della guerra totale*, introduzione di Victor Zaslavsky, Rusconi, Milano 1995, p. 110.
2 ) Stefan ZWEIG, *Il mondo di ieri. Ricordi di un europeo*, Mondadori, Milano 1994 (*Die Welt von Gestern. Erinnerungen eines Europäers*, completato nel 1941), p. 10.
3 ) Victor HUGO, *I Miserabili*, Garzanti, Milano 1981, p. 1815 (Parte V. Libro I. 5. *Quale orizzonte si veda dall'alto della barricata*).
4 ) Cfr. Paul FUSSELL, *La grande guerra e la memoria moderna*, Il Mulino, Bologna 2014.

grande incendio, il più grande tra quelli visti sino ad allora. L'ottimismo di chi riteneva la guerra una pratica ormai rigettata dalla ragione e dalla civiltà si liquefaceva dinanzi alla tragedia incombente. All'idea utopistica del superamento dei conflitti faceva contrasto una ben diversa realtà espressa dalle parole dello storico inglese Eric John Hobsbawm (1917-2012): «dall'agosto del 1914 noi siamo vissuti nel mondo delle guerre, rivolgimenti e esplosioni gigantesche»[5].

La sorpresa di chi, ad inizio Novecento, non riteneva possibile un conflitto generalizzato corrisponde, in qualche modo, ad un pensiero abbastanza diffuso nei libri di storia: quello di ritenere la Prima Guerra Mondiale l'interruzione di un lungo periodo di pace, di un intero secolo di sostanziale tranquillità. Quindi, come il Congresso di Vienna (1814-1815) aveva provato ad arginare l'ondata rivoluzionaria e l'epopea napoleonica, così, cento anni dopo, lo scoppio della Grande Guerra avrebbe definitivamente cancellato il "concerto delle nazioni", quel sistema di equilibrio continentale che ha nel grande diplomatico austriaco Klemens von Metternich (1773-1859) il suo più significativo autore. Sarebbe, pertanto, il conflitto mondiale ad aver posto definitivamente termine a quell'equilibrio di pace.

In realtà il sistema di Metternich – bilanciato e saggio – era durato abbastanza poco. E l'intero Ottocento non può affatto essere definito un secolo di pace. L'Europa uscita esausta da 23 anni di guerre rivoluzionarie ed imperiali si dilaniò ulteriormente in una serie di campagne militari e di continue insurrezioni (il '48 è divenuto proverbialmente simbolo di tumulto e di agitazioni), e non va mai dimenticato che il Diciannovesimo è stato il secolo del *Manifesto del partito comunista* di Marx ed Engels (1848) con l'appello rivoluzionario a scardinare i pilastri della società occidentale, già fortemente incrinati dal giacobinismo egualitario del 1789. Anche solo un rapido sommario degli eventi dell'Ottocento comporta due considerazioni piuttosto immediate: da un lato, la Prima Guerra Mondiale non ha avuto alle sue spalle alcun periodo di tranquillità; dall'altro, le vicende del secolo Diciannovesimo sono così connesse con quelle dell'inizio del Novecento da non poter comprendere la Grande Guerra senza uno sguardo retrospettivo.

Ciò che non può essere sostenuta è la tesi secondo cui la guerra che scoppia nel 1914 rappresenta un evento sorprendente, quasi non avesse profonde radici nel passato. Radici così profonde le cui tracce vanno rinvenute anche nel lontano passato. Intendiamo riferirci anche alla Rivoluzione francese con l'innesco dei processi che ha sviluppato e con le

---

5 ) Eric J. HOBSBAWM, *L'età degli imperi. 1875-1914*, Laterza, Bari 1991, p. 373.

idee che ha disseminato; di conseguenza, intendiamo riferirci anche ai vari "risorgimenti" nazionali che hanno aggiornato e attualizzato il 1789 francese. Due relazioni (quella con la Rivoluzione e quella con i "risorgimenti") sulle quali crediamo non sia giusto sorvolare se si vuol comprendere cosa sia stata la Prima Guerra Mondiale.

Dove attingere la conferma a questa ipotesi? Fondamentalmente nel verificare la consistenza di un fenomeno imprescindibile per l'interpretazione della storia moderna (e non solo): il processo di rafforzamento dello Stato.

Se già l'Assolutismo deve essere inteso quale grande operazione per la costruzione dello Stato moderno, sulla quale operazione la successiva convulsione rivoluzionaria si innestò (più che sovvertire l'orientamento già in atto, la Rivoluzione diede una brusca e sanguinosa accelerazione all'accentramento politico)[6], allora giacobinismo, campagne napoleoniche, nazionalismo, imperialismo non rappresentano altro che fasi di un unico processo di potenziamento dello Stato a danno degli ordinamenti naturali della società. E come è, quindi, corretto dire che in chiave ideologica il Novecento inizia con la Rivoluzione francese[7], così non è impreciso sostenere che le radici della Prima Guerra Mondiale vanno rintracciate già nei caratteri statalisti del 1789 giacobino.

## 2.2. GRANDI CENTRALIZZAZIONI

Nel generale processo di potenziamento dello Stato, assumono un significato diretto e prossimo in relazione alla Prima Guerra Mondiale le centralizzazioni nazionali che si ebbero nella seconda metà del Diciannovesimo secolo. Esse si concentrarono in pochi anni (tra il 1860 e il 1870) e riguardarono alcuni autentici protagonisti della scena politica mondiale: l'Italia, gli Stati Uniti, la Germania e il Giappone.

Si è abituati a vedere nei processi di unificazione nazionale non solo un complessivo movimento di riscatto popolare, ma anche un'istanza ineluttabile iscritta nel progresso civile. In ordine a questi ideali – spesso fatti coincidere con il diritto all'autodeterminazione dei popoli – si è portati a trascurare il vero effetto e cioè una più accentuata concentrazione del potere nell'organizzazione dello Stato.

È senz'altro utile, a tal riguardo, riscoprire gli studi del politologo austriaco Leopold Kohr (1909-1994) le cui conclusioni furono raccolte in

---

6 ) Cfr. DI MARTINO, *Rivoluzione del 1789. La cerniera della modernità politica e sociale*, Leonardo Facco Editore, Treviglio (Bergamo) 2015, p. 33-52.

7 ) Cfr. Nicola VIRGILIO, *Il Novecento: totalitarismo e rivoluzione*, in «Linea Tempo», anno 4 (2000), n. 1 (aprile), p. 101.

un'opera – *Il crollo delle nazioni* – pubblicata, non senza difficoltà, a Londra nel 1957[8]. Gli approfondimenti dello studioso – che, dopo aver lasciato la patria a causa dell'*Anschluss*, ha insegnato negli USA e in Irlanda – conducono ad affermare che le piccole entità politiche rappresentano le migliori condizioni di prosperità per le società. Attraverso lunghe ricerche pluridisciplinari, Kohr giungeva a ritenere la crescita delle dimensioni politiche quale origine dei maggiori problemi sociali. Andando anche oltre l'ambito propriamente politico, con interessanti sconfinamenti in altri campi, il politologo austriaco ha, così, elaborato una vera e propria teoria delle dimensioni[9]. Ciò che può essere governato bene in piccole realtà diviene ingestibile in grandi dimensioni e i problemi sociali crescono a dismisura, sino a diventare irrisolvibili, quando le realtà da amministrare tendono ad estendersi. Anche sulla base di numerose esperienze storiche, Kohr rifiutava la tendenza moderna della creazione di grandi potenze statali ed indicava la strada delle piccole unità sociali confederate (come, ad esempio, la Svizzera) in cui a piccole dimensioni corrisponde la possibilità di affrontare i problemi amministrando con realismo.

L'analisi del politologo austriaco ha offerto interessanti criteri anche per comprendere il legame tra lo Stato e la guerra, tra l'accrescimento del potere politico e lo spirito bellicoso. Kohr dimostrava come i conflitti hanno sempre origine dallo sviluppo della potenza degli organismi politici per cui i rischi di guerra sono, in qualche modo, proporzionali alla grandezza delle entità politiche[10]. Sarà necessario tornare su questo rilevante aspetto con successivi approfondimenti.

Un'altra riflessione proposta da Leopold Kohr ora non può mancare: quella relativa al pericolo costituito dalle unificazioni statali in ordine alla pace. È la logica premessa di ciò cui si accennava or ora a proposito della naturale propensione alla guerra degli Stati tanto più grandi essi sono.

Se l'ingrandimento delle organizzazioni statali coincide con l'inevitabile ampliamento del potere politico e questo è solo causa di problemi per la società – problemi che rovinano la vita agli individui –, allora non

---

8 ) Leopold KOHR, *The Breakdown of Nations*, Routledge & K. Paul, London 1957.
9 ) Cfr. Guglielmo PIOMBINI, *La superiorità delle piccole nazioni nel pensiero di Leopold Kohr*, in «StoriaLibera. Rivista di scienze storiche e sociali», anno 4 (2018), n. 8, p. 11-23; cfr. anche Hans-Hermann HOPPE, *Abbasso la democrazia. L'etica libertaria e la crisi dello Stato. Saggi su libertà, proprietà e secessione*, a cura di Carlo Lottieri, prefazione di Raimondo Cubeddu, Leonardo Facco Editore, Treviglio (Bergamo) 2000, p. 43-50.
10 ) Cfr. Alessandro VITALE, *"Omnipotent Government": alle radici del realismo politico di Ludwig von Mises*, in Lorenzo INFANTINO - Nicola IANNELLO (a cura di), *Ludwig von Mises: le scienze sociali nella Grande Vienna*, Rubbettino, Soveria Mannelli (Catanzaro) 2004, p. 310.

è difficile comprendere i rischi che comportano i processi di unificazione nazionale. Anche nell'indagine di Kohr, quindi, il moderno mito dello Stato nazionale è sotto accusa. I vari "risorgimenti", dando luogo a grandi Stati centralizzati, hanno fomentato l'aggressività delle popolazioni, prima tradizionalmente pacifiche: «la storia lo conferma. Oggi non si conoscono popoli più miti degli svedesi, dei norvegesi e dei danesi, ma nel Medioevo i vichinghi e i normanni, quando erano forti e potenti, si dedicarono con furore ai saccheggi e alle conquiste. I portoghesi e gli olandesi erano pacifici in Europa, ma aggressivi nelle colonie dove il loro potere raggiungeva un livello critico nei confronti delle popolazioni indigene. L'Italia, il Giappone e la Germania sono diventate aggressive solo quando si sono trovate improvvisamente a disporre di un grande potere»[11].

L'analisi di Kohr induce, quindi, a scoraggiare le centralizzazioni statali e gli accorpamenti politici sia per poter affrontare meglio i problemi sociali, sia anche per disarcionare l'aggressività latente delle società. Contro la tendenza in atto da secoli e che nell'Ottocento giunse al suo completamento continentale, per il politologo austriaco occorrerebbe un processo inverso che, invece, comporti la scomposizione dei grandi Stati e la suddivisione in piccole entità. Non fu questa la strada seguita: ci si ostinò a vedere nello Stato nazionale un traguardo patriottico e questa propaganda nazionalista preparò le tragedie del Ventesimo secolo.

Quanto il Diciannovesimo secolo sia stato tranquillo (anche solo rispetto alla fase rivoluzionaria precedente e alle ecatombi belliche successive) può trovare facile smentita anche semplicemente accennando ai processi di unificazione nazionale che in esso si verificarono.

Il primo tra questi si realizzò in Italia con le guerre cosiddette di indipendenza che insanguinarono la Penisola dal 1848 al 1866/1870. A dispetto del nome che venne epicamente dato al processo di unificazione, il "Risorgimento", venendo compiuto all'insegna dell'accentramento istituzionale e del primato dello Stato sulla società, per non pochi aspetti, non segnò alcun raggiungimento delle aspettative (reali o presunte) degli italiani, ma rappresentò l'inizio dei grandi problemi della Penisola. La frattura tra "paese reale" e "paese legale"[12] raffigurò sin da subito non una questione formale, ma qualcosa di drammatico, destinato a prolungarsi a lungo. I fenomeni più gravi e vistosi che scaturiranno dall'unificazione, infatti, furono una sanguinosa guerra di resistenza a chi veniva comunque considerato illegittimo invasore, l'impoverimento di vaste aree

---

11 ) PIOMBINI, *La superiorità delle piccole nazioni nel pensiero di Leopold Kohr*, cit., p. 16.
12 ) Cfr. Giorgio CANDELORO, *Storia dell'Italia moderna. Vol. V. La costruzione dello Stato unitario (1860-1871)*, Feltrinelli, Milano 1989, p. 411-413.

e l'emigrazione a cui si sentirono costrette ampie fasce di italiani, spesso provenienti da terre fertili e da sempre rigogliose. Non è fuori luogo notare come – tanto per la dura repressione militare che sedò la rivolta armata quanto per il triste fenomeno dell'abbandono della propria terra – sia stata la parte più povera della popolazione ad accusare più duramente le conseguenze dell'unificazione nazionale. Paradossalmente il proposito di dare vita ad uno Stato moderno che provvedesse ad elevare socialmente, economicamente ed anche moralmente la popolazione non solo si scontrò con tutte le difficoltà a mantenere quelle attese, ma addirittura, man mano che diminuiva l'eccitazione per il compimento dell'epica impresa, si iniziava a comprendere che poteva esservi un nesso tra i problemi che si accrescevano e il modo con cui il nuovo Stato era stato progettato.

Il caso italiano sottolinea la concatenazione delle vicende perché il Risorgimento si pone in continuità ideale con la Rivoluzione francese – rappresentandone la versione cisalpina[13] – e in preludio alla Prima Guerra Mondiale, idealizzata come "quarta guerra d'indipendenza". Bisognerà poi dire qualcos'altro anche per non trascurare il legame tra quest'ultima e il fascismo[14].

Anche gli Stati Uniti d'America conobbero il loro processo di centralizzazione politica e questo fu compiuto dietro una bandiera inattaccabile: come il Risorgimento italiano si era svolto all'insegna della lotta all'oppressore straniero, così in America la fine dell'autonomia delle comunità (lì chiamate "Stati") si realizzò in nome dell'abolizione della segregazione razziale. La guerra che si protrasse per quattro lunghi anni (1861-1865) fu disastrosa e sanguinosissima. Rappresentò la vera svolta nella storia americana decretando non solo la subalternità del Sud tradizionale al Nord progressista, ma soprattutto instillando l'idea che la centralizzazione statale (lì chiamata "federale") rappresentava una strada irrevocabile che doveva essere assecondata come condizione di ogni sviluppo autenticamente moderno. Con la forza delle armi e con le imposizioni successive alla guerra, si negava alle entità politiche locali il diritto all'autogoverno e il diritto alla secessione (diritti sui quali si era fondata la Dichiarazione d'Indipendenza del 1776)[15]. L'affermazione della sovranità dell'Unione sui diritti delle singole comunità confederate, perciò, trasformava gli

---

13 ) Cfr. Massimo VIGLIONE (a cura di), *La Rivoluzione Italiana. Storia critica del Risorgimento*, Il Minotauro, Roma 2001.
14 ) Cfr. cap. 3 di questo testo.
15 ) Cfr. Beniamino DI MARTINO, *"Conceived in liberty". La contro-rivoluzione americana del 1776*, Liamar Editions, Principality of Monaco 2016, p. 32s.

USA, dall'originario accordo tra comunità libere ed indipendenti, in un unico Stato *indivisibile*, sebbene non proprio come lo erano diventati da tempo gli altri Stati del Vecchio Mondo europeo[16].

Al pari di quello italiano, anche il caso americano presenta passaggi troppo significativi per non essere ricordati: la guerra scatenata per impedire la secessione che rafforzò il governo federale aprì la stagione della *American Progressive Era* (la cosiddetta "Epoca progressista", cui accenneremo più avanti) che costituì la piattaforma ideologica dell'interventismo wilsoniano nella Prima Guerra Mondiale, trampolino, a sua volta, delle successive politiche di *New Deal*.

L'altra grande unificazione nazionale fu quella che si realizzò in Germania con la proclamazione, nel 1871 – ancora a seguito di una guerra (quella franco-prussiana) –, del Secondo *Reich*. L'impero del *kaiser* prendeva il posto delle non poche realtà politiche che erano precedentemente subentrate alle numerosissime entità tardo-medioevali (come non ricordare la Lega Anseatica?). Il già citato Leopold Kohr ricordava come i piccoli principati o le città libere tedesche sarebbero rimaste inoffensive se l'unificazione non avesse generato quel potere che, infine, mise in marcia le armate di Hitler con i propositi di allargare gli spazi vitali del popolo germanico[17]; un popolo che avrebbe potuto mantenersi pacifico «proprio come gli abitanti di etnia tedesca del Liechtenstein e della Svizzera»[18].

Artefice di questo processo di unificazione fu il cancelliere Otto von Bismarck (1815-1898) che, «con il sangue e il ferro», perseguì il suo proposito di creare la nuova grande Germania. Emblema dell'epoca degli imperialismi, Bismarck coniugava la forza autoritaria (ad esempio con il *Kulturkampf*) con la dimensione sociale (con il primo "Stato sociale", il *Wohlfahrt Staat*).

L'impero tedesco candidandosi a divenire la principale potenza continentale era destinato ad alterare gli equilibri delle forze in Europa e ad avviare una serie di effetti che avrebbero avuto drammatiche ricadute. Si potrebbe dire che il legame che unisce il *Kulturkampf* (simbolo dell'imperialismo autoritario) al *Mein Kampf* (simbolo del totalitarismo nazionalsocialista) era già stato tracciato ed attendeva solo di poter manifestarsi compiutamente.

---

16 ) Cfr. Luigi Marco BASSANI, *Dalla rivoluzione alla guerra civile. Federalismo e stato moderno in America 1776-1865*, Rubbettino, Soveria Mannelli (Catanzaro) 2009.
17 ) Cfr. Leopold KOHR, *Il crollo delle nazioni*, Edizioni di Comunità, Milano 1960, p. 249.
18 ) PIOMBINI, *La superiorità delle piccole nazioni nel pensiero di Leopold Kohr*, cit., p. 17.

Sul finire degli anni Sessanta dell'Ottocento, anche il lontano Giappone conobbe un processo di centralizzazione politica con l'istaurazione di un governo intorno all'imperatore, imitando la tendenza ampiamente avviata in Occidente. Il vigore espansionistico condusse il paese del Sol Levante prima alla guerra con la Cina (1894-1895)[19] poi al conflitto con la Russia (1904-1905)[20]. La guerra russo-giapponese viene ricordata soprattutto in relazione alla situazione dell'impero dello zar e ai prodromi della Rivoluzione bolscevica[21], ma va anche tenuta presente come segno della crescente forza militare giapponese: in epoca moderna non era, infatti, mai capitato che una potenza europea venisse sconfitta da un paese asiatico. Com'è noto, l'impero nipponico prenderà parte alla Prima Guerra Mondiale schierandosi, sin dall'agosto del 1914, a fianco dell'Intesa; dal conflitto il Giappone trarrà enormi profitti coloniali soddisfacendo le proprie mire espansionistiche in Asia e nel Pacifico[22].

Dinanzi alla sostanziale unitarietà di indirizzo di questi processi nazionali non sarebbe esatto respingere quelli dai tratti più marcatamente militaristi (ad esempio quello germanico o quello nipponico) ed accogliere bonariamente quelli almeno apparentemente più idealisti (ad esempio quello italiano o quello americano). Occorre, più correttamente, riconoscere la comune natura delle unificazioni politiche nazionali ed avvertire i pericoli che la concentrazione di potere sempre genera. Considerare i frutti di ogni processo di centralizzazione comporta ribaltare i luoghi comuni sui vari "risorgimenti"; da questi moti ogni Stato è uscito rinvigorito nelle energie e nei propositi diventando aggressivo e conquistatore. «Tale era l'ideologia dei guerrafondai tedeschi, italiani e giapponesi»[23], commenterà Mises più tardi.

Volendo schematicamente suddividere gli Stati tra democratici e autoritari, quelli che si sono costituiti in Stati nazionali andrebbero prevalentemente ascritti al primo gruppo perché resisi capaci di aver avviato un processo di modernizzazione democratica. L'impero Austro-ungarico

---

19 ) Cfr. Stewart LONE, *Japan's First Modern War. Army and Society in the Conflict with China, 1894-1895*, St. Martin's Press, New York (N.Y.) 1994; cfr. Sarah C. PAINE, *The Sino-Japanese War of 1894-1895. Perception, Power, and Primacy*, Cambridge University Press, Cambridge (Massachusetts) 2003.
20 ) Cfr. Benigno Roberto MAURIELLO, *La guerra russo-giapponese (1904-1905)*, Edizioni Solfanelli, Chieti 2008.
21 ) Cfr. Lev TROTSKY, *Storia della rivoluzione russa*, Sugar Editore, Milano 1964, p. 33.
22 ) È superfluo ricordare che lo scenario orientale della Seconda Guerra Mondiale era stato a lungo fomentato dalla contrastante influenza esercitata dal Giappone e dagli Stati Uniti nell'area del Pacifico.
23 ) Ludwig von MISES, *L'azione umana. Trattato di economia*, prefazione di Lorenzo Infantino, Rubbettino, Soveria Mannelli (Catanzaro) 2016, p. 876.

(come dal 1867 venne rinominato l'impero austriaco), invece, verrebbe considerato un paese autoritario perché ancora caratterizzato da un'organizzazione antica e plurinazionale.

Questa schematica contrapposizione tra paesi autoritari e paesi democratici o tendenzialmente democratici (contrapposizione che dovremo continuare a commentare) si dimostra artificiosa considerando quanto gli Stati nazionali siano portatori di germi totalitari. Ovviamente la stessa nozione di democrazia dovrebbe essere messa a dura critica[24]; ma ciò che qui interessa è solo avanzare l'obiezione contro il carattere inoppugnabile delle centralizzazioni statali compiute in nome dell'autodeterminazione delle nazionalità[25].

Da tener anche presente che tre delle quattro grandi centralizzazioni cui abbiamo accennato riguardarono Stati che, non a caso, si ritroveranno schierati nello schieramento dell'Intesa. È vero che sul fronte opposto – quello della Duplice Alleanza (già Triplice) – padroneggiava il *Reich* tedesco, ma gli imperi centrali non erano meno rappresentati da quell'Austria-Ungheria, simbolo e bastione di una differente organizzazione politica. L'impero asburgico, infatti, sopravviveva in un mondo oramai costituito da Stati uninazionali come "residuo" delle antiche entità politiche plurinazionali.

L'Impero (considerando le sue fasi precedenti) era un'istituzione più che millenaria la cui storia per tanti aspetti coincideva con la stessa civiltà europea. Sin dal Tredicesimo secolo l'Impero si era intrecciato con il casato degli Asburgo che lo ressero sino al suo tramonto, avendone dovuto assecondare le trasformazioni – quella del 1804/1806, causata da Napoleone (da Sacro Romano Impero a Impero d'Austria) e quella del 1867 (da Impero d'Austria a Impero Austro-ungarico). L'ultimo periodo della millenaria istituzione si svolse intorno alla figura di Francesco Giuseppe I (1830.1848-1916)[26] di Asburgo-Lorena[27] con il suo lunghissimo regno[28]

---

24 ) Se ne riparlerà a proposito della cosiddetta "guerra democratica" nel cap. 2.
25 ) Cfr. Alfred COBBAN, *The Nation State and National Self-Determination*, Thomas Y. Crowell, New York (N. Y.) 1970.
26 ) Cfr. Franco CARDINI, *Francesco Giuseppe*, Sellerio, Palermo 2012; cfr. Franz HERRE, *Francesco Giuseppe*, Fabbri, Milano 2000; cfr. Albert von MARGUTTI, *Francesco Giuseppe*, Castelvecchi editore, Roma 2016; cfr. Alan PALMER, *Francesco Giuseppe. Il lungo crepuscolo degli Asburgo*, Mondadori, Milano 1995.
27 ) Il nuovo ramo della dinastia Asburgo si aprì con il matrimonio tra Maria Teresa d'Asburgo (1717-1780) e Francesco Stefano di Lorena (1708-1765).
28 ) Con i suoi quasi 68 anni di regno (fu incoronato a 18 anni e morì all'età di 86 anni) è il sovrano più longevo della sua dinastia e tra più i duraturi di sempre.

contrassegnato da gravi sofferenze familiari[29], dal declino dinastico, dalle sconfitte militari e dalle conseguenti perdite territoriali[30].

All'Austria è toccato in sorte subire lo screditamento tipico delle riletture che le varie rivoluzioni forniscono della storia precedente[31]. Riletture spesso infarcite di luoghi comuni che inibiscono ogni tipo di possibile rivalutazione[32]. Ad essere incorsa nella diffamazione è stata innanzitutto la presentazione dell'immagine socio-economica dell'Impero che non merita di essere sbrigativamente considerato arretrato e decadente[33]. La prevenzione di democratici, progressisti e nazionalisti è sembrata accanirsi contro gli Asburgo tanto che lo storico François Fejtö (1909-2008), autore di una delle più suggestive ricostruzioni del declino mitteleuropeo, ha parlato di una colpevole *damnatio memoriae* che portava ad indicare nell'Austria-Ungheria «il nemico tradizionale»[34] da combattere.

---

29 ) Agli inizi del 1853, l'imperatore sfuggì ad un attentato messo in atto da un operaio ungherese. Il matrimonio, avvenuto nel 1854, con la cugina Elisabetta principessa di Wittelsbach (la famosa Sissi), figlia del duca di Baviera, non fu dei più sereni a causa dello stato di salute malfermo della consorte. La prima figlia, Sofia, morì prima di aver compiuto il secondo anno di vita. Nel 1867, il fratello minore di Francesco Giuseppe, Massimiliano, che era stato incoronato imperatore del Messico, venne fucilato dagli insorti nel paese latino-americano. Nel 1889, il principe ereditario Rudolf, che aveva già dato prova di insofferenza alle direttive paterne, si suicidò. Nel 1898, Elisabetta, durante una passeggiata a Ginevra, venne assassinata da un anarchico italiano. Infine, il 28 giugno 1914 il nipote di Francesco Giuseppe, l'erede al trono Francesco Ferdinando, fu ucciso, con la consorte, a Sarajevo, nell'attentato che avrebbe scatenato la Prima Guerra Mondiale. Pare che Francesco Giuseppe nel momento in cui gli venne comunicata la notizia dell'assassinio della moglie Elisabetta abbia pronunciato queste parole: «nulla mi è stato risparmiato su questa terra».
30 ) Tra il 1848 e il 1849, l'Impero fu impegnato contro il regno di Sardegna e contro l'insurrezione ungherese. Nel 1859, a seguito della seconda guerra contro il regno sabaudo veniva ceduta la Lombardia. Perdendo la guerra contro la Prussia, nel 1866 anche il Veneto passava al Piemonte. Nel 1867, l'impero Austriaco si trasformava nella Duplice monarchia Austro-ungarica. L'ambizione di estendere l'influenza asburgica nell'area balcanica è stata poi la mortale causa del contrasto con la Russia.
31 ) Cfr. Jean BÉRENGER, *Storia dell'impero asburgico. 1700-1918*, Il Mulino Bologna 2003.
32 ) Similmente la situazione economica della Francia pre-rivoluzionaria è stata soggetta a molti pregiudizi. Cfr. Beniamino DI MARTINO, *Rivoluzione del 1789. La cerniera della modernità politica e sociale*, Leonardo Facco Editore, Treviglio (Bergamo) 2015, p. 13-31; cfr. Jacques SOLÉ, *Storia critica della Rivoluzione Francese*, Sansoni, Firenze 1989, p. 57s.
33 ) Cfr. Arnold SUPPAN, *L'impero asburgico. Lineamenti essenziali e bilanci*, in Brigitte MAZOHL - Paolo POMBENI (a cura di), *Minoranze negli imperi. Popoli fra identità nazionale e ideologia imperiale*, Il Mulino, Bologna 2012, p. 295-327.
34 ) François FEJTÖ, *Requiem per un impero defunto. La dissoluzione del mondo austro-ungarico*, introduzione di Sergio Romano, Mondadori, Milano 1998, p. 320.

Ciò che appariva anacronistico (così fu agli occhi del presidente USA Wilson[35], come meglio vedremo, e così aveva teorizzato Mazzini pronosticando il crollo dell'Austria e la crisi di tutti i vecchi sistemi[36]) era l'esistenza di una realtà politica che, non fondandosi sul principio della nazionalità mettesse in discussione la forma dello Stato nazionale. Tale, però, era quell'ordine mitteleuropeo che aveva trovato il suo equilibrio nell'impero sovranazionale[37]. Un impero nelle cui numerose e distanti province si parlava undici diverse lingue e che non considerava questa pluralità etnica, culturale e finanche religiosa come un attentato all'unità nazionale; una composizione di pluralità che il filosofo ceco Vaclav Belohradsky (1944-viv.) ha definito «una *koiné* culturale[38].

In un'Europa tormentata dal veleno nazionalista (che continuava a propagarsi largamente anche all'interno dei confini asburgici), un'organizzazione plurinazionale era vista come un residuo dell'*Ancien régime* e come l'ultimo trono medioevale. Sta di fatto che il denigrato militarismo asburgico si dimostrava, in realtà, esserlo solo di facciata (lo provava il proverbiale riferimento alla *felix Austria*[39]) a fronte della incipiente democratizzazione delle masse che – questo, sì – presto manifestò un'anima accesamente bellicista.

In presenza e a confronto del processo di accentramento che caratterizzava tutti gli Stati – centralizzazione che veniva considerata condizione di modernizzazione –, in Austria-Ungheria perdurava un antico decentramento tanto che ancora Belohradsky definisce l'Impero come una «signora delle periferie»[40] e Joseph Roth, nel famoso romanzo *La cripta dei cappuccini*, scriveva che «l'anima dell'Austria non è il centro, ma la periferia»[41]. Se decentramento e localismo facevano della Duplice

---

35 ) Cfr. Valeria LERDA GENNARO, *Woodrow Wilson*, in Romain RAINERO (a cura di), *I personaggi della storia contemporanea*, Marzorati, Milano 1983, vol. 2, p. 1235.
36 ) Cfr. Alfonso SCIROCCO, *L'Italia del Risorgimento, 1800-1860*, Il Mulino, Bologna 1990, p. 416.
37 ) Cfr. Franco CARDINI - Sergio VALZANIA, *Le radici perdute dell'Europa. Da Carlo V ai conflitti mondiali*, Mondadori, Milano 2006.
38 ) Vaclav BELOHRADSKY, *Quel grande sogno sul Danubio. La fine dell'Impero austro-ungarico*, in «Il Sabato», 19.11.1988, n. 47, p. 34.
39 ) L'acclamazione «Tu, felix Austria» si trova nel motto «Bella gerunt alii, tu felix Austria nube» (oppure «bella gerant alii, tu felix Austria nube»): «le guerre le fanno (o le facciano) gli altri, tu, Austria felice, sposati». Il motto veniva richiamato per esprimere la propensione della dinastia asburgica a risolvere le contese non attraverso la guerra (a differenza delle altre casate e degli Stati nazionali), bensì in modo pacifico, magari attraverso la politica matrimoniale tesa a suggerire alleanze e accordi.
40 ) BELOHRADSKY, *Quel grande sogno sul Danubio. La fine dell'Impero austro-ungarico*, cit., p. 34.
41 ) Joseph ROTH, *La cripta dei cappuccini*, Adelphi, Milano 1974, p. 23.

monarchia una realtà politica alternativa alla radicalizzazione statalista e all'esasperazione nazionalista, sembra strano rintracciare in questo quadro l'immagine dell'Austria tirannica spesso descritta come prigione dei popoli. Neanche si può cedere ad un quadro troppo roseo secondo cui l'*esperimento asburgico* sarebbe stato «caratterizzato [...] da libertà inaudite, dal progresso economico e dall'assenza di confini politici tra i Carpazi e le Alpi svizzere»[42]. Probabilmente l'Impero non fu né opprimente come dichiararono i risorgimentali né leggiadro come vollero ricordarlo i nostalgici, ma quell'ordine mitteleuropeo policentrico e sovranazionale non poteva che essere rimpianto considerando ciò che lo rimpiazzò.

Neanche si addice ad un quadro di decadenza la grande vivacità culturale che animava il paese e Vienna in modo straordinariamente particolare. Sarebbero troppe le testimonianze da richiamare a riprova di questo clima intellettuale[43]. Ci limitiamo a quella di uno dei più noti filosofi del Novecento, Karl Raimund Popper (1902-1994), che è anche tra le migliori figure della grande capitale sul Danubio. Scriveva Popper: «Vienna era davvero una città incredibile, caratterizzata da una creatività ineguagliabile. Era una mistura feconda di quasi tutte le culture europee: il regime favoriva la libera espressione e l'incontro di queste diverse tradizioni. Inoltre, diversamente da altri luoghi dove culture disparate convivono – poniamo la New York di oggi – nell'Austria degli Asburgo non c'era violenza»[44]. La violenza, purtroppo, sopraggiunse e in forme devastanti tanto da imporre a molti un triste confronto tra *il mondo di ieri* – titolo della principale opera (autobiografica) di Stefan Zweig[45] – e il mondo nuovo nato nelle trincee. È, questa, una consapevolezza che unirà molti intellettuali e letterati che hanno affidato le loro riflessioni a libri che narrano di uno sconsolato tramonto: da Joseph Roth (1894-1939) con i

---

42 ) István DEÁK, *Gli ufficiali della monarchia asburgica. Oltre il nazionalismo*, Libreria Editrice Goriziana, Gorizia 2003, p. 34.
43 ) Citiamo, però, volentieri la descrizione fornita da Hoppe senza, tuttavia, far mancare di osservare che il quadro appare eccessivamente sbilanciato in positivo. «Persino gli artisti e gli intellettuali democratici in qualsiasi campo di attività intellettuale e culturale non potevano ignorare l'enorme livello di produttività della cultura austro-ungarica, e viennese in particolar modo. Invero, la lista dei grandi nomi associati alla Vienna di fine Ottocento e inizio Novecento è pressoché infinita. Tuttavia, raramente quest'enome produttività intellettuale e culturale è stata collegata sistematicamente alla tradizione pre-democratica della monarchia degli Asburgo» (Hans-Hermann HOPPE, *Democrazia: il dio che ha fallito*, prefazione di Raimondo Cubeddu, Liberilibri, Macerata 2008, p. 9).
44 ) Karl POPPER, *Come io vedo il Duemila. Sedici interviste: 1983-1994*, Armando Editore, Roma 2004, p. 58.
45 ) Stefan ZWEIG, *Il mondo di ieri. Ricordi di un europeo*, Mondadori, Milano 1994 (*Die Welt von Gestern. Erinnerungen eines Europäers*, completato nel 1941).

romanzi *La marcia di Radetzky*[46] e *La cripta dei cappuccini*[47], allo storico Heinrich Ritter von Srbik (1878-1951)[48] che con genialità interpretò la monarchia asburgica, sino al più vicino a noi Claudio Magris (1939-viv.), il triestino che ha contribuito a divulgare le finezze del vecchio mondo mitteleuropeo[49].

Se diversi studi storiografici hanno sostenuto l'ineluttabilità del declino dell'impero, questa prospettiva oggi perde di vigore e deve essere debitamente revisionata considerando le cause effettive della sconfitta militare più che le presunte fragilità endemiche. Ciò che si può escludere è che la situazione complessiva dell'Austria-Ungheria fosse in uno stato di depressione rispetto agli altri Paesi o che il Paese fosse da considerarsi in agonia già alla vigilia della guerra[50]. Sulla questione avremo bisogno di tornare per cogliere altri aspetti, non ultimo quello relativo alla precaria situazione italiana. Piuttosto che l'Austria-Ungheria, a correre seri rischi era l'Italia che, a causa delle sua riconosciuta instabilità e delle sue ramificate contraddizioni, sarebbe potuta essere ben più soggetta ad un totale crollo.

A fronte del processo di rapida statalizzazione negli altri paesi, l'Impero rappresentava un mondo composto da entità plurali[51], un mondo in cui rimaneva qualche significativa traccia del policentrismo medievale[52], quella poliarchia che la centralizzazione stava ovunque – più o meno violentemente – spazzando via[53]. Il drammaturgo austriaco Franz Werfel

---

46 ) Joseph ROTH, *La marcia di Radetzky*, Feltrinelli, Milano 1996 (*Radetzkymarsch*, opera del 1932).

47 ) Joseph ROTH, *La cripta dei cappuccini*, Adelphi, Milano 1974 (*Die Kapuzinergruft*, opera del 1938).

48 ) Heinrich Ritter von SRBIK, *Cultura e storia in Germania dall'umanesimo ad oggi*, Jouvence, Sesto San Giovanni (Milano) 2002.

49 ) Claudio MAGRIS, *Il mito asburgico. Umanità e stile del mondo austroungarico nella letteratura austriaca moderna*, Einaudi, Torino 1963; Claudio MAGRIS, *Danubio*, Garzanti, Milano 1986.

50 ) Cfr. Massimo de LEONARDIS, *Francesco Ferdinando: una linea di successione, un possibile futuro, un "casus belli"*, in Maurizio DOSSENA - Ivo MUSAJO SOMMA (a cura di), *L'utile ideologico dell'inutile strage. Atti della giornata di studi della Gebetsliga Kaiser Karl. Piacenza, 17 maggio 2014*, Ellade, Piacenza 2015, p. 49-53; cfr. Alan SKED, *Grandezza e caduta dell'Impero asburgico 1815-1918*, Laterza, Roma - Bari 1993, p. 236-239.

51 ) Cfr. Victor-Lucien TAPIÉ, *Monarchia e popoli del Danubio*, Società Editrice Internazionale, Torino 1993.

52 ) Cfr. Ralph RAICO, *Decentramento e concorrenza hanno reso l'Europa prospera e libera*, a cura di Luca Fusari, in «StoriaLibera. Rivista di scienze storiche e sociali», anno 3 (2017), n. 6, p. 91-120.

53 ) Cfr. Hans-Hermann HOPPE, *Abbasso la democrazia. L'etica libertaria e la crisi dello Stato. Saggi su libertà, proprietà e secessione*, a cura di Carlo Lottieri, prefazione di Raimondo

(1890-1945) è stato un altro testimone del *crepuscolo* mitteleuropeo: prima combattente sul fronte russo, poi con l'*Anschluss* fu costretto, causa le sue origini ebraiche, ad emigrare in Francia e a stabilirsi definitivamente negli Stati Uniti[54]. Nel 1937, in uno dei suoi romanzi più noti – significativamente titolato *Nel crepuscolo di un mondo. Storie borghesi nella vecchia Austria* – il letterato contrapponeva gli Stati nazionali a quell'idea di impero sovranazionale che si era espressa nella corona asburgica. E, avendo sperimentato le due realtà, ad uno dei suoi personaggi, Werfel faceva causticamente dichiarare: «gli Stati nazionali sono nella loro intima essenza unità demoniache»[55].

2.3. Il mito della Nazione

Non è un'affermazione originale dire che la deflagrazione bellica ha avuto una lunga incubazione. Tutti i manuali di storia lo riconoscono. Sebbene le cause remote dello scontro vengano universalmente rapportate alle mire egemoniche proprie degli imperialismi e all'esasperazione dei nazionalismi, è tuttavia raro che questi cupi fenomeni politici siano ricondotti al vero *milieu* che li ha resi possibili e che li ha fomentati.

Nei manuali si ripete anche che l'Ottocento è stato l'epoca dei nazionalismi. Si può e si deve essere d'accordo con questa affermazione soprattutto se il termine viene coniugato al singolare. L'Ottocento è, infatti, il secolo del nazionalismo[56]. Occorre, però, domandarsi perché il fenomeno

---

Cubeddu, Leonardo Facco Editore, Treviglio (Bergamo) 2000, p. 35-41.
54 ) La notorietà gli giunse con un romanzo (scritto nel 1929 e pubblicato nel 1933) nel quale descrisse il terribile genocidio del popolo armeno avvenuto durante la Grande Guerra da parte dell'impero turco: Franz WERFEL, *I quaranta giorni del Mussa Dagh*, Corbaccio, Milano 2003.
55 ) Franz WERFEL, *Nel crepuscolo di un mondo. Storie borghesi nella vecchia Austria*, Mondadori, Milano 1980, p. 12.
56 ) Cfr. Mario ALBERTINI, *La nazione, il feticcio ideologico del nostro tempo*, in «Il Federalista», anno 2 (1960), n. 3, p. 173-175; cfr. Ernest GELLNER, *Nazioni e nazionalismo*, prefazione di Gian Enrico Rusconi, Editori Riuniti, Roma 1997; cfr. Paul HENRY, *Nazionalità e nazionalismo*, in AA. VV., *Nuove questioni di storia contemporanea*, Marzorati, Milano 1986, vol. 1, p. 271-323; cfr. Eric J. HOBSBAWM, *Nazioni e nazionalismo dal 1780. Programma, mito, realtà*, Einaudi, Torino 2002; cfr. Lucio LEVI, *Nazionalismo*, in Norberto BOBBIO - Nicola MATTEUCCI - Gianfranco PASQUINO, *Dizionario di politica*, UTET, Torino 2004, p. 602-609; cfr. Maria Luisa MANISCALCO, *Europa, nazionalismi, guerra. Sociologie a confronto tra Otto e Novecento*, Armando, Roma 2013; cfr. George L. MOSSE, *L'uomo e le masse nelle ideologie nazionaliste*, Laterza, Roma - Bari 2002; cfr. Francesco PERFETTI, *Il movimento nazionalista in Italia (1903-1914)*, Bonacci, Roma 1984; cfr. Francesco PERFETTI, *Il nazionalismo italiano dalle origini alla fusione col fascismo*, Cappelli, Bologna 1977; cfr. Alessandro VITALE, *Nazionalismo, neonazionalismo, Stato nazionale territoriale e patriottismo: quali rischi per le libertà*, in Nicola

del nazionalismo è diventato la cifra caratteristica del Diciannovesimo secolo, diffondendosi ed esasperandosi proprio in quei decenni.

Qui ci imbattiamo nelle difficoltà che vengono sollevate dagli studi su un fenomeno di problematica interpretazione. Un fenomeno a cui, però, possiamo dare sin da subito una chiave di lettura già presente nelle parole appena accennate: al di là delle varie forme, il nazionalismo può essere concepito come un qualcosa di identificabile in modo unitario nel segno, da esso espresso, del primato dell'identità collettiva rispetto alla realtà dell'individuo.

Se non compreso bene, il richiamo al nazionalismo può anche essere un elemento di confusione più che di spiegazione. Non aiuta a far chiarezza, ad esempio, separare del tutto le rivendicazioni nazionali dal successivo spirito nazionalistico[57]. I movimenti nazionali del primo Ottocento (superficialmente considerati parte di una "rivoluzione liberale") davvero non hanno continuità con il nazionalismo impetuoso della seconda metà del secolo? Se così fosse occorrerebbe chiedersi cosa sia potuto intervenire per compiere questa alterazione e a cosa si debba la trasformazione della passione patriottica nazionale in imperialismo. Sarebbe, cioè, avvenuta una metamorfosi di qualcosa da tutti considerato positivamente in qualcosa ordinariamente ritenuto malvagio.

Nella linea della sostanziale diversificazione dei due momenti, si ritiene, quindi, che la Prima Guerra Mondiale non abbia radici nei moti di nazionalità (che, per il fatto di essersi mossi all'insegna dei concetti di "nazione" e di "libertà", vengono genericamente ascritti all'ispirazione liberale). Così, distinguendo i due fenomeni, lo storico Paul Henry, ad esempio, sostiene che «la guerra del 1914 non ha nulla a che vedere, nelle sue origini, con il principio di nazionalità»[58].

Probabilmente, però, non è erroneo ricondurre lo scoppio della Grande Guerra proprio al principio di nazionalità e non solo per i motivi esplicitamente dichiarati che sottolineano una rivendicazione ideale tra l'autodeterminazione e l'indipendenza dei popoli e il conflitto mondiale (in particolare per l'Italia, esso è pur sempre stato presentato nella luce di "quarta guerra di indipendenza"), ma soprattutto per la connessione ideologica tra i disegni nazionali e la costituzione delle entità politiche

---

IANNELLO - Lorenzo INFANTINO (a cura di), *Idee in Libertà. Economia, Diritto, Società*, Rubbettino, Soveria Mannelli (Catanzaro) 2015, p. 109-126.
57 ) Cfr. Ludwig von MISES, *Lo Stato onnipotente. La nascita dello Stato totale e della guerra totale*, introduzione di Victor Zaslavsky, Rusconi, Milano 1995, p. 115-117; cfr. Eric J. HOBSBAWM, *L'età degli imperi. 1875-1914*, Laterza, Bari 1991, p. 166.
58 ) HENRY, *Nazionalità e nazionalismo*, cit., p. 306.

centralistiche, tra le idee dei movimenti nazionali e il consolidamento dello Stato nazionale.

Ci sarebbe, allora, da concludere che le spinte nazionali, avendo essenzialmente seguito il modello rivoluzionario[59] ed avendo contribuito al rafforzamento dei poteri politici, sono state un elemento insostituibile del nazionalismo. Secondo questa lettura, allora, le ragioni nazionali del primo Ottocento non appaiono né separate né inoffensive rispetto alle montanti rivalità ed alla contrapposizione tra le potenze perché quelle idee nazionali si rivelano organicamente funzionali al rafforzamento dello Stato, vera anima del fenomeno nazionalista. È questa l'interpretazione che ci sembra più corretta e su questa linea ci muoveremo.

Dovendo muoverci tra concetti spesso soggetti a fraintendimenti, non è forse superfluo intrecciare le considerazioni ad una sorta di *explicatio terminorum*.

Il concetto "nazionalismo" proviene dal termine "nazione" ed è, quindi, innanzitutto questo lemma a dover essere chiaro. Nel suo significato originario, la nazione è composta dagli individui che si riconoscono in una comunità unita da peculiarità ataviche e storiche (lingua, luoghi di origine, religione); la nazione, quindi, coincide con la cultura e le tradizioni che animano una particolare società e un determinato popolo. Infatti «la nazione è una comunità caratterizzata da storia, tradizione, cultura comuni»[60]. Si tratta, generalmente, di realtà molto ridotte che più sono circoscritte più manifestano elementi caratterizzanti. Pascal Salin, distinguendo lo Stato dalla nazione scrive che quest'ultima «rappresenta un insieme di legami sociali nati dalla storia e che si esprimono all'interno di una cultura, o più spesso in una lingua, talvolta di una religione comune. La nazione è dunque frutto di un ordine spontaneo, è multiforme, evolutiva, ed è difficile delinearne i contorni»[61].

In questo significato originario, la nazione collima con il concetto di "patria". I due vocaboli si svelano nell'etimologia: "nazione" proviene da "*nasci*" e richiama la discendenza e gli antenati[62]; "patria" deriva da "*pater*"

---

59 ) Cfr. Alfonso SCIROCCO, *L'Italia del Risorgimento, 1800-1860*, Il Mulino, Bologna 1990, p. 12.
60 ) Luigi Marco BASSANI - Alberto MINGARDI, *Dalla Polis allo Stato. Introduzione alla storia del pensiero politico*, Giappichelli Editore, Torino 2015, p. 196.
61 ) Pascal SALIN, *Liberalismo*, a cura di Giuseppina Gianfreda, Rubbettino, Soveria Mannelli (Catanzaro) 2002, p. 311.
62 ) Cfr. Roberto de MATTEI, *La sovranità necessaria. Riflessioni sulla crisi dello Stato moderno*, Il Minotauro, Roma 2001, p. 11-12.31.114.

e manifesta l'affetto e la riconoscenza per i propri avi[63]. Entrambi, quindi, non sono concetti statuali, bensì antropologici perché attengono ai legami con le radici dell'individuo; essi designano le tradizioni nelle quali si è nati e la terra in cui sono sepolti i propri padri. Perciò, in senso non improprio, nazione e patria – già dicevamo – definiscono anche una particolare società e un determinato popolo.

La trasformazione in chiave politica dei concetti è stata – sintomaticamente – un'eredità della Rivoluzione francese. Dall'etimo che suggerisce l'idea delle origini e le radici culturali, storiche e familiari di un concreto popolo (l'esatto contrario della *tabula rasa* illuministica), con i nuovi ordinamenti, i termini "nazione" e "patria" – al pari del richiamo strumentale al "popolo" ed alla "società" – entrano nell'ambito propriamente istituzionale. La "Nazione" rivoluzionaria[64] diviene sinonimo del nuovo "Popolo" (quello, appunto, rigenerato dalla rivoluzione purificatrice) e i due termini inizieranno ad essere rigorosamente scritti con la maiuscola (la "Nazione" e il "Popolo") per indicare qualcosa di sacro ed inviolabile, superiore ad ogni parte che li componga. Vi è, quindi, un ribaltamento semantico dal piano naturale al piano ideologico. Sul piano *naturale*, "nazione" e "patria" fanno riferimento tanto agli affetti familiari quanto a beni concreti ed indispensabili alla vita ("patria" viene da "padri" e da entrambi i termini proviene il concetto di "patrimonio") e, perciò, sono nozioni *proprietaristiche*. La visione rivoluzionaria, invece, sposta i medesimi termini sul piano *ideologico* per dare ad essi un significato eminentemente politico[65].

Questa trasformazione ci pone nel clima della modernità politica dove tutto viene assorbito dallo Stato. Anche la società, da associazione spontanea e naturale di persone, si muta in entità collettivistica, ed organicistica

---

63 ) Cfr. Beniamino DI MARTINO, *Rivoluzione del 1789. La cerniera della modernità politica e sociale*, Facco Editore, Treviglio (Bergamo) 2015, p. 76-77.
64 ) Cfr. Pierre NORA, *Nazione*, in François FURET - Mona OZOUF, *Dizionario critico della Rivoluzione francese*, Bompiani, Arese (Milano) 1994, vol. 2, p. 899-911.
65 ) Uno dei capi della insorgenza anti-giacobina della regione francese della Vandea (1793-1796), monsieur François-Athanas de la Contrie (1763-1796), detto Charette, disse un giorno ai suoi seguaci: «la nostra patria per noi sono i nostri villaggi, i nostri altari, le nostre tombe, tutto ciò che i nostri padri hanno amato prima di noi. La nostra patria è la nostra fede, la nostra terra, il nostro re... Ma la loro patria cos'è per loro? Voi lo capite?... Loro l'hanno nel cervello, noi la sentiamo sotto i nostri piedi...» (cit. in Sandro PETRUCCI, *Insorgenza: le questioni sul tappeto*, in Oscar SANGUINETTI (a cura di), *Insorgenze antigiacobine in Italia (1796-1799). Saggi per bicentenario*, Istituto per la Storia delle Insorgenze, Milano 2001, p. 298). È da sottolineare che le numerose insorgenze contro-rivoluzionarie che scoppiarono in ogni parte d'Europa durante le occupazioni napoleoniche furono una formidabile resistenza popolare all'instaurazione dell'accentramento statale e in difesa della patrie locali.

che fagocita la realtà individuale. Il primato del "sociale" sul "privato" viene, poi, continuamente espresso; a dimostrarlo vi è anche la mitizzazione dell'aggettivo "sociale"[66].

È proprio il "mito" a presentarsi come una categoria utile ad interpretare il vortice politico – decisamente irrazionale – del tempo moderno[67]. L'epoca dei miti ha un suo fulcro e questo è lo Stato o la sua presentazione più dolce con il nome di "Nazione". Ma, appunto, di edulcorazione si tratta perché il Popolo assume sin da subito (pensiamo ancora alla Rivoluzione del 1789) l'aspetto di «un'idea di nazione isterizzata, metafisicizzata, mitizzata»[68]. La Nazione con i suoi riti e le sue forme – pensiamo alla scuola di Stato, all'educazione civica e al servizio per la Patria – diviene «la nuova religione civica»[69] e, quindi, il grande ed incombente «feticcio ideologico del nostro tempo»[70].

Ciò che ha determinato la metamorfosi dall'originario significato al nuovo concetto di nazione è la sempre maggiore forza dello Stato perché la nuova accezione e il nuovo senso da dare alla nazione è perfettamente funzionale alla legittimazione del potere politico. Così, quindi, Stato e Nazione[71] diventano sinonimi: a quel punto dire "Nazione" o dire "Patria" significa fare diretto riferimento ai poteri dello Stato.

Si tratta di un'inevitabile e comprensibile adeguamento alle stesse necessità politiche perché lo Stato aspira a confondersi e a sostituirsi alla dimensione naturale ed originaria dei preesistenti vincoli sociali. Scrive, a riguardo, il politologo Alessandro Vitale (1961-viv.): «la "nazione" è prodotta dallo Stato (*nation-building*) e ha bisogno continuamente della

---

66 ) Basta pensare al credito che gode tutto ciò che è "sociale" (cfr. Kenneth MINOGUE, *La mente servile. La vita morale nell'era della democrazia*, prefazione di Franco Debenedetti, Istituto Bruno Leoni Libri, Torino 2012, p. 68). A tal proposito, Hayek scrisse: «giungo sempre più alla convinzione che la utilizzazione di questa parola elastica, cioè "sociale", per denotare valori che abbiamo sempre descritto come "morali", possa essere una delle cause principali della diffusa degenerazione del senso morale nel mondo» (Friedrich A. von HAYEK, *Studi di filosofia, politica ed economia*, prefazione di Lorenzo Infantino, Rubbettino, Soveria Mannelli (Catanzaro) 1998, p. 428-429). Ed ancora: «molte cose che oggi si pretende di considerare come sociali [sono] nel senso più profondo e più vero della parola, interamente e completamente antisociali» (*Ibidem*, p. 435).
67 ) Cfr. Massimo BORGHESI, *Novecento: il tempo dei miti*, in «Linea Tempo», anno 1 (1997), settembre, p. 59-62.
68 ) Franco CARDINI, *La fine dell'impero asburgico e dell'impero ottomano*, in Licia MORRA (a cura di), *L'Europa del XX secolo fra totalitarismo e democrazia*, Itaca, Lugo di Romagna (Ravenna) 1991, p. 46.
69 ) HOBSBAWM, *L'età degli imperi. 1875-1914*, cit., p. 173.
70 ) Cfr. ALBERTINI, *La nazione, il feticcio ideologico del nostro tempo*, cit., p. 173-175.
71 ) Cfr. Angelo PANEBIANCO, *Stato e Nazione*, in Fabrizio FOSCHI (a cura di), *Scoprire il Novecento*, Il Cerchio, Rimini 1999, p. 5-20.

sua opera di unificazione-omogeneizzazione in un particolare territorio dotato di risorse proprie e di un'economia unificata»[72].

Non c'è molto da discutere circa il rapporto tra Stato e nazionalismo a proposito di cosa debba essere considerato la causa e cosa l'effetto. All'origine del nazionalismo deve essere posta senz'altro l'idea di Stato, tra l'altro ben precisata già dai pensatori illuministi[73]. Tuttavia è ovvio che se il progetto statalista è al principio, il crepitante fenomeno nazionalista ne ha facilitato i risultati e ne ha accelerato la velocità. In un circolo vizioso, statalismo e nazionalismo si realizzano in modo congiunto e complementare: «le idee nazionali servono a cementare la lealtà delle persone alla realtà politica dello Stato nazionale»[74].

Gli accresciuti poteri politici generano il nazionalismo, ma lo stesso interventismo statale ha bisogno della spinta nazionalistica e del calore patriottico[75]. Lo Stato che vuole assorbire la vita sociale si candida a dimostrarsi coincidente con questa, dando prova di rappresentare adeguatamente la nazione[76]. In questa operazione di politicizzazione della vita dell'uomo (che più avanti vedremo chiamata anche "nazionalizzazione delle masse") lo Stato ha bisogno dello spirito nazionale per assimilare la società.

Scrive ancora Alessandro Vitale: «gli Stati hanno creato le nazioni identificando se stessi con il territorio governato e riducendo tutte le realtà preesistenti alla loro fisionomia, denominata "nazione". In questo modo la nazione generata dallo Stato ha potuto sfruttare il naturale attaccamento degli uomini per la propria terra d'origine, trasferendo e ri-orientando

---

72 ) Alessandro VITALE, *Nazionalismo, neonazionalismo, Stato nazionale territoriale e patriottismo: quali rischi per le libertà*, in Nicola IANNELLO - Lorenzo INFANTINO (a cura di), *Idee in Libertà. Economia, Diritto, Società*, Rubbettino, Soveria Mannelli (Catanzaro) 2015, p. 111.
73 ) Cfr. Bernard GROETHUYSEN, *Filosofia della Rivoluzione francese. Le idee che hanno cambiato il mondo*, Il Saggiatore, Milano 1967; cfr. Aldo MAFFEY, *L'idea di Stato nell'illuminismo francese*, Studium, Roma 1975; cfr. Robert SPAEMANN, *Rousseau. Cittadino senza patria. Dalla «polis» alla natura*, prefazione di Sergio Belardinelli, postfazione di Leonardo Allodi, Ares, Milano 2009.
74 ) Luigi Marco BASSANI - Alberto MINGARDI, *Dalla Polis allo Stato. Introduzione alla storia del pensiero politico*, Giappichelli Editore, Torino 2015, p. 196.
75 ) Cfr. HOBSBAWM, *L'età degli imperi. 1875-1914*, cit., p. 173-175.
76 ) Il "revanchismo" francese (dal termine francese *revanche*, "rivincita"), è così ricostruito da Fejtö: «fu intorno alla vendetta su Sedan che si realizzò il primo consenso nazionale francese [poi indottrinato da] uomini come Clemenceau e Poincaré, che sfruttavano a fondo il sentimento patriottico, rafforzato dal messianismo repubblicano, del quale il nemico era completamente sprovvisto» (François FEJTÖ, *Requiem per un impero defunto. La dissoluzione del mondo austro-ungarico*, introduzione di Sergio Romano, Mondadori, Milano 1998, p. 322).

quei sentimenti patriottici locali irriducibili e istintivi [...] in direzione e a vantaggio dello Stato "nazionale" territoriale»⁷⁷. Anche Pascal Salin, distinguendo bene lo Stato dalla nazione spontanea, sostiene che «non è sorprendente constatare che è proprio nell'epoca dello statalismo trionfante – cioè il Ventesimo secolo – che si è visto risorgere ciò che viene chiamato "nazionalismo". È certamente il segno che gli Stati hanno imposto la creazione di sistemi sociali che non venivano percepiti spontaneamente come "nazioni", ma ai quali si sono permessi di attribuire questo nome. La nazione, come già abbiamo detto, è il frutto di un sentimento di appartenenza ad una comunità ed è per questo che lo Stato-nazione è un concetto aberrante: non è possibile statalizzare dei sentimenti. Succede allora ciò che accade ogni volta che si ha una statalizzazione: lo Stato crea un monopolio a proprio vantaggio e lo difende. Lo Stato-nazione combatte dunque i particolarismi regionali, in altri termini, distrugge le nazioni spontanee»⁷⁸.

In questo modo il traghettamento dalla patria naturale alla Nazione politica è ormai avvenuto e ciò che rappresentava l'elemento identitario di un individuo viene ora trasferito nei nuovi orizzonti collettivi. La persona tende, così, a scomparire riducendosi alla sua appartenenza politica. Un'immediata e fondamentale conseguenza di questo processo è la fede nello Stato e nella Nazione quale condizione indispensabile di bene e di sicurezza: «il cittadino, ponendo il proprio Stato-nazione al di sopra degli altri, lo trasforma nell'incarnazione privilegiata di potenza, prosperità e cultura»⁷⁹, anche se ciò comporta la completa subordinazione del "cittadino" alla collettività. In questa visione olistica, la Stato non solo coincide con la nazione, ma viene anche percepito come bene comune – *il* bene comune per eccellenza – che, coerentemente, richiede la sottomissione dei beni privati, sempre più considerati resistenze ingiustificabili ed egoistiche nei confronti del bene della Nazione.

Il nazionalismo nasce dalla politica accentratrice ed imperialistica, per cui se "patria" è concetto *proprietaristico*, "patriottismo" è concetto *politico*, parallelamente a ciò che deve dirsi riguardo a "nazione" e "nazionalismo". È la ragione per cui il nazionalismo non può essere confuso con un autentico affetto per le proprie tradizioni e – val la pena precisare – esso nulla ha a che fare con l'amore per la propria terra. Il nazionalismo è una

---

77 ) VITALE, *Nazionalismo, neonazionalismo, Stato nazionale territoriale e patriottismo: quali rischi per le libertà*, cit., p. 112.
78 ) Pascal SALIN, *Liberalismo*, a cura di Giuseppina Gianfreda, Rubbettino, Soveria Mannelli (Catanzaro) 2002, p. 311.
79 ) François FURET, *Il passato di un'illusione. L'idea comunista nel XX secolo*, Mondadori, Milano 1997, p. 54.

forza violenta che si alimenta dell'ideologia del primato della propria stirpe. Esso nasce più dal desiderio di prevaricare sulle altre nazioni, che dall'affetto per la propria. Se l'amore per la propria terra e i propri beni richiede la difesa di questi dall'aggressore, all'opposto, il nazionalismo è incurante del rispetto della vita e della libertà altrui: il genocidio degli armeni[80], nel contesto della Prima Guerra Mondiale, ne rappresenta una terrificante dimostrazione.

Sotto l'aspetto propriamente istituzionale, si deve dire che le originarie nazioni (potremmo ricondurle alle antiche *nationes* pre-statuali) non hanno alcun rapporto con il nazionalismo moderno che di quelle rappresenta la negazione. Infatti, lo Stato si erge mediante la distruzione dei legami sociali naturali. Riprendendo, quindi, l'originario significato di nazione come cultura locale, occorre dire che il nazionalismo non potrebbe attecchire fin quando lo Stato non assorbe la nazione – cioè la società, il popolo – essiccandone la cultura, la storia, le aspettative. Quando lo Stato assorbe la nazione e la società, la originarietà di queste scompare e il popolo si trasforma in massa. Il patriottismo, così, diviene facile elemento compensatorio delle frustrazioni sociali e l'identificazione emotiva della massa con lo Stato nazionale dà luogo ad una nuova religione civica[81] che i contrasti tra i paesi s'incaricano di fomentare ulteriormente. Sino alla guerra.

Come già accennavamo, la definizione di nazionalismo va ricercata in due aspetti principali. Da un lato il fenomeno va valutato nella sua sostanziale unitarietà. Assumono, perciò, secondaria importanza i tratti caratteristici o le differenze specifiche e parziali che il nazionalismo ha rivestito nei diversi paesi[82]. Dall'altro – quanto alla sua essenza – esso manifesta il sopravvento della dimensione collettiva rispetto alla vita individuale e alle aspirazioni private. L'identità collettiva (sin dalla Rivoluzione giacobina)

---

80 ) A solo titolo di esempio, cfr. Taner AKCAM, *Nazionalismo turco e genocidio armeno*, Guerini e Associati, Milano 2005; cfr. Antonia ARSLAN, *La strada di Smirne*, Rizzoli, Milano 2009; cfr. Alberto ROSSELLI, *L'olocausto armeno*, Edizioni Solfanelli, Chieti 2007; cfr. Alberto ROSSELLI, *L'olocausto armeno (1914-1918). A cento anni dal genocidio*, in «StoriaLibera. Rivista di scienze storiche e sociali», anno 2 (2016), n. 4, p. 94-114.
81 ) Cfr. Carlo LOTTIERI, *Credere nello Stato? Teologia politica e dissimulazione*, Rubbettino, Soveria Mannelli (Catanzaro) 2011.
82 ) Se non si coglie l'essenza del fenomeno ha davvero poca importanza distinguere tra «nazionalismo democratico delle grandi nazioni» e «nazionalismo reazionario delle piccole nazioni» (cfr. Eric J. HOBSBAWM, *Nazioni e nazionalismo dal 1780. Programma, mito, realtà*, Einaudi, Torino 2002) o tra nazionalismo pre-bellico e post-bellico (cfr. Salvo MASTELLONE, *La storia della democrazia in Europa. Da Montesquieu a Kelsen*, UTET, Torino 1989, p. 317).

è andata sempre più imponendosi rivendicando un primato più o meno esplicito, più o meno assoluto.

Tutto ciò non sarebbe possibile senza lo Stato che, al tempo stesso, è il mezzo e il fine di ogni idea collettivista. Ogni definizione di nazionalismo, quindi, non può che mettere in relazione l'ascesa del fenomeno con il processo di rafforzamento del potere politico. Facendo nostra la conclusione cui giunge il politologo Mario Albertini (1919-1997), si può affermare che, nel complessivo rapporto di sudditanza in cui lo Stato costringe la nazione originaria, il nazionalismo non è altro che l'ideologia specifica dello Stato centralizzato[83].

Le istanze nazionaliste con la proclamazione dei principi di indipendenza avevano fornito combustibile al processo di accentramento che si era ultimamente realizzato con la costituzione di altri e determinanti Stati nazionali[84]. Se si può aggiungere un'integrazione alla descrizione di Albertini, si potrebbe anche solo precisare che il nazionalismo è quella forma di collettivismo specifica dello Stato-nazione così come esso si è realizzato nell'Ottocento.

In fondo il presupposto teorico dello Stato nazionale era fornito dall'idea che non potesse esservi nazione senza Stato. Il pensatore inglese Ernest Gellner (1925-1995) ha criticato questo postulato quando ha scritto che «il nazionalismo sostiene che nazioni e Stato sono fatti l'una per l'altro; e che l'una senza l'altro rappresenta qualcosa di incompleto e crea una tragedia»[85]. Ritenuta impossibile l'esistenza di un popolo senza uno Stato, lo Stato nazionale si incarica di dare compimento e dignità politica alla nazione. Benché il processo di costituzione dello Stato-nazione[86] sia anteriore al nazionalismo e al Diciannovesimo secolo, è vero però che questa particolare modalità del potere si rivela pienamente nell'Ottocento rendendo quel periodo anticipatore del successivo disastro. «Per capire perché ciò accada e perché il nazionalismo abbia nutrito tante reciproche aggressività in Europa, bisogna comprendere il fondamentale principio che lo ispirava: ovvero che Stato e nazione debbano coincidere,

---

83 ) Cfr. ALBERTINI, *La nazione, il feticcio ideologico del nostro tempo*, cit., p. 173-175.
84 ) Quanto fosse ideologica la rivendicazione di autonomia e di autodeterminazione è dimostrato dalla contraddizione in cui incorsero tutti gli Stati nazionali nelle successive contese imperialistiche e nella gara coloniale.
85 ) Ernest GELLNER, *Nazioni e nazionalismo*, prefazione di Gian Enrico Rusconi, Editori Riuniti, Roma 1997, p. 9.
86 ) Cfr. Charles TILLY (edited by), *The Formation of National States in Western Europe*, Princeton University Press, Princeton (New Jersey) 1975.

che i confini dell'unità politica debbano corrispondere con quelli di una "unità" socio-culturale»[87].

In questo modo, l'inglobamento della nazione nello Stato si è ormai compiuto; il processo, però, non è stato né indolore né breve. Il processo non è stato indolore perché le resistenze a questa operazione di accentramento politico sono state numerose; il già richiamato Gellner doveva, infatti, affermare che «lo Stato è certamente emerso senza l'aiuto della nazione»[88]. Il processo non è stato neanche breve perché per ricostruirlo bisogna risalire all'assolutismo monarchico (se non addirittura ai suoi precedenti) – quell'assolutismo che ha sugellato l'opera di eversione di un mondo fatto di comunità più o meno libere.

A fronte delle icone glorificative dei vari "risorgimenti", la nascita dello Stato-nazione – lo ricordano anche le parole di Ernest Gellner appena riportate – non può essere considerato un fenomeno di origine popolare[89]; fu, anzi, spesso addirittura avversato dal popolo minuto[90]. Le richiamate grandi centralizzazioni politiche si realizzarono non come un movimento ineluttabile spinto dal basso, ma per la convergenza di alcune determinanti forze politiche. È ciò che ha espresso il narratore serbo Milovan Gilas (1911-1995) quando scriveva che vi è sempre «guerra civile fra il governo e il popolo»[91] per intendere che il popolo non si è mai naturalmente riconosciuto nel potere degli uomini di Stato (che Gilas chiamava governo).

Quanto ciò abbia avuto conseguenze profonde e durature lo dimostrano i tanti studi che hanno posto in luce la frattura tra il popolo e gli ordinamenti politici. Gli storiografi hanno descritto la distanza tra il "paese reale", quello effettivo, concreto (diremmo "la nazione popolare"), e il "paese legale", quello istituzionale, apparente (diremmo "la Nazione", con

---

87 ) Luigi Marco BASSANI - Alberto MINGARDI, *Dalla Polis allo Stato. Introduzione alla storia del pensiero politico*, Giappichelli Editore, Torino 2015, p. 196.
88 ) Ernest GELLNER, *Nazioni e nazionalismo*, prefazione di Gian Enrico Rusconi, Editori Riuniti, Roma 1997, p. 9.
89 ) Consapevoli che il tema merita ben altro approfondimento, ci limitiamo ad alcuni suggerimenti relativi al caso italiano: cfr. Ernesto GALLI DELLA LOGGIA, *L'identità italiana*, Il Mulino, Bologna 1998, p. 148.158-160; cfr. Paolo MIELI, *Storia e politica. Risorgimento, Fascismo, Comunismo*, Rizzoli, Milano 2001, p. 104s.; cfr. Luigi SALVATORELLI, *Pensiero e azione del Risorgimento*, Einaudi, Torino 1998, p. 209s.; cfr. Giovanni SPADOLINI, *L'opposizione cattolica da Porta Pia al '98*, Mondadori, Milano 1976, p. 445s.; cfr. Massimo VIGLIONE, *1861. Le due Italie. Identità nazionale, unificazione, guerra civile*, Ares, Milano 2011, p. 176s.
90 ) Cfr. Giuseppe GALASSO, *Italia nazione difficile. Contributo alla storia politica e culturale dell'Italia unita*, Le Monnier, Firenze 1994, p. 20-23; cfr. Rosario ROMEO, *Dal Piemonte sabaudo all'Italia liberale*, Einaudi, Torino 1963, p. 270.
91 ) Milovan GILAS, *La nuova classe. Una analisi del sistema comunista*, Il Mulino, Bologna 1957, p. 99.

la maiuscola). Vi abbiamo già fatto cenno, ma avremo bisogno di tornare sulla questione perché questa frattura, rivelando un processo che ancora non si era ultimato, si ricomporrà quando lo Stato nazionale dell'Ottocento si perfezionerà nello Stato totale di cui la Prima Guerra Mondiale sarà spettrale manifestazione.

Occorre, a questo punto, soffermarsi su ciò che abbiamo già tante volte chiamato in causa: lo Stato. Più che fornirne una definizione proveremo a riflettere sugli aspetti essenziali e, per non incamminarci in altro tipo di trattazione, lo faremo in modo necessariamente sintetico. Tuttavia è necessario mettere a fuoco alcune questioni circa la natura dello Stato, condizione ritenuta indispensabile anche per poter leggere la vicenda della Grande Guerra.

È tutt'altro che univoco il significato da dare al concetto e i ricorrenti fraintendimenti stanno a dimostrare quanto sia controversa la natura di ciò che chiamiamo "Stato".

Secondo il paradigma che facciamo nostro, lo Stato non coincide né con il governo né con la mera autorità perché se è vero che non vi è Stato senza queste due funzioni, è anche vero che governo e autorità possono sussistere indipendentemente dallo Stato e, anzi, anche contro lo Stato. Se è vero che ogni Stato è teso sempre al governo, è anche vero che non ogni governo assume necessariamente la forma di Stato. Per quanto controversa, la definizione di Stato che assumiamo è quella che vede in esso non ogni forma di organizzazione politica, ma quella nella quale il governo si ritiene eticamente autosufficiente ed auto-fondato rispetto sia ai postulati della sua autorità sia alla produzione della legislazione. Si potrebbe dire che se non ogni governo è Stato, lo Stato (autoritario o democratico che sia) è quel governo che si considera assoluto.

Tanto meno lo Stato – argomentavamo già – coincide con il popolo, la società o con la nazione perché queste sono realtà originarie e naturali. Ciò che, invece, chiamiamo propriamente "Stato" è un'organizzazione politica, almeno tendenzialmente, accentratrice e assimilante ogni realtà sociale. L'uomo trova naturale consociarsi con i suoi simili per proteggersi e vivere meglio; ciò dà luogo alla vita in società libere e ai vari tipi di comunità originarie e spontanee. Lo Stato, invece, è essenzialmente una struttura che agisce con la coercizione e con il monopolio, alterando la dimensione naturale della socialità: «lo Stato è essenzialmente un apparato di costrizione e coercizione»[92]. Esso è contro la natura dell'essere umano perché aspira costantemente a sostituirsi alla società e ai normali

---

92 ) Ludwig von MISES, *Lo Stato onnipotente. La nascita dello Stato totale e della guerra totale*, introduzione di Victor Zaslavsky, Rusconi, Milano 1995, p. 71.

rapporti che legano gli uomini fra loro[93]. I rapporti sociali nascono per meglio difendere la libertà e la proprietà degli uomini e per sopperire alle necessità mediante lo scambio. Per cui esattamente il rispetto della libertà e della proprietà rappresenta il crinale che distingue il governo (o, meglio, l'autogoverno) dallo Stato (coercitivo), gli ordinamenti naturali da quelli imposti. Gli ordinamenti naturali sussistono per tutelare la vita, l'incolumità e i beni degli individui; gli ordinamenti coercitivi, invece, sono quelli dai quali gli uomini devono difendersi perché attentano alla vita, alla libertà e ai beni. Tra i primi possono annoverarsi il governo e l'autorità quando il governo è sinonimo di "autogoverno" e quando l'autorità è quella naturale (è il caso, innanzitutto, dell'autorità interna alla famiglia). Governo e autorità possono essere totalmente rispettosi delle libertà individuali, possono essere rispettosi degli ordinamenti naturali (e, perciò, essere antitetici allo Stato). Lo Stato, al contrario, è alternativo tanto alla società quanto all'autogoverno perché, se queste istituzioni naturali consentono di tutelare al meglio la libertà e la proprietà di ciascuno, lo Stato è, invece, la più potente struttura atta a mettere in pericolo libertà individuale e proprietà privata.

Tanti errori nei confronti nella considerazione dell'essenza dello Stato nascono poi dal confondere socialità e statualità: l'uomo ha bisogno dei suoi simili per poter vivere, ma lo Stato non solo non garantisce la socialità umana, ma si pone come sostituto di questa e come il più formidabile eversore dei naturali vincoli sociali. Il potere politico legittima se stesso mediante l'idea secondo cui senza lo Stato non vi sarebbe né ordine pubblico né civile convivenza. La storia rivela, invece, che la fioritura sociale si è resa possibile solo dove il potere politico è stato debole e imperfetto[94] mentre la storia recente dimostra che lo Stato non lascia spazio alla naturale socialità umana tendendo ad assorbire ogni dimensione della vita dell'uomo. Gli uomini si uniscono in società in modo naturale; lo Stato, invece, viene imposto per via di coercizione politica e non perdurerebbe

---

93 ) «Lo Stato è essenzialmente un concetto di potere [...]: significa un gruppo nei suoi aspetti aggressivi» (Randolph BOURNE, *La guerra è la salute dello Stato*, in Nicola IANNELLO (a cura di), *La società senza Stato. I fondatori del pensiero libertario*, Rubbettino, Soveria Mannelli (Catanzaro) 2004, p. 177).

94 ) Cfr. Jean BAECHLER, *Le origini del capitalismo*, prefazione di Luigi Marco Bassani e Alberto Mingardi, Istituto Bruno Leoni Libri, Torino 2015; cfr. Peter T. BAUER, *Dissent on Development. Essays in applied economics*, Harvard University Press, Cambridge (Massachusetts) 1972; cfr. Jacques ELLUL, *Storia delle istituzioni. Il Medioevo*, Mursia, Milano 1976; cfr. Ralph RAICO, *Decentramento e concorrenza hanno reso l'Europa prospera e libera*, a cura di Luca Fusari, in «StoriaLibera. Rivista di scienze storiche e sociali», anno 3 (2017), n. 6, p. 91-120.

se potesse essere liberamente scelto o se i suoi servizi venissero realmente offerti in regime di concorrenza[95].

Il principio dell'autogoverno[96] si basa fondamentalmente sulla possibilità reale di scegliere; è, questo, un principio avverso a quello su cui si fonda la sovranità dello Stato che impone obblighi politici irrevocabili[97]. Perciò un'organizzazione sociale essenzialmente basata sull'autogoverno è sostanzialmente differente da ciò che chiamiamo Stato. E se è vero che l'"autogoverno" è condizione di buon governo, lo Stato comporta sempre un "cattivo governo" perché restringendo le libertà individuali inibisce le migliori possibilità di sviluppo.

Non definiremmo sufficientemente lo Stato se non lo qualificassimo anche come governo illimitato. Questa è altresì la ragione principale per cui non ogni governo diviene necessariamente "Stato". Vi può essere, infatti, un governo che concepisce il proprio ruolo in modo limitato, in un modo, cioè, strettamente funzionale alla tutela del diritto alla vita, alla libertà ed alla difesa della proprietà. Diversa è, invece, l'attività dello Stato che concepisce il proprio potere tendenzialmente in modo assoluto e totale, non limitato neanche dalle leggi naturali ed anzi spesso in aperta contraddizione con queste.

Lo Stato, quindi, è quel particolare tipo di organizzazione politica che mantiene un monopolio (indicativamente stretto) sul maggior numero di ambiti; primo tra questi quello del diritto. Lo Stato, infatti, poggia sul diritto positivo, sul diritto che esso stesso genera (perciò lo Stato è "Stato etico" in quanto criterio di se stesso). La differenza essenziale tra lo Stato e le altre organizzazioni governative (ogni Stato è organizzazione politica, ma non ogni organizzazione politica è costituita come Stato) è data, quindi, dal rispettivo fondamento. Ciò che poggia sul diritto naturale non è Stato; lo Stato, al contrario, si fonda sulla legge da se stesso generata. Infatti, si può dire – come ha affermato il giurista spagnolo Juan Berchmans Vallet de Goytisolo (1917-2011) – che «oggi si pretende di ricavare

---

95 ) Sosteneva Rothbard: «in una società autenticamente libera, una società nella quale vengono rispettati i diritti individuali della persona e della proprietà, lo Stato, quindi, cesserebbe necessariamente di esistere. La sua miriade di attività invasive e aggressive, le sue incursioni contro i diritti della persona e della proprietà, scomparirebbero. Allo stesso tempo, quegli autentici servizi che esso svolge così male verrebbero affidati alla libera concorrenza» (Murray N. ROTHBARD, *L'etica della libertà*, introduzione di Luigi Marco Bassani, Liberilibri, Macerata 2000, p. 279).
96 ) Cfr. Beniamino DI MARTINO, *"Conceived in liberty". La contro-rivoluzione americana del 1776*, Liamar Editions, Principality of Monaco 2016, p. 29-31.54.108.112-116.139.
97 ) In contrapposizione ad ogni forma di assolutismo politico si pone l'organizzazione sociale basata sull'autogoverno che si realizza quando l'elemento fondante dei rapporti sociali è impostato sulla dimensione naturale ed è costituito da vincoli contrattuali privati.

questa giustificazione [cioè quella del potere dello Stato, *ndr*] nelle stesse norme stabilite nella Costituzione elaborata dallo Stato medesimo»[98].

Si è creduta necessaria questa parentesi sulla natura dello Stato – tra l'altro rispondente innegabilmente in una particolare prospettiva – perché si ritiene che il potere dello Stato debba essere il principale termine di verifica in ordine alla Grande Guerra.

Se la particolare prospettiva nella quale ci poniamo per l'elaborazione di questo lavoro è già emersa con sufficiente nettezza (magari stimolando possibili obiezioni), il punto da cui partire per le successive considerazioni non dovrebbe essere appannaggio di una sola scuola, ma dovrebbe risultare condivisibile a molti. Ci riferiamo al rafforzamento dei poteri politici che, sull'onda della Rivoluzione francese, è avvenuto durante tutto l'Ottocento. È, questo, il secolo della costruzione dei grandi Stati unitari e del consolidamento degli apparati di quelli già esistenti. Dopo ciò che era avvenuto in Francia sul finire del Settecento, è nella seconda parte dell'Ottocento che si incrementarono un po' dovunque le tendenze protese a rafforzare la dimensione statuale su quella familiare, la dimensione politica su quella patrimoniale. L'Ottocento è, perciò, un periodo che non può essere considerato prescindendo dal lungo processo di statalizzazione della vita dell'uomo.

Al tempo stesso complice ed esito di questo rafforzamento politico, si pone il fenomeno nazionalista che viene alimentato dall'interventismo statale e, simultaneamente, di quest'ultimo costituisce un aspetto dell'impalcatura teorica.

Riprendendo gli studi di Leopold Kohr – precedentemente richiamati in relazione al processo di concentrazione del potere – sembra interessante porre le ricerche dello scienziato sociale anche in rapporto agli effetti del potenziamento degli Stati[99]. Le analisi di Kohr portano lo studioso austriaco a concludere che le guerre sono diretta conseguenza dell'accrescimento del potere; uno Stato che dovesse sentirsi militarmente forte, prima o poi, abuserà della propria grandezza ed approfitterà della propria posizione. I governanti che avessero la percezione di riuscire a sopraffare le nazioni vicine, probabilmente non tarderebbero a dispiegare i propri eserciti in battaglia. L'aggressività di uno Stato, quindi, sarebbe, in qualche misura, proporzionale alla convinzione di essere vincitore in un eventuale conflitto. Si può, quindi, concludere – seguendo Kohr – che

---

98 ) Juan Berchmans VALLET de GOYTISOLO, *Stato di diritto/1. Il moderno stato di diritto*, in «Cristianità», anno 20 (1992), n. 201-202 (gennaio-febbraio), p. 7.
99 ) Cfr. Guglielmo PIOMBINI, *La superiorità delle piccole nazioni nel pensiero di Leopold Kohr*, in «StoriaLibera. Rivista di scienze storiche e sociali», anno 4 (2018), n. 8, p. 15-16.

la corsa verso la guerra è immancabilmente inscritta nel processo di rafforzamento dello Stato.

Merita, però, attenzione anche un altro risultato collaterale a cui Kohr giungeva: ritenere, cioè, che, relativamente allo scoppio dei conflitti, ogni altro tipo di motivazione – religiosa, ideologica, etnica, culturale o economica – sia decisamente secondaria rispetto a ciò che determina «la nuda materialità della massa del potere»[100]. Infatti, a proposito dell'accumulazione di potere quale vera ragione delle guerre, Kohr scriveva: «e anche in questo caso vedremo come la causa di un terribile evento come la guerra non debba essere attribuita a diabolici disegni o a perfide inclinazioni, ma all'esistenza di un potere eccessivo in mano a società troppo vaste. Il fatto è che ogniqualvolta uno Stato diventa grande abbastanza per accumulare la massa critica di potere, prima o poi cederà alla tentazione. E appena tale potere sarà nelle sue mani, diventerà uno Stato aggressore, nonostante il suo passato e le buone intenzioni»[101].

Questo risultato del politologo austriaco sembra analogo alle considerazioni di due suoi conterranei: Zweig e Mises. Anche lo scrittore Stefan Zweig, difatti, si era domandato quali potessero essere stati i motivi dello scoppio della guerra e, non avendo avuto risposta dalle ragioni usualmente addotte per i conflitti (scontro per i confini, ad esempio), annotava: «io non trovo altra ragione che questo eccesso di forza, tragica conseguenza di quel dinamismo interno accumulatosi negli ultimi quarant'anni e urgente verso uno sfogo violento. Ogni Stato ebbe d'un tratto coscienza di essere forte, dimenticando che anche lo Stato vicino aveva uguale orgoglio»[102]. D'altro canto, lo stesso Ludwig von Mises, alcuni anni dopo la pace di Versailles, ribadiva la sua convinzione escludendo che la guerra avesse ragioni puramente naturali (e, come tali, da non poter essere efficacemente contrastate) e, perciò, annotava: «è un errore sforzarsi di ricondurre gli attuali fenomeni di ostilità tra le varie nazionalità a cause naturali e non a cause politiche»[103].

Queste ultime, quindi, vanno debitamente illuminate per esaminare la marea montante che portò al grande disastro e, in quest'investigazione – come già si diceva –, emergono i nodi reconditi propri dei movimenti nazionali e dello Stato-nazione. Se è vero che il culto della Nazione non può sbocciare improvvisamente, allora significa che i suoi semi vanno

---
100 ) *Ibidem*, p. 16.
101 ) Leopold KOHR, *Il crollo delle nazioni*, Edizioni di Comunità, Milano 1960, p. 80.
102 ) Stefan ZWEIG, *Il mondo di ieri. Ricordi di un europeo*, Mondadori, Milano 1994, p. 171.
103 ) Ludwig von MISES, *Liberalismo*, prefazione di Dario Antiseri, Rubbettino, Soveria Mannelli (Catanzaro) 1997, p. 173.

ricercati nelle fasi precedenti. D'altronde la fusione di ciò che rappresenta le istanze nazionali e di ciò che rappresenta lo Stato-nazione è considerata un fattore di progresso; vieppiù il processo di accentramento politico viene considerato indispensabile ed essenziale elemento di modernizzazione. Occorre, però, chiedersi come un fattore di sicuro progresso per i singoli popoli abbia potuto generare una sciagura così estesa per l'intera umanità.

2.4. IL SENTIERO DELLA PACE E IL SENTIERO DELLA GUERRA

Nella descrizione del contesto pre-bellico, è naturale che si dia grande rilievo alle questioni di ordine economico e non vi è testo che non si soffermi su questo fondamentale aspetto, oltremodo rilanciato dalla storiografia marxista. Contraddicendo la diffusa tesi in base alla quale la guerra fu, in buona misura, preparata dai contrasti commerciali, occorre – anche in questa circostanza – recuperare la lezione della Scuola Austriaca che porterebbe a ribaltare una consolidata lettura.

Il paradigma economico "austriaco" consente di interpretare la dimensione politica e, più in generale, quella sociale senza cedere ad alcun economicismo; piuttosto esso potrebbe annoverarsi tra le migliori applicazioni di realismo politico[104]. Anche per inquadrare la vicenda della Prima Guerra Mondiale, gli esponenti "austriaci" sono partiti da alcune evidenze dell'azione umana e del vivere sociale. Se ciò rappresenta il nucleo stesso del metodo individualistico, la correttezza di questo metodo può essere messa alla prova anche dinanzi allo scoglio rappresentato dalle cause che condussero allo scoppio del 1914. Per illuminare queste cause occorre partire da lontano investigando il modo con cui l'uomo soddisfa i propri bisogni.

Ebbene, l'uomo può percorrere solo due strade per approvvigionarsi del necessario di cui vivere; questi due modi sono lo scambio volontario e la sottrazione violenta. Da ciò si deve già concludere che l'alternativa alla guerra fra gli Stati non può che essere il commercio tra i popoli[105]. "O lo

---

104 ) Cfr. Alessandro VITALE, *"Omnipotent Government": alle radici del realismo politico di Ludwig von Mises*, in Lorenzo INFANTINO - Nicola IANNELLO (a cura di), *Ludwig von Mises: le scienze sociali nella Grande Vienna*, Rubbettino, Soveria Mannelli (Catanzaro) 2004, p. 299.
105 ) «Ciò che distingue l'uomo dagli animali è la conoscenza dei vantaggi che derivano dalla cooperazione basata sulla divisione del lavoro. Per cooperare con gli altri esseri umani, l'uomo domina il suo innato istinto d'aggressione. Quanto più egli vuol migliorare il suo benessere materiale, tanto più deve espandere il sistema di divisione del lavoro» (Ludwig von MISES, *L'azione umana. Trattato di economia*, prefazione di Lorenzo Infantino, Rubbettino, Soveria Mannelli (Catanzaro) 2016, p. 875).

scambio o la guerra" potrebbe essere il motto sintetico del principio in cui si riassume la perenne scelta economica anche in chiave internazionale.

L'economista Rothbard, in una sua mirabile pagina, precisava che esistono due e soltanto due modi in cui un'economia può essere organizzata su larga scala: la via della scelta volontaria (cioè la via del libero mercato) e la via delle imposizioni (cioè la via del comando dello Stato)[106]. La prima via, essendo contrattuale e consensuale, è la via che corrobora la cooperazione sociale e – ricordando anche il pensiero di David Ricardo (1772-1823) – rende possibile l'armonia dei vari paesi. Ove ciascuno è consapevole di aver bisogno dell'altro, l'economia è un ambito di pacifica collaborazione. Una collaborazione che si estende anche ai paesi e alle diverse produzioni che essi sono in grado di offrire. È questa la strada che ha consentito lo sviluppo sociale dell'Occidente – all'insegna del medioevale motto "*Commercium et pax*" – e che è stato poi indicata da quel composto filone di pensiero che va sotto il nome di liberismo.

L'erosione di questa via è avvenuta con il sempre maggiore spazio assunto dall'autorità politica. Una delle caratteristiche dello Stato (e non del semplice autogoverno che sorge naturalmente in società per difendere la proprietà) è quella di assorbire la dimensione economica e controllare la vita lavorativa. Nella misura in cui ciò avviene, la contrattualità e la consensualità sono spodestate dalla coercizione e a determinare l'economia subentra la forza e il comando dello Stato. Allora, la pacifica collaborazione viene sostituita dalle direttive politiche.

Il primato della politica sull'economia comporta innanzitutto la sostituzione delle leggi economiche con le esigenze dello Stato e, conseguentemente, la sostituzione del vantaggio reciproco (e volontario) con quello esclusivo (e coercitivo) di una sola parte.

Lo Stato – assoluto nei suoi fondamenti e nei suoi propositi – pretende di ignorare le leggi economiche che, opponendosi inesorabilmente alle linee politiche, vengono ignorate o calpestate (ad esempio, con la stampa di moneta, l'inflazione, il debito pubblico, la tassazione). Si tratta di un'abitudine parallela sia all'idea della superiorità della volontà politica rispetto alle leggi dell'economia sia alle varie teorie che affidano alle capacità dello Stato il modo con cui addomesticare le leggi naturali. Descrivendo la violazione delle regole economiche, Mises così scriveva del *Reich*: «l'impero degli Hohenzollern, che aveva sconfitto gli imperatori d'Austria e di Francia e di fronte al quale tremavano le nazioni del mondo,

---

106 ) Cfr. Murray N. ROTHBARD, *Potere e mercato. Lo Stato e l'economia*, a cura di Nicola Iannello, Istituto Bruno Leoni Libri, Torino 2017, p. 268.

era al di sopra di ogni legge. La sua volontà era canone supremo»[107]. Prima di Mises, Eugen von Böhm-Bawerk aveva sintetizzato ciò nel titolo di un'opera in cui si contrapponeva il potere politico alla legge economica[108]. Stessa cosa farà anche Rothbard quando presenterà la teoria economica come alternativa tra potere e mercato, tra Stato e buon funzionamento dell'economia[109]. Da tutti questi studi emergeva la conflittualità tra potere politico e libero scambio, ma si chiariva anche come la logica statalista all'interno dell'economia può solo creare contrapposizioni politiche. Ciò ha un impatto tanto dannoso sul piano interno quanto pericoloso sul piano internazionale. «È mostruoso – affermava Mises – che il principe Luigi Napoleone Bonaparte, poi imperatore Napoleone III, abbia scritto molti decenni dopo Hume, Adam Smith e Ricardo: "la quantità di merce che un paese esporta è sempre in proporzione diretta al numero delle granate che esso può scaricare sui suoi nemici quando il suo onore e la sua dignità lo richiedono". Tutti i principii dell'economia concernenti gli effetti della divisione internazionale del lavoro e del commercio internazionale non sono riusciti finora a distruggere la popolarità dell'errore mercantilistico [cioè interventistico, *ndr*], secondo il quale "oggetto del commercio estero è di impoverire le altre nazioni"»[110]. Niente è più carico di conseguenze tanto luttuose quanto l'idea secondo cui «una nazione può prosperare solo a spese delle altre»[111]. Da questa supposizione che dà forza allo Stato si alimenta l'aggressività nazionalista che prima o poi conduce al conflitto armato. Nonostante la guerra non abbia mai comportato materiali ricadute benefiche – la guerra non è solo sempre inutile sotto l'aspetto propriamente economico[112], ma è manifestamente distruttiva di ogni benessere[113] –, essa venne perseguita in base a queste cattive teorie economiche.

Ma riprendiamo il ragionamento circa il clima pre-bellico. Se, dunque,

---

107 ) Ludwig von MISES, *L'azione umana*, UTET, Torino 1959 (I edizione del 1949), p. 350-351.
108 ) Cfr. Eugen von BÖHM-BAWERK, *Potere o legge economica?*, prefazione di Lorenzo Infantino, Rubbettino, Soveria Mannelli (Catanzaro) 1999.
109 ) Cfr. Murray N. ROTHBARD, *Power and Market. Government and the Economy*, Ludwig von Mises Institute, Auburn (Alabama) 2009.
110 ) Ludwig von MISES, *L'azione umana. Trattato di economia*, prefazione di Lorenzo Infantino, Rubbettino, Soveria Mannelli (Catanzaro) 2016, p. 707.
111 ) *Ibidem*, p. 227.
112 ) Cfr. *ibidem*, p. 875-876.
113 ) Ad esempio, Jean Bérenger scrive a diretto proposito della Prima Guerra Mondiale: «anche dal punto di vista degli interessi francesi, fu una scelta disastrosa [quella del conflitto, *ndr*], giustificata solo dagli imperativi della guerra totale» (Jean BÉRENGER, *Storia dell'impero asburgico. 1700-1918*, Il Mulino Bologna 2003, p. 434).

vi è un'ampia consonanza nel ritenere che la Grande Guerra sia il frutto dell'imperialismo e del nazionalismo, non si comprenderà appieno la natura di questi fenomeni marziali se non collegandoli all'ideologia della potenza dello Stato[114]. Probabilmente nessuna prospettiva è stata pari a quella "austriaca" nella capacità di illuminare tutto ciò: per essa, infatti, «il nazionalismo aggressivo è il derivato necessario delle politiche di interventismo e di pianificazione nazionale»[115].

All'origine di un tragico circolo vizioso vi è, quindi, lo Stato con le sue pesanti interferenze: «l'interventismo genera il nazionalismo economico e il nazionalismo la bellicosità»[116]. Ripetiamo: nell'interpretazione "austriaca" della realtà politica sono due le possibili strade da percorrere, quella dell'interventismo statale o quella della iniziativa privata. Quindi, in virtù di ciò, Rothbard sosteneva che la distinzione politica non è tra la sinistra e la destra quanto, piuttosto, tra ciò che inclina per la pianificazione dello Stato e ciò che si orienta per l'apertura al libero mercato[117]; alla base di un più profondo criterio per analizzare gli eventi storici, vi sarebbe, pertanto, questa distinzione politica.

Tale attenzione al lavoro e allo scambio potrebbe essere interpretata in chiave economicista; in verità – come già detto – si tratta di un potente richiamo di realismo che non ha nulla in comune con il materialismo storico. Il marxismo, infatti, ancor più che sui rapporti di produzione si concentra sul compito collettivizzatore dello Stato (rendendo questo il vero motore della storia) mentre il paradigma "austriaco", ribaltando completamente le tesi socialiste, restituisce la centralità all'individuo, alla sua iniziativa e alla proprietà privata, e non da ultimo in relazione alla edificazione (o, viceversa, alla distruzione) della civiltà.

Con una espressione tanto felice quanto sintetica, il filosofo politico Leo Strauss (1899-1973) descriveva il liberalismo come «la soluzione del problema politico tramite mezzi economici»[118]; parafrasandolo, potremmo dire che il collettivismo prova a dare soluzione al problema economico

---

114 ) Cfr. Ludwig von MISES, *Socialismo. Analisi economica e sociologica*, a cura di Dario Antiseri, Rusconi, Milano 1990, p. 360-361.656; cfr. MISES, *Liberalismo*, cit., p. 170-185; cfr. Ludwig von MISES, *Lo Stato onnipotente. La nascita dello Stato totale e della guerra totale*, Rusconi, Milano 1995, p. 69-157; cfr. MISES, *L'azione umana. Trattato di economia*, cit., p. 706.865s.875s.
115 ) MISES, *L'azione umana. Trattato di economia*, cit., p. 868.
116 ) *Ibidem*, p. 876.
117 ) Cfr. Murray N. ROTHBARD, *Sinistra e Destra: le prospettive della libertà*, introduzione di Roberta Adelaide Modugno, Istituto Acton, Roma 2003.
118 ) Leo STRAUSS, *Che cos'è la filosofia politica? Scritti su Hobbes e altri saggi*, a cura di Pier Franco Taboni, Argalìa Editore, Urbino 1977, p. 81.

tramite mezzi politici e, infine, tramite il mezzo della guerra.

A differenza della storiografia più diffusa, gli autori "austriaci" hanno avuto anche il merito di richiamare l'attenzione su un aspetto economico che rivela sia il livello dell'ingerenza politica, sia l'aumento delle contrapposizioni tra gli Stati, sia lo snaturamento dello scambio commerciale. Impossibile, infatti, comprendere la Grande Guerra senza la cognizione del protezionismo[119], cioè di quelle misure politiche tese a salvaguardare la produzione nazionale impedendo la concorrenza estera, dando, in questo modo, ai produttori locali un vantaggio rispetto ad ogni altro competitore[120].

Partendo, legittimamente, da più lontano, Rothbard risaliva alle tendenze protezionistiche ampiamente anticipate dalle teorie mercantilistiche[121] e scriveva: «la politica economica di governo dominante nell'Europa dei secoli XVII e XVIII, battezzata "mercantilismo" da scrittori di periodi successivi, partiva dall'assunto che un puntiglioso intervento negli affari economici fosse una delle funzioni proprie del governo. Esso aveva il dovere di controllare, regolare, sovvenzionare e ostacolare il commercio e la produzione»[122].

---

119 ) Cfr. Henry HAZLITT, *L'economia in una lezione. Capire i fondamenti della scienza economica*, Istituto Bruno Leoni Libri, Torino 2012, p. 73s.; cfr. von MISES, *Socialismo. Analisi economica e sociologica*, cit., p. 263.264.266s.360-361; cfr. MISES, *Liberalismo*, cit., p. 186.192; cfr. MISES, *L'azione umana. Trattato di economia*, cit., p. 726.365.787.790.794; cfr. Ludwig von MISES, *Politica economica. Riflessioni per oggi e per domani*, introduzione di Lorenzo Infantino, Liberilibri, Macerata 2007, p. 55.88; cfr. Murray N. ROTHBARD, *Protezionismo e distruzione della prosperità* (scritto del 1986: *The Dangerous Nonsense of Protectionism*), in IDEM, *La libertà dei libertari*, a cura di Roberta A. Modugno Crocetta, Rubbettino, Soveria Mannelli (Catanzaro) 2000, p. 101-116; cfr. Murray N. ROTHBARD, *An Austrian Perspective on the History of Economic Thought. Volume I. Economic Thought Before Adam Smith*, Ludwig von Mises Institute, Auburn (Alabama) 2006, p. 213s.; cfr. Lucio VILLARI, *Liberismo e protezionismo. Lezioni di storia economica*, De Santis, Roma 1966.
120 ) Con parole semplici ed efficaci, così Mises definisce il protezionismo: «si tratta del tentativo da parte del governo d'isolare il mercato interno dal resto del mercato mondiale. Esso introduce tariffe che fanno aumentare i prezzi interni di una merce rispetto ai prezzi del mercato mondiale, fa in modo che i produttori nazionali siano liberi di formare dei cartelli. Questi poi vengono attaccati dal governo, il quale dichiara: "in tali condizioni, è necessaria una legislazione anti-cartello"» (MISES, *Politica economica. Riflessioni per oggi e per domani*, cit., p. 55).
121 ) Benché il termine sembri richiamare l'attività commerciale, la dottrina mercantilistica fu l'espressione economica dell'assolutismo del secolo XVII. Ad entrambi si opposero le idee fisiocratiche che propugnavano il libero scambio (il *laissez-faire*) e suggerivano l'abolizione delle barriere doganali. La Scuola Austriaca, comprensibilmente, si pone in continuità con la fisiocrazia e in antitesi al mercantilismo.
122 ) Murray N. ROTHBARD, *Conceived in Liberty. Volume I. A New Land, A New People: The American Colonies in the Seventeenth Century*, Ludwig von Mises Institute,

La disamina degli effetti dell'interventismo ha accompagnato la produzione scientifica dei marginalisti; essi non si stancarono di ripetere come «imponendo misure restrittive, i governi e i parlamenti si rendono raramente conto delle conseguenze del loro intervento sull'attività economica. Hanno perciò supposto ciecamente che le tariffe protettive siano capaci di aumentare il tenore di vita della nazione; e si sono ostinatamente rifiutati di ammettere la correttezza degli insegnamenti impartiti dall'economia a proposito degli effetti del protezionismo»[123]. Una delle radici dell'errore è nell'intendere il benessere quale condizione nazional-statale anziché come condizione delle numerosissime individualità (personali, familiari, comunitarie). Puntando sull'accrescimento del potenziale economico nazionale, l'economia viene intesa come risposta alla dimensione collettiva; essa è, al contrario, azione individuale ed è solo su questa (e sulle interazioni che questa genera) che si costruisce una situazione di benessere condiviso. Solo pensando alla ricchezza come dotazione collettiva si può capire «come il protezionismo sia stato giustificato accampando superiori ragioni nazionali»[124].

Il protezionismo impone il controllo della concorrenza e comporta la chiusura dei mercati. La condizione cui aspira è quella dell'autarchia nazionale. Questa, d'altronde, finisce necessariamente per stabilire quali devono essere le scelte degli individui e, in questo modo, non solo riduce la libertà, ma rallenta il miglioramento della produzione interna e, complessivamente, il cammino del progresso dell'intera umanità. Una nazione autarchica è una nazione che preclude la divisione internazionale del lavoro e ogni genere di cooperazione, iniziando a sentirsi circondata da nemici[125]. Perciò è vero anche che «una nazione guerriera deve tendere all'autarchia per essere indipendente dal commercio estero»[126]. Ma tutto ciò sarebbe impossibile senza lo Stato che assume la guida della società e aspira a controllarne l'economia. Infatti, «il protezionismo moderno, con

---

Auburn (Alabama) 1999, p. 260 («The economic policy dominant in the Europe of the seventeenth and eighteenth centuries, and christened "mercantilism" by later writers, at bottom assumed that detailed intervention in economic affairs was a proper function of government. Government was to control, regulate, subsidize, and penalize commerce and production»).
123 ) MISES, *L'azione umana. Trattato di economia*, cit., p. 787.
124 ) MISES, *Liberalismo*, cit., p. 196.
125 ) «Questa "avventura" segnerà in profondità la storia europea. Le idee nazionalistiche forniscono uno schema interpretativo della realtà che si basa sull'identificazione di un "noi" contrapposto a un "loro". I nazionalisti sono sempre alfieri di un qualche primato "nazionale"» (Luigi Marco BASSANI - Alberto MINGARDI, *Dalla Polis allo Stato. Introduzione alla storia del pensiero politico*, Giappichelli Editore, Torino 2015, p. 196).
126 ) MISES, *L'azione umana. Trattato di economia*, cit., p. 874.

la sua tendenza a rendere ogni paese, per quanto possibile, economicamente autosufficiente, è inestricabilmente connesso con l'interventismo e la sua tendenza intrinseca a trasformarsi in socialismo. Il nazionalismo economico è il risultato inevitabile dello statalismo»[127].

L'intera riflessione "austriaca" sulle cause della Prima Guerra Mondiale potrebbe essere riassunta nella constatazione della vittoria dell'interventismo e del protezionismo. "La vittoria del protezionismo" potrebbe essere il titolo della riflessione sulle cause del conflitto perché la modalità con cui lo Stato interviene in economia può adeguatamente divenire la cifra interpretativa generale e complessiva. Affermava, infatti, Mises: «il protezionismo [attuale] è un corollario necessario della politica interna di intervento statale dell'economia. L'interventismo genera il nazionalismo economico e provoca così gli antagonismi che sfociano nella guerra»[128]. Nazionalismo e protezionismo sono, quindi, due aspetti dello stesso problema ed insieme conducono allo scontro bellico. Infatti, da un lato «la vita economica è per i nazionalisti la prosecuzione della guerra con altri mezzi»[129] e, dall'altro, i «dazi [sono] come [il] preludio alla guerra»[130].

Giustamente, perciò, gli "austriaci" hanno scorto nella diffusione del protezionismo i germi avvelenati che portarono al terribile scontro nel 1914. Come nessun'altra scuola economica, quella discendente da Menger ha analizzato in profondità le politiche protezioniste, perché rivelative del rifiuto del *laissez-faire*. A questo fondamentale motivo, Frédéric Bastiat riconduceva la natura di ogni protezionismo che, perciò, il saggista francese metteva anche in relazione al socialismo. Affermava Bastiat: «il *protezionismo* è stato il precursore del *comunismo*; dico di più, esso è stato la sua prima manifestazione»[131]. Per Marx (e per tutta la tradizione socialista) lo scambio è da mettere radicalmente in discussione; esso va abolito in quanto strumento capitalistico ed al posto del commercio occorre organizzare una redistribuzione centralizzata. Lo Stato dell'Ottocento, certamente, non giunse mai a sfiorare il programma comunista, ma la libertà di scambio fu sempre più contrastata e mortificata. Aveva,

---

127 ) Ludwig von MISES, *Lo Stato onnipotente. La nascita dello Stato totale e della guerra totale*, introduzione di Victor Zaslavsky, Rusconi, Milano 1995, p. 98.
128 ) *Ibidem*, p. 98.
129 ) Luigi Marco BASSANI - Alberto MINGARDI, *Dalla Polis allo Stato. Introduzione alla storia del pensiero politico*, Giappichelli Editore, Torino 2015, p. 201.
130 ) Murray N. ROTHBARD, *Potere e mercato. Lo Stato e l'economia*, a cura di Nicola Iannello, Istituto Bruno Leoni Libri, Torino 2017, p. 147.
131 ) Frédéric BASTIAT, *Proprietà e Legge*, in Frédéric BASTIAT - Gustave de MOLINARI, *Contro lo statalismo*, a cura di Carlo Lottieri, introduzione di Sergio Ricossa, Liberilibri, Macerata 2004, p. 38.

quindi, ragione Bastiat a cogliere nel protezionismo una forma iniziale di socialismo.

Lo sconforto per la crisi della civiltà aveva già accompagnato Menger e la sua riflessione. Mises, che con gli altri "austriaci" condivise pienamente questo avvilimento, testimoniò l'afflizione del "maestro": Menger, con «la sua mente lucidissima[,] aveva intuito quale via stesse imboccando lo sviluppo dell'Europa e del mondo intero. Egli vedeva ormai queste superbe civiltà correre precipitosamente verso l'abisso. Menger ebbe il presentimento di tutti gli orrori che oggi stiamo vivendo [Mises scrisse queste note mentre stava scoppiando la Seconda Guerra Mondiale, *ndr*]. Menger – continuava Mises – sapeva quali conseguenze il mondo avrebbe pagato per l'abbandono del liberalismo e del capitalismo, e fece quanto era in suo potere per contrastare queste tendenze»[132].

Esattamente allo scopo di contrastare queste tendenze, Mises e gli altri "austro-liberali" fino a Rothbard hanno condannato ogni forma di nazionalismo mostrando come questo fosse antitetico al libero scambio. Le passioni nazionalistiche, in fondo, nascono dal ritenere inconciliabili gli interessi di un paese con gli interessi di altri paesi e, di conseguenza, nel credere che la prosperità di una nazione possa essere assicurata solo a danno di altre comunità. Con questo presupposto, il popolo di ciascuno Stato non può se non essere solidale con le politiche di forza del proprio governo perché dalla forza che questo sa esercitare all'esterno dipenderebbe la ricchezza interna e, quindi, il vantaggio di ogni "cittadino". Ma «i liberali – affermava Mises – sono di differente opinione»[133]. Infatti, secondo la prospettiva austro-marginalista, come i gruppi, le classi e i singoli individui all'interno di ciascuna società, così anche gli interessi economici delle varie nazioni si armonizzano nel libero scambio[134]. Come, infatti, la divisione del lavoro interna ad ogni società è condizione per il miglioramento della vita di ciascuno, così la concorrenza oltre i confini nazionali significa essenzialmente cooperazione tra i popoli e le razze. Solo grazie a questa "collaborazione" mercantile ogni nazione cresce in ricchezza materiale e prosperità sociale[135]. Come, quindi, all'interno dell'economia

---

132 ) Ludwig von MISES, *Autobiografia di un liberale. La Grande Vienna contro lo statalismo*, prefazione di Lorenzo Infantino, Rubbettino, Soveria Mannelli (Catanzaro) 1996, p. 63-64.
133 ) MISES, *L'azione umana. Trattato di economia*, cit. p. 227.
134 ) Circa i vantaggi sociali della divisione del lavoro, cfr. Frédéric BASTIAT, *Il mercato e la provvidenza. Pensieri liberali*, a cura di Massimo Baldini, Armando, Roma 2002, p. 75.131.
135 ) «Accade così che la libera economia e la specializzazione e la divisione del lavoro che essa comporta sono di gran lunga la forma di economia più produttiva che l'uomo

nazionale, così anche in campo internazionale, lo scambio commerciale è sempre condizione per lo sviluppo di tutti coloro che allo scambio partecipano[136]. Al contrario, «il nazionalismo economico – sosteneva ancora Mises – è incompatibile con la pace durevole. Esso è tuttavia inevitabile dove il governo interferisce negli affari. Il protezionismo è indispensabile dove non c'è libero scambio interno. Dove c'è interferenza governativa nell'attività economica, il libero scambio rende impossibili, anche nel breve periodo, gli scopi perseguiti tramite i vari provvedimenti interventistici»[137].

Alla contrapposizione tra liberalismo e nazionalismo Mises dedicò, nel suo *Liberalismus* (un importante testo del 1927), una ricostruzione storica fornendo un'interessante panoramica sulle profonde «radici del nazionalismo aggressivo che imperversa dappertutto al giorno d'oggi»[138]. Un anticipo di ciò era già stato offerto dal grande viennese, qualche anno prima, nell'ampia trattazione sul socialismo. Ed a proposito del quale, Mises spiegava come socialismo e nazionalismo, pur essendo formalmente distinti, partono dallo stesso presupposto statalista e giungono anche ad utilizzare spesso gli stessi mezzi[139].

Privilegiando un punto di vista economico, lo studioso austriaco tornò a descrivere il male del nazionalismo riconducendolo al principio della illimitata sovranità nazionale intesa, in particolare, come potestà del governo di interferire negli affari sociali e in quelli economici. Sosteneva Mises: «l'incompatibilità tra guerra e capitalismo significa che guerra e civiltà sono incompatibili»[140]. Per l'economista viennese (in ciò Rothbard si distanzierà dal maestro[141]) il liberalismo non è contrario di per sé alla

---

conosca» (Murray N. ROTHBARD, *Per una nuova libertà*, introduzione di Luigi Marco Bassani, Liberilibri, Macerata 2004, p. 62).
136 ) Scriveva Mises: «il nazionalismo economico, complemento obbligato dell'interventismo interno, danneggia gli interessi dei popoli stranieri e crea, in tal modo conflitti internazionali. Esso suggerisce l'idea di risolvere i problemi mediante la guerra. Perché una nazione potente dovrebbe tollerare la sfida di una nazione meno potente?» (Ludwig von MISES, *L'azione umana. Trattato di economia*, prefazione di Lorenzo Infantino, Rubbettino, Soveria Mannelli (Catanzaro) 2016, p. 875).
137 ) *Ibidem*, p. 726-727.
138 ) Ludwig von MISES, *Liberalismo*, prefazione di Dario Antiseri, Rubbettino, Soveria Mannelli (Catanzaro) 1997, p. 173.
139 ) Cfr. Ludwig von MISES, *Socialismo. Analisi economica e sociologica*, a cura di Dario Antiseri, Rusconi, Milano 1990, p. 360.44.
140 ) MISES, *L'azione umana. Trattato di economia*, cit., p. 872.
141 ) Infatti: «il liberalismo diffida – e usa malvolentieri – il termine *sovranità*. Esso infatti richiama alla mente il principio del *superiorem non recognoscens*, il potere incondizionato di legiferare e di manomettere (non importa a qual fine) la libertà degli individui» (Dino COFRANCESCO, *La democrazia liberale (e le altre)*, Rubbettino, Soveria Mannelli (Catanzaro) 2003, p. 62).

sovranità dei governi; ma – affermava Mises – «la sovranità di governi che non seguono completamente i principi dell'economia di mercato» dispone facilmente alla guerra[142]. Perciò il nazionalismo, producendo tensioni e scontri economici, è inevitabilmente perturbatore di una pace durevole. Negando il libero commercio, le istanze sciovinistiche[143] ostacolano la cooperazione internazionale (quella cooperazione che si realizza tra le nazioni così come, all'interno delle stesse, la divisione del lavoro realizza la pace sociale). Proprio perché il libero commercio comporta il superamento delle barriere, il libero scambio è la prima vittima del nazionalismo che, fondandosi sull'interferenza governativa negli affari economici, si arrocca in ogni forma di protezionismo.

In sintesi, possiamo dire che, nella lettura del liberalismo "austriaco", il nazionalismo che sorge nell'Ottocento e che si inasprisce sino a condurre, nel 1914, alla Grande Guerra, è incomprensibile senza l'affermazione dello Stato interventista. È proprio il rigetto del *laissez-faire*, conseguenza dell'interferenza governativa, a creare condizioni di contrasti e di contese; il nuovo mercantilismo – con le sue misure protezionistiche – è, nella letteratura "austriaca", il vero nemico della pace mondiale[144].

Non è, quindi, eccessivo intravedere nella propensione protezionistica un tratto caratteristico dell'imperialismo di ogni tipo e del nazionalismo di ogni estrazione. L'epoca che precede la Prima Guerra Mondiale lo dimostra copiosamente. I nazionalismi crescono nello spirito di chiusura autarchica e in quell'atteggiamento protezionistico nei confronti del quale il liberalismo (e non solo quello "austriaco") ha dovuto combattere molte battaglie.

C'è da aggiungere che si sbaglierebbe a ritenere il protezionismo una pratica esclusivamente europea. Anche negli Stati Uniti di inizio Novecento il dibattito sul protezionismo commerciale è stato lungo ed aspro. Infatti, negli USA, la controversia sulla legittimità delle decisioni governative non solo riguardò il protezionismo verso il commercio con l'estero, ma – nel più ampio quadro delle forme di interventismo – accese anche una lunga disputa sul cosiddetto proibizionismo.

Stato e nazionalismo si sono, così, rivelati decisi oppositori della libertà di commercio. Ancora una volta, il pregiudizio anti-mercantile si alimentava di motivi politici e si traduceva, immancabilmente, in diffidenza nei

---

142 ) *Ibidem*, cit., p. 726.
143 ) "Sciovinismo" è un altro sinonimo di nazionalismo. Il termine deriva dal nome di un probabilmente immaginario soldato napoleonico, Nicolas Chauvin, che si sarebbe distinto per il suo patriottismo.
144 ) Cfr. ROTHBARD, *Per una nuova libertà*, cit., p. 370-371.

confronti della concorrenza. Senza logica competitiva, però, è davvero impossibile che vi sia una società realmente aperta. In più, la competizione commerciale si dimostra il formidabile strumento per ridimensionare la posizione di chi vuol rimanere arroccato al potere. È vero, infatti, che «la mancanza di competizione produce l'arbitrio»[145]. Lo Stato, perciò, non può che essere ordinariamente avversario della concorrenza perché il potere politico necessita di un esteso monopolio; quando questo giunge ad estendersi in molti campi significa, allora, che lo Stato si è ramificato in modo totalitario. Luigi Einaudi (1874-1961), infatti, scriveva che «il totalitarismo vive col monopolio»[146]. Lo Stato è, quindi, alternativo alla libera economia perché mentre questa vive di concorrenza e di libertà di scelta, quello può fondarsi solo sul monopolio e sulla forza[147]. Da qui la incessante opera di "regolazione" della concorrenza da parte dei pubblici poteri sempre giustificata dal presupposto che la competizione generi immoralità o rischi sociali[148]. In realtà è proprio la concorrenza ad essere strumento di moralizzazione sociale non solo perché moltiplica la salutare opportunità economica di scegliere, ma soprattutto perché disattiva il meccanismo di accrescimento dell'arbitrio politico e del potere dello Stato[149]. Davvero – come ha affermato Hayek in modo magistrale – «il sistema di concorrenza è il solo sistema adatto a minimizzare [, mediante il decentramento,] il potere dell'uomo sull'uomo»[150].

Ciò che è, invece, prevalso è il sistema di monopolio statale. Il radicamento di tale "nazionalismo economico" si pone agli antipodi di quella

---

145 ) Lorenzo INFANTINO, *Potere. La dimensione politica dell'azione umana*, Rubbettino, Soveria Mannelli (Catanzaro) 2013, p. 42; cfr. anche p. 60.
146 ) Luigi EINAUDI, *Prediche inutili*, Einaudi, Torino 1969, p. 57.
147 ) Cfr. Ludwig von MISES, *Lo Stato onnipotente. La nascita dello Stato totale e della guerra totale*, introduzione di Victor Zaslavsky, Rusconi, Milano 1995, p. 104s.
148 ) Gli autori della Scuola Austriaca hanno dovuto difendere spesso concorrenza e mercato dalle accuse di "darwinismo sociale". Cfr. Friedrich A. von HAYEK, *Nuovi studi di filosofia, politica, economia e storia delle idee*, Armando, Roma 1988, p. 79; cfr. ROTHBARD, *Per una nuova libertà*, cit., p. 31; cfr. Murray N. ROTHBARD, *Diritto, natura e ragione. Scritti inediti versus Hayek, Mises, Strauss e Polanyi*, a cura di Roberta A. Modugno, Rubbettino, Soveria Mannelli (Catanzaro) 2005, p. 64-65; cfr. Roberta Adelaide MODUGNO, *Murray N. Rothbard e l'anarco-capitalismo americano*, Rubbettino, Soveria Mannelli (Catanzaro) 1998, p. 131; cfr. Nicola IANNELLO, *I diritti presi davvero sul serio. Per una genealogia del libertarismo*, in IDEM (a cura di), *La società senza Stato. I fondatori del pensiero libertario*, Rubbettino, Soveria Mannelli (Catanzaro) 2004, p. 32.
149 ) Cfr. Ralph RAICO, *Decentramento e concorrenza hanno reso l'Europa prospera e libera*, a cura di Luca Fusari, in «StoriaLibera. Rivista di scienze storiche e sociali», anno 3 (2017), n. 6, p. 91-120.
150 ) Friedrich A. von HAYEK, *La via della schiavitù*, prefazione di Raffaele De Mucci, Rubbettino, Soveria Mannelli (Catanzaro) 2011, p. 194.

cooperazione pacifica che è propria del libero scambio[151], sulla cui natura ora non possiamo soffermarci se non per ricordare che il libero mercato consente in modo naturalmente pacifico, attraverso il reciproco vantaggio commerciale, l'approvvigionamento dei beni di cui l'uomo ha bisogno. Il filosofo e sociologo tedesco Georg Simmel (1858-1918), in un'opera del 1900, ha elaborato una vera e propria filosofia mercantile. In essa il pensatore descriveva il significato per l'umanità del passaggio dalla rapina al commercio, considerando lo «scambio, uno dei più straordinari progressi dell'umanità»[152]. Simmel, quindi, sosteneva che «il progresso sostanziale della civiltà potrebbe essere definito come l'estensione dell'ambito del dominio umano a dimensioni così diverse da [...] far sì che l'appagamento di un bisogno non si colleghi ad una rapina»[153]. Da qui la percezione di come solo il libero commercio possa garantire condizioni di armonia tra i popoli intuendo in ogni scambio – e nello scambio in generale – un efficacissimo "trattato di pace"[154].

L'alternativa al *laissez-faire*, quindi, non potrà che essere la guerra. Dal libero scambio proviene la pacificazione, dal rifiuto del mercato aperto non possono che svilupparsi contese e rivalità[155]. Si può dire che le parole "*Commercium et Pax*" che i lavoratori di Amsterdam, già nel tardo medioevo, avevano scelto come motto del loro porto mercantile hanno rappresentato un principio sempre più rigettato nell'epoca moderna. Nazionalismo ed ideologie, hanno, infatti, pensato di risolvere i problemi economici o attraverso la guerra dichiarata o mediante il protezionismo – che è sempre guerra economica e spesso è anche anticamera del conflitto militare[156].

In fondo, tutto il presente saggio sulla Prima Guerra Mondiale può essere sintetizzato e compendiato dalla frase attribuita al grande Frédéric Bastiat secondo il quale «se su di un confine non passano le merci,

---

151 ) Cfr. Carlo LOTTIERI, *Lo scambio: un "miracolo" profano*. IBL Occasional Paper n. 4, Istituto Bruno Leoni, Torino 2004.
152 ) Georg SIMMEL, *La filosofia del denaro*, UTET, Torino 1984, p. 419.
153 ) *Ibidem*.
154 ) *Ibidem*, p. 152.419.
155 ) Già nel Dodicesimo secolo, Ugo di San Vittore (1096-1141), tra i principali esponenti della Scuola teologica di Parigi, descriveva il lavoro mercantile in questi termini: «la pratica del commercio riconcilia le nazioni, spegne le guerre, rinsalda la pace e trasforma i beni privati in benefici per tutti» (UGO di SAN VITTORE, *Didascalicon. I doni della promessa divina. L'essenza dell'amore. Discorso in lode del divino amore*, introduzione, traduzione e note di Vincenzo Liccaro, Rusconi, Milano 1987, p. 111 (*Didascalicon*, libro II, XXIII), cfr. p. 25-26).
156 ) Cfr. Frédéric BASTIAT, *Armonie economiche*, premessa di Agostino Canonica, introduzione di Francesco Ferrara, UTET, Torino 1949, p. 559-568.

attraverso di esso passeranno i cannoni»[157]. Tutta la tradizione "austriaca" può trovare pertinente identificazione nel desiderio di vedere i popoli vivere in pace grazie alla divisione del lavoro e alla cooperazione nello scambio, dato che – come ripeteva Mises – la pace «è *la* teoria sociale del liberalismo»[158].

Senza mai confondere questa pace con il pacifismo[159], gli esponenti della Scuola Austriaca hanno sempre riaffermato la efficacia della strada economica per la soluzione delle contese e, perciò, si sono sempre dimostrati avversi all'interventismo politico anche in campo internazionale. Perciò i liberal-marginalisti, nel solco di una lunga e feconda tradizione, hanno avuto grandi motivi per evidenziare l'incompatibilità della guerra con il capitalismo. Dichiarava, infatti, sinteticamente Mises: «nel lungo periodo la guerra è incompatibile con il mantenimento dell'economia di mercato. Il capitalismo è un sistema di cui solo i popoli pacifici possono beneficiare. Ma ciò non vuol dire che una nazione costretta a respingere gli aggressori stranieri debba sostituire l'impresa privata con il controllo governativo»[160].

La stretta relazione tra il potere in ambito nazionale e la potenza in ambito internazionale è, quindi, un parametro interpretativo per intendere in profondità le radici della Grande Guerra. Scriveva Rothbard: «l'"isolazionismo" politico e la coesistenza pacifica – astenersi da qualsiasi interferenza con un'altra nazione – sono, dunque, il corrispettivo libertario dell'invocazione di politiche ispirate al *laissez-faire* in patria. L'idea è quella di limitare il governo nei suoi interventi esteri, proprio come lo si limita negli interventi interni»[161].

In una mirabile coerenza di pensiero e di programma, all'aforisma di Bastiat facevano seguito le parole di Mises che, con apprensione, si chiedeva: «se uomini e merci sono impediti di passare le frontiere, perché le armate non dovrebbero preparare loro la via?»[162]. Ancora una volta vengono implicitamente delineate le uniche due possibili vie per il soddisfacimento delle necessità materiali ove la strada del potere politico

---

157 ) Cit. in Dario ANTISERI, *Cattolici a difesa del mercato*, a cura di Flavio Felice, Rubbettino, Soveria Mannelli (Catanzaro) 2005, p. 7.
158 ) MISES, *Socialismo. Analisi economica e sociologica*, cit., p. 92.
159 ) Scriveva Rothbard: «non riteniamo, come i pacifisti, che nessun individuo abbia il diritto di ricorrere all'uso della violenza per difendersi dagli attacchi violenti» (ROTHBARD, *Per una nuova libertà*, cit., p. 360).
160 ) Ludwig von MISES, *L'azione umana. Trattato di economia*, prefazione di Lorenzo Infantino, Rubbettino, Soveria Mannelli (Catanzaro) 2016, p. 872.
161 ) *Ibidem*, p. 353.
162 ) *Ibidem*, p. 876.

si contrappone a quella del pacifico scambio mercantile. E se ciò che dà l'esatta percezione della distanza tra il potere politico e la vita della società è il modo con cui le due realtà intendono l'attività economica, allora il vero grande imputato è lo Stato, cioè l'accrescimento del potere della coercizione pubblica. Attribuendo all'aumento del tasso di politicità[163] i rischi per la pace tra le nazioni, ancora una volta torna sotto accusa la sovranità dello Stato unitario che si è rafforzata mediante l'accentramento nazionale.

Tutto ciò comporta un netto ribaltamento rispetto alle tesi che ordinariamente attribuiscono alle rivalità economiche la causa dello scoppio della guerra. Se così fosse, in ultima analisi, lo sviluppo economico sarebbe responsabile della produzione di continui contrasti che, infine, sfociano in conflitti militari. Oltretutto – e, forse, su ciò poco si riflette – se la concorrenza commerciale fosse davvero accusabile di aver fomentato lo scoppio della Grande Guerra, lo scontro, piuttosto, si sarebbe dovuto realizzare tra Regno Unito e Stati Uniti[164].

Com'è noto, l'interpretazione marxista rappresenta il punto più alto della tesi che attribuisce alla libertà economica la responsabilità delle tensioni internazionali. Ovviamente questa lettura delle cause della guerra è viziata dall'idea di far coincidere il sistema capitalista con lo Stato imperialista. Un errore dalle enormi conseguenze; un errore in cui non sono caduti i pensatori autenticamente liberali che, anche in ciò, hanno mostrato la distanza con l'impostazione socialista. Il sistema capitalistico nulla ha a che fare con lo Stato imperialistico; a dimostrarlo basterebbe considerare gli effetti antitetici prodotti dall'uno e dall'altro. Il primo lega la sua causa alla libertà e allo sviluppo; il secondo al nazionalismo e, infine, alla guerra. Giustamente Mises dichiarava: «è evidente che la guerra e l'economia di mercato sono incompatibili»[165].

A guerra inoltrata, Vladimir Ilyich Uljanov detto Lenin (1870-1924) aveva sostenuto che l'imperialismo non fosse altro che l'ultima fase del capitalismo[166]. Il rivoluzionario russo esprimeva, della guerra, l'idea che accompagnerà la tradizione socialista: il conflitto è inscritto nello

---

163 ) Cfr. Alessandro VITALE, *"Omnipotent Government": alle radici del realismo politico di Ludwig von Mises*, in Lorenzo INFANTINO - Nicola IANNELLO (a cura di), *Ludwig von Mises: le scienze sociali nella Grande Vienna*, Rubbettino, Soveria Mannelli (Catanzaro) 2004, p. 309.
164 ) Cfr. Eric J. HOBSBAWM, *L'età degli imperi. 1875-1914*, Laterza, Bari 1991, p. 361.
165 ) Ludwig von MISES, *I fallimenti dello Stato interventista*, prefazione di Lorenzo Infantino, Rubbettino, Soveria Mannelli (Catanzaro) 1997, p. 352.
166 ) È questo il titolo del noto volumetto di Lenin del 1916.

scatenamento degli istinti capitalistici delle potenze coloniali[167]. Al capitalismo, quindi, andrebbe interamente attribuita la colpa di ciò che, infine, deflagrò nell'estate del 1914. Ma il primo conflitto mondiale fu tutt'altro che conseguenza del trionfo degli ideali del libero scambio – come vaticinava Lenin; esso, al contrario, come scriveva Mises, «fu [...] il risultato di una lotta lunga ed aspra contro lo spirito liberale e l'inizio di un'epoca di contestazione ancor più aspra dei principi liberali»[168].

Le spiegazioni relative alle radici della guerra non potrebbero essere più contrastanti. Da una parte, la guerra è stata considerata frutto della conflittualità generata dai mercati; in ordine a ciò, gli esponenti socialisti hanno visto nella conflagrazione bellica l'esplosione delle contraddizioni dei regimi plutocratici; Lev Trotsky (1879-1940) non aveva altro modo per descrivere la Grande Guerra se non come «conflitto tra i paesi capitalisti più avanzati»[169]. Dall'altra parte, la guerra è stata intesa come la conseguenza dell'accrescimento del potere dello Stato a danno delle libertà individuali e come l'effetto dell'espansione della politica antagonista del libero scambio. Non, quindi, come l'inevitabile conflitto generato dal capitalismo, ma come il conflitto inevitabilmente alternativo alla libertà del commercio; non come l'approdo della ricerca disperata e agguerrita di nuovi mercati, ma come l'esito della sottomissione dell'economia al controllo politico.

Contro la tesi della guerra provocata dalla ricerca dell'espansione dei mercati e, quindi, contro l'idea della naturale aggressività contenuta nelle dinamiche economiche sono indubbiamente di grande utilità alcune significative prove storiche.

Anche in questo caso, la gran parte dei manuali usano attribuire al capitalismo in ascesa, all'economia in forte espansione e all'intraprendenza dell'imprenditorialità una delle principali cause della guerra. È ciò che viene ripetuto quasi sempre attribuendo allo sviluppo economico un

---

167 ) Scriveva Lenin nel 1916: «la proprietà privata, basata sul lavoro del piccolo proprietario, la libera concorrenza, la democrazia: tutte le parole d'ordine, insomma, che i capitalisti e la loro stampa usano per ingannare gli operai e i contadini, sono cose del passato. Il capitalismo si è trasformato in sistema mondiale di oppressione coloniale e di iugulamento finanziario della schiacciante maggioranza della popolazione del mondo da parte di un pugno di paesi "progrediti". E la spartizione del "bottino" ha luogo fra due o tre predoni (Inghilterra, America, Giappone) di potenza mondiale, armati da capo a piedi, che coinvolgono nella loro guerra, per la spartizione del loro bottino, il mondo intero» (Vladimir I. LENIN, *Imperialismo fase suprema del capitalismo*, in IDEM, *Opere*, vol. 22, Editori Riuniti, Roma 1966, p. 36).
168 ) Ludwig von MISES, *Liberalismo*, prefazione di Dario Antiseri, Rubbettino, Soveria Mannelli (Catanzaro) 1997, p. 26.
169 ) Lev TROTSKY, *Storia della rivoluzione russa*, Sugar Editore, Milano 1964, p. 31.

insolubile legame con l'aggressività militare. Ciò che si omette di precisare è che l'economia diventa militarmente aggressiva solo quando si trasforma in prolungamento della politica imperialista degli Stati. Quando, cioè, viene, di fatto, statalizzata. Ciò che, quindi, viene impropriamente attribuito al libero mercato, in realtà, dev'essere addebitato a responsabilità integralmente politiche[170].

Senza, allora, mai dimenticare che le prove di forza internazionale in ambito economico non possono essere attribuite all'imprenditoria, ma sempre e comunque all'autorità politica (anche quando questa si fa ingiustamente esecutrice di quella), non risulta corretto ritenere gli interessi della borghesia imprenditoriale coincidenti con quelli degli Stati.

Non poche indagini storiche nell'ambito degli studi sulla Grande Guerra attestano come tra i ceti borghesi non regnava la ricerca bellicosa di nuovi mercati, ma una diffusa aspirazione alla pace. Anche Hobsbawm, nonostante il suo orientamento marxista, ha sostenuto che «qualsiasi studio imparziale dei giornali economici, della corrispondenza privata e commerciale degli uomini d'affari, delle loro dichiarazioni pubbliche in quanto esponenti della banca, del commercio e dell'industria, dimostra esaurientemente che la maggioranza degli uomini d'affari ritenevano vantaggiosa per loro la pace internazionale»[171].

Se per non pochi osservatori di inizio secolo una guerra era considerata impossibile lo era perché l'interdipendenza economica fra le nazioni aveva dimostrato, al tempo stesso, le virtualità del commercio e l'irrazionalità dei conflitti[172]. Tra questi osservatori vi fu il saggista britannico sir Ralph Norman Angell-Lane (1872-1967) che scrisse, a breve distanza, due autentici best-seller: *Europe's Optical Illusion* (1909) e *The Great Illusion. A Study of the Relation of Military Power in Nations to their Economic and Social Advantage* (1910). In una visione schiettamente liberale, Norman Angell presentava l'*illusione* di ritenere uno scontro armato come benefico per potenziare l'economia di qualunque nazione, non solo per gli sconfitti, ma anche per ogni possibile paese vincitore. Per quanto lette e tradotte, le opere del saggista non riuscirono ad impedire il primo conflitto, così come il secondo non fu certo scongiurato dal conferimento del premio

---

170 ) Cfr. MISES, *Liberalismo*, cit., p. 174s.
171 ) HOBSBAWM, *L'età degli imperi. 1875-1914*, cit., p. 360.
172 ) Mises scriveva: «la divisione internazionale del lavoro si è sviluppata nell'aspettativa che non ci sarebbero più state guerre. Nella filosofia della Scuola di Manchester, pace e libero scambio sono termini inseparabili. Gli uomini d'affari che hanno internazionalizzato il commercio erano convinti che la guerra appartenesse al passato» (Ludwig von MISES, *L'azione umana. Trattato di economia*, prefazione di Lorenzo Infantino, Rubbettino, Soveria Mannelli (Catanzaro) 2016, p. 872).

Nobel per la pace che Norman Angell ricevette nel 1933, l'anno nel quale la Germania iniziò a preparare l'altra e ancor più devastante guerra.

«Secondo una delle leggende anticapitaliste più popolari, le macchinazioni dei produttori di armi avrebbe favorito la rinascita dello spirito di guerra. Si crede che l'imperialismo moderno e la guerra totale siano la risultante della propaganda bellica svolta dagli scrittori pagati dai produttori di armi. Si pensa che la Prima Guerra Mondiale sia scoppiata perché Krupp, Schneider-Creuzot, DuPont e J.P. Morgan intendevano trarne dei grossi profitti»[173]. A scrivere queste righe fu ancora Mises, nel 1929. Forse la sua opinione è troppo ottimista perché c'è da credere che nessuno abbia mai disdegnato guadagni, anche se questi dovessero giungere a causa della guerra: né i grandi industriali committenti dello Stato e neanche gli operai di un'industria di armi. Ma se c'è una considerazione generale da fare essa riguarda non chi abbia approfittato, ma la situazione che ha reso possibile tutto ciò. Ed anche in questo caso la responsabilità è di natura politica. Pur tuttavia lo storico Élie Halévy ha reso noto come, nel 1909, a seguito della crisi marocchina tra Francia e Germania, i due grandi produttori di materiale bellico, Schneider per la Francia e Krupp per la Germania, trovarono naturale accordarsi pacificamente. Ciò che impedì l'esecuzione del patto fu l'opposizione in Francia dei nazionalisti e dei socialisti (l'accordo era giudicato dai primi troppo internazionalista e dai secondi troppo capitalista). Commentava Halévy: «ecco un caso in cui l'industrialismo, avendo agito come un fattore di pace fra Francia e Germania, si trovò sconfitto da forze estranee all'ordine economico e più forti di lui. [...] Ancora una volta il capitalismo rappresentava la pace»[174].

Élie Halévy (1870-1937) è stato uno storico e filosofo francese che in *L'ère des tyrannies. Etudes sur le Socialisme et la Guerre* ha investigato gli aspetti del totalitarismo. È stato anche tra i pochi a saper registrare la «costante e ardente aspirazione alla pace da parte dei circoli commerciali e industriali»[175]. In contrapposizione alle contese politiche tra gli Stati, Halévy ha fatto presente la larga propensione alla pace espressa dalla classe borghese. «Sono note – scriveva lo storico francese – le insistenti pressioni degli industriali e commercianti inglesi, *interessati ardentemente alla pace* sul governo per una alleanza con la Germania, e le profonde preoccupazioni, alla vigilia stessa della guerra, dei banchieri, degli uomini della

---

173 ) MISES, *I fallimenti dello Stato interventista*, cit., p. 355.
174 ) Élie HALÉVY, *L'ère des tyrannies. Etudes sur le Socialisme et la Guerre*, Gallimard, Paris 1990 (opera del 1938, postuma). Cit. in Armando SAITTA, *Storia e miti del '900. Antologia di critica storica*, La Nuova Italia, Firenze 1974, p. 115.
175 ) *Ibidem*, p. 114.

Borsa, dei proprietari delle miniere, degli uomini del cotone, dell'acciaio e del carbone che si affollavano negli appartamenti del Cancelliere dello Scacchiere per dirgli il loro terrore alla prospettiva di un conflitto in cui l'Inghilterra si lasciasse trascinare»[176].

Si può sostenere che se ci si fosse lasciati guidare dal perseguimento degli interessi economici, questo proposito avrebbe scongiurato la guerra. Ipotizza Furet: «si sarebbe tentati di rivoltare la formula di Jaurès per leggere nello sviluppo del capitalismo l'annuncio non del temporale, bensì della pace tra le nazioni»[177]. Davvero sarebbe stato sufficiente assecondare gli interessi economici (limitando quelli politici) per disinnescare i contrasti e trasformarli in occasione di cooperazione. Ma gli interessi politici sono conflittuali rispetto a quelli economici e gli uni non sono mai conciliabili con gli altri.

Nessun vero imprenditore può considerare la guerra un mezzo per creare ricchezza. L'imprenditore ha bisogno di soddisfare il cliente e la guerra può solo creare incertezze e impoverimento. L'unico caso in cui un imprenditore può auspicare la guerra è quello in cui il proprio cliente è lo Stato con i suoi ordinativi che in contesto bellico aumentano a dismisura. Ma sarebbe un errore attribuire questa prassi al normale corso dell'economia; essa, in questo modo, viene piuttosto alterata e alterata rimane fintanto che non si ristabiliscono i capisaldi del libero mercato e della libera concorrenza. La guerra è, invece, inconciliabile con l'economia di mercato così come questa lo è con quella[178]. Il libero scambio ha bisogno di pace e, perciò, alimenta le condizioni che assicurano una pace duratura; è, questa, la certezza che portava Mises a dire che la pace è la teoria sociale su cui si basa il liberalismo[179]. Esso viene meno quando prevale la violenza dei singoli o degli Stati e, con il soffocamento del libero scambio, viene affossato il progresso e l'armonia tra gli uomini e tra i popoli. Il liberalismo, al contrario, può essere anche inteso come la dottrina della pacifica cooperazione umana perché postula volontari rapporti di collaborazione dove il lavoro di ciascuno è utile per gli altri e per l'intera società. Perciò, essendo causa dell'instaurazione di rapporti di volontaria collaborazione, «l'economia di mercato è cooperazione pacifica. Quando i cittadini si trasformano in guerrieri, e invece di scambiare merci e servizi si combattono a vicenda, essa viene meno»[180].

---

176 ) *Ibidem*, p. 116.
177 ) François FURET, *Il passato di un'illusione. L'idea comunista nel XX secolo*, Mondadori, Milano 1997, p. 50.
178 ) Cfr. MISES, *I fallimenti dello Stato interventista*, cit., p. 352.
179 ) Cfr. MISES, *Socialismo. Analisi economica e sociologica*, cit., p. 92.
180 ) MISES, *L'azione umana. Trattato di economia*, cit., p. 865.

Da un lato, quindi, la via del libero scambio, della cooperazione e della pace; dall'altro la via dell'intervento dello Stato, delle direttive politiche e, infine, della guerra. In più, si deve anche dire che la prima via si è dimostrata essere quella dello sviluppo, della prosperità e della civiltà; la seconda ha sempre condotto alla dilapidazione del benessere e all'involuzione del progresso. Accennavamo già a come per il paradigma austriaco la guerra, sovvertendo le leggi economiche ed invertendo i processi virtuosi generati dallo scambio, non possa mai essere causa di espansione e di crescita. Gli scontri tra le nazioni non hanno mai – né direttamente né indirettamente – prodotto ricchezza diffusa. Solo le cattive teorie economiche che giustificano l'interventismo dello Stato possono arrivare ad ipotizzare effetti positivi determinati dall'ampliamento della spesa pubblica[181]. E come la guerra in genere non produce alcuna ricaduta positiva sull'economia, così il conflitto del 1914-1918 fu apportatore di un desolante impoverimento. D'altra parte, anche la dilatazione degli apparati burocratici e la crescita dell'invasività politica non avrebbe non potuto comportare altro tipo di effetto. Nella sua consueta chiarezza, Mises così riassumeva la vastità e la complessità dei processi che avrebbero rappresentato la cifra interpretativa del secolo e che erano già in atto anteriormente allo scoppio del conflitto: «il tratto caratteristico di questa epoca di dittatori, di guerre e di rivoluzioni è il suo atteggiamento anticapitalistico. La maggior parte dei governi e dei partiti politici bramano solo di restringere la sfera dell'iniziativa privata e della libera impresa»[182].

2.5. LE COLPE DEGLI INTELLETTUALI

Occorre anche soffermarsi sui fermenti culturali che favorirono il bagno di sangue, quel "lavacro" che, in chiave di rigenerazione dell'umanità, venne auspicato dalla gran parte degli intellettuali. Una rigenerazione spirituale che si intendeva contrapporre allo spirito borghese e mercantile. Ha sostenuto, infatti, lo storico americano Ralph Raico (1936-2016): «verso la fine del secolo, il liberalismo venne aggredito su tutti i fronti. Nazionalisti e imperialisti lo condannarono perché promuoveva una pace insipida invece di un virile e titanico scontro tra le nazioni. I socialisti lo attaccarono perché sosteneva un sistema "anarchico" di libero mercato

---

[181] ) Rothbard ha dimostrato che in realtà gli interventi pubblici non sono affatto investimenti, ma vanno considerati "consumo". Cfr. Murray N. ROTHBARD, *Potere e mercato. Lo Stato e l'economia*, a cura di Nicola Iannello, Istituto Bruno Leoni Libri, Torino 2017, p. 254s.
[182] ) Ludwig von MISES, *Il caos pianificato*. Epilogo a IDEM, *Socialismo. Analisi economica e sociologica*, a cura di Dario Antiseri, Rusconi, Milano 1990, p. 575.

anziché la pianificazione "centrale scientifica". Perfino i capi della Chiesa lo scaricarono per il suo presunto egotismo e materialismo»[183].

Se è vero che gli intellettuali europei si dimostrarono un fronte compatto nel pregiudizio anti-mercantile, è anche vero che per dare motivo di ciò occorrerebbe risalire più indietro nel tempo. Occorre partire da più lontano: almeno da Hegel con l'idea di Stato come spirito etico o da Fichte con la teoria dello Stato chiuso e autarchico; entrambi padri del socialismo e antenati del nazionalsocialismo, come direbbe Hayek[184]. L'area germanica ha certamente avuto un ruolo centrale nell'elaborazione di una cultura anti-individualistica e di forme politiche stataliste, tuttavia altrove questa cultura e queste politiche non furono meno presenti («non che nel campo nemico le cose andassero meglio...», scrisse, infatti, Mises[185]); gli altri contesti, infatti, importarono con velocemente le idee dello statalismo tedesco.

Hayek, in *La via della schiavitù*, tratteggiava un quadro di questa espansione che è il caso ripercorrere: «per oltre duecento anni le idee inglesi sono andate diffondendosi in direzione dell'Oriente. Il regno della libertà che era stato conseguito in Inghilterra sembrava destinato a diffondersi attraverso tutto il mondo. Il dominio di queste idee ha probabilmente raggiunto la sua maggior diffusione verso l'Oriente intorno al 1870. Da allora cominciò a regredire, e un differente sistema di idee, in realtà non nuove ma vecchissime, cominciò ad avanzare dall'Oriente. L'Inghilterra perdette la sua leadership intellettuale nella sfera politica e sociale, e divenne un Paese importatore di idee. Per i sessant'anni successivi la Germania diventò il centro dal quale si irradiarono, verso Oriente e verso Occidente, le idee destinate a governare il mondo del Ventesimo secolo. Queste idee erano quelle di Hegel e di Marx, di List o Schmoller, di Sombart o Mannheim, ora quelle del socialismo nella sua forma più radicale, o quelle concernenti semplicemente una "organizzazione" o una "pianificazione" meno radicale. Le idee tedesche venivano importate dovunque con grande rapidità e le istituzioni tedesche imitate»[186].

In realtà ciò che stava avvenendo era solo la prosecuzione di un lungo processo che, nel suo avanzamento, otteneva sempre maggiori affermazioni.

---

183 ) Ralph RAICO, *La storia del liberalismo e della libertà occidentale*. IBL Occasional Paper n. 1, Istituto Bruno Leoni, Torino 2004, p. 7.
184 ) Cfr. Friedrich A. von HAYEK, *La via della schiavitù*, prefazione di Raffaele De Mucci, Rubbettino, Soveria Mannelli (Catanzaro) 2011, p. 216.
185 ) Ludwig von MISES, *Autobiografia di un liberale. La Grande Vienna contro lo statalismo*, prefazione di Lorenzo Infantino, Rubbettino, Soveria Mannelli (Catanzaro) 1996, p. 95.
186 ) HAYEK, *La via della schiavitù*, cit., p. 66-67.

Gli autori di Scuola Austriaca avvertirono tutta la pericolosità di tendenze culturali e scientifiche sempre più diffuse e che egemonizzavano i centri del sapere. La loro fu, però, una battaglia impari «contro tutte quelle correnti ideologiche che dalle cattedre del grande *Reich* prussiano intossicavano il mondo»[187]. All'interno del mondo germanico (all'epoca la Scuola Austriaca – neanche definita come tale – era ben lontana dal travalicare i confini dell'Impero asburgico), solo Menger si azzardò a provare a tener testa alla cultura egemone che era ben rappresentata dalla Scuola Storica Tedesca. Sotto il profilo della forza, il nascente marginalismo non avrebbe potuto avere alcuna possibilità di competere[188], tuttavia l'isolamento di Menger, alla lunga, si sarebbe trasformato nella più formidabile fucina di scienziati sociali del Novecento.

La Scuola Storica Tedesca di economia ebbe, però, modo di spargere in profondità le teorie che il mondo intero (non solo la Germania) avrebbe dovuto risparmiarsi. La Scuola, che ebbe in Gustav von Schmoller (1838-1917) il suo principale alfiere, si poneva in modo ovviamente alternativo al libero scambio e teorizzava un capitalismo di Stato addomesticando la dinamica capitalistica alla funzionalità dello Stato forte di ascendenza hegeliana. «Il sistema di produzione capitalistico era qui inteso come uno strumento per accrescere la potenza dello Stato nazionale»[189]. Per il suo carattere accademico – che forniva, di fatto, un riconoscimento di pressoché unanime ufficialità – gli esponenti della Scuola vennero anche ricordati come "socialisti della cattedra". Mises parlerà di questo "socialismo di Stato" quale l'ideale sociale dell'età che ha preparato la guerra mondiale[190].

È ai "socialisti della cattedra" e al loro circolo di idee che si deve un ulteriore rafforzamento del pregiudizio anti-borghese e un incremento della contrapposizione tra spirito mercantile e spirito guerriero[191]. E la tradizione germanica si presentava quanto mai sensibile a recepire questi stimoli. Ancora Mises, con sconforto, ricordava come da quelle cattedre «non si insegnava più economia politica, ma economia di guerra»[192] e le

---

187 ) MISES, *Autobiografia di un liberale. La Grande Vienna contro lo statalismo*, cit., p. 64.
188 ) Un'osservazione dell'intellettuale colombiano Gómez Dávila ben si adatterebbe al confronto tra Scuola storica e Scuola marginalista: «il progressista trionfa sempre, il reazionario ha sempre ragione. In politica avere ragione non consiste nell'occupare la scena, ma nell'annunciare fin dal primo atto i cadaveri del quinto» (Nicolás GÓMEZ DÁVILA, *In margine a un testo implicito*, Adelphi, Milano 2009, p. 72).
189 ) Raimondo CUBEDDU, *Atlante del liberalismo*, Ideazione Editrice, Roma 1997, p. 115.
190 ) Cfr. MISES, *Socialismo. Analisi economica e sociologica*, cit., p. 281.
191 ) Cfr. Mariano VEZZALI, *La contemporaneità della Grande Guerra*, Diesse, Milano 2014, p. 7-11.
192 ) MISES, *Autobiografia di un liberale. La Grande Vienna contro lo statalismo*, cit., p. 95.

parole del maestro viennese aiutano a leggere la Prima Guerra Mondiale attraverso le idee delle scuole economiche, ben più che attraverso la vicenda militare delle battaglie.

Sombart, che tra breve presenteremo come una delle figure più rappresentative della Scuola Tedesca, durante la guerra così rifletteva sugli eventi: «avevamo maturato la solida convinzione che l'umanità fosse ormai alla fine, che quanto restava della sua esistenza sulla terra sarebbe stata una condizione di sgradevole involgarimento, un brulichio di formiche, che lo spirito mercantile fosse lì lì per annidarsi dappertutto, e che gli "ultimi uomini" venuti al mondo avrebbero detto: strizziamo l'occhio, avendo trovato la felicità. Ma avvenne il miracolo: scoppiò la guerra. E da migliaia e migliaia di sorgenti sgorgò uno spirito nuovo. No! Nessuno spirito nuovo! Era l'antico spirito eroico tedesco che aveva covato sotto la cenere, e che improvvisamente si era nuovamente infiammato»[193]. La guerra, in questo modo, diventava la soluzione all'imbarbarimento mercantile dell'umanità e il suo perseguimento era considerato una missione per la salvezza della civiltà.

Ben prima che queste idee si traducessero nelle loro estreme conseguenze, Menger e Böhm-Bawerk, su tutt'altra posizione, provarono a contrastare l'avvelenamento della cultura che si spargeva attraverso le cattedre universitarie e, se è vero che gli indirizzi culturali non sono mai senza effetto, i primi marginalisti si prodigarono a fondo per smascherare, senza mitigazione, le conseguenze delle teorie stataliste. Più tardi, Mises, nel solco dei suoi maestri, ricostruendo il clima culturale che condusse al conflitto, così annotava nella sua autobiografia: «la guerra fu il risultato dell'ideologia che per secoli era stata diffusa da tutte le cattedre tedesche. I professori delle facoltà di economia avevano zelantemente contribuito alla preparazione spirituale della guerra»[194].

Nell'analizzare le radici socialiste del nazismo, Hayek – ancora in *La via della schiavitù* – tratteggiò in modo assai convincente il quadro della cultura che, già all'alba del primo conflitto mondiale, si materializzava in aperta propaganda[195]. Hayek citava alcune figure che ora brevemente richiameremo.

Werner Sombart (1863-1941) può essere rievocato per diversi aspetti presenti nelle sue opere ed anche in questo contesto il ricordo del sociologo tedesco non manca di motivi. Esponente di spicco della Scuola

---

193 ) Werner SOMBART, *Mercanti ed eroi*, traduzione, cura e introduzione di Fabio Degli Esposti, ETS, Pisa 2014, p. 151.
194 ) MISES, *Autobiografia di un liberale. La Grande Vienna contro lo statalismo*, cit., p. 95.
195 ) HAYEK, *La via della schiavitù*, cit., p. 215-228.

Storica Tedesca di economia[196], Sombart spese la prima parte della sua attività di studioso a favore delle idee socialiste, ma quelle idee rimasero comunque appiccicate al suo sistema teorico. Nel 1915 il sociologo tedesco pubblicò *Mercanti ed eroi* (*Handler und Helden*) il cui scopo – espresso sin dal titolo – era quello di contrapporre la "civilizzazione" borghese che aveva come suo centro la Gran Bretagna con la "cultura" eroica che aveva la Germania come suo luogo naturale.

In Sombart, il risentimento nei confronti del capitalismo era, ovviamente, ben precedente a quel testo ed aveva animato le varie opere del sociologo[197], ma in *Mercanti ed eroi* il confronto è quanto mai carico di toni ultimativi e drammatizzanti: alla *Zivilisation* si sarebbe dovuta opporre la *Kultur* ove quest'ultima rappresentava gli alti valori della filosofia, dell'arte, della tradizione, mentre erano proprie della *Zivilisation* le qualità dell'attività lavorativa, dell'impegno e dell'affarismo borghese. «Il contrasto radicale, epocale tra *Kultur* e *Zivilisation* era emerso già a cavallo tra Ottocento e Novecento. La *Kultur* è organica alla storia e alle tradizioni tedesche; la *Zivilisation* è qualcosa di estraneo a questa tradizione. La *Zivilisation* è basata su valori economici, utilitaristici estranei all'anima tedesca»[198].

Sombart, nell'opera *Handler und Helden* (*Mercanti ed eroi*), contrapponeva la figura del mercante alla figura dell'eroe: la società borghese, che avrebbe trovato predominio in Inghilterra, esprimeva l'idea della vita dei mercanti mentre la società tradizionale, che avrebbe trovato persistenza in Germania, conservava l'ideale della vita degli eroi. Tutto ciò giustificava – anche al di là dell'essere nel pieno della guerra – non solo lo spirito bellicoso degli "eroi", ma la netta condanna di ciò che veniva considerata la depravazione commerciale («il mondo occidentale è in preda a una "meccanizzazione" della vita e della cultura»[199]). Questa deriva andava combattuta nello spirito di una missione storica per cui Sombart proclamava: «si deve fare piazza pulita delle concezioni corruttrici mercantili della "civiltà occidentale"»[200].

---

196 ) Sombart si era addottorato sotto la guida di Gustav von Schmoller e diresse congiuntamente a Max Weber la rivista «Archiv für Sozialwissenschaft und Sozialpolitik».
197 ) Cfr., ad esempio, *Der moderne Kapitalismus* (*Il capitalismo moderno*) che è considerata la principale opera di Sombart la cui prima edizione risale al 1902.
198 ) Antonello LA VERGATA, *Guerra e darwinismo sociale*, Rubbettino, Soveria Mannelli (Catanzaro) 2005, p. 172-173.
199 ) *Ibidem*, p. 173.
200 ) Werner SOMBART, *Mercanti ed eroi*, traduzione, cura e introduzione di Fabio Degli Esposti, ETS, Pisa 2014, p. 155.

Mises, che in tante circostanze si trovò costretto ad obiettare alle incongruenze di questa mentalità, rispose indirettamente all'opera di Sombart descrivendo il vero significato della funzione mercantile. «L'economia di mercato – scriveva l'economista – rispettosa della sovranità dei singoli consumatori ottiene prodotti che rendono piacevole l'esistenza. Soddisfa meglio la domanda individuale. È questo che rese il capitalismo ignobile agli occhi degli apostoli della violenza, perché veneravano "l'eroe", il distruttore e l'uccisore, e disprezzavano il borghese e la sua "mentalità merciaiola" (Sombart). Ora [...] l'umanità sta maturando i frutti dei semi gettati da questi uomini»[201]. Anche Hayek commentò l'influenza esercitata da Sombart delineando la cultura da questi espressa. Come Mises, Hayek non commetteva l'errore di accettare la polarizzazione degli schieramenti definitisi in guerra, ma smascherava la mentalità anti-mercantile ovunque affiorasse: «la guerra è per Sombart il compimento della visione eroica della vita, e la guerra contro l'Inghilterra è la guerra contro l'ideale opposto, l'ideale commerciale della libertà individuale e dell'agio inglese»[202].

La dicotomia tra l'immagine del mercante e l'immagine dell'eroe suggerisce anche lo studio degli "ideal-tipi" caratteristici di Max Weber (1864-1920), il sociologo tedesco che, in questo contesto, dev'essere ricordato non solo per il suo legame con Sombart e per la comune appartenenza alla Scuola Storica Tedesca, ma soprattutto per il ruolo che ha avuto nella cultura tedesca di quei tempestosi decenni. Weber e Sombart ebbero idee differenti riguardo alle origini del capitalismo e alle relazioni tra questo e il protestantesimo[203], ma entrambi i pensatori furono paladini della superiorità germanica.

Nel corso della guerra, come Sombart, anche Weber espresse il suo pensiero a riguardo; al 1916 risale un saggio dal titolo *La Germania tra le grandi potenze europee* (*Deutschland unter den europäischen Weltmachten*) nel quale il sociologo dimostrava la sua organica contiguità alla cultura tedesca. Affermava, infatti, Weber: «abbiamo imboccato il cammino di questo destino politico [quello di essere una grande potenza e di dover affrontare una guerra per mantenersi tale] non certo per vanità, ma a motivo della nostra responsabilità davanti alla storia. La posterità non chiederà conto agli svizzeri, ai danesi, agli olandesi, ai norvegesi del modo in cui è stata plasmata la cultura mondiale. Non sarà loro rimproverato se

---
201 ) Ludwig von MISES, *L'azione umana. Trattato di economia*, prefazione di Lorenzo Infantino, Rubbettino, Soveria Mannelli (Catanzaro) 2016, p. 872.
202 ) HAYEK, *La via della schiavitù*, cit., p. 218.
203 ) Cfr. Beniamino DI MARTINO, *A 500 anni dalla Riforma luterana. Alcune considerazioni intorno alle tesi di Weber*, in «Veritatis diaconia. Rivista semestrale di scienze religiose e umanistiche», anno 3 (2017), n. 6, p. 47-72.

nella parte occidentale del nostro pianeta non dovesse esserci altro che la convenzione anglosassone e la burocrazia russa. [...] La guerra tedesca quindi viene combattuta per l'onore e per il dovere di partecipare a pieno titolo alla *Kultur* del pianeta, non per cambiamenti sulla carta geografica o per profitto economico»[204].

Questo modo di classificare le nazioni era certamente diffuso. Infatti, «per molti altri esponenti della cultura tedesca [...] la guerra significò la rottura assoluta con il mondo borghese degli agi, del profitto»[205]. E lo storico americano Eric J. Leed (1942-viv.) conferma questa drammatica prospettiva: «solo con la guerra la difesa della Germania divenne veramente la difesa contro la *Bürgerlichkeit* (lo spirito borghese) – la parcellizzazione sociale, l'etica affaristica, la ragione analitica e le relazioni sociali contrattuali e di sfruttamento – che caratterizzava l'Inghilterra»[206].

Un altro coetaneo assertore della guerra tedesca è stato Johann Plenge (1874-1963), anch'egli sociologo, ricordato per gli studi sul marxismo e sull'hegelismo e per avere – in modo tutt'altro che incoerente – trasferito la sua collocazione ideologica dal comunismo al nazionalsocialismo. Anche Plenge, nel corso del conflitto, si sentì animato dal compito che avevano avvertito i principali esponenti della cultura germanica e scrisse un testo che rimase un punto di riferimento della letteratura tedesca di guerra: *1789 e 1914. Gli anni simbolici nella storia dello spirito politico* (*1789 und 1914: Die symbolischen Jahre in der Geschichte des politischen Geistes*)[207]. In quest'opera del 1916, Plenge considerava il conflitto come la grande occasione della rinascita dello spirito (*Kultur*) e della nazione tedesca, una nuova alba destinata a sconfiggere la decadenza occidentale causata dall'industrializzazione e a rigenerare il mondo attraverso la vittoria di una definitiva rivoluzione germanica.

Il titolo del libretto (un *pamphlet* che ebbe la diffusione di un manifesto politico) stigmatizzava due momenti simbolici della storia mettendoli (molto arbitrariamente) in opposizione: la Rivoluzione francese e la Guerra mondiale. Nello schema di Plenge, il 1789 rappresenterebbe il successo e il predominio dell'azione borghese mentre il 1914 simboleggerebbe

---

204 ) Max WEBER, *La Germania tra le grandi potenze europee*, in IDEM, *Scritti politici*, a cura di Paolo Manganaro, Giannotta editore, Catania 1970 (*Deutschland unter den europäischen Weltmächten*, 1916), p. 167.
205 ) Mariano VEZZALI, *La contemporaneità della Grande Guerra*, Diesse, Milano 2014, p. 11.
206 ) Eric J. LEED, *Terra di nessuno. Esperienza bellica e identità personale*, Il Mulino, Bologna 2014, p. 82-83.
207 ) Johann PLENGE, *1789 e 1914. Gli anni simbolici nella storia dello spirito politico*, Il Mulino, Bologna 2008.

il riscatto dello spirito dei veri valori. Il commento a questo aspetto del pensiero di Plenge può essere rinviato di qualche pagina, mentre è il caso spendere qualche parola su una particolarità che non sarebbe bene trascurare. Nella riflessione – marxisticamente orientata – del sociologo tedesco, la contrapposizione tra la Rivoluzione francese e la Guerra mondiale ha innanzitutto la finalità di condurre alla riscoperta dell'autentica essenza del socialismo che non andrebbe fatta coincidere con le idee di libertà e di uguaglianza (attribuite al 1789), ma unicamente con l'ideale di organizzazione (realizzata, secondo Plenge, nel 1914). Non la libertà, ma la pianificazione e la perfetta organizzazione, quindi, avrebbero dato pienamente forza e trionfo al socialismo[208]. La guerra avrebbe consentito lo scontro tra i due veri principi antitetici e, come una lotta definitiva, avrebbe consentito al socialismo l'istaurazione del regime dell'organizzazione abbattendo il regime dell'individualismo sostituendo risolutivamente l'ideale di libertà del 1789 francese con l'ideale di organizzazione del 1914 germanico.

Queste testimonianze – drammatiche perché foriere di ogni germe di violenza – hanno l'effetto di mostrare quanto anti-capitalismo vi fosse nella cultura germanica e quanto gli esponenti della *Kultur* tenessero ad apparire come gli autentici campioni del disprezzo verso lo spirito mercantile. Sarebbe, però, un errore grossolano concludere che l'altro fronte – quello anti-germanico – fosse animato da sentimenti opposti e che le motivazioni per la guerra delle potenze avversarie fossero circoscritte ad una necessaria difesa del libero commercio. I due fronti non si contrapponevano in relazione ad una opposta valutazione del capitalismo, ma convergevano in un'unica mentalità militarista e nazionalista. La distinzione di uno schieramento e la qualificazione di una posizione in funzione anti-capitalistica non conduce affatto a ritenere lo schieramento avversario animato da propositi libero-scambisti, ma dà il senso di come i due fronti gareggiassero anche nel considerare la propria lotta come necessaria per mettere sotto controllo l'iniziativa economica individuale.

La grande chiave di lettura di questo complessivo orientamento culturale e politico dev'essere ricercata nella tendenza anti-individualistica che costituisce la vera rivoluzione contro i fondamenti della civiltà occidentale. Una lunga e persistente opera di scardinamento del principio della libertà individuale e dei diritti di proprietà privata ha sempre più

---

208 ) Gli studi di Hayek sull'organizzazione (*taxis*) e sull'ordine spontaneo (*kosmos/cosmos*) sono rimedi efficaci al mito della pianificazione sociale. Cfr. Friedrich A. von HAYEK, *Legge, legislazione e libertà. Critica dell'economia pianificata*, Il Saggiatore, Milano 2010, p. 48s.200.

incrementato la propensione per tutto ciò che è collettivo. Con il filosofo del diritto Norberto Bobbio (1909-2004) occorre riflettere come «attraverso l'anti-individualismo» tutte le moderne dottrine hanno fatto il loro passaggio[209] e con il pensatore colombiano Nicolás Gómez Dávila (1913-1994) è giusto riconoscere come «l'individuo [sia] lo scoglio delle filosofie della storia»[210]. La civiltà occidentale si è effettivamente eretta sul primato dell'individuo: «il principio distintivo della filosofia sociale occidentale è l'individualismo. Esso mira alla creazione di una sfera in cui l'individuo è libero di pensare e scegliere e agire senza essere disturbato dall'interferenza dell'apparato sociale di coercizione e oppressione, lo Stato. Tutti i successi spirituali e materiali della civiltà occidentale sono la conseguenza di questa idea di libertà»[211]. Viceversa, la sempre più radicata convinzione della preminenza della comunità politica ha dato luogo ad una formidabile inversione del processo di civiltà. Tutto ciò trova espressione nelle molteplici forme che ha assunto il profondo pregiudizio anti-borghese, un vero e proprio disprezzo, elemento indispensabile per capire, in generale, la crisi dell'Occidente e, in particolare, la Prima Guerra Mondiale.

Non vi erano solo le cattedre universitarie tedesche a soffiare sul fuoco del nazionalismo, tuttavia quella che stava per scoppiare potrebbe essere considerata come la guerra dei professori e degli intellettuali. È vasta la letteratura sul tema e non meno lungo è l'elenco di coloro che, rivendicando ragioni culturali, si entusiasmarono ed entusiasmarono, intravedendo nella guerra quel cambiamento di cui la società necessitava. Da Gabriele D'Annunzio a Charles Péguy, da Henri Bergson a Ernst Jünger, da Émile Durkheim a Sigmund Freud, da Filippo Tommaso Marinetti a Max Scheler, l'intellettualità europea fu quasi un esercito omogeneo e compatto, ciascuno solidale con la propria Nazione, ma tutti animati da uno stesso anti-individualismo.

Infatti: cosa univa pensatori così diversi e cosa dava loro un amalgama così singolare? Ai tanti uomini di cultura che vedevano nella Nazione il superamento dell'individualismo e nella guerra l'occasione per rigenerare la società[212] risultava necessaria dare una risposta alla "decadenza

---

209 ) Norberto BOBBIO, *L'età dei diritti*, Einaudi, Torino 1990, p. 117.
210 ) Nicolás GÓMEZ DÁVILA, *In margine a un testo implicito*, Adelphi, Milano 2009, p. 16.
211 ) Ludwig von MISES, *Libertà e proprietà*, prefazione di Lorenzo Infantino, appendice di Murray N. Rothbard, Rubbettino, Soveria Mannelli (Catanzaro) 2007, p. 25.
212 ) «Per anni Péguy aveva invocato una "grande prova", un "grande movimento" per rigenerare la nazione francese dalla decadenza borghese e appagare un "bisogno di eroismo che ha preso tutta una generazione, la nostra, un bisogno di guerra, di guerra militare, di gloria militare, un bisogno di sacrificio e perfino di martirio, forse, senza dubbio, un

borghese" contrapponendosi allo spirito mercantile borghese[213]. Questa volontà di superare le abitudini della società borghese con i suoi ritmi ordinari (così lontani dalle glorie guerresche) non fece troppa fatica ad essere poi assimilata da larghi strati delle popolazioni. Rivelativa la testimonianza del filosofo Karl Löwith (1897-1973) che così ricordava i momenti di euforia: «il desiderio di emanciparsi dall'angustia borghese della scuola e della famiglia, una crisi interiore dopo la rottura della mia prima amicizia, il fascino esaltante della "vita pericolosa" che Nietzsche ci aveva trasmesso, la voglia di buttarsi nell'avventura e di mettersi alla prova e, non ultimo, il bisogno di alleggerire il fardello della propria esistenza individuale, giunta all'età della ragione attraverso Schopenhauer, con la partecipazione a qualcosa di universale che la coinvolgesse interamente»[214]. Se tutto nasceva da uno spirito comunitario oramai diffuso (e che preparava la strada al totalitarismo collettivista), tutto si traduceva in un forte risentimento anti-mercantile (che giustificherà ogni tipo di interventismo politico). Per spiegare la prevalenza del bene collettivo, Hayek commentava l'influenza esercitata da Sombart e dalla cultura da questi espressa: «c'è una vita più nobile di quella degli individui, la vita del popolo e dello Stato, ed è compito degli individui sacrificare loro stessi per la vita più nobile»[215]. E lo storico Furet riconosceva in questo meccanismo il modo con cui i più si erano lasciati coinvolgere nella retorica del sacrificio per la patria: «il cittadino subordinando tutto, persino la propria vita, a quest'immagine della collettività di cui è membro, [...] ritrova delle emozioni che gli fanno dimenticare la sua solitudine di uomo privato»[216].

Lo storico americano Eric J. Leed nelle sue opere ha ritenuto che l'anti-individualismo non comportasse alcun male e che, anzi, rappresentasse un incoraggiante ideale delle generazioni che si trovarono coinvolte a combattere. Le sue osservazioni sono, però, interessanti perché, comunque, mostrano – a partire da un opposto punto di vista – quanto sia stato determinante e diffuso lo slancio a favore di una dimensione collettiva che avrebbe rinnovato la società. Scrive Leed: «in generale si percepiva

---

bisogno di santità"» (Emilio GENTILE, *L'apocalisse della modernità. La grande guerra per l'uomo nuovo*, Milano, Mondadori 2008, p. 203).

213 ) Cfr. Mariano VEZZALI, *La contemporaneità della Grande Guerra*, Diesse, Milano 2014.

214 ) Karl LOWITH, *La mia vita in Germania prima e dopo il 1933*, Il Saggiatore, Milano 1988, p. 19.

215 ) Friedrich A. von HAYEK, *La via della schiavitù*, prefazione di Raffaele De Mucci, Rubbettino, Soveria Mannelli (Catanzaro) 2011, p. 218.

216 ) François FURET, *Il passato di un'illusione. L'idea comunista nel XX secolo*, Mondadori, Milano 1997, p. 54.

che, con la dichiarazione di guerra, le nazioni europee avrebbero lasciato alle spalle la civiltà industriale con i suoi conflitti, per entrare in un universo d'azione dominato dall'autorità, dalla disciplina, dal cameratismo e da fini comuni»[217]. Questi "fini comuni" rappresentarono, però, non solo il preludio degli Stati totalitari, ma – immediatamente – la stessa legittimazione della tragedia che inghiottì l'Europa già nel 1914. Lo storico americano confonde le «contraddizioni della società capitalistica» con l'anti-capitalismo che aveva condotto alla guerra e dimostra di cadere nel consueto equivoco attribuendo al «mercato di merci, capitali e lavoro» quelle responsabilità che, invece, vanno ascritte agli effetti propri di quel «senso comunitario» che ha richiesto tanto «sacrificio e sangue»[218].

Il disprezzo per lo spirito mercantile borghese che costituiva l'anima profonda della cultura germanica, non è stato, dunque, meno presente negli altri contesti intellettuali, finanche in quello statunitense. La Prima Guerra mondiale fu l'esito di questo pregiudizio anti-individualistico[219] e, come tale, dev'essere complessivamente interpretata alla luce del rigetto dei fondamenti della civiltà liberale[220]. È giusto, allora, non trascurare mai come l'unica radice collettivista del comunismo, del nazionalsocialismo e del fascismo accomuni ogni forma di statalismo nella lotta contro l'individualismo liberale accusato di minare il bene comune e criticato per i suoi obiettivi considerati spregevolmente materiali.

Se la civiltà occidentale si è innalzata grazie all'affermazione del primato dell'individuo, proprio l'attestazione del principio contrario ha determinato i momenti della sua più grave crisi, crisi destinata ad aggravarsi

---

217 ) Eric J. LEED, *Terra di nessuno. Esperienza bellica e identità personale*, Il Mulino, Bologna 2014, p. 61.
218 ) Aggiunge Leed: «dopo quattro anni di guerra era divenuto abbondantemente chiaro che, nello scendere in campo, il soldato non si era sottratto alle contraddizioni della società capitalistica. Al fronte, e anche a casa, molti si resero conto che la guerra sintetizzava la contraddizione di un'economia individualistica finalizzata al profitto che sussisteva pur nell'ambito dell'incondizionata solidarietà della gente. La società capitalistica non aveva cessato di essere tale per virtù della guerra, nonostante l'iniziale soverchiante senso comunitario che l'accompagnò: fu questa la massima delusione per tanti che avevano creduto che la guerra potesse condurre ad una trasformazione spirituale collettiva. Nelle trincee, e nelle numerose occasioni di incontro con l'ambiente di casa, apparve evidente come l'economia di sacrificio e di sangue fosse stata assorbita nel mercato di merci, capitali e lavoro» (*Ibidem*, p. 273).
219 ) A riguardo, il già citato Nicolás Gómez Dávila annotava: «per Dio non ci sono che individui» e «man mano che cresce lo Stato decresce l'individuo» (GÓMEZ DÁVILA, *In margine a un testo implicito*, cit., p. 16.20).
220 ) Cfr. Luciano PELLICANI, *La Grande Guerra e la rivolta contro la civiltà liberale*, in «Eunomia. Rivista semestrale di Storia e Politica Internazionali. Università del Salento», anno 4 n.s. (2015), n. 2, p. 11-19.

sempre più. Mises aveva sostenuto essere l'atteggiamento anti-capitalistico il tratto caratteristico di questa epoca di guerre[221] mentre Hannah Arendt (1906-1975) sottolineerà come nell'odio per la borghesia ci siano le radici del totalitarismo[222].

Il contrasto tra individualismo e collettivismo, ordinariamente, non è tra i temi più richiamati; per presentare il contesto culturale che fa da sfondo alla Prima Guerra Mondiale, generalmente, si richiamano altre tendenze. Queste non solo non vanno disconosciute, ma andrebbero meglio comprese in relazione alle spinte nazionaliste, imperialiste e socialiste. In questo modo lo stesso positivismo si comprende in rapporto al generale spirito di potenza e al rampante statalismo così come i contemporanei fermenti irrazionalistici si intendono meglio in relazione alle istanze anti-borghesi ed anti-capitalistiche.

Il grande progresso avvenuto nell'Ottocento in tutti i campi non può essere considerato il vero impulso del positivismo. Questo, al contrario, per il suo carattere ideologico ha, piuttosto, ritardato – anziché accelerare – lo sviluppo scientifico iniettando nel mondo scientifico una mentalità perfettistica lì ove occorre, invece, una grande dose di lucidità e di realismo (ciò che nel contesto scientifico sta alla base delle sperimentazioni e che richiamerebbe, invero, il criterio del fallibilismo). In altri termini, gli straordinari passi avanti compiuti nei vari settori della vita non comportano alcuna fede in un progresso mitizzato che assume le fattezze di una fede religiosa, ma – al contrario – dovrebbe condurre alla consapevolezza di quanto sia necessario, per poter soggiogare le forze della natura, che il costante e scrupoloso lavoro dell'uomo sia libero da falsi miti[223].

Il positivismo si alimentava non del progresso, ma della trasformazione del progresso in ideologia: la scienza procede per tentativi allo scopo di risolvere i problemi in cui l'uomo si imbatte, mentre la mitizzazione del progresso attribuiva alla scienza il compito di cambiare la realtà. In questo modo la scienza e il progresso si tramutavano in un idolo

---

221 ) Ludwig von MISES, *Il caos pianificato. Epilogo* a IDEM, *Socialismo. Analisi economica e sociologica*, a cura di Dario Antiseri, Rusconi, Milano 1990, p. 575.
222 ) Cfr. Hannah ARENDT, *Le origini del totalitarismo*, Edizioni di Comunità, Milano 1996.
223 ) Possiamo citare, a riguardo, il già richiamato Stefan Zweig. Si era convinti – sosteneva lo scrittore austriaco – «di trovarsi sulla via diritta ed infallibile verso il migliore dei mondi possibili […]. Tale fede in un progresso ininterrotto e incoercibile ebbe per quell'età la forza di una religione; si credeva in quel progresso più che nella Bibbia e il suo vangelo sembrava inoppugnabilmente dimostrato dai sempre nuovi miracoli della scienza e della tecnica» (Stefan ZWEIG, *Il mondo di ieri. Ricordi di un europeo*, Mondadori, Milano 1994, p. 10-11).

pericolosamente distruttivo (la scienza diveniva "scientismo" e il progresso "progressismo")[224]. A riprova del carattere ideologico del positivismo vi è il fatto che a questo atteggiamento complessivo possono essere ricondotte alcune tendenze che hanno avuto notevoli ricadute politiche. Il progresso come mito è, infatti, alla base di quelle prove di forza e di quella voglia di contese che hanno offerto combustibile per l'imperialismo e il colonialismo[225] e che hanno certamente nutrito il darwinismo sociale[226] dal quale il nazionalismo non poteva che sorgere impetuoso. Il positivismo è responsabile di aver alimentato il potere dello Stato che, ancora una volta, si presenta come lo strumento per eccellenza per poter realizzare i propositi di controllo (e di modifica) delle leggi economiche e sociali. In questo modo, positivismo e statalismo sono ben funzionali l'uno all'altro. L'autorità politica che vuole estendere le proprie competenze ha, infatti, bisogno di una legittimazione scientifica (o pseudo-scientifica) che dimostri la plausibilità di un'opera di ingegneria sociale.

Non è un paradosso, quindi, la contestuale affermazione del razionalismo e l'esaltazione del mito della guerra: tutta la cultura progressista, le spinte razionaliste, gli intellettuali democratici e le élite rivoluzionarie videro nella guerra l'ora della rigenerazione per l'umanità e dello svecchiamento per l'Europa. Pur di distruggere quanto rimaneva del proprio passato e per accelerare il futuro che si voleva radioso, il Continente fu fatto sprofondare volontariamente ed entusiasticamente nella Grande Guerra.

La guerra andava sempre più assumendo anch'essa la funzione del mito[227] con le sue esaltazioni e, prima tra tutte, con quella della morte eroica, del sacrificio patriottico. D'altra parte, come non venne distinta la guerra dalla patria, così non è separabile la guerra dalla morte; anzi – dice giustamente Mosse – «la morte è l'essenza ultima della guerra»[228]. Ed è quanto mai appropriata la definizione del Novecento quale secolo dell'«ideale di morte». Come momento necessario alla catarsi dell'umanità – come era già avvenuto per la Rivoluzione francese –, la guerra diveniva

---

224 ) In quest'ottica, ancora Nicolás Gómez Dávila scriveva che «il progresso è il flagello che Dio ha scelto per noi» (GÓMEZ DÁVILA, *In margine a un testo implicito*, cit., p. 131).
225 ) Cfr. Ottavio BARIÈ, *Imperialismo e colonialismo*, in Luigi FIRPO (a cura di), *Storia delle idee politiche, economiche e sociali*, UTET, Torino 1973, vol. V, p. 635-727.
226 ) Cfr. Antonello LA VERGATA, *Guerra e darwinismo sociale*, Rubbettino, Soveria Mannelli (Catanzaro) 2005.
227 ) Cfr. Mario ISENGHI, *Il mito della grande guerra da Marinetti a Malaparte*, Il Mulino, Bologna 1989.
228 ) George L. MOSSE, *L'olocausto, la morte e la memoria della guerra*, in Alessandra STADERINI - Luciano ZANI - Francesca MAGNI (a cura di), *La grande guerra e il fronte interno. Studi in onore di George Mosse*, Università di Camerino, Camerino (Macerata) 1998, p. 9.

desiderabile mentre si moltiplicavano i suoi «adoratori»[229], come li ha chiamati Hannah Arendt.

Giovanni Papini (1881-1956) che invocava il «caldo bagno di sangue...»[230] e Filippo Tommaso Marinetti (1876-1944) che inneggiava alla guerra – «noi vogliamo glorificare la guerra..., guerra sola igiene del mondo»[231] – non erano dei folli predicatori, ma degli ascoltati uomini pubblici che ripetevano ciò che lo Stato aveva già reso possibile. Se si riteneva vero il motto «chi ha del ferro ha del pane» (come aveva sostenuto il rivoluzionario Auguste Blanqui, 1805-1881)[232], perché la sentenza non sarebbe dovuta diventare presto programma politico?[233]

Per meglio delineare il quadro intellettuale in questo vortice in cui le tendenze culturali, filosofiche, artistiche si esaltavano a vicenda, occorre accennare ai segnali che giungevano dai tanti fermenti irrazionalistici[234]. In realtà, la contraddizione tra le prove muscolari di vitalismo e le striscianti venature irrazionalistiche, tra le manifestazioni di positivismo razionalistico e il pessimismo largamente disseminato dalla letteratura e dalla filosofia è solo apparente.

Nel clima della *Belle époque*, la fiducia positivistica nel progresso sembrava consolidarsi ed avere sempre motivi di conferma. Ma se ciò avveniva a livello popolare, le avanguardie culturali si stavano già apprestando ad

---

229 ) ARENDT, *Le origini del totalitarismo*, cit., p. 455.
230 ) «Finalmente è arrivato il giorno dell'ira dopo i lunghi crepuscoli della paura. Finalmente stanno pagando la decima dell'anime per la ripulitura della terra. Ci voleva, alla fine, un caldo bagno di sangue nero dopo tanti umidicci e tiepidumi di latte materno e di lacrime fraterne. Ci voleva una bella innaffiatura di sangue per l'arsura dell'agosto [...]. Siamo troppi. La guerra è una operazione malthusiana. [...] A cosa possono servire le madri, dopo una certa età, se non a piangere. E quando furono ingravidate non piansero: bisogna pagare anche il piacere. [...] La guerra, infine, giova all'agricoltura e alla modernità. I campi di battaglia rendono, per molti anni, assai più di prima senz'altra spesa di concio. Che bei cavoli mangeranno i francesi dove s'ammucchiano i fanti tedeschi e che grasse patate si caveranno in Galizia quest'altro anno! ...» (Giovanni Papini, in «Lacerba», 1 ottobre 1914; cit. in Valeria CAPELLI, *Ottocento e Novecento. Un percorso di Letteratura*, Jaca Book, Milano 1998, p. 186).
231 ) Cfr. Filippo Tommaso MARINETTI, *Guerra sola igiene del mondo*, Edizioni Futuriste di poesia, Milano 1915.
232 ) Cit. in Simona COLARIZI, *Storia del Novecento italiano. Cent'anni di entusiasmo, di paure, di speranza*, Rizzoli, Milano 2000, p. 63.
233 ) È ciò che avvenne nel 1914 quando la frase di Blanqui venne utilizzata da Mussolini sulla testata del «Popolo d'Italia», il nuovo quotidiano da questi fondato.
234 ) Cfr. Guy MICHAUD, *La crisi della civiltà europea*, in AA. VV., *Nuove questioni di storia contemporanea*, Marzorati, Milano 1986, vol. 2, p. 1433-1466; cfr. Gianfranco MORRA, *Fermenti irrazionalistici nella "Belle epoque"*, in Licia MORRA (a cura di), *L'Europa del XX secolo fra totalitarismo e democrazia*, Itaca, Lugo di Romagna (Ravenna) 1991, p. 11-21.

abbandonare quell'ottimismo, che presto si rivelerà essere una tremenda illusione. Oltretutto, il clima spensierato della *belle époque* non celava affatto i fermenti di una profonda inquietudine in cui un euforico ottimismo e una soggiacente inquietudine si fondevano nella cultura dell'Europa che si avviava verso il suo disastro.

Sotto il primo aspetto, il Vecchio Continente somigliava ad una «cittadella orgogliosa»[235], più prepotente nella sua potenza che fiera della sua grandezza. Questa faccia dell'epoca, fornendo un'immagine di sicurezza (per quanto apparente), avrebbe dovuto contribuire a ritenere impossibile una guerra. Ma vi era anche un altro aspetto, complementare e non contraddittorio rispetto al primo, e questo era rappresentato dall'ebbrezza per la guerra che non tardò a contagiare molti[236]. Dal positivismo al decadentismo, dal razionalismo al pessimismo il passo fu davvero breve, così come le spinte nazionaliste, imperialiste e socialiste, espressione di un'ideologia di forza, non erano certo distanti dalle istanze irrazionali anti-borghesi, anti-capitaliste ed anti-proprietariste.

La lunga crisi economica iniziata nel 1873 era stata lentamente superata e, stando agli storici, l'economia aveva ripreso nuovo slancio a partire dal 1895. L'aumento dei prezzi (indice non del tutto significativo per l'economista Rothbard[237]) diede luogo a nuove tesi sullo sviluppo. Tra queste, la teoria delle "onde lunghe"[238] dell'economista sovietico Nikolaj

---

235 ) Cfr. Barbara W. TUCHMAN, *The Proud Tower. A Portrait of the World Before the War, 1890-1914*, H. Hamilton, London 1966.

236 ) Attingiamo ancora a Stefan Zweig che testimoniava la frenesia che prese anche i tranquilli viennesi: «a poco a poco in quelle prime settimane di guerra del 1914 diventò impossibile scambiare una parola ragionevole con qualcuno. Anche i più pacifici e bonari erano presi dall'ebbrezza del sangue. Amici sempre conosciuti come decisi individualisti e anzi come anarchici intellettuali, si erano di colpo trasformati in patrioti fanatici e poi anche in annessionisti insaziabili» (ZWEIG, *Il mondo di ieri. Ricordi di un europeo*, cit., p. 202).

237 ) Cfr. Murray N. ROTHBARD, *A History of Money and Banking in the United States. The Colonial Era to World War* II, Ludwig von Mises Institute, Auburn (Alabama) 2002, p. 154.

238 ) Alla critica alle "onde" di Kondratieff, Rothbard ha dedicato importanti osservazioni: cfr. Murray N. ROTHBARD, *The Kondratieff Cycle Myth*, in «Inflation Survival Letter», 14 June 1978; cfr. Murray N. ROTHBARD, *The Kondratieff Cycle: Real Or Fabricated?*, in «Investment Insights», August 1984, p. 5-7 (Part I), September 1984, p. 2-7 (Part II); cfr. Murray N. ROTHBARD, *Man, Economy, and State*, in IDEM, *Man, Economy, and State. A Treatise on Economic Principles* with *Power and Market. Government and the Economy*, Ludwig von Mises Institute, Auburn (Alabama) 2009, p. 855; cfr. Murray N. ROTHBARD, *Making Economic Sense*, Ludwig von Mises Institute, Auburn (Alabama) 2006, p. 263-264.

Dmitrievic Kondratieff (1892-1938)[239], noto anche per l'apporto che offrì alla NEP (Novaja Ekonomičeskaja Politika), quella "Nuova Politica Economica" (1921-1927)[240] con la quale Lenin provvisoriamente e limitatamente fu costretto ad un ritorno al libero mercato e alla proprietà privata per risollevare il suo paese dal disastro. D'altra parte, la svolta del 1895 e la prosperità che si prolungò sino al 1914 ancora una volta rivelavano l'inesattezza delle previsioni di Marx, ma ciò non comportò alcun effettivo riconoscimento di valore al *laissez-faire*.

Nel clima della distratta *Belle époque* e degli anni precedenti lo scoppio della Grande Guerra, il lavoro di due figure chiave come Mises e Keynes si svolgeva in modo alquanto differente: abbastanza silenzioso e periferico quello di Mises; ben più in vista, invece, la posizione di Keynes. Ludwig von Mises, subito dopo il conseguimento della laurea, si era dedicato agli studi sull'utilità marginale applicata alla moneta. Dal 1909 aveva trovato impiego alla Camera di Commercio di Vienna e, in questo incarico, aveva avuto modo di verificare, in modo diretto, la correttezza dell'impostazione liberal-marginalista di Menger. Contemporaneamente, John Maynard Keynes (1883-1946), benché più giovane del viennese (anche se solo di un paio di anni), godeva di una ben diversa posizione e di un già consolidato prestigio anche in quanto direttore, a partire dal 1912, dell'«Economic Journal», l'influente rivista economica dell'epoca. Proprio a questi anni risale la prima occasione di contatto tra Mises e Keynes. Si trattò di un confronto indiretto, a distanza, ed impersonale per l'assenza di conoscenza diretta tra i due protagonisti. Tuttavia questo episodio è già emblematico perché anticipava lo scontro che nei decenni successivi avrebbe caratterizzato, in modo compiuto e perfettamente consapevole, gli orientamenti delle due scuole che si rifaranno rispettivamente all'uno e all'altro.

---

239 ) Kondratieff, che era stato, nell'autunno del 1917, giovanissimo ministro dell'Approvvigionamento nell'ultimo breve governo di Alexander Kerensky, aderì alla rivoluzione e proseguì la ricerca scientifica, fondando a Mosca, nell'ottobre del 1920, un Istituto con uno scopo simile a quello creato da Mises a Vienna. La teoria delle "Onde" ben si conciliava con l'elaborazione dei Piani Quinquennali per l'incremento dell'agricoltura sovietica e con la "Nuova Politica Economica". Alla programmazione, Kondratiev partecipò da protagonista fin quando cadde in disgrazia, venendo prima allontanato dagli incarichi, poi arrestato, lungamente detenuto ed infine, durante la Grande Purga, fucilato nello stesso anno – il 1938 – in cui si concludeva, - a causa dell'annessione dell'Austria alla Germania – l'omologa attività dell'Istituto di Mises a Vienna.
240 ) Cfr. Ludwig von MISES, *I fallimenti dello Stato interventista*, prefazione di Lorenzo Infantino, Rubbettino, Soveria Mannelli (Catanzaro) 1997, p. 35; cfr. Karl POPPER, *La società aperta e i suoi nemici. 2. Hegel e Marx falsi profeti*, a cura di Dario Antiseri, Armando, Roma 2002, p. 339.

La recezione americana delle prime opere di Mises si ebbe relativamente presto, anche se in forma decisamente marginale. Nel 1912 il giovane studioso austriaco, dopo sei anni di lavoro, aveva pubblicato il suo primo testo, *Theorie des Geldes und der Umlaufsmittel* (*Teoria della moneta e dei mezzi di circolazione*)[241]. L'opera era, ovviamente, scritta in tedesco e, perciò, all'estero non fu letta se non da un numero molto limitato di esperti. Ciò non impedì che se ne accorgessero due economisti i cui nomi sarebbero tornati poi a riaffacciarsi nella vicenda personale non solo di Mises, ma anche degli altri "austriaci", Rothbard non escluso. Parliamo di Anderson, ma, soprattutto, lo stesso Keynes.

Più giovane di Mises, l'americano Benjamin M. Anderson (1886-1949), economista della Chase National Bank, nel 1917, nel suo *The value of Money*, apprezzò apertamente il contributo del viennese[242]. Il modo con cui l'economista americano condivideva l'applicazione alla moneta della teoria dell'utilità marginale fa di Anderson il primo "austriaco" d'oltreoceano. Mises dichiarò, poi, di aver saputo solo più tardi dell'attenzione che gli era stata prestata nel Nuovo Continente[243]. Il pensiero liberale di Anderson ha avuto un certo peso e una certa diffusione. Lo studioso viene soprattutto ricordato per *Economics and the Public Welfare. A Financial and Economic History of the United States, 1914-1946*, apparsa nel 1949, nello stesso anno della sua prematura scomparsa. Si tratta di un'importante opera che stimolerà non poco anche Rothbard[244]. Del testo è piuttosto nota una frase che fa bene intendere la prospettiva liberale di Anderson: «nella diretta gestione della vita economica, gli Stati sono sempre goffi ed inefficienti. [...] La loro principale attività dovrebbe essere quella del

---

[241] ) Ludwig von MISES, *Teoria della moneta e dei mezzi di circolazione*, a cura di Riccardo Bellofiore, Edizioni Scientifiche Italiane, Napoli 1999.
[242] ) Cfr. Lorenzo INFANTINO, *Ludwig von Mises e le scienze sociali del Ventesimo secolo*, in Lorenzo INFANTINO - Nicola IANNELLO (a cura di), *Ludwig von Mises: le scienze sociali nella Grande Vienna*, Rubbettino, Soveria Mannelli (Catanzaro) 2004, p. 24.
[243] ) Cfr. Ludwig von MISES, *Autobiografia di un liberale. La Grande Vienna contro lo statalismo*, prefazione di Lorenzo Infantino, Rubbettino, Soveria Mannelli (Catanzaro) 1996, p. 92.
[244] ) Rothbard apprezzava molto il valore di Benjamin M. Anderson. Lo dimostrano i numerosi rinvii a quest'ultimo nelle opere del discepolo di Mises. In particolare, Rothbard menziona l'*Economics and the Public Welfare* di Anderson tra quelli che considerava essere i pochi studi di talento sulla depressione del 1929 (cfr. Murray N. ROTHBARD, *La Grande Depressione*, prefazione di Lorenzo Infantino, Rubbettino, Soveria Mannelli (Catanzaro) 2008, p. 29). Tuttavia, benché non siano certo mancati i motivi per considerare Anderson uno studioso appartenente alla Scuola Austriaca (così come viene comunemente considerato), lo stesso Rothbard non ha mancato di muovergli alcune critiche (cfr. *ibidem*).

poliziotto che controlla il traffico, non quella dell'autista e ancor meno quella del passeggero»[245].

Di ben diversa intonazione fu l'attenzione che alla ricerca di Mises fu data da John Maynard Keynes. Subito dopo lo scoppio della guerra, nel 1914, sull'«Economic Journal», apparve un articolo con cui Keynes recensiva la *Theorie* di Mises, uscita un paio di anni prima. Questa recensione costituì la prima occasione di confronto scientifico tra i due studiosi che (a differenza di come avverrà per Hayek per le sue assidue frequentazioni con l'economista inglese[246]) non si conosceranno mai di persona. Per quanto – come abbiamo ricordato – quasi coetaneo di Mises, all'epoca, Keynes, oltre a dirigere la prestigiosa testata su cui comparve la recensione, era appena divenuto un influente consigliere governativo. Ma nell'esprimere il giudizio sul trattato di Mises fu tutt'altro che diplomatico. Pur non lesinando qualche occasionale apprezzamento, l'economista inglese così scriveva del volume: «esso è più critico che costruttivo, dialettico e non originale. L'autore evita tutti gli abituali ostacoli, ma li evita evidenziandoli e facendo marcia indietro, piuttosto che sormontandoli. Il dottor Mises colpisce il lettore superficiale perché è l'esponente altamente istruito di una scuola, un tempo di grande preminenza, ma che ora sta perdendo la propria vitalità. Non ci sono "innalzamenti" nel suo libro; c'è però, d'altro canto, una facile o stanca accettazione del manto che oscura la luce e non il tentativo di eliminarlo. Pertanto, la lettura del volume genera un sentimento di disappunto per il fatto che un autore tanto informato, tanto schietto e tanto largamente colto aiuti, dopo tutto, così poco una chiara e costruttiva comprensione dei fondamenti della propria disciplina»[247]. Anni dopo, Keynes, probabilmente spinto da un desiderio di ritrattazione, proverà a giustificarsi ammettendo i meriti scientifici di Mises. Keynes si rammaricava che in una fase importante per la definizione del suo pensiero non aveva meglio potuto formarsi sui testi sia di

---

245 ) Benjamin M. ANDERSON, *Economics and the Public Welfare. A Financial and Economic History of the United States, 1914-1946*, Liberty Press, Indianapolis (Indiana) 1979, p. 225 («in the direct handling of economic life, governments are usually clumsy and ineffective. [...] Their main business should be that of traffic cop, not that of driver, and above all not that of back-seat driver»).
246 ) Cfr. Friedrich A. von HAYEK, *Ricordi personali di Keynes e della "Rivoluzione keynesiana"*, in IDEM, *Nuovi studi di filosofia, politica, economia e storia delle idee*, Armando, Roma 1988, p. 308-315.
247 ) John Maynard KEYNES, *La Scuola Austriaca ha perso la sua vitalità*, in Ludwig von MISES - Friedrich von HAYEK - Etienne MANTOUX - Ludwig LACHMANN - Murray N. ROTHBARD - Israel M. KIRZNER, *La Scuola Austriaca contro Keynes e Cambridge*, prefazione di Sergio Ricossa, Rubbettino, Soveria Mannelli (Catanzaro) 2000, p. 15.

Mises che di Hayek e riconobbe, nel 1930, nel *Trattato della moneta*, che «ci sarebbero stati maggiori riferimenti ai lavori di Mises e Hayek se i loro libri, che – confessò Keynes – conosco solamente grazie alle recensioni sulla stampa, fossero apparsi quando il mio pensiero si trovava nella sua prima fase di sviluppo e se la mia conoscenza del tedesco non fosse stata così limitata (in tedesco, infatti, posso comprendere chiaramente solo ciò che già conosco, di modo che le nuove idee sono per me proibite a causa della lingua)»[248]. Mises, nella sua autobiografia, segnerà un terzo momento di questa vicenda – preludio alle grandi polemiche tra "austriaci" e keynesiani – quando, sarcasticamente, dirà non essere colpa sua se Keynes aveva scarse conoscenze linguistiche (unicamente a causa delle quali l'economista di Cambridge «non trovò il [...] libro né originale, né costruttivo»[249]). Ancora molti anni dopo, nel 1956, in occasione di un raduno newyorkese per festeggiare il maestro viennese, Hayek, nel tenere il discorso ufficiale, volle ricordare con ironia quella prima imbarazzante valutazione di Keynes (che, a quel momento, era morto già da dieci anni): «non posso sottrarmi alla tentazione – disse Hayek – di menzionare brevemente una curiosa recensione che il libro [*Theorie des Geldes und der Umlaufsmittel* del 1912] ricevette. Tra i recensori, vi era un uomo di poco più giovane, dal nome di John Maynard Keynes, il quale non riuscì a reprimere una certa espressione di ammirazione per l'erudizione e [l']ampiezza filosofica del lavoro, ma che sfortunatamente, poiché, come in seguito spiegò, poteva capire in tedesco solo ciò che già sapeva, non imparò da esso niente. Si sarebbe potuta risparmiare molta sofferenza al mondo, se il tedesco di Lord Keynes fosse stato leggermente migliore»[250].

Sciaguratamente, purtroppo, al mondo le sofferenze non furono risparmiate. Può sembrare eccessivo legare gli abissi in cui l'umanità precipitò nel Novecento ad alcune teorie di ordine economico. Ma così non è sembrato a chi ha voluto riconoscersi nella Scuola Austriaca perché, per costoro, le teorie economiche sono quegli indispensabili paradigmi per interpretare – per dirla ancora con Mises e Hayek – l'*azione umana* anche e soprattutto in ciò che in essa vi è di *inintenzionale*. Perciò, avendo gli eventi più tragici origine e radice nelle ideologie di sopraffazione, non fu mai eccessivo denunciare, da parte degli austro-liberali, la relazione esistente tra il rafforzamento dello Stato e le tensioni nazionalistiche, tra il

---

248 ) Cit. in Jesús HUERTA de SOTO, *La Scuola Austriaca. Mercato e creatività imprenditoriale*, a cura di Paolo Zanotto, Rubbettino, Soveria Mannelli (Catanzaro) 2003, p. 126.
249 ) MISES, *Autobiografia di un liberale. La Grande Vienna contro lo statalismo*, cit. p. 92-93.
250 ) Cit. in John RAYBOULD, *Friedrich A. von Hayek*, a cura di Dario Antiseri e Lorenzo Infantino, Rubbettino, Soveria Mannelli (Catanzaro) 1999, p. 84.

dirigismo governativo e gli esiti imperialistici, tra il rifiuto del *laissez-faire* e le tendenze protezionistiche. Consapevoli delle conseguenze di questa impostazione interventista anche sul piano sociale, gli autori "austriaci" hanno colto il legame strettissimo esistente tra le politiche sociali e il crescente monopolio statale. «Il nazionalismo aggressivo – osservava Mises – è il derivato necessario delle politiche di interventismo e di pianificazione nazionale»[251]. Saranno queste cause ad essere complessivamente considerate gravide delle peggiori conseguenze per l'umanità.

Nella sua autobiografia, Mises, sinteticamente, descrisse la lunga incubazione della catastrofe che si stava preparando con la Prima Guerra Mondiale attraverso l'angosciata testimonianza di Menger. Per il fondatore della Scuola Austriaca, infatti, la politica di potenza avrebbe condotto ad una guerra spaventosa che avrebbe avuto il suo esito in rivoluzioni devastanti e nella crisi della civiltà europea[252]. Nella primavera del 1912 il Titanic – la nave passeggeri allora più grande del mondo – s'inabissò durante il viaggio inaugurale, dopo aver urtato un iceberg. Il fatto – com'è noto – provocò molta impressione, ma, oggi, questa sciagura può rappresentare una lugubre metafora di quegli anni per ciò che si stava preparando all'orizzonte.

La guerra ebbe, come è risaputo, il suo disgraziato innesco nell'attentato di Sarajevo del 28 giugno 1914, attentato in cui perse la vita l'erede al trono austro-ungarico, l'arciduca Francesco Ferdinando (1863-1914), e sua moglie. Ma aveva avuto una lunga gestazione fatta di tensioni e contrasti alimentati da scelte economiche governative che produssero e moltiplicarono la rivalità delle grandi potenze. Il contrario, cioè, di quella cooperazione mercantile, quale via migliore per la pace internazionale, costantemente indicata dagli studiosi liberal-marginalisti, da Menger[253] fino a Rothbard[254].

Si può anche arrivare a dire che, attraverso l'indagine economica, la Scuola Austriaca abbia prodotto una vera e propria interpretazione filosofica della storia contemporanea, in generale, e di quell'immane sciagura bellica, in particolare. Se Menger, Böhm-Bawerk e Mises vissero in questa luce l'arrivo del disastro (Hayek maturerà la sua posizione solo

---

251 ) Ludwig von MISES, *L'azione umana. Trattato di economia*, prefazione di Lorenzo Infantino, Rubbettino, Soveria Mannelli (Catanzaro) 2016, p. 868.
252 ) Cfr. MISES, *Autobiografia di un liberale. La Grande Vienna contro lo statalismo*, cit., p. 64-65.
253 ) Cfr. Carl MENGER, *Sul metodo delle scienze sociali*, a cura di Raimondo Cubeddu, introduzione di Karl Milford, Liberilibri, Macerata 1996, p. 59s.
254 ) Cfr. Murray N. ROTHBARD, *Per una nuova libertà*, introduzione di Luigi Marco Bassani, Liberilibri, Macerata 2004, p. 369s.

successivamente), tale lettura accompagnerà anche le successive generazioni austro-liberali. Era la consapevolezza che se il conflitto era nato dalle tendenze anti-liberiste, la Grande Guerra determinava un'ulteriore grande accelerazione del processo di statalizzazione. Perciò il carattere epocale della catastrofe bellica ha indotto i pensatori della Scuola a tornare spesso sugli eventi politici di quegli anni.

Mises, nel suo incarico presso la Camera di Commercio di Vienna, aveva modo di occuparsi direttamente dell'interventismo statale e di verificarne, sul campo, le conseguenze. L'economista austriaco, nell'autobiografia, ricordava l'impressione in lui suscitata dalle politiche sociali. Una relazione sulla riforma delle imposte sui fabbricati e sull'edilizia residenziale lo indusse a confrontarsi con i dispendiosi programmi di edilizia popolare nella Vienna dell'imperatore Francesco Giuseppe. Nonostante i suoi giudizi negativi, offerti nella qualità di consulente, i programmi non furono interrotti. Solo di passaggio e sbrigativamente, Mises riportò come, proprio in una di quelle case popolari, in quegli anni, abitò uno strano giovane pittore dal nome Adolf Hitler[255]. Il futuro capo del nazionalsocialismo, infatti, dal suo paese di origine (Hitler era austriaco e solo successivamente fu naturalizzato tedesco perché preferì combattere come caporale nell'esercito tedesco del *Kaiser* Guglielmo II) si trasferì nella capitale austriaca dove soggiornò dal 1908 al 1913. Dalle case popolari al dormitorio cittadino, l'oscuro personaggio fece, dunque, ben esperienza dell'assistenza pubblica; ma ancor più a sottolineare un filo di continuità tra le ideologie, è da segnalare l'incontro di Hitler, avvenuto proprio durante gli anni del soggiorno a Vienna, con le idee socialdemocratiche. Si trattò di un incontro che il futuro *führer* richiamerà più tardi, nella prima parte autobiografica del *Mein Kampf* (1924-1927), un connubio decisivo per la formulazione della visione politica di Hitler e per la definizione teorica del nazionalsocialismo[256].

Per gli autori "austriaci" questo collegamento non appariva affatto singolare. L'esplicitazione delle radici socialiste del nazismo[257] rappresenterà, infatti, un elemento di notevole portata nella riflessione della Scuola: un'esplicitazione rivelativa della centralità dello Stato a fondamento delle due forme di totalitarismo (tre, aggiungendo anche il fascismo italiano); una considerazione, questa, che si arricchirà di contributi con il passare degli

---

255 ) MISES, *Autobiografia di un liberale. La Grande Vienna contro lo statalismo*, cit., p. 58.
256 ) Cfr. Jean-Jacques CHEVALLIER, *Le grandi opere del pensiero politico*, Il Mulino, Bologna 1991, p. 461s.
257 ) Cfr. Friedrich A. von HAYEK, *La via della schiavitù*, prefazione di Raffaele De Mucci, Rubbettino, Soveria Mannelli (Catanzaro) 2011, p. 215s.

anni[258]. Il riconoscimento della sostanziale unitarietà delle ideologie[259] è, appunto, un aspetto tutt'altro che secondario della politica economica degli "austriaci", un aspetto che verrà alla luce un po' per volta e in grande continuità. Questa "coerenza" si ravvisa anche nel considerare lo statalismo quale chiave interpretativa dei grandi nodi della storia moderna. E la Grande Guerra ne fu dei più gravi. Proprio per tornare ora a ciò che è in diretta relazione con questa immane carneficina, ricordiamo Mises che, avendo descritto a lungo il "socialismo di Stato" (ormai così fortemente radicato nella cultura tedesca), richiamava proprio quest'ultimo come «l'ideale sociale dell'età che ha preparato la guerra mondiale»[260].

Appena un anno prima della deflagrazione, Mises aveva iniziato ad insegnare in università. Si trattò, sin da subito (ed al pari di quella di Menger), di una docenza ostacolata da veti e ostracismi perché tutt'altro che in linea con l'orientamento prevalente. L'economista, che comunque già conosceva a fondo le tendenze accademiche, ebbe, tuttavia, nuovi motivi per cogliere meglio le pericolose inclinazioni presenti nella cultura del tempo. E se è vero che gli indirizzi culturali non sono mai senza effetto, Mises – come aveva già fatto Menger e Böhm-Bawerk – ne denunciò le conseguenze. Ricostruendo il clima culturale che condusse al conflitto, l'economista, nell'autobiografia, sosteneva che la guerra non fu altro che il risultato dell'ideologia statalista diffusa ormai da tempo in tutta Europa[261].

Come quasi tutti i giovani europei del tempo, anche Mises e Hayek furono arruolati e impegnati nell'esercito. Mises, allora trentatreenne, già libero docente all'Università di Vienna, servì come capitano di artiglieria. Hayek aveva solo diciotto anni ed ancora non aveva completato il *Gymnasium* quando fu impiegato anche lui in artiglieria come sottufficiale. A differenza di molti loro coetanei e di non pochi dei loro stessi amici, i due viennesi tornarono vivi dal fronte. Nell'autobiografia, Mises ricorda che dei quattro giovani ricercatori che collaboravano con lui, nessuno si salvò[262]. Non si riflette mai abbastanza sul devastante effetto causato dalle guerre a danno del progresso dell'umanità: con la sottrazione di preziose

---

258 ) Cfr. Murray N. ROTHBARD, *Power and Market*, in IDEM, *Man, Economy, and State. A Treatise on Economic Principles* with *Power and Market. Government and the Economy*, Ludwig von Mises Institute, Auburn (Alabama) 2009, p. 1273-1274.
259 ) Cfr. anche Ernst NOLTE, *Concetti fondamentali per l'interpretazione del XX secolo: bolscevismo - fascismo - guerra civile mondiale*, in «Linea Tempo», agosto 2001, p. 47-58.
260 ) Ludwig von MISES, *Socialismo. Analisi economica e sociologica*, a cura di Dario Antiseri, Rusconi, Milano 1990, p. 281.
261 ) Cfr. MISES, *Autobiografia di un liberale. La Grande Vienna contro lo statalismo*, cit., p. 95.
262 ) Cfr. *ibidem*, p. 62.

intelligenze, il cammino della civiltà, in modo così assurdo, viene privato per sempre di un irrecuperabile contributo. Che danno sarebbe stato per la storia del Novecento se la vita degli allora giovani Mises e Hayek si fosse crudelmente interrotta sui campi di battaglia! Non avremmo mai conosciuto neanche i loro nomi se la guerra ne avesse distrutto il futuro e chissà quante esistenze, che avrebbero potuto concorrere al miglioramento del mondo, sono state spente nell'anonimato degli orridi ed infiniti cimiteri costituiti dai campi di battaglia, dalle trincee e dal filo spinato. Anche tra chi è direttamente ricollegabile all'influenza delle teorie "austriache", non sono pochi coloro che hanno sperimentato l'amarezza della guerra; tra questi: Wilhelm Röpke (1899-1966), Lionel Charles Robbins (1898-1984), Ludwig Wilhelm Erhard (1897-1977). In quei raccapriccianti scenari – spesso senza sapere il perché –, persero la vita milioni di persone (dieci milioni solo tra gli uomini in divisa): ignoti individui o autentici geni – come Charles Péguy (1873-1914) e Augustin Cochin (1876-1916) –, tutti vittime di una feroce furia che ha privato l'umanità di forze, capacità ed energie per un futuro che, senza quell'enorme massacro, sarebbe stato migliore per il mondo intero.

2.6. Epoca liberale o trionfo della "ragion di Stato"?

Il dibattito sulle origini della guerra ha certamente un ruolo fondamentale nella storiografia del primo conflitto mondiale[263] e non potrebbe essere diversamente. D'altra parte, sin dalle note introduttive di questo testo, è stata sottolineata la necessità di mettere maggiormente in relazione l'innesco dell'agosto del 1914 con tutto ciò che ha preparato la grande deflagrazione, verificando lo stretto rapporto di quel momento con i decenni precedenti e con tutta la lunga anticamera della guerra.

Tuttavia bisogna anche confrontarsi con gli studiosi che hanno evidenziato il carattere novatore della vicenda bellica, piuttosto che il carattere della continuità tra Ottocento e Grande Guerra. Ad esempio, François Furet ha sostenuto: «più un evento è carico di conseguenze, meno lo si può pensare a partire dalle sue cause. La guerra del 1914 non sfugge alla regola. Nessuno è veramente riuscito a dimostrare che si trattava d'una fatalità iscritta nelle rivalità economiche delle grandi potenze. Nessuno crede più che i popoli europei l'abbiano accolta con un tale entusiasmo da far sembrare che sia stata provocata dai loro sentimenti nazionalistici. Delle cause in serie che hanno reso possibile la guerra,

---

263 ) Cfr. Federico CURATO, *La letteratura sulle origini della prima Guerra Mondiale*, in AA. VV., *Nuove questioni di storia contemporanea*, Marzorati, Milano 1986, vol. 2, p. 817-909.

nessuna ne spiega lo scoppio, tranne l'intrigo politico e diplomatico che avvolge le Corti europee tra l'assassinio dell'arciduca [...] e i primi giorni di agosto, quando tutti i governi accettano la guerra, che diventa perciò inevitabile»[264]. L'autorevolezza dello storico francese impone di tenere in considerazione il suo giudizio per il quale la guerra appare un evento carico di novità.

Anche autori come Stefan Zweig, che hanno avuto la capacità di tratteggiare il mondo che ha preceduto la guerra – *Il mondo di ieri* – confrontandolo con quello seguito al conflitto, hanno offerto non pochi motivi per ritenere il 1914-1918 un crinale, una linea netta di separazione tra un *prima* e un *dopo*. Dobbiamo ritenere che davvero così fu percepito da tutti i contemporanei a causa del profondo *shock* patito. Gli uomini di quella generazione hanno potuto dimenticare altri momenti significativi del loro periodo, ma non avrebbero mai più potuto dimenticare gli orrori della guerra. Psicologicamente, quindi, il 1914 fu e rimane uno spartiacque. A sottolineare ciò anche il modo con cui il conflitto venne ricordato dai contemporanei: la "Grande Guerra" rappresentò un indelebile trauma per un'intera generazione e per un'intera epoca.

Pur tuttavia, anche in forza degli elementi già enumerati sin qui, sembrerebbero prevalere i motivi per ritenere che la vicenda della guerra debba essere attentamente letta nelle sue *cause* (e non solo nelle sue *origini*)[265]. Lo impone il suo stretto rapporto con l'intero Ottocento: una relazione così stretta da poter sostenere che la guerra sia già racchiusa nelle sue gravi premesse. D'altra parte ritenere il conflitto strettamente collegato ad una serie di riscontrabili cause non compromette affatto la consapevolezza dell'eccezionalità dell'evento. La vera differenza rispetto all'impostazione degli storici che preferiscono enfatizzare la situazione nuova venutasi a creare è quella di non vedere improvvise fratture, quanto piuttosto un'inesorabile *continuità*. Ovviamente l'investigazione delle cause non è in alcun contrasto con l'analisi delle conseguenze. Anzi, sarebbe una disamina monca e contraddittoria quella che accentuasse un aspetto e riducesse l'altro. La guerra è stata gravida di disastrose conseguenze e la identificazione di queste è da ricercare non meno delle cause che hanno condotto al conflitto.

---

264 ) François FURET, *Il passato di un'illusione. L'idea comunista nel XX secolo*, Mondadori, Milano 2000, p. 44.
265 ) Altrove Furet, ridimensionando precisi rapporti causali del conflitto, ha scritto: «come Hannah Arendt, anch'io preferisco parlare di 'origini' piuttosto che di 'cause' della guerra. La causalità infatti non permette di pensare la novità» (François FURET - Giuliano PROCACCI, *Controverso Novecento*, Donzelli Editore, Roma 1995, p. 14).

Sostenere, però, che la guerra debba essere innanzitutto riletta con attenzione prevalente per le sue cause significa mettere la vicenda bellica in relazione con le ideologie moderne, con i "risorgimenti" nazionali e finanche con la Rivoluzione del 1789 che segna così in profondità la politica moderna. Significa inserire la guerra all'interno dell'impetuoso processo di rafforzamento dello Stato che, mediante la fase autoritaria ed imperialista, giunge a produrre il totalitarismo e la politica compiutamente ideologica. Perciò, più che rappresentare una svolta, la Prima Guerra Mondiale è stata prevalentemente una *portentosa accelerazione* del processo di statalizzazione.

Una delle obiezioni che potrebbe essere posta a quanto ora affermato comporterebbe considerare la guerra come conclusione dell'Ottocento liberale. Molto spesso il secolo Diciannovesimo viene considerato l'epoca d'oro del liberalismo[266]. Si tratta di un equivoco che è certamente molto diffuso, ma che è anche abbastanza facile da sciogliere.

L'Ottocento (soprattutto nella seconda metà) aveva assistito ad un forte sviluppo industriale e davvero notevoli erano stati i progressi in ambito tecnologico e scientifico. La povertà era stata enormemente ridotta e la vita media degli europei si era di molto allungata. Se tutto ciò è obiettivamente imputabile all'intraprendenza capitalistica, non è ancora sufficiente per ritenere che l'epoca possa essere considerata come quella in cui i principi del liberalismo abbiano avuto il loro riconoscimento generale. Se i progressi sono stati cospicui non è perché il libero scambio è stato accolto universalmente, ma solo perché ha ricevuto meno impedimenti politici rispetto ai periodi successivi. Quella che può sembrare l'epoca aurea del liberalismo, in realtà, è stata solo un'epoca in cui il potere politico esercitava un peso minore rispetto a come avverrà in avanti. E ciò è stato anche solo sufficiente per poter dare al commercio lo spazio per esprimere le sue virtuosità. Ma si è trattato di una libertà ridotta, non di una libertà piena (sebbene enormemente più consistente di quella che il mercato sperimenterà successivamente), tanto da non essere autorizzati a parlare né di epoca del liberalismo (rintracciata tra il 1776 e il 1914)[267] né

---

266 ) In questa leggerezza è, d'altronde, incorso lo stesso Mises: «la grandezza del Diciannovesimo secolo sta nel fatto che, in una certa misura, le idee degli economisti classici divennero la filosofia dominante dello Stato e della società. Esse trasformarono la tradizionale società di ceto in nazioni popolate da liberi cittadini, l'assolutismo regio in governo rappresentativo e, soprattutto, la povertà subita dalle masse sotto l'*ancien règime* nel benessere di molti sotto il *laissez faire* capitalistico» (MISES, *Autobiografia di un liberale. La Grande Vienna contro lo statalismo*, cit., p. 211-212).

267 ) Cfr. Friedrich A. von HAYEK, *Liberalismo*, in *Enciclopedia del Novecento*, Istituto della Enciclopedia Italiana, Roma 1978, vol. III, p. 987.989.

di "trionfo del capitalismo" (Hobsbawm)[268]. Solo in termini comparativi possiamo parlare di libertà dei mercati (comparando, cioè, l'Ottocento con gli altri periodi), ma non certo in termini assoluti (perché la libertà economica non era certo né incontrastata né trionfante). Sotto l'aspetto propriamente economico, infatti, il secolo Diciannovesimo dev'essere, piuttosto, considerato l'epoca del protezionismo; tutt'altro, quindi, che l'epoca del liberismo.

In modo analogo possiamo spiegare l'aspetto politico. In pressoché tutti i manuali di storia, l'Ottocento viene considerato il secolo in cui il pensiero liberale ha avuto la sua maggiore affermazione producendo istituzioni che genericamente assumono la definizione di "Stato liberale". Vero è che i libri di storia spesso definiscono "liberale" quelle realtà che non sono diversamente classificabili. E ciò già è sufficiente per prendere le distanze da descrizioni così imprecise. Quanto non sia possibile definire l'Ottocento come "epoca liberale" lo capiamo alla luce della elementare definizione del liberalismo quale teoria di contenimento del potere politico e di riconoscimento dei diritti individuali di proprietà. Il Diciannovesimo secolo si è, invece, caratterizzato per l'accrescimento dello Stato e per la diffusione delle ideologie collettiviste. L'Ottocento è, piuttosto, l'epoca di Napoleone, dei moti nazionalistici, delle teorizzazioni marxiste, delle guerre e delle centralizzazioni, dell'imperialismo e del colonialismo[269]. Ed anche per ciò che riguarda l'aspetto politico, si può, quindi, dire che se la libertà individuale non fu certo la caratteristica del secolo, all'Ottocento si è attribuita un'impronta liberale solo perché successivamente le libertà individuali sono state ancor più calpestate.

Il Diciannovesimo secolo, quindi, lungi dal poter essere considerato un periodo liberale, è stato invece l'epoca dello Stato nazionale ed accentrato. Il secolo del nazionalismo non può certo presentarsi anche come secolo liberale; sono, queste, posizioni inconciliabili dato che «il nazionalismo si pone, sin da principio [...], come strenuo antagonista delle idee liberali»[270].

---

268 ) Cfr. Eric J. HOBSBAWM, *L'età degli imperi. 1875-1914*, Laterza, Bari 1991, p. 11-12; cfr. p. 65.

269 ) Anche Mises sembra cadere in un'ingenuità quando scriveva: «l'evento più importante degli ultimi cento anni è la sostituzione del liberalismo con lo statalismo. Lo statalismo si presenta in due forme: il socialismo e l'interventismo. Entrambe hanno in comune il fine di subordinare incondizionatamente l'individuo allo Stato, cioè all'apparato sociale di costrizione e coercizione» (Ludwig von MISES, *Lo Stato onnipotente. La nascita dello Stato totale e della guerra totale*, introduzione di Victor Zaslavsky, Rusconi, Milano 1995, p. 69).

270 ) Luigi Marco BASSANI - Alberto MINGARDI, *Dalla Polis allo Stato. Introduzione alla storia del pensiero politico*, Giappichelli Editore, Torino 2015, p. 196.

Se avessimo avuto un'epoca liberale, questa si sarebbe dovuta inverare nel ridimensionamento delle prerogative politiche. È, invece, avvenuto il contrario e se assai impropriamente si parla di "Stato liberale"[271] (che, in senso stretto, è solo un ossimoro[272]) lo si fa tenendo presente che quel sistema, pur imperialista, ancora non esercitava quel grado di pervasività che in seguito sarà raggiunto dal potere pubblico. Le istituzioni nazionalistiche ed imperialistiche disponevano di un'organizzazione politica ancora incompleta; ciò non impedisce, anzi impone, di considerare il processo di consolidamento del potere politico che si manifesta in direzione dello Stato perfetto del Novecento. È ciò che può sfuggire se non si valuta il rafforzamento dello Stato come un processo in cammino progressivo ove la fase precedente già contiene lo sviluppo successivo.

Qualificando l'Ottocento come epoca liberale si incorre nell'errore di non rendersi conto che quel secolo era caratterizzato solo da un minor grado di illiberalità rispetto allo statalismo ancor più ferreo che sopraggiungerà.

La Prima Guerra Mondiale rappresenterebbe qualcosa di inspiegabile se alle sue spalle vi fosse un secolo contrassegnato da pacifici e diffusi rapporti di libero scambio internazionale e da governi limitati scevri da atteggiamenti nazionalistici e privi di ambizioni imperialistiche. Se, in relazione alla guerra, il paradigma della Scuola Austriaca inizia a delinearsi, esso dovrebbe apparire, con tutta evidenza, molto distante dalle altre interpretazioni. A quella marginalista[273] si contrappone la lettura convenzionale che vede nella guerra il naturale sbocco delle contraddizioni dello "Stato liberale"[274]. Sarebbe, in questo modo, la crisi generata dallo "Stato liberale" a condurre, prima, alla Grande Guerra e, poi, ai totalitarismi. Se così fosse, però, la vicenda bellica del '14-'18 sarebbe difficilmente comprensibile. In questo caso, davvero occorrerebbe parlare di una svolta della storia.

Se questa puntualizzazione svela il motivo della considerazione,

---

271 ) Cfr. Friedrich A. von HAYEK, *La costituzione di uno stato liberale*, in IDEM, *Nuovi studi di filosofia, politica, economia e storia delle idee*, Armando, Roma 1988, p. 111-118.
272 ) Stando alla definizione su cui abbiamo ragionato, vi può essere un "governo liberale", un'"amministrazione liberale", mai uno "Stato liberale" perché ciò che chiamiamo "Stato" è sempre un governo tendenzialmente illimitato e, quindi, in contrasto con i principi liberali.
273 ) Come già affermato, gli "austriaci" hanno insistito e dimostrato l'incompatibilità tra liberismo e guerra. Cfr. Ludwig von MISES, *I fallimenti dello Stato interventista*, prefazione di Lorenzo Infantino, Rubbettino, Soveria Mannelli (Catanzaro) 1997, p. 352.
274 ) Cfr. Gabriele DE ROSA, *La crisi dello stato liberale in Italia*, Studium, Roma 1964; cfr. Brunello VIGEZZI, *L'Italia liberale e la guerra (1914-1915)*, in AA. VV., *Nuove questioni di storia contemporanea*, Marzorati, Milano 1986, vol. 1, p. 689s.

allarghiamo quest'ultima alla reale identità della cultura politica egemone nell'Europa dell'Ottocento. L'obiezione riguarda il modo con cui quella cultura politica viene ordinariamente considerata liberale.

Prendiamo il sintomatico caso italiano. Nella penisola neanche esisteva una radicata tradizione liberale. Per quanto anche illustri autori (primo tra tutti Benedetto Croce) si siano dichiarati liberali, saremmo portati a ritenere che questa cultura politica nostrana abbia avuto così poco di liberale da non poter essere definita tale. Si dice: «la nuova nazione italiana [...] si forma liberale»[275]. Intanto – in termini propri – a formarsi fu solo lo "Stato", non la "nazione" (che come entità culturale e storica è di gran lunga anteriore al 1861, data dell'unificazione). E soprattutto: proprio il carattere statuale dell'unificazione impedisce di ascrivere al liberalismo questo risultato. Invero, lo statalismo presupposto e compiuto dall'unità nazionale si pone in opposizione ad ogni autentico liberalismo.

Spesso – come già detto – si confonde il pensiero liberale (a volte ciò avviene anche con il conservatorismo) con le posizioni moderate, "moderate" rispetto a politiche più centraliste e più collettiviste. Prendiamo ad esempio Camillo Benso di Cavour (1810-1861), figura chiave del Risorgimento italiano. Non si esclude che nell'azione del conte savoiardo possano esserci stati alcuni aspetti liberali[276], ma questi sono insufficienti e rimangono ampiamente ambigui[277]. Il criterio che verifica il reale liberalismo è contenuto nella risposta alla domanda: "si sono estese le libertà individuali oppure si è – a danno di quelle – allargato il potere dello Stato?". Ebbene, l'opera di Cavour – al pari dell'intero movimento cosiddetto risorgimentale – si pone sul fronte del consolidamento dello Stato moderno, accentrato e assoluto.

Se il criterio per stimare cosa sia realmente liberale e cosa non lo sia è, dunque, il modo con cui ci si pone dinanzi all'espansione dello Stato, allora risultano inadeguati quei giudizi che inducono a pensare che l'origine della debolezza dell'esperienza liberale italiana sia da attribuire a poco "senso di Stato" oppure alla timidezza con cui i liberali hanno assecondato l'estensione della sfera pubblica e all'incapacità di contribuire ad

---

275 ) Salvatore CARRUBBA, *La cultura liberale in Italia*. IBL Occasional Paper n. 19, Istituto Bruno Leoni, Torino 2005, p. 1.
276 ) Cfr. Luigi EINAUDI, *Il Buongoverno. Saggi di economia e politica (1897-1954)*, a cura di Ernesto Rossi, Laterza, Bari 2004, p. 198.261-263.388.412.498; cfr. Antonio MARTINO, *Semplicemente liberale*, Liberilibri, Macerata 2004, p. 21.
277 ) Prevalgono le letture divergenti da questa nostra affermazione, quelle cioè che scorgono in Cavour un sincero liberale. Ad esempio, cfr. CARRUBBA, *La cultura liberale in Italia*, cit., p. 1.

«ammodernare le istituzioni nella direzione di assicurare governabilità e capacità decisionale»[278].

E per anticipare la probabile obiezione che accusasse le opinioni ora manifestate di radicalismo, riteniamo che queste valutazioni non siano frutto della mania (tutta ideologica) di percorrere la strada del perfettismo – che, rifiutato verbalmente, riemergerebbe di fatto – con l'idea di essere sempre più puri degli altri. Si tratta, semplicemente, di non confondere ciò che è liberale con ciò che è il suo contrario[279]. Non per propensione manichea, ma innanzitutto per dovere di onestà intellettuale[280].

Quanto all'Italia[281], il suo vero deficit è costituito dall'assenza di una cultura liberista sufficientemente forte, cultura liberista schiacciata tra il pregiudizio dei cattolici e il successo delle idee socialiste. Per considerare la distanza tra queste ultime posizioni e il liberismo basterebbe confrontare non solo i rispettivi atteggiamenti riguardo all'entrata in guerra, ma anche gli spazi inattesi che ebbero Chiesa e socialismo nella vita politica italiana nel dopoguerra a fronte del crescente isolamento dei liberali.

L'impostazione cattolica si è quasi comodamente appoggiata sulla tesi secondo cui l'idea nazionalistica si congiunga indissolubilmente al liberalismo politico[282]. Travisando completamente la natura del liberalismo,

---

278 ) *Ibidem*, p. 2.
279 ) Uno dei casi più rivelativi può essere considerato il famoso dibattito tra Luigi Einaudi e Benedetto Croce. Anche Croce viene sbrigativamente considerato liberale, ma il filosofo non fece mai coincidere il liberalismo politico con il liberismo economico. Cfr. Benedetto CROCE - Luigi EINAUDI, *Liberismo e liberalismo*, a cura di Giovanni Malagodi, Ricciardi, Milano-Napoli 1988.
280 ) Da decenni il pensiero libertario (*Libertarianism*, nel contesto anglosassone) è andato accreditandosi come liberalismo autentico contro le incoerenze del costituzionalismo.
281 ) Non è facile parlare di liberalismo italiano, considerando l'eterogeneità delle posizioni. Per una panoramica, cfr. Dario ANTISERI, *Il liberalismo cattolico italiano dal Risorgimento ai giorni nostri*, Rubbettino, Soveria Mannelli (Catanzaro) 2010; cfr. Giuseppe BEDESCHI, *Storia del pensiero liberale*, Rubbettino, Soveria Mannelli (Catanzaro) 2015, p. 271-298; cfr. Guido DE RUGGIERO, *Storia del liberalismo europeo*, Laterza, Bari 2003, p. 291-364; cfr. Antonio JANNAZZO, *Il liberalismo italiano del Novecento. Da Giolitti a Malagodi*, Rubbettino, Soveria Mannelli (Catanzaro) 2003; cfr. Carlo LOTTIERI, *Liberali e non. Percorsi di storia del pensiero politico*, La Scuola, Brescia 2013, p. 161-179; cfr. Philippe NEMO - Jean PETITOT (a cura di), *Storia del liberalismo in Europa*, Rubbettino, Soveria Mannelli (Catanzaro) 2013, p. 497-732.
282 ) Cfr., ad esempio, da un lato Andrea CASPANI, *La prima guerra totale*, in AA. VV., *Novecento. L'Europa delle ideologie e delle guerre totali*, prefazione di Franco Cardini, Itaca, Castelbolognese (Ravenna) 1994, p. 23-24 e Francesco PAPPALARDO, *La cultura politica italiana preunitaria e il concetto di "nazione spontanea"*, in «Cristianità», anno 21 (1998), n. 273-274 (gennaio-febbraio), p. 13 e, da un altro lato, Eric J. HOBSBAWM, *L'età degli imperi. 1875-1914*, Laterza, Bari 1991, p. 113. Il primo e il secondo sono espressione della storiografia tradizionale cattolica; il terzo è rappresentativo dell'impostazione

proprio a quest'ultimo viene attribuito esattamente ciò che il liberalismo ha sempre contrastato. Bisognerebbe, piuttosto, chiedersi quanta teologia abbia supportato l'assolutismo del secolo XVII che ha eroso gli ordinamenti naturali avviando la creazione dello Stato moderno.

Nell'agosto del 1914, quando i cannoni iniziarono a tuonare, papa Pio X (1903-1914) chiudeva gli occhi a questo angosciato mondo; il nuovo pontefice, Benedetto XV (1914-1922), non tardò ad esprimere il dolore per ciò che stata avvenendo in Europa affidando alle parole della prima enciclica – *Ad Beatissimi Apostolorum* – il giudizio sul conflitto[283]. Nel documento, il Papa non si limitava a deplorare il ricorso alle armi, ma esprimeva anche una sorta di interpretazione dello scontro indicando quattro cause che avevano condotto alla guerra. Sosteneva Benedetto XV: «[...] la mancanza di mutuo amore fra gli uomini, il disprezzo dell'autorità, l'ingiustizia dei rapporti fra le varie classi sociali, il bene materiale fatto unico obiettivo dell'attività dell'uomo, come se non vi fossero altri beni, e molto migliori, da raggiungere. Sono questi a Nostro parere, i quattro fattori della lotta, che mette così gravemente a soqquadro il mondo»[284].

Se il primo tra questi «quattro fattori della lotta» non può che apparire ovvio («la mancanza di mutuo amore fra gli uomini»), gli altri tre sembrerebbero porre l'interpretazione pontificia a grande distanza da quanto suggerito dalla lettura dei liberali "austriaci" fin qui delineata. Innanzitutto perché «il disprezzo dell'autorità»[285] pare richiamare l'obbligo ad una sottomissione che non poteva che legittimare la crescente sovranità politica[286]. Anziché denunciare l'assenza di subordinazione, sarebbe stato il caso spendersi in chiave critica. Più che «il disprezzo dell'autorità», tra le cause della guerra sarebbe stato, piuttosto, il caso annoverare il disprezzo *da parte* dell'autorità verso i limiti naturali delle proprie funzioni e, quindi,

---

marxista. Si tratta di posizioni assai distanti eppure convergenti nell'attribuire al liberalismo le istanze nazionaliste.

283 ) Cfr. Guido VERUCCI, *La Chiesa nella società contemporanea. Dal primo dopoguerra al Concilio Vaticano II*, Laterza, Bari 1988, p. 10-11.13.

284 ) BENEDETTO XV, Lettera enciclica *Ad Beatissimi Apostolorum* sul programma del pontificato, 1.11.1914, in *Enchiridion delle encicliche/4. Pio X, Benedetto XV (1903-1922)*, Edizioni Dehoniane, Bologna 1999, n. 374.

285 ) Non si esclude che il Papa intendesse riferirsi ad altro tipo di autorità (quella divina o quella della Chiesa); ciò che è sicuro è che il testo non può che essere letto nella sua formulazione letterale.

286 ) Scriveva ancora il Papa: «da quando si è lasciato di osservare nell'ordinamento statale le norme e le pratiche della cristiana saggezza, le quali garantivano esse sole la stabilità e la quiete delle istituzioni, gli Stati hanno cominciato necessariamente a vacillare nelle loro basi» (BENEDETTO XV, *Ad Beatissimi Apostolorum*, cit., n. 374).

verso l'intangibilità della libertà individuale[287]. Quando, poi, il Papa annoverava tra le cause della guerra «l'ingiustizia dei rapporti fra le varie classi sociali», in modo più o meno cosciente, dimostrava far proprio il giudizio leninista che vedeva nel conflitto tra le nazioni niente altro che l'affermazione delle mire capitalistiche che estendevano al piano internazionale lo scontro tra le classi sociali. Non dissimilmente, infine, «il bene materiale fatto unico obiettivo dell'attività dell'uomo» sottintendeva uno svilimento di quelle attività economiche, in simbiotica linea sia con l'accrescimento del controllo politico della ricchezza privata sia con le espressioni della cultura degli ideali guerrieri, cultura alternativa al lavoro dei mercanti.

Sebbene in modo velato, le parole dell'enciclica esprimevano, ancora una volta, il fraintendimento in cui continuava a persistere il pensiero cattolico nell'attribuire i mali del mondo moderno al pensiero liberale. Rimanendo ancorata alla confusione tra liberalismo e rivoluzione, l'interpretazione cattolica attribuiva la guerra al fallimento della moderna società indebitamente considerata liberale[288].

Com'è noto, Benedetto XV svolse un'intensa opera a favore della pace[289]; quest'azione raggiunse il suo culmine nel famoso appello dell'agosto del 1917 (quello nel quale si definiva la guerra un'«inutile strage»[290]). Avremo modo di tornare più avanti sull'opera del Papa. Ciò che, invece, ora interessa è ripescare il commento all'appello pontificio che don Luigi Sturzo (1871-1959) espresse pochi giorni dopo[291]. Anche nelle parole del futuro leader del popolarismo italiano, la guerra veniva considerata l'esito

---

[287] ) Interprete del paradigma "austriaco", von Mises, invece, sosteneva che occorreva accusare la «politica antiliberale che dilata i compiti dello Stato fino a non lasciare praticamente nessuno spazio a una attività sociale libera dalla mano pubblica» (Ludwig von MISES, *Liberalismo*, prefazione di Dario Antiseri, Rubbettino, Soveria Mannelli (Catanzaro) 1997, p. 176).

[288] ) Cfr. Roberto de MATTEI, *La sovranità necessaria. Riflessioni sulla crisi dello Stato moderno*, Il Minotauro, Roma 2001, p. 123s.

[289] ) Cfr. Antonio SCOTTÀ, *Papa Benedetto XV. La Chiesa, la Grande Guerra, la pace (1914-1922)*, Edizioni di Storia e Letteratura, Roma 2009; cfr. Antonio SCOTTÀ (a cura di), *I Vescovi veneti e la Santa Sede nella guerra 1915-1918*, prefazione di Gabriele De Rosa, Edizioni di Storia e Letteratura, Roma 1991.

[290] ) BENEDETTO XV, Lettera *Dès le début* ai capi dei popoli belligeranti, 1.8.1917, in *Enchiridion delle encicliche/4. Pio X, Benedetto XV (1903-1922)*, Edizioni Dehoniane, Bologna 1999, n. 868.

[291] ) Nello stesso mese di agosto 1917, il sacerdote tenne nella sua città di Caltagirone un discorso che viene ricordato con un doppio titolo: *Guerra e pace nella Nota pontificia* e *Il disarmo e la Società delle Nazioni*. Il discorso al momento non sembra ancora presente nell'Opera Omnia, ma dovrebbe comparire nel volume *Autonomie municipali e problemi amministrativi (1902-1915). Scritti e discorsi durante la prima guerra (1915-1918)* in attesa di pubblicazione.

della politica borghese (dichiarava Sturzo: «la nazione armata e la lotta fra le nazioni per il dominio dell'avvenire, ecco il culmine di cento anni di politica borghese, del capitale sul lavoro...»[292]). Pertanto la volontà di potenza che si era agitata sino alla deflagrazione finale altro non sarebbe stato che «il culmine di cento anni di politica borghese».

Non si può non notare la similitudine di questa valutazione con l'interpretazione marxista[293]. A non aver celato questo singolare connubio è stato il filosofo cattolico Augusto Del Noce (1910-1989) per il quale «sotto un certo rapporto si può dire che il giudizio storico di Sturzo coincideva, per una certa parte, riguardo al giudizio sul mondo liberal-borghese, con quello di Lenin»[294]. Ovviamente da quest'ultimo, «se ne differenziava radicalmente perché per Sturzo non era certo un'ideologia atea quella che potesse portare alla liberazione dall'imperialismo»[295], ma riguardo al «giudizio sul mondo liberal-borghese» l'opinione cattolica si dimostrava collaterale a quella di Lenin. Più tardi, soprattutto per il contatto con le idee anglosassoni, Sturzo abbandonerà questo pregiudizio – che, invece, rimaneva radicato nel mondo cattolico –, ma in quei frangenti dichiarava la necessità di ribaltare la «politica borghese»[296].

Quanto vi fosse di realmente liberal-borghese nella politica di quei decenni si è provato a spiegare. Ma i preconcetti erano duri ad essere vinti ed anche in campo cattolico il pregiudizio anti-borghese portava a ricalcare – magari inconsapevolmente – la contrapposizione tra *Kultur* e *Zivilisation*.

Il pregiudizio impediva di scorgere la vera polarizzazione che, invece, opponeva le dinamiche della vita sociale e il potere dello Stato, le esigenze delle pacifiche attività lavorative e le pretese dei roboanti militarismi, i bisogni familiari e le pretese delle cancellerie, l'individuo con i suoi spazi

---

292 ) Cit. in Vincenzo CLEMENTE, *La politica estera del P.P.I.*, in AA. VV., *Luigi Sturzo nella storia d'Italia*, Edizioni di Storia e Letteratura, Roma 1973, p. 167.
293 ) Cfr. Andrea CASPANI, *La prima guerra totale*, in AA. VV., *Novecento. L'Europa delle ideologie e delle guerre totali*, prefazione di Franco Cardini, Itaca, Castelbolognese (Ravenna) 1994, p. 47-48.
294 ) Augusto DEL NOCE, *L'aconfessionalità resta la grande lezione sturziana*, in AA. VV., *Il Partito Popolare Italiano. Scritti e saggi nel 50° anniversario della sua fondazione*, Cinque Lune, Roma 1970, p. 50.
295 ) *Ibidem*.
296 ) Continuava Sturzo: «il popolo rifatto da questa immane guerra, che torna dalle trincee o che è vissuto nelle ansie della lotta, il popolo che nell'agone e nella lotta con la società borghese, già vecchia e traballante nei suoi cardini, la soppianterà in forza di principi sociali ispirati al cristianesimo da una parte e al socialismo dall'altra, il popolo saprà negare con la forza della nuova società che viene affermandosi, saprà negare le ragioni dei predomini armati» (cit. in CLEMENTE, *La politica estera del P.P.I.*, cit., p. 167).

di libertà e la collettività con le sue imposizioni. La guerra dimostrerà l'incompatibilità tra l'ordinato sviluppo sociale e le mire delle politiche nazionalistiche e l'insuperabile contrasto tra la filosofia del libero commercio e la filosofia del potere dello Stato. Ad essere di fronte l'una all'altra erano due prospettive inconciliabili: quella dello scambio pacifico e quella del conflitto militare. Si potrebbe dire: della ragion mercantile e della ragion di Stato. E il trionfo della "ragion di Stato" rese la guerra inevitabile.

Il conflitto può essere, quindi, considerato un diretto effetto del primato che la politica aveva da tempo assunto rispetto alle naturali iniziative economiche che si sviluppano all'interno delle società e tra le diverse società nazionali. Anziché lavorare e scambiare liberamente – si potrebbe sostenere –, in Europa si elaboravano piani di guerra e complesse macchinazioni diplomatiche.

Si potrebbe dire che la crescente militarizzazione, l'effervescenza diplomatica, il rafforzamento delle alleanze erano tutte cose indispensabili in funzione difensiva, ma – sta di fatto – che esse non produssero l'effetto dissuasivo. Fu successivamente facile far ricadere le responsabilità della grande tragedia sugli Imperi Centrali ed in modo tutto particolare sulla Germania, ma occorre domandarsi quanto ciò che accadde non sia da addebitare all'intero sistema politico-diplomatico di entrambi gli schieramenti. Aver scaricato sul *Reich* tedesco tutta la colpa dello scoppio della guerra non solo ha impedito di parlare di "responsabilità condivise"[297], ma ha stornato dalla classe politica il maggior peso e il vero gravame[298].

La crescita di tensione tra gli Stati fu dovuta a non poche circostanze e il groviglio di cause e concause continua ad essere debitamente analizzato. Ma, al di là delle circostanze particolari (e senza togliere ad esse rilievo), sotto accusa dovrebbe essere posta la "ragion di Stato"[299], quel

---

297 ) Lo scrittore francese Alfred Fabre-Luce (1899-1983), per intendere che *tutte* le cancellerie erano protese a sanare le contese ricorrendo al conflitto, scriveva: «la Germania e l'Austria hanno fatto i gesti che rendevano la guerra possibile, la Triplice Intesa ha fatto quelli che la rendevano certa» (cit. in AA. VV., *Novecento*, Ce.Se.D. Edizioni, Milano 1998, p. 55).

298 ) Possono essere menzionate le parole di Rothbard che – pur a proposito di un altro contesto – affermava: «la colpa deve essere [...] scaricata dalle spalle dell'economia di libero mercato e collocata al suo posto: davanti alle porte dei politici, dei burocrati e della massa degli economisti "illuminati"» (Murray N. ROTHBARD, *La Grande Depressione*, Rubbettino, Soveria Mannelli (Catanzaro) 2008, p. 406).

299 ) Cfr. Ottavio BARIÈ, *Formazione e sviluppo dello stato moderno nel mondo occidentale*, in AA. VV., *Stato e senso dello Stato oggi in Italia. Atti 51° corso aggiornamento dell'Università Cattolica (1981)*, Vita e Pensiero, Milano 1981, p. 29; cfr. Lorenzo INFANTINO, *Potere. La dimensione politica dell'azione umana*, Rubbettino, Soveria Mannelli (Catanzaro) 2013, p. 120; cfr. Gianfranco MIGLIO, *Genesi e trasformazioni del termine-concetto "stato"*, in

modo assolutistico di condurre la politica che è caratteristica degli uomini di Stato; quel modo cioè di fare della politica l'arte dell'affermazione dell'interesse dello Stato sopra ogni altra cosa.

La propaganda non è stata mai estranea al processo di idealizzazione del ruolo dello Stato e di glorificazione delle guerre nazionali. Basti pensare al monopolio dottrinale che lo Stato ha saputo esercitare con il ruolo svolto nell'istruzione di massa[300]. Ma, considerando la tendenza propagandistica e tornando alla comoda tesi dell'esclusiva responsabilità degli Imperi Centrali, c'è da fare almeno un accenno a ciò che molto spesso viene ripetuto a proposito della volontà di guerra austriaca.

Ci siamo già soffermati sullo stato di salute dell'Impero che, a dispetto delle immagini più comuni, non sembrava in preda ad un ineluttabile tramonto: l'Austria-Ungheria non era affatto in agonia[301]. Ma se nel precedente contesto, questa precisazione voleva porre in luce il pregiudizio della storiografia anti-asburgica, il riferimento, ora, torna utile per escludere la tesi del perseguimento della guerra da parte austriaca come soluzione estrema allo scopo di tentare disperatamente di riacquisire il ruolo perso. Consapevole di essere ormai allo stremo, l'Austria avrebbe, così, scommesso tutto su una guerra nell'unica speranza di rimescolare le forze continentali[302].

È, però, ben più giustificato ritenere che a correre maggiore rischio di estinzione (o, almeno, di ulteriore marginalizzazione nel teatro continentale) fosse, invece, l'Italia che, pur in assenza di ragioni inderogabili, abbracciò la guerra per cementare la propria statualità e per fare del conflitto la soluzione ai propri problemi e l'occasione per trasformare gli antichi equilibri europei[303]. Fu, quindi, l'Italia – e non l'Impero asburgico

---

AA. VV., *Stato e senso dello Stato oggi in Italia. Atti 51° corso aggiornamento dell'Università Cattolica (1981)*, Vita e Pensiero, Milano 1981, p. 79s.; cfr. Carlo MORANDI, *L'idea dell'unità politica d'Europa nel XIX e XX secolo*, in AA. VV., *Nuove questioni di storia contemporanea*, Marzorati, Milano 1986, vol. 2, p. 1380.1385.
300 ) Cfr. Ludwig von MISES, *Lo Stato onnipotente. La nascita dello Stato totale e della guerra totale*, introduzione di Victor Zaslavsky, Rusconi, Milano 1995, p. 120.
301 ) Cfr. Massimo de LEONARDIS, *Francesco Ferdinando: una linea di successione, un possibile futuro, un "casus belli"*, in Maurizio DOSSENA - Ivo MUSAJO SOMMA (a cura di), *L'utile ideologico dell'inutile strage. Atti della giornata di studi della Gebetsliga Kaiser Karl. Piacenza, 17 maggio 2014*, Ellade, Piacenza 2015, p. 49-53; cfr. Victor-Lucien TAPIÉ, *Monarchia e popoli del Danubio*, Società Editrice Internazionale, Torino 1993, p. 420.
302 ) Cfr. Eric J. HOBSBAWM, *L'età degli imperi. 1875-1914*, Laterza, Bari 1991, p. 368-369.
303 ) Cfr. Pietro QUARONI, *L'Italia dal 1914 al 1945*, in AA. VV., *Nuove questioni di storia contemporanea*, Marzorati, Milano 1986, vol. 2, p. 1198-1199.

– ad aver avuto bisogno della guerra per esigenze vitali di sopravvivenza interna e di legittimazione internazionale.

C'è senz'altro da aggiungere che la guerra scoppiò nella più crassa incoscienza della gran parte dei responsabili. Senza escludere chi abbia subito coltivato propositi palingenetici, tra coloro che riuscirono a prevedere cosa sarebbe effettivamente successo si devono annoverare soprattutto quanti aborrirono il cammino intrapreso[304]. Ma l'incoscienza dei governanti non toglie nulla alle loro responsabilità; anzi, per certi versi, le aggrava perché dà il senso della inaffidabilità delle previsioni politiche e dell'inesattezza delle pianificazioni centralistiche.

È noto che gli Stati maggiori di tutti gli eserciti pensavano ad una guerra breve che si sarebbe risolta nel giro di pochi mesi. I piani militari approntati prevedevano azioni che avrebbero dovuto rapidamente condurre a risultati decisivi e definitivi[305]. Ancora più erronee furono le previsioni diplomatiche secondo cui si sarebbe trattato di un conflitto limitato a poche nazioni e che sarebbe stato addirittura salutare per stabilizzare alcune aree turbolente. Furet scriveva che «la guerra del 1914 è un tipico esempio di evento in cui gli attori della storia non prevedono le conseguenze delle loro azioni»[306]. Ma è soprattutto la dimostrazione dei tragici esiti di ogni forma di pianificazione statale.

Per indicare l'incapacità politica e militare di comprendere cosa stesse per succedere, uno storico australiano, Christopher Clark (1960-viv.), ha paragonato l'atteggiamento delle dirigenze a quello dei "sonnambuli"[307]. Comandi militari e vertici governativi furono incapaci di controllare ciò che essi stessi avevano avviato e come "scienziati pazzi" furono incapaci di dominare il mostro da loro stessi creato. Come non pensare al plateale fallimento della diplomazia degli Stati (o, se si preferisce, degli uomini preposti a guidare la diplomazia degli Stati)?[308] Tutte le cancellerie

---

304 ) Menger, che poneva attenzione alla crescente statalizzazione, era in angoscia prevedendo una terribile guerra causata dalla politica delle potenze europee, una guerra che avrebbe distrutto civiltà e benessere . Cfr. Ludwig von MISES, *Autobiografia di un liberale. La Grande Vienna contro lo statalismo*, prefazione di Lorenzo Infantino, Rubbettino, Soveria Mannelli (Catanzaro) 1996, p. 64-65.
305 ) L'illusione della "guerra lampo" – la *Blitzkrieg* – sfumò molto presto (come gli entusiasmi) e all'estate di fervore patriottico subentrò il "funereo autunno". Cfr. Piero MELOGRANI, *Storia politica della Grande Guerra 1915-1918*, Mondadori, Milano 1998, p. 44s.
306 ) François FURET - Giuliano PROCACCI, *Controverso Novecento*, Donzelli Editore, Roma 1995, p. 14.
307 ) Cfr. Christopher CLARK, *I sonnambuli. Come l'Europa arrivò alla Grande Guerra*, Laterza, Roma - Bari 2013.
308 ) Cfr. Massimo de LEONARDIS, *La trasformazione della Grande Guerra: il 1917*, in «Eunomia. Rivista semestrale di Storia e Politica Internazionali. Università del Salento»,

furono inadeguate a gestire il meccanismo avviato dalle proprie mani. Se il lavoro di ciascun corpo diplomatico deve raggiungere l'obiettivo di fare gli interessi del proprio Paese[309], allora proprio diplomazia e "ragion di Stato" dimostrano quanto siano contrastanti gli interessi dello Stato con quelli delle popolazioni. Pur tuttavia, può essere colto un altro singolare elemento che mette in luce l'inadeguatezza della pianificazione governativa, anche nel campo propriamente diplomatico con l'incastro dei trattati e delle alleanze. Un'ulteriore prova del fallimento della pianificazione è offerta dall'esito dell'opera della diplomazia[310]: mentre gli Stati scivolavano quasi naturalmente verso lo scontro, la ricerca dell'equilibrio di forze, che avrebbe dovuto evitare il conflitto, paradossalmente lo affrettò perché creava una generale instabilità carica di sospetti e tensioni.

Il disastroso gioco delle alleanze non ebbe come effetto quello di scongiurare la guerra, ma quello di renderla, oltre che inevitabile, anche estesa e generale. La catena delle alleanze strinse in una morsa che non dava spazio a vie di uscita e il meccanismo dei trattati, in questo modo, condannò a morte milioni di persone[311].

Rispetto a questa tremenda trappola costituita dal congegno dei trattati, com'era distante la lezione politica dei padri dell'Indipendenza americana – Washington, Jefferson e Adams – che, come meglio vedremo, per poter meglio garantire la libertà del commercio, consideravano le alleanze tra gli Stati un vincolo a cui non assoggettarsi. In Europa, invece, l'invasività politica aveva reso la guerra inesorabile. Si potrebbe dire: "tutto era ormai pronto". Mancava solo una scintilla. E questa arrivò nella metà del 1914. Con qualche eccesso romantico l'estate di quell'anno è stata definita l'ultima estate del mondo[312]; sta di fatto che prima del 1914, per la gran parte degli europei la guerra era un ricordo di qualcosa lontano, poi «dall'agosto del 1914 la vita degli europei è stata circondata, permeata e ossessionata dalla guerra»[313].

---

anno 4 n.s. (2015), n. 2, p. 24.32.
309 ) Cfr. Federico CURATO, *La letteratura sulle origini della prima Guerra Mondiale*, in AA. VV., *Nuove questioni di storia contemporanea*, Marzorati, Milano 1986, vol. 2, p. 888.
310 ) Cfr. Ralph RAICO, *Great Wars and Great Leaders. A Libertarian Rebuttal*, foreword by Robert Higgs, Ludwig von Mises Institute, Auburn (Alabama) 2010, p. 7.
311 ) Cfr. Gian Enrico RUSCONI, *Il rischio 1914. Come si decide la guerra*, Il Mulino, Bologna 1987.
312 ) Cfr. Maurizio DOSSENA - Ivo MUSAJO SOMMA (a cura di), *L'utile ideologico dell'inutile strage. Atti della giornata di studi della Gebetsliga Kaiser Karl. Piacenza, 17 maggio 2014*, Ellade, Piacenza 2015, p. 15.
313 ) Eric J. HOBSBAWM, *L'età degli imperi. 1875-1914*, Laterza, Bari 1991, p. 345.

Se bastarono due colpi di rivoltella a provocare milioni di morti, a distruggere parte del vecchio continente e a mettere in ginocchio l'intera civiltà[314] è perché l'Europa era da tempo una polveriera pronta ad esplodere e questa situazione incandescente era dovuta unicamente alla crescita del potere degli Stati. Una causa accidentale – seppure colpevolmente omicida – innescò una deflagrazione che accidentale davvero non era.

Le inesattezze dei progetti militari, le incongruenze della diplomazia, le distorte previsioni politiche – in una parola: la sorpresa causata dalle dimensioni e dall'estensione della guerra – non sono in contrasto con il deliberato proposito di accrescere la sovranità degli Stati. E gli errori degli uomini di Stato (purtroppo) non riducono in nulla la carica devastante degli effetti generati dalla concentrazione di potere politico; anzi, i disastri causati da quegli errori danno ulteriore prova del male rappresentato dalla centralizzazione del potere. Allo stesso modo, per quanto la Prima Guerra Mondiale possa essere considerata come un terribile "vaso di Pandora" da cui sono venuti fuori i grandi mali del Novecento (rivoluzione russa, nazionalsocialismo, Seconda Guerra Mondiale, guerra fredda, ecc.), ad ogni analisi è imposto di guardare anche indietro, risalendo ad una perversa logica che è all'origine dello scoppio del 1914. Per tutti questi motivi, allora, la Grande Guerra non può essere considerata solo come un evento dovuto ad una serie concomitante di sciagurate congiunture[315].

Abbiamo aperto il capitolo ricordando che le dichiarazioni di guerra colsero di sorpresa alcuni; effettivamente non erano pochi coloro che ritenevano inimmaginabile un conflitto esteso. Per costoro la guerra risultò una «realtà inattesa»[316]. Per altri, invece, cogliendo i tanti segnali di un processo che si era sempre più acuito, la guerra era considerata non solo prevedibile, ma tragicamente inesorabile. Menger merita un posto particolare tra questi ultimi per la lucidità con cui pose attenzione alla crescente statalizzazione, scorgendo in essa la vera causa del pericolo incombente. Perciò, con angosciate parole, l'economista viennese confidava le sue tristi previsioni: «la politica perseguita dalle potenze europee porterà ad una guerra spaventosa che terminerà con rivoluzioni sconvolgenti, con l'annientamento totale della civiltà europea e con la distruzione del benessere di tutte le nazioni…»[317].

---

314 ) Cfr. Emilio GENTILE, *Due colpi di pistola, dieci milioni di morti, la fine di un mondo*, Laterza, Bari 2014.
315 ) Cfr. Niall FERGUSON, *La verità taciuta. La Prima guerra mondiale: il più grande errore della storia mondiale*, Corbaccio, Milano 2002.
316 ) HOBSBAWM, *L'età degli imperi. 1875-1914*, cit., p. 347.
317 ) Cit. in MISES, *Autobiografia di un liberale. La Grande Vienna contro lo statalismo*, cit., p. 64-65.

## Stato totale e guerra totale

> «Le guerre democratiche tendono ad essere guerre totali. Sfumando la distinzione tra governanti e governati, una repubblica democratica rafforza l'identificazione dei cittadini [...con lo] Stato» (Hans-Hermann Hoppe).

La Prima Guerra Mondiale non può essere considerata come un terremoto che si è abbattuto improvviso ed imprevedibile. Essa è innanzitutto l'esito di un processo di accentramento statale e di verticismo politico. Se questa considerazione può scaturire da un'analisi delle cause, occorre ora riflettere sulla natura e sulle caratteristiche di una guerra pienamente animata dall'azione e dagli obiettivi dello Stato. Proveremo a farlo attraverso la disamina di tre caratteri essenziali ed ovviamente complementari che fanno della Prima Guerra Mondiale una "guerra di Stato" e che, come tale, si configura come "democratica", "ideologica" e "totale".

La "Grande Guerra" – così fu chiamata dai contemporanei perché mai si era visto un disastro più esteso – rappresenta un momento epocale nella storia. Lo fu innanzitutto per il costo umano: per i caduti[1], per i mutilati, per la schiera di orfani e di vedove, ma anche per la disumana assuefazione di un'intera generazione alla violenza, al sangue, all'odio. Pur tuttavia il vero catalizzatore della guerra fu la dimensione ideologica: la guerra invocata da tutti i governi, ciascuno per i propri scopi immediati, ma tutti

---

[1] ) Non va mai dimenticato che ancora più numerosi (si parla di decine di milioni) furono i decessi causati dall'epidemia della cosiddetta febbre spagnola la cui diffusione è direttamente ascrivibile – come verrà ricordato più avanti – alla guerra.

per glorificare lo Stato. E proprio per questi aspetti, addirittura ancor più che per il numero comunque spaventoso delle vittime, la Grande Guerra costituisce un crinale epocale. La "guerra totale" ebbe il grande effetto di completare – nel sangue – il processo di "nazionalizzazione delle masse" o, se si vuole essere più chiari, di "statalizzazione dei popoli", cioè quel processo di fagocitazione della nazione civile da parte degli ordinamenti dello Stato. Con l'abolizione di ogni distinzione tra popolo e Stato, si realizzava, così, una piena simbiosi in cui il "tutto" dello Stato assorbiva ogni realtà popolare ed ogni particolarismo locale.

### 3.1. Guerra democratica: la statalizzazione dell'individuo

Lo storico e giurista Arturo Carlo Jemolo (1891-1981) ha offerto una testimonianza del clima di euforia che distinse alcune importanti frange della popolazione italiana alla vigilia dell'ingresso in guerra del Paese. «Chi ha vissuto l'inverno e la primavera del 1915 – e Jemolo era tra questi – serba il ricordo incancellabile di una di quelle accensioni graduali di passione popolare, di uno di quei contagi, cui pochi, quasi mai l'individuo isolato, riescono a resistere. Dovettero essere simili il 1789, che gettò nelle file degli innovatori anche uomini del privilegio e della tradizione, il 1846-47, che per un momento trasmutò perfino il padre Taparelli; ma forse il 1915 ebbe un maggior potere di segnare delle stigmate. Gli entusiasti del 1789 spesso, a distanza di pochi anni, tornarono alle vecchie idee, al vecchio sentire, considerarono come aberrazione i loro entusiasmi; non ho conosciuto nessuno che sia stato preso in quella fornace ardente del 1915 ed abbia mai deplorato i suoi entusiasmi, ciò che scrisse o disse o fece per l'intervento. Ho conosciuto dei fascisti e filonazisti che nel 1940-43 ripensavano tuttavia con gioia di avere imbracciato il fucile contro la Germania, degli appassionati antifascisti che mai avrebbero ammesso che il maggio 1915 fosse stato il pericoloso precedente dell'ottobre 1922. Con la dote propria dell'uomo di piegare sempre la ragione per giungere alle conclusioni cui desiderava giungere, nessuno di quanti ebbero la gioia di essere avvolti in quell'ondata di passione si trovò mai a provare un'ombra di rammarico per quanto allora aveva detto o fatto. Chi ha assistito a una di quelle passioni collettive, dove interessi, predilezioni, mondo intellettuale del giorno prima restano travolti, rimane vaccinato per sempre contro un materialismo storico che pretenda di tutto spiegare»[2]. Jemolo, per descrivere il clima di euforia nel quale erano immerse parti significative della nazione, parlava di «passione popolare» e di «contagi»,

---

[2] Arturo Carlo JEMOLO, *Chiesa e Stato in Italia dalla unificazione ai giorni nostri*, Einaudi, Torino 1981, p. 161.

di «fornace ardente», di «ondata di passione» e di «passioni collettive». Modi, tutti, per descrivere un'ubriacatura politica che, anche se inizialmente condivisa da una minoranza di italiani, doveva presto fermentare e "nazionalizzare" la quasi totalità della popolazione.

Del caso italiano avremo modo di richiamare alcune peculiarità. Al momento preme sottolineare come questo entusiasmo più o meno diffuso già conteneva la statalizzazione delle masse che l'amalgama della guerra riuscì a portare a compimento[3]. Nella gran parte dei contesti nazionali, la guerra fu avvertita subito da ciascun popolo come qualcosa da abbracciare convintamente; in Italia, invece, il conflitto fu l'elemento catalizzatore decisivo per trasformare le minoranze in maggioranze e la guerra voluta da alcuni in guerra di popolo. Sotto questo aspetto, in alcune significative circostanze (è il caso sia dell'Italia sia degli Stati Uniti), il conflitto rappresentò ancora un esempio di dialettica tra "paese reale" e "paese legale". Questa scissione si ricomporrà proprio nella concordia nazionale che la guerra impose – sebbene alcuni sintomatici germi di questa ricomposizione si devono ravvisare già nelle piazze in fermento e nelle passionali invocazioni di guerra.

Come dice lo storico George Mosse, «la guerra rappresentò anche il ringiovanimento personale e nazionale, l'appropriazione di gioventù e moralità»[4]. Era quindi inevitabile che la guerra suscitasse passione e contagio. Ma ciò che è oltremodo importante è considerare il rapporto tra maggioranze e minoranze, che gli elementi di propaganda politica spesso trasformano e ribaltano. Se il caso più eclatante è quello dei minoritari bolscevichi (che si auto-proclamarono maggioranza senza esserlo) nei confronti dei maggioritari menscevichi (che furono dichiarati dai primi minoranza pur essendo maggioranza)[5] e se ciò aveva già ampiamente segnato le lotte interne alle varie fazioni rivoluzionarie a partire dal 1789[6], anche l'esordio della Grande Guerra ha mostrato le modalità con cui le minoranze politiche cercano di imporsi sulle maggioranze popolari. Sono i meccanismi tipici dello scontro ideologico che hanno bisogno della propaganda mediatica quale strumento di creazione di un'immagine più o meno

---

3 ) Cfr. Paul FUSSELL, *The Culture of War*, in John V. DENSON (edited by), *The Costs of War. America's Pyrrhic Victories*, Transaction Publisher, New Brunswick (New Jersey) 1999, p. 417-424.
4 ) George L. MOSSE, *L'olocausto, la morte e la memoria della guerra*, in Alessandra STADERINI - Luciano ZANI - Francesca MAGNI (a cura di), *La grande guerra e il fronte interno. Studi in onore di George Mosse*, Università di Camerino, Camerino (Macerata) 1998, p. 16.
5 ) Cfr. Lev TROTSKY, *Storia della rivoluzione russa*, Sugar Editore, Milano 1964, p. 958.
6 ) Cfr. Pierre GAXOTTE, *La Rivoluzione francese*, Milano, Mondadori 1989, p. 132.199.233.

artificiale a fronte di un consenso più o meno reale. Le élite sanno che a contare è ciò che appare perché solo quel che appare ha peso politico[7]; le maggioranze, proprio perché generalmente silenziose, sembrano, invece, non avere peso dinanzi ad una piazza rumorosamente manifestante[8].

Non può, quindi, non essere registrata la prima conseguenza dell'immissione delle masse nel gioco politico: la marginalizzazione dell'individuo. Nella democrazia di massa, l'individuo diviene pressoché insignificante: ciò che conta sono i grandi numeri e la capacità organizzativa e mediatica di mobilitare le masse. «Anche la rappresentanza politica perde significato in un grande Stato, dove i cittadini rappresentano una parte infinitesimale della sovranità. Infatti, più l'aggregato sociale aumenta di proporzioni, più l'uomo diventa insignificante. In uno Stato vasto e popoloso l'individuo non ha alcuna possibilità di opporsi alla stripante potenza di un movimento di massa che, alla fine, è destinato a travolgerlo. Egli assorbirà la fede collettiva del grande gruppo organizzato, come il militarismo, il nazionalismo, il socialismo o il comunismo, e perderà la coscienza in un autonomo significato della sua vita»[9].

D'altronde, un primo eclatante e paradossale aspetto (o meglio: *apparentemente* paradossale) di una guerra che volle essere di popolo – e, perciò, "democratica" – è il carattere verticistico, da parte di pressoché tutti i Paesi, della decisione di entrare nel conflitto[10]. Così fu anche per il parlamentare Regno Unito[11] ed anche per la democratica America[12].

---

7 ) Lo storico della Rivoluzione francese Pierre Gaxotte (1895-1982) ha scritto: «in politica non conta il numero, l'azione è tutto» (*Ibidem*, p. 233).
8 ) «Per il disinteresse della maggioranza, la minoranza diventa onnipotente. "In assenza del gran numero che sfugge, è il piccolo numero che si assume il servizio e che prende il potere"» (*Ibidem*, p. 199).
9 ) Guglielmo PIOMBINI, *La superiorità delle piccole nazioni nel pensiero di Leopold Kohr*, in «StoriaLibera. Rivista di scienze storiche e sociali», anno 4 (2018), n. 8, p. 19.
10 ) «I buoni democratici sono soliti avvertire la differenza cruciale tra uno Stato in cui il Parlamento popolare o il Congresso dichiara la guerra, e lo Stato in cui un monarca assoluto o la classe dominante dichiara la guerra. Ma alla prova rigorosa dei fatti, la differenza non è così evidente. Nelle repubbliche più libere, così come negli imperi più tirannici, tutta la politica estera, i negoziati diplomatici che producono o prevengono la guerra, sono egualmente proprietà privata della parte esecutiva del Governo e sono egualmente immuni da controlli da parte del corpo popolare, o del popolo stesso come massa che vota» (Randolph BOURNE, *La guerra è la salute dello Stato*, in Nicola IANNELLO (a cura di), *La società senza Stato. I fondatori del pensiero libertario*, Rubbettino, Soveria Mannelli (Catanzaro) 2004, p. 174-175).
11 ) Cfr. Ralph RAICO, *Great Wars and Great Leaders. A Libertarian Rebuttal*, foreword by Robert Higgs, Ludwig von Mises Institute, Auburn (Alabama) 2010, p. 6.
12 ) Cfr. Valeria LERDA GENNARO, *Woodrow Wilson*, in Romain RAINERO (a cura di), *I personaggi della storia contemporanea*, Marzorati, Milano 1983, vol. 2, p. 1238.

Avvicinamenti o raffreddamenti tra gli Stati, rotture o rappacificazioni provenivano sempre dalle preferenze dei vertici politici delle varie Nazioni[13]. Tutto dipendeva in modo pressoché esclusivo dalle scelte (o, peggio, dagli umori) del ceto governativo. Il potere degli uomini di Stato, quindi, era già tale da determinare il destino dei popoli. Un potere di vita o di morte per milioni di persone che è una conseguenza non semplicemente collaterale della tendenza ad accrescere le prerogative dello Stato.

Anche se accompagnati da manifestazioni di popolo (manifestazioni che preludevano alla nuova politica di massa), i governi mantennero il comportamento tipico delle ristrettissime consorterie decisionali. Si trattava di un comportamento abituale nei decenni del Diciannovesimo secolo che non solo non subirà cambiamenti nel passaggio dall'autoritarismo ottocentesco al regime democratico novecentesco, ma proprio il regime democratico aggraverà. A quest'epoca di passaggio tra autoritarismo e democrazia vengono attribuiti caratteri liberali. Ma, a dimostrazione di quanto fu estranea la cultura liberale alla guerra basterebbe considerare il modo con cui essa fu ovunque dichiarata, sebbene le dichiarazioni furono spesso accompagnate da passione popolare. Probabilmente il caso italiano è un esempio particolarmente rivelativo anche se non certo esclusivo (richiamavamo il caso del parlamentare Regno Unito e della democratica America), ma solo uno Stato accentrato come era il Regno d'Italia poté permettersi l'ingresso in una guerra che aveva dato ormai prova di estensione e durezza (l'Italia entrò in guerra con un anno di ritardo) con una decisione assunta solo da tre persone: il re (Vittorio Emanuele III), il capo del governo (Antonio Salandra) e il ministro degli esteri (Sidney Sonnino). Il carattere verticistico delle decisioni relative allo scoppio della guerra non può essere in alcun modo attribuito ad un'impostazione liberale; piuttosto sarà la guerra a fare esplodere le contraddizioni di un parlamentarismo[14] che esprimeva solo la tendenza accentratrice degli Stati.

Bastarono i primi mesi di guerra per esaurire non solo l'illusione della "guerra breve", ma anche l'illusione fornita dall'euforia della "guerra gloriosa". Le masse dei soldati sperimentarono davvero presto cosa fosse la vita in guerra[15]. Un orrore senza fine che dava tutta la sensazione

---

13 ) Si potrebbe considerare questa caratteristica un dato costante della politica statale; il nostro esame, comunque, si concentra su ciò che è relativo al conflitto mondiale.
14 ) Cfr. Maurice DUVERGER, *La democrazia parlamentare - 1914-1954*, in AA.VV., *Nuove questioni di storia contemporanea*, Marzorati, Milano 1986, vol. 1, p. 172.
15 ) Cfr. Eric J. LEED, *Terra di nessuno. Esperienza bellica e identità personale*, Il Mulino, Bologna 2014; cfr. Giovanna PROCACCI, *Soldati e prigionieri italiani nella Grande Guerra*, Bollati Boringhieri, Torino 2016: cfr. Marco SCARDIGLI, *Viaggio nella terra dei morti. La vita dei soldati nelle trincee della Grande Guerra*, UTET, Torino 2014.

dell'anticipazione dell'inferno, un orrore in cui i vivi desideravano l'arrivo della morte per porre fine alle sofferenze e mettere fine a quella agonia fatta di tormento, di stenti, di odio, di granate, di assalti, di gas, di paura, di angoscia, di nevrosi. Scrive Furet: «la guerra è un enorme caos dove non trova spazio l'intelligenza. Conta solo la volontà animale di resistere all'annientamento da parte dell'artiglieria nemica»[16]. E non c'era solo l'esposizione continua al pericolo di morire, l'abitudine alla violenza, l'assuefazione ai cadaveri e al sangue, nello scenario infernale di trincee e di filo spinato, c'era il fango[17] e i topi, le pulci e la dissenteria, i pidocchi e la più totale assenza di igiene, le infezioni di ogni tipo, le frequenti epidemie, la fame e la malnutrizione, il gelo assiderante in inverno e il sole bruciante in estate. E se tanti furono i casi anche di follia, nessun sopravvissuto fu risparmiato da traumi e da cicatrici interiori.

È vero che nonostante tutto – come meglio vedremo – la guerra fu veramente "popolare" e "democratica" perché fuse popoli e ordinamenti statali, ma ciò non toglie che il conflitto venne *naturalmente* rigettato a causa delle sconfinate sofferenze patite dai soldati e dalle popolazioni. Un esempio del contestuale carattere "impopolare" della guerra è offerto dal fenomeno delle "tregue di Natale"[18] che spontaneamente fiorì nel Natale del 1914 (quindi dopo i primi mesi di scontri). In diversi luoghi, ove gli eserciti si fronteggiavano ravvicinatamente, i semplici soldati fraternizzarono con i loro omologhi nemici ritrovandosi a festeggiare insieme il Natale con una serie di tregue non concordate che furono immediatamente contrastate dai rispettivi comandi. Come in questo caso, furono numerose

---

16 ) François FURET, *Il passato di un'illusione. L'idea comunista nel XX secolo*, Mondadori, Milano 1997, p. 64.
17 ) Ciascuno degli elementi richiamati meriterebbe un commento. Soffermiamoci su quell'elemento che in condizioni normali apparirebbe il più sopportabile: il fango. Ma nei campi di battaglia, disseminati di crateri creati dalle bombe e pieni di acqua, anche il fango diventava una maledizione per i soldati che da esso venivano inghiottiti come nelle sabbie mobili. Così su un giornale delle truppe francesi, in un articolo sul fango, veniva descritto questo altro temibilissimo nemico: «Di notte, acquattato in un cratere che sta riempendo a poco a poco, il fango vigila, come un'enorme piovra. La vittima arriva. Getta su di lui la sua bava velenosa, lo acceca, lo avvolge nelle sue spire, lo seppellisce. Un altro "disperso", un altro uomo scomparso... Perché di fango si muore, come si muore di pallottole, solo che la morte è più orribile. Il fango è la materia in cui gli uomini affondano e, quel che è peggio, in cui l'anima affonda. [...] Guardate, guardate là, in quella pozzanghera melmosa ci sono chiazze rosse: è il sangue di un ferito. L'inferno non è fuoco, perché non sarebbe quella la sofferenza più atroce. L'inferno è fango!» (cit. in Martin GILBERT, *La grande storia della prima guerra mondiale*, Mondadori, Milano 1998, p. 381).
18 ) Cfr. Alberto DEL BONO (a cura di), *La tregua di Natale. Lettere dal fronte*, Lindau, Torino 2014.

le circostanze in cui i soldati sperimentarono maggiore solidarietà con la truppa nemica piuttosto che con i propri comandanti.

Il carattere *innaturale* della guerra e della violenza, *naturalmente* rigettato dai coscritti e dalle popolazioni, fa quindi della Grande Guerra un altro plateale episodio in cui si rivela la distanza tra "paese reale" e "paese legale", tra il desiderio di pace e gli interessi dello Stato. Una frattura destinata ad essere superata quando la stessa guerra sarà percepita anche dal "paese reale" come necessaria per la gloria della Patria. Quanto questo processo non sia stato indolore lo dimostra ogni singolo aspetto del tremendo conflitto, ma anche la mancata omologazione di tanti ai miti dello Stato e della Nazione. Non raramente, infatti, sarà proprio lo Stato, con la sua retorica, a generare sia il rifiuto di un sacrificio estremo ed irrazionale sia la disobbedienza a governanti che i fatti spesso dimostravano mendaci[19]. Molti reduci assaporarono l'amara disillusione nel comprendere l'inutilità del versamento di tanto sangue; «la loro coscienza rimase nauseata e disgustata da tante falsità per tanto tempo in buona fede credute, e la violenza del loro linguaggio è proprio l'effetto della profonda delusione che questi valentuomini provarono nella sincerità della causa per la quale s'erano battuti sul campo di battaglia: fu un amaro risveglio il loro, e le loro tesi estremiste risentirono della violenta reazione che s'era operata in loro»[20].

Quanto fu dolorosa la fusione tra "paese reale" e "paese legale" lo rivela il più evidente tra gli aspetti che riguardano la guerra di popolo: la coscrizione in nome della Patria[21]. Torneremo più in avanti (a proposito dello Stato totale) sul modo con cui l'autorità politica ha esercitato la coercizione mediante l'arruolamento degli individui. Ciò che ora non può essere trascurato è come ogni guerra che voglia essere considerata guerra dell'intero popolo richieda necessariamente una larghissima coscrizione, una coscrizione obbligatoria e generale. Lo Stato ebbe bisogno di eserciti sterminati costituiti da milioni di elementi, tutti inquadrati e disciplinati e pronti al sacrificio supremo.

Come era già avvenuto con la creazione dell'esercito rivoluzionario francese, il mito del popolo in armi pronto a difendere nella sua totalità

---

19 ) Cfr. Georges DEMARTIAL, *Les responsabilités de la Guerre. Le patriotisme et la vérité*. Editions Clarté, Paris 1920; cfr. Bernard LAZARE, *Les responsabilités de la guerre. À l'origine du mensonge*, Delpeuch, Paris 1925.
20 ) Federico CURATO, *La letteratura sulle origini della prima Guerra Mondiale*, in AA. VV., *Nuove questioni di storia contemporanea*, Marzorati, Milano 1986, vol. 2, p. 835.
21 ) Cfr. Robert HIGGS, *War and Leviathan in Twentieth-Century America: Conscription as the Keystone*, in John V. DENSON (edited by), *The Costs of War. America's Pyrrhic Victories*, Transaction Publisher, New Brunswick (New Jersey) 1999, p. 375-388.

la Patria in pericolo è un elemento irrinunciabile per l'immagine di una guerra "democratica". I rivoluzionari francesi inaugurarono la guerra democratica; in realtà con loro si apriva ciò che lo storico francese Bertrand de Jouvenel (1903-1987) ha definito «l'era della carne da cannone»[22]. E se la guerra di popolo era stata idealizzata e sperimentata dai giacobini della fine del Settecento, la Grande Guerra si pose in quello stesso solco consolidando definitivamente la novità tutta "moderna" costituita dalle masse in uniforme che rendevano la guerra veramente "democratica"[23].

L'icona della guerra di popolo nasconde e svela l'appropriazione dell'individuo da parte dello Stato. La guerra rese l'uomo proprietà dello Stato benché – "democraticamente" – il milite venisse formalmente considerato soggetto attivo per la lotta in difesa della patria.

La militarizzazione della società divenne, quindi, l'occasione per uniformare le masse ai progetti nazionali[24]. Il mito del popolo in armi coinvolgeva l'intera popolazione nella guerra di Stato ove la liturgia dei monumenti, la retorica nazionale, l'epica dei sacri confini[25], la poesia del sacrificio estremo per le terre irredente, la dolce morte per il proprio Paese, la mistica della Patria, la religione dell'indivisibilità della Nazione, l'ascetica del superiore interesse dello Stato, tutto concorreva alla creazione di una comune dimensione politica collettiva.

Questa militarizzazione della società – resa possibile dalla coscrizione generale e legittimata dalle continue e pressanti esigenze belliche[26] – metteva tutti i Paesi in uno stato di costante allarme che alimentava le richieste di sempre maggiori sacrifici. In questo modo «lo stato di guerra

---

22 ) Bertrand de JOUVENEL, *Il Potere. Storia naturale della sua crescita*, SugarCo, Milano 1991, p. 167.
23 ) Cfr. FURET, *Il passato di un'illusione. L'idea comunista nel XX secolo*, cit., p. 48; cfr. Roberto de MATTEI, *La sovranità necessaria. Riflessioni sulla crisi dello Stato moderno*, Il Minotauro, Roma 2001, p. 124.
24 ) Cfr. George L. MOSSE, *L'uomo e le masse nelle ideologie nazionaliste*, Laterza, Roma - Bari 2002.
25 ) Da notare come i confini nazionali definiti "sacri ed inviolabili" siano una sorta di precetto dell'organicismo collettivista. Perciò alla difesa patriottica dei confini non può che corrispondere un restringimento della proprietà privata.
26 ) Scriveva Mises: «il tratto caratteristico del militarismo non risiede nel fatto che una nazione ha un esercito o una flotta potenti, ma nel ruolo preminente assegnato all'esercito nella struttura politica. Persino in tempo di pace l'esercito ha il potere supremo. Esso è il fattore predominante nella vita politica. I cittadini devono obbedire al governo come i soldati devono obbedire ai loro superiori. In una comunità militarista non esiste alcuna libertà; ci sono solo obbedienza e disciplina» (Ludwig von MISES, *Lo Stato onnipotente. La nascita dello Stato totale e della guerra totale*, introduzione di Victor Zaslavsky, Rusconi, Milano 1995, p. 56).

si perpetuava "militarizzando spiritualmente" i cittadini»[27].

L'esercito (e più in generale la militarizzazione dell'intera società) è stato un grande strumento di educazione patriottica. Se ciò ha avuto i suoi effetti anche in tempo di pace, tanto più quest'opera di "rieducazione" è stata capillare in tempo di guerra. Accanto all'inquadramento propriamente militare, la propaganda di Stato aveva avuto, già tra l'Ottocento e i primi del Novecento, l'istruzione scolastica tra le sue principali leve. Scriveva Hobsbawm: «insieme alla scuola elementare, l'esercito era forse lo strumento più poderoso a disposizione dello Stato per inculcare il debito comportamento civico e, non da ultimo, per mutare l'abitante del villaggio in cittadino (patriottico) della nazione»[28]. Abbiamo già fatto riferimento al ruolo svolto dalla propaganda nella idealizzazione del ruolo dello Stato e nella glorificazione delle guerre nazionali; non è fuori luogo perciò cogliere un legame tra il monopolio dottrinale che lo Stato ha saputo esercitare tramite l'istruzione di massa e le guerre promosse dallo stesso Stato[29]. D'altra parte, la propaganda non ha mancato di esercitare una consistente opera di emarginazione – e in qualche caso anche di criminalizzazione (così avverrà con gli strumenti mediatici posti in campo anche dal presidente Wilson negli USA) –, un'opera di emarginazione verso ogni forma di dissenso nei confronti di questa pubblica uniformità culturale.

Il Novecento è stato considerato il secolo della società di massa; la massa con le sue dinamiche e con le sue modalità entrava in scena con tutto il suo carico e con tutto il suo peso. L'individuo scompariva e la massificazione coincideva con gli stessi processi di democratizzazione. Allo storico tedesco George Lachmann Mosse (1918-1999) si deve la diffusione del concetto di "nazionalizzazione delle masse"[30]; per quanto Mosse abbia riferito le sue ricerche alla Germania, ciò che è proprio di questa ormai nota formula si può senz'altro applicare all'intera politica moderna[31]. Fondamentalmente si tratta di quell'articolato e non sempre esplicito processo mediante cui le realtà sociali vengono assimilate dallo

---

27 ) Il pensiero potrebbe risalire all'americano Randolph Silliman Bourne che più in avanti sarà meglio citato.
28 ) Eric J. HOBSBAWM, *L'età degli imperi. 1875-1914*, Laterza, Bari 1991, p. 348.
29 ) Cfr. Carlo LOTTIERI, *Every New Right is a Freedom Lost. A Classical Liberal Defense Against the Triumph of False Rights*, translation by Chiara Di Benedetto Brown, Monolateral, Plano (Texas) 2016, p. 24-25; cfr. MISES, *Lo Stato onnipotente. La nascita dello Stato totale e della guerra totale*, cit., p. 120.
30 ) Cfr. George L. MOSSE, *La nazionalizzazione delle masse. Simbolismo politico e movimenti di massa (1815-1933)*, introduzione di Renzo De Felice, Il Mulino, Bologna 1975.
31 ) Cfr. *ibidem*, p. 21-21.

Stato, facendo cadere la distinzione tra ordinamenti naturali e istituzioni politiche, tra istanze popolari e organizzazione statuale a tutto vantaggio delle seconde. Per queste ragioni, alla pur fortunata formula di "nazionalizzazione delle masse" preferiamo la nozione di "statalizzazione dei popoli" sia per il carattere ambivalente del concetto "nazione" sia per la natura già di per sé collettivistica del concetto "massa". La novità del Novecento (rispetto all'Ottocento) è, invece, propriamente la fine della separazione tra i popoli e gli Stati mediante una fagocitazione, un assorbimento delle realtà tipicamente popolari da parte dello Stato. Luigi Einaudi descriveva tutto ciò come «l'immissione del popolo, di tutto il popolo nello Stato»[32].

Si realizza, in questo modo, una simbiosi in cui nulla più esiste senza lo Stato perché lo Stato – che ha assorbito ogni realtà – emerge come il "tutto" della vita (e non solo di quella sociale) dell'uomo. Viene, allora, a terminare quella così significativa frattura tra "paese reale" e "paese legale" che aveva caratterizzato la nascita degli ordimenti politici moderni (lo "Stato moderno"). Ormai non vi è più distinzione tra nazione storica e Nazione politica, tra popolo e governo perché tutto risponde unicamente alle istanze dello Stato totale[33].

Se, in quanto ideologica, la Prima Guerra Mondiale può essere considerata la grande spallata alle resistenze di ciò che rimaneva di pre-moderno (il "paese reale"), con la sua dimensione popolare – ed esattamente in forza di questa – la guerra sugellò il pressoché totale assorbimento della società nello Stato. E perciò, con la estinzione di fatto delle realtà originarie ed indipendenti, vi erano tutte le condizioni per l'istaurazione del totalitarismo.

Mosse ha scritto che «la guerra è un motore potente per imporre il conformismo, e la Prima Guerra Mondiale avviò un rapido processo di omogeneizzazione»[34]. Ed infatti il conflitto consentì di realizzare in

---

32 ) Luigi EINAUDI, *Il Buongoverno. Saggi di economia e politica (1897-1954)*, a cura di Ernesto Rossi, Laterza, Bari 2004, p. 64.
33 ) Ormai «il cittadino getta via il suo disprezzo e la sua indifferenza nei confronti del Governo, si identifica con i suoi scopi, ravviva tutte le sue memorie e i suoi simboli militari, e lo Stato, una volta di più, cammina, augusta presenza, attraverso l'immaginario degli uomini. Il patriottismo diventa il sentimento dominante e produce immediatamente quella confusione intensa e disperata tra le relazioni che l'individuo ha e dovrebbe avere con la società di cui è parte» (Randolph BOURNE, *La guerra è la salute dello Stato*, in Nicola IANNELLO (a cura di), *La società senza Stato. I fondatori del pensiero libertario*, Rubbettino, Soveria Mannelli (Catanzaro) 2004, p. 175).
34 ) George L. MOSSE, *L'olocausto, la morte e la memoria della guerra*, in Alessandra STADERINI - Luciano ZANI - Francesca MAGNI (a cura di), *La grande guerra e il fronte interno. Studi in onore di George Mosse*, Università di Camerino, Camerino (Macerata) 1998, p. 15.

pochissimi anni ciò che avrebbe richiesto molto più tempo. Nel nome del bene comune e del superiore interesse per la Patria – l'ideale del *Gemeinnutz geht vor Eigennutz*: il bene comune prima del bene di sé –, la guerra metteva al bando ogni interesse particolare perché non sarebbe stato possibile concedere nulla all'interesse dell'individuo. La statalizzazione dell'uomo che la guerra realizzava imponeva che non vi fosse alcuna distinzione tra l'interesse dello Stato e quello dell'individuo e che l'interesse individuale fosse coincidente con le supreme esigenze della Patria.

La "lealtà civile" fece scomparire le divisioni e l'intervento per la Patria mise tutti d'accordo. Emblema di questa unione patriottica fu il superamento dei contrasti politici interni, quasi tutti eclissati in nome di una *union sacrée*, una "unione sacra" che tutti avrebbe dovuto affratellare per la difesa della Nazione.

Quanto fu profonda questa statalizzazione degli intenti (Mosse direbbe: la "nazionalizzazione delle masse") è dimostrato dall'obbedienza a cui si piegarono convintamente le due forze popolari che più avevano mostrato di resistere – sebbene per motivi differenti – agli ordinamenti governativi: il mondo cattolico e le masse socialiste. L'atteggiamento dell'uno e delle altre è quanto mai emblematico e meriterebbe molto più che un semplice accenno.

La propensione della gran parte dei cattolici fu particolarmente sintomatica proprio in quei paesi la cui politica essi avevano precedentemente avversato (pensiamo soprattutto a Italia e Francia, ma anche al *Reich* tedesco). Pur inizialmente combattuti tra la decisione per la guerra e quella per la pace, i cattolici di tutti i Paesi aderirono alla scelta bellica dei rispettivi governi e – senza voler trascurare significative minoranze – si piegarono alla "lealtà civile" unendosi alle generali motivazioni patriottiche[35].

La partecipazione dei cattolici indicava, da parte di questi, un adeguamento – se non un'assimilazione – a quella "ragion di Stato" che era

---

35 ) Cfr. Mario BENDISCIOLI, *Chiesa e Società nei secoli XIX e XX*, in AA. VV., *Nuove questioni di storia contemporanea*, Marzorati, Milano 1986, vol. 1, p. 395-403; cfr. Gabriele DE ROSA, *Il movimento cattolico in Italia. Dalla restaurazione all'età giolittiana*, Laterza, Bari 1988, p. 294-318; cfr. Marco INVERNIZZI, *Il movimento cattolico in Italia dalla fondazione dell'Opera dei Congressi all'inizio della seconda guerra mondiale (1874-1939)*, Mimep-Docete, Pessano (Milano) 1996, p. 60; cfr. Arturo Carlo JEMOLO, *Chiesa e Stato in Italia dalla unificazione ai nostri giorni*, Einaudi, Torino 1977, p. 160s.; cfr. Daniele MENOZZI (a cura di), *La Chiesa italiana nella Grande Guerra*, Morcelliana, Brescia 2015; cfr. Gaetano QUAGLIARIELLO, *La persona, il popolo e la libertà. Per una nuova generazione di politici cristiani*, Edizioni Cantagalli, Siena 2010, p. 58; cfr. Pietro SCOPPOLA, *Dal neoguelfismo alla democrazia cristiana*, Studium, Roma, p. 139-146; cfr. Guido VERUCCI, *La Chiesa nella società contemporanea. Dal primo dopoguerra al Concilio Vaticano II*, Laterza, Bari 1988, p. 4s.

sempre stata antagonista della coscienza cristiana. L'adesione anche dei cattolici al mito dei "sacri confini", dell'"integrità territoriale" e del "riscatto nazionale" denotava, quindi, una significativa inversione culturale rispetto all'atteggiamento prevalente nei decenni precedenti.

I credenti non furono risparmiati dalla febbre nazionalista e non si sottrassero ai "doveri civili" per quanto il Papa, Benedetto XV – come già ricordavamo –, non si risparmiò in favore della pace[36]. Mentre gli eserciti di Stati tradizionalmente anticlericali erano a volte comandati da convinti cattolici[37] che muovevano i loro attacchi contro ciò che rimaneva delle vestigia cristiane del Vecchio Continente, gli appelli del Papa – in particolare quello del 1° agosto 1917, rivolto ai «capi dei popoli belligeranti», in cui Benedetto XV definì la guerra come «inutile strage»[38] – cadevano nel vuoto. Gli stessi cattolici si dichiararono impossibilitati ad ascoltare l'invito alla pace perché la guerra rappresentava un dovere a cui nessuno si sarebbe potuto sottrarre.

L'altra grande forza popolare, storicamente anti-governativa, che si omologò al richiamo della Patria fu quella socialista. Nonostante l'iniziale posizione pacifista della Seconda Internazionale per la quale, in una guerra dalle motivazioni capitalistiche, mai i proletari avrebbero dovuto dividersi ed ancor meno combattere gli uni contro gli altri, assai presto il fronte socialista anti-bellico nei vari Paesi si sfaldò, la solidarietà proletaria internazionalista si annebbiò dinanzi all'appello per la difesa nazionale e il mito della nazione sostituì quello della classe (passando dall'odio verso la borghesia all'odio verso la Nazione nemica). L'invasamento patriottico mise in crisi la Seconda Internazionale (sconfessata anche da Lenin che, però, utilizzò la guerra come scintilla per la rivoluzione) e i socialisti presero ordinatamente parte alla guerra, solidali ciascuno con la propria Nazione. E fu così che – come diceva Furet – «la guerra mise in sonno l'internazionalismo operaio»[39].

---

36 ) Cfr. Gabriele PAOLINI, *Offensive di pace. La Santa Sede e la prima guerra mondiale*, prefazione di Francesco Margiotta Broglio, Edizioni Polistampa, Firenze 2008.
37 ) Così il comandante in capo delle truppe francesi, il maresciallo Ferdinand Foch (1851-1929) e il Capo di Stato Maggiore italiano, il generalissimo Luigi Cadorna (1850-1928), figlio di quel Raffaele Cadorna (1815-1897) che, durante le vicende risorgimentali, in qualità di alto ufficiale militare, non si era sentito in conflitto con la propria coscienza.
38 ) BENEDETTO XV, Lettera *Dès le début* ai capi dei popoli belligeranti, 1.8.1917, in *Enchiridion delle encicliche/4. Pio X, Benedetto XV (1903-1922)*, Edizioni Dehoniane, Bologna 1999, n. 868.
39 ) François FURET, *Il passato di un'illusione. L'idea comunista nel XX secolo*, Mondadori, Milano 1997, p. 47.

L'allineamento della gran parte di cattolici e socialisti si riproporrà anche vent'anni dopo, quando il processo di statalizzazione dei popoli venne ulteriormente spinto in avanti (e non solo dai regimi totalitari). Si può, pertanto, sostenere che la "nazionalizzazione popolare" riguardò, nella quasi totalità, anche le masse cattoliche e socialiste. Come avvenne per le altre fasce della popolazione, anche per il mondo cattolico la partecipazione alla Grande Guerra compiva una sorta di "statalizzazione del popolo" (che, nel caso specifico, comportava una "nazionalizzazione del cattolicesimo"[40]).

Ci sarebbe da concludere che, rispetto al mondo cattolico e alle masse socialiste, il pensiero liberale (quello autentico, quello cioè che non poteva essere irretito dalle sirene dello "Stato forte") si è dimostrato ben più resistente degli oscillanti sentimenti dei fedeli e dei militanti. Anche gli argomenti antistatalisti si sono rivelati ben più solidi delle volubili posizioni assunte dalla gerarchia ecclesiastica, dagli operai politicizzati e dagli intellettuali di entrambe le estrazioni. Le posizioni dei cattolici erano, allora in buona parte, ancora ispirate alla nostalgia per lo "Stato confessionale" e, quindi, incapaci di comprendere la vera natura dello Stato; quelle socialiste erano mosse dal proposito di abbattere la forma borghese dello Stato per dar vita ad un collettivismo compiuto. Quel che i cattolici non vollero percepire e quel che i socialisti non avrebbero mai potuto comprendere venne, invece, ben colto dagli "austro-marginalisti".

Il carattere "democratico" della Prima Guerra Mondiale rappresenta un grande nodo interpretativo su cui gli autori "austriaci" hanno offerto acute osservazioni. Eccellono in queste Rothbard e Hoppe. Se, infatti, Rothbard ha dimostrato quanto le democrazie siano tutt'altro che refrattarie alla guerra[41], Hoppe ha contribuito a mettere in luce come proprio le "guerre democratiche" siano, per loro natura, tese a trasformarsi in "guerre totali"[42]. Scrive al proposito Guglielmo Piombini (1968-viv.): «il concetto di democrazia è infatti quello di una nazione *totalmente* politicizzata, dove il governo legifera senza sosta e interviene costantemente

---

40 ) I nomi di padre Giovanni Semeria (1867-1931) o di padre Reginaldo Giuliani (1887-1936) rappresentano casi particolarmente significativi, ma non certo unici. Cfr. Roberto MOROZZO DELLA ROCCA, *La fede e la guerra. Cappellani militari e preti-soldati (1915-1919)*, prefazione di Alberto Monticone, Studium, Roma 1980.
41 ) Cfr. Murray N. ROTHBARD, *Per una nuova libertà*, introduzione di Luigi Marco Bassani, Liberilibri, Macerata 2004, p. 351s.385. Cfr. anche, Ludwig von MISES, *L'azione umana. Trattato di economia*, prefazione di Lorenzo Infantino, Rubbettino, Soveria Mannelli (Catanzaro) 2016, p. 866.867.
42 ) Cfr. Hans-Hermann HOPPE, *Democrazia: il dio che ha fallito*, prefazione di Raimondo Cubeddu, Liberilibri, Macerata 2008, p. 61-63.

nella società per cercare di risolvere ogni tipo di problema. Il potere democratico è illimitato (e quindi totalitario) nel suo oggetto, perché niente sfugge alla competenza legislatrice che si attribuiscono i governi e i parlamenti democratici [*meglio*: che attribuiscono a sé governi e parlamenti democratici, *ndr*]. Democrazia e totalitarismo non sono quindi due termini reciprocamente esclusivi, ma fanno parte della stessa famiglia della modernità politica»[43].

La "nazionalizzazione delle masse" raggiunge il suo traguardo nella guerra in cui è immerso l'intero popolo e la guerra che possiede questo carattere è, propriamente, una "guerra democratica"[44]. È noto che Wilson (alla Casa Bianca dal 1913 al 1921) giustificò l'intervento come "sbocco democratico", legittimando l'ingresso in guerra con una motivazione eminentemente democratica[45]. Rothbard, proprio a partire dal programma bellico del presidente americano, contestò la comune convinzione secondo cui le democrazie sarebbero sempre pacifiche e naturalmente avverse alla guerra[46]. Se il bellicismo è strettamente connesso alla filosofia del "governo forte", allora – osservava Rothbard – non solo la democrazia non esclude la propensione alla guerra da parte delle élite politiche, ma proprio il regime democratico di uno Stato – in quanto fondato sul consenso popolare[47] – finisce con l'essere il maggior motivo di legittimazione della guerra. Non sarà, dunque, un caso né che il facile ricorso all'intervento militare sia giustificato da motivi democratici[48], né che i più alti ideali democratici trasformino le contese in "guerra totale". Scrive perciò Hans-Hermann Hoppe, il più noto discepolo di Rothbard: «le guerre democratiche tendono ad essere guerre totali. Sfumando la distinzione

---

43 ) Guglielmo PIOMBINI, *Prima dello stato. Il medioevo della libertà*, Leonardo Facco Editore, Treviglio (Bergamo) 2004, p. 56.
44 ) Cfr. HOPPE, *Democrazia: il dio che ha fallito*, cit., p. 6-7; cfr. MOSSE, *La nazionalizzazione delle masse*, cit., p. 29.43-44; cfr. ROTHBARD, *Per una nuova libertà*, cit., p. 351-362; cfr. Erik-Maria von KUEHNELT-LEDDIHN, *L'errore democratico. Il problema del destino dell'Occidente*, Volpe, Roma 1966.
45 ) Cfr. le considerazioni presenti nel cap. 4 (par. 2) sulla "crociata democratica" intrapresa dal presidente Wilson.
46 ) Cfr. ROTHBARD, *Per una nuova libertà*, cit., p. 385; cfr. Paul GOTTFRIED, *Is Modern Democracy Warlike?*, in John V. DENSON (edited by), *The Costs of War. America's Pyrrhic Victories*, Transaction Publisher, New Brunswick (New Jersey) 1999, p. 425-431.
47 ) Gómez Dávila annotava: «la legittimità del potere non dipende dalla sua origine ma dai suoi fini. Per il democratico, invece, nulla è vietato al potere se la sua origine lo legittima» (Nicolás GÓMEZ DÁVILA, *In margine a un testo implicito*, Adelphi, Milano 2009, p. 126).
48 ) E, a proposito della democrazia, il pensatore colombiano ripeteva: «la democrazia celebra il culto dell'umanità su una piramide di crani» (*Ibidem*, p. 147).

tra governanti e governati, una repubblica democratica rafforza l'identificazione dei cittadini [...con lo] Stato»⁴⁹.

Il rapporto tra democrazia e società di massa è stato ben scandagliato da studiosi di varia estrazione; non di meno merita di essere portato sempre meglio alla luce anche il legame esistente tra democrazia di massa e guerra totale. Certamente (ancora una volta nella scia della Rivoluzione del 1789) il conflitto del 1914-1918 dimostra come sia proprio il coinvolgimento popolare a radicalizzare gli scontri. Un coinvolgimento vitale per lo Stato che non può rinunciare ad essere totale in ogni sua manifestazione. Più avanti avremo modo di presentare Francesco Saverio Nitti che in qualità di presidente del Consiglio dei Ministri rappresentò l'Italia alla Conferenza di Parigi per i trattati di pace; ora ne ricordiamo la figura perché, qualche anno dopo la firma dei trattati, anche Nitti volle riflettere sulla «esaltazione della democrazia durante la guerra»⁵⁰ (a questo tema particolare dedicò un capitolo del suo *La tragedia dell'Europa*). Infatti, senza la partecipazione popolare la guerra non potrebbe mai essere una vera guerra di Stato e senza l'esaltazione della democrazia la guerra non potrebbe mai essere popolare.

La questione della "democratizzazione della guerra" – questione cara alla letteratura "austriaca" – d'altronde, si rivela assai proficuamente complementare ad altri filoni di approfondimento storici e tematici (basti pensare, ad esempio, a quelli di François Fejtö, George Mosse, Ernst Nolte, ma anche Renzo De Felice o Karl Dietrich Bracher, Leonard Schapiro, Jacob Talmon) che possono rispecchiarsi nella categoria della "statalizzazione dei popoli" e nell'indagine relativa.

Anche il grande romanziere russo Lev Tolstoj (1828-1910) può essere, al proposito, richiamato. Nel 1906 completò il suo *Guerra e rivoluzione*. L'opera – meno nota rispetto ai suoi romanzi di successo come *Anna Karenina* e *Guerra e pace* – rivelano lo spessore di un profondo pensatore che, in chiave libertaria, volle manifestare il grande inganno democratico, un inganno che cela la violenza dello Stato. Così Tolstoj provava a svelare il raggiro democratico: «gli atti e i provvedimenti del governo di quei popoli che presumono di autogovernarsi non sono che il risultato delle complesse lotte tra i partiti, degli intrighi, della sete di potere e dell'interesse personale di questi e quegli individui, e dipendono tanto poco dalla volontà e dai desideri del popolo tutto, quanto gli stessi atti e provvedimenti dei

---
49 ) HOPPE, *Democrazia: il dio che ha fallito*, cit., p. 61.
50 ) Cfr. Francesco Saverio NITTI, *La tragedia dell'Europa. Che farà l'America?*, postfazione di Francesco Barbagallo, Edizioni di Storia e Letteratura, Roma 2012 (l'opera è del 1924).

governi più dispotici. Quei popoli sono come uomini rinchiusi in carcere che s'immaginano di essere liberi perché viene concesso loro il diritto di votare per l'elezione dei carcerieri delegati all'amministrazione interna dello stesso carcere»[51].

Tuttavia, accanto al carattere propriamente evanescente della moderna rappresentanza democratica, va considerata la natura strutturalmente violenta della democrazia che si basi solo sul criterio della maggioranza e quindi, in ultimo, della pura forza (numerica o di altro tipo). È ciò che rende la democrazia non il contrario dell'arbitrio, ma la strada diretta per il totalitarismo politico: l'illimitato potere della maggioranza (o di coloro che ritengono di rappresentarla). È infatti proprio il sostegno popolare a rendere i governanti "assoluti", sciolti, cioè, da ogni altro riferimento che non sia il consenso. Al proposito non può mancare un cenno allo storico Jacob L. Talmon (1916-1980) al cui nome è legato un filone di studi che ha messo in discussione il carattere necessariamente prescrittivo della democrazia, mostrandone il volto violento e tendenzialmente totalitario[52].

Oltre il significato propriamente politico del concetto tendenzialmente totalitario di democrazia, si deve aggiungere un'altra considerazione direttamente relativa alla guerra. Se caratteristica del Novecento è la fusione tra guerra e democrazia[53] – con la relativa trasformazione dei conflitti in "guerre democratiche" –, è inevitabile che la guerra diviene, inesorabilmente, "guerra di massa".

La "massa" è, certamente, una categoria imprescindibile della modernità e non solo nell'approccio strettamente sociologico[54]. Tutto è all'insegna della massa – la "società di massa", i "partiti di massa", la "comunicazione di massa", ecc. –: tutto è ormai contrassegnato dall'essere di massa. Si può dire che, a partire dalla Rivoluzione francese, «è l'uomo-massa che compare nella politica moderna»[55]. È, quindi, inevitabile che anche la guerra divenga "guerra di massa". Ma è esattamente questa infelice modalità ad accelerare il disfacimento dell'individuo. La guerra è sempre cosa triste,

---

51 ) Lev TOLSTOJ, *Guerra e rivoluzione*, traduzione e cura di Roberto Coaloa, Feltrinelli, Milano 2015, p. 88 (l'opera è del 1906).
52 ) Cfr. Jacob TALMON, *Le origini della democrazia totalitaria*, Il Mulino, Bologna 1967 (*The Origins of Totalitarian Democracy*, l'opera è del 1952).
53 ) Una caratteristica ormai generalizzata dopo l'avvio prodotto, anche in questo senso, dalla Rivoluzione francese.
54 ) Cfr. Elio GIOANOLA, *La crisi del soggetto nella letteratura del primo Novecento*, in Licia MORRA (a cura di), *L'Europa del XX secolo fra totalitarismo e democrazia*, Itaca, Lugo di Romagna (Ravenna) 1991, p. 23-31.
55 ) José Pedro GALVAO de SOUSA, *La rappresentanza politica*, introduzione e cura di Giovanni Turco, Edizioni Scientifiche Italiane, Napoli 2009, p. 212; cfr. 105.

ma ancor più quella nella quale «l'esercito costituisce un ordine sociale nel quale l'individuo non esiste più»[56].

Perciò la Grande Guerra – svolta quasi sempre a "colpi di battaglione", cioè provando a sfondare le linee nemiche con la sola forza dell'urto di impressionanti quantità di soldati – è stata una guerra svolta contro l'individualismo (inteso in maniera "austriaca"). E la guerra, infatti, genera – quale suo frutto nefasto – un organicismo, un collettivismo che è il contrario di quell'"individualismo metodologico"[57] così caro al paradigma liberal-marginalista.

Mosse ricordava che il termine "materiale umano"[58], che prima della guerra generava disagio perché ritenuto irrispettoso dell'uomo, proprio durante la guerra iniziò ad essere di uso comune perché, in quel contesto, l'individuo ormai era solo puro "materiale". Pensando anche all'annichilimento dell'individuo compiuto nel conflitto del '14-'18, Luigi Einaudi, angosciato, citando Alexis de Tocqueville, si domandava: «sopravviverà la civiltà quando la società non sarà più composta di proprietari, di industriali, di artigiani, di commercianti, di professionisti, di uomini indipendenti, ma di grandi masse umane proprietarie solo delle loro braccia?»[59]. Ebbene, è esattamente la guerra democratica a produrre la distruzione dell'individualità. Dal tritacarne dello scontro ideologico, infatti, esce una massa amalgamata e conforme, rappresentata dalla moltitudine in divisa (appunto: in "uniforme") anticipata dalle piazze in fermento.

Anche Hannah Arendt, in uno dei suoi più famosi testi, ci ha offerto uno spaccato della guerra di massa. La studiosa tedesca presentava questo aspetto considerando la mentalità che si diffuse tra i combattenti e le aspettative dei reduci. Questi «esaltarono un'esperienza che, al loro avviso, li separava definitivamente dall'odiato mondo della rispettabilità. Si aggrapparono ai ricordi dei quattro anni di vita nelle trincee come se costituissero un criterio oggettivo per la creazione di una nuova élite. Né cedettero alla tentazione di idealizzare questo passato; anzi, gli adoratori della guerra furono i primi ad ammettere che nell'era delle macchine essa

---

56 ) François FURET, *Il passato di un'illusione. L'idea comunista nel XX secolo*, Mondadori, Milano 1997, p. 61.
57 ) Per una definizione dell'approccio basato sull'individuo (e non sugli enti collettivi) si può vedere quanto accennato nell'Introduzione.
58 ) Cfr. George L. MOSSE, *L'olocausto, la morte e la memoria della guerra*, in Alessandra STADERINI - Luciano ZANI - Francesca MAGNI (a cura di), *La grande guerra e il fronte interno. Studi in onore di George Mosse*, Università di Camerino, Camerino (Macerata) 1998, p. 14.
59 ) Luigi EINAUDI, *Il Buongoverno. Saggi di economia e politica (1897-1954)*, a cura di Ernesto Rossi, Laterza, Bari 2004, p. 64.

non poteva generare virtù come lo spirito cavalleresco, il coraggio e la virilità, che non imponeva agli uomini altro che l'esperienza della distruzione assoluta insieme con l'umiliazione di essere soltanto piccoli ingranaggi nel maestoso meccanismo del massacro. Questa generazione ricordava la guerra come il grande preludio allo sgretolamento delle classi e alla loro trasformazione in masse. La guerra, con la sua implacabile arbitrarietà omicida, diventava il simbolo della morte, la grande livellatrice, e quindi la vera origine di un nuovo ordine mondiale. La passione per l'eguaglianza e la giustizia, l'aspirazione a superare gli angusti e assurdi confini di classe, ad abbandonare stupidi privilegi e pregiudizi, sembravano trovare nella guerra una via d'uscita dal solito atteggiamento condiscendente di pietà per gli oppressi e i diseredati»[60].

L'immenso massacro – il «caldo bagno di sangue», invocato da intellettuali come Papini – aveva, come non mai prima, trasformato l'Europa in un mattatoio, i popoli in una massa informe e gli uomini in carne da macello. Ma gli scenari di morte non rappresentavano solo le smisurate quantità che la guerra di massa portava con sé. Quegli scenari rappresentavano anche e soprattutto la soppressione dell'individualità. La guerra democratica non poteva che essere una grande pagina di collettivismo e la guerra totale non poteva che segnare ancora più in profondità la crisi del primato dell'individuo. Osserva Alessandro Vitale: «la distruzione della scelta individuale porta alla prevalenza del "politico" (in cui alcuni uomini decidono della vita di altri), con le sue conseguenze non solo di statalizzazione integrale, chiusura, autarchia, centralismo, verticismo e redistribuzione "politica" delle risorse sottratte con la violenza ai produttori, ma anche di pericolo per la stessa vita umana»[61].

Mosse sottolineava quanto la vita di guerra avesse diseducato gli uomini alla dimensione privata e li avesse proiettati in una serie di abitudini collettiviste. Anche la cultura "camerativista" va intesa in questo sempre più radicato collettivismo: «il culto del cameratismo durante e dopo la guerra fu decisivo per questo processo, simboleggiato dalle file di fosse dei caduti (i tedeschi arrivarono a preferire le fosse comuni con i nomi incisi su di una colonna sovrastante). Il cameratismo divenne per la destra un nuovo principio della politica. Lo Stato doveva essere organizzato come un ordine cameratesco in tempo di guerra, in netta contrapposizione al

---

60 ) Hannah ARENDT, *Le origini del totalitarismo*, Edizioni di Comunità, Milano 1996, p. 455.
61 ) Alessandro VITALE, *"Omnipotent Government": alle radici del realismo politico di Ludwig von Mises*, in Lorenzo INFANTINO - Nicola IANNELLO (a cura di), *Ludwig von Mises: le scienze sociali nella Grande Vienna*, Rubbettino, Soveria Mannelli (Catanzaro) 2004, p. 300.

governo parlamentare. Ernst Jünger espresse il significato di questo nuovo principio di governo quando scrisse che lo spirito del cameratismo che egli aveva sperimentato durante i feroci combattimenti al fronte doveva rappresentare anche la nuova struttura politica dello Stato»[62].

Declassati a semplice "materiale umano" – dicevamo già – gli uomini in battaglia si abituarono ad essere poltiglia da scomporsi ed amalgamarsi secondo le necessità. «I fanti – scriveva Curzio Malaparte (1898-1957) –, senza un lamento, andavano a stendere le proprie carcasse sui fili di ferro spinato, come cenci ad asciugare. [...] Chi non ha fatto la guerra sul nostro fronte nel 1915, non può avere un'idea di ciò che significa inutilità del sacrificio»[63].

È così che la guerra democratica in quanto guerra di massa diviene anche la più formidabile anticipazione di collettivismo realizzato. Ma la collettivizzazione dell'individuo non può che avvenire nella violenza e la guerra, di questa violenza fisica e morale, ha rappresentato una delle più sanguinose modalità. Perciò Mises affermava: «mai l'individuo fu più sottoposto alla tirannia come dallo scoppio della Grande Guerra e specialmente [dallo scoppio, ndr] della rivoluzione mondiale»[64]. La spinta collettivistica generata dalla guerra spalancava la strada ai regimi statolatrici la cui comune radice comportava la soppressione di ogni espressione di individualismo. Gli esponenti della Scuola Austriaca hanno, pertanto, fatto notare che l'odio contro la dimensione individuale non è limitato a ciò che esprimerà l'Unione Sovietica o l'Italia fascista o la Germania nazionalsocialista. L'odio contro l'individualismo liberale sarà il tratto prevalente della politica di ogni Stato.

Eppure l'intero sviluppo della civiltà occidentale si è fondato sull'intangibilità delle libertà individuali e, quindi, sul rispetto del principio individualistico. È l'individualismo[65] ad aver costituito il tratto peculiare dell'Occidente fornendo ad esso le condizioni di rigoglio e di progresso. Lo sviluppo economico e sociale, infatti, può essere garantito solo se

---

62 ) George L. MOSSE, *L'olocausto, la morte e la memoria della guerra*, in Alessandra STADERINI - Luciano ZANI - Francesca MAGNI (a cura di), *La grande guerra e il fronte interno. Studi in onore di George Mosse*, Università di Camerino, Camerino (Macerata) 1998, p. 15.
63 ) Curzio MALAPARTE, *Viva Caporetto! La rivolta dei santi maledetti*, cura di Marino Biondi, Vallecchi, Firenze 1995, p. 89.
64 ) Ludwig von MISES, *Nation, State, and Economy. Contributions to the Politics and History of Our Time*, New York University Press, New York (N.Y.) 1983, p. 216 («Never was the individual more tyrannized than since the outbreak of the World War and especially of the world revolution»).
65 ) Non sarà mai superfluo ricordare che nel campo delle scienze sociali per individualismo si intende nient'altro che il contrario di collettivismo.

l'iniziativa individuale non viene intralciata dalle varie forme di oppressione politica e se l'azione individuale non è sottoposta alle varie forme di coercizione[66].

Il miglior baluardo del principio individualistico è costituito dai diritti di proprietà, da quei diritti legati alla stessa natura umana per i quali a nessuno può essere sottratto ciò che a lui lecitamente appartiene, ad iniziare dalla vita e dalla libertà. La proprietà privata, infatti, rappresenta quello spazio indispensabile di libertà nei confronti di ogni tipo di prevaricazione e di ingiustizia. Ebbene, questi diritti furono fortemente insidiati durante la Grande Guerra non solo perché in tempo di guerra i diritti di proprietà vengono sempre calpestati con saccheggi, violenze, distruzioni, furti, ecc., ma soprattutto perché la forma istituzionale di questa eversione mediante tassazione, coscrizione, espropri, requisizioni venne idealizzata in nome della salvezza nazionale e, quindi, era destinata a divenire parte della normale azione statale.

La guerra contribuì spaventosamente a schiacciare lo spirito individuale e a rafforzare le istanze contrarie. Anche metaforicamente, la Grande Guerra emarginò l'azione individuale, quella *azione umana* che per i liberali marginalisti è l'unico vero riferimento per investigare i fenomeni sociali ed economici[67].

Anche la responsabilità personale era destinata a divenire insignificante a tutto vantaggio della "ragion di Stato". La moralità passava dal piano individuale a quello collettivo e il criterio sommo diveniva l'interesse dello Stato, quale condizione del bene di tutti. Ogni particolarismo diviene, allora, nemico, qualcosa da sradicare con quella forza che ogni governo può massimamente permettersi in tempo di guerra. Se lo Stato diviene la condizione per il bene comune[68], allora la Nazione diviene la realtà a cui sacrificare ogni aspetto della vita. Il male assoluto, a questo punto, coincide con ciò che è individuale, con ciò che è personale, perché quel che è considerato egoismo attenta al bene comune.

L'accrescimento dello Stato non potrà, quindi, realizzarsi senza l'annichilimento dell'individuo e tutte le modalità della collettivizzazione indicano contemporaneamente il rigetto dell'individuo e l'esaltazione del vecchio mito della "felicità pubblica" quale unica felicità da perseguire.

---

66 ) Cfr. Ludwig von MISES, *Libertà e proprietà*, prefazione di Lorenzo Infantino, appendice di Murray N. Rothbard, Rubbettino, Soveria Mannelli (Catanzaro) 2007, p. 25.
67 ) Non è un caso che la grande opera nella quale Mises spiegava l'economia sia stata intitolata *Human action*.
68 ) Cfr. Gianfranco MIGLIO, *Genesi e trasformazioni del termine-concetto "stato"*, in AA. VV., *Stato e senso dello Stato oggi in Italia. Atti 51° corso aggiornamento dell'Università Cattolica (1981)*, Vita e Pensiero, Milano 1981, p. 80.81.

La filosofa russo-americana Ayn Rand (Alissa Zinovievna Rosenbaum, 1905-1982) ha utilizzato la categoria dell'egoismo in funzione anti-collettivistica; nel lessico della Rand, "egoismo" vuole indicare unicamente lo spazio di libertà che all'individuo non dovrebbe mai essere negato dal potere politico[69]. Applicando ciò al portato anti-individualistico proprio della Prima Guerra Mondiale, possiamo recuperare un altro aforisma di Nicolás Gómez Dávila per il quale «nel nostro secolo ogni impresa collettiva edifica prigioni. Solo l'egoismo ci impedisce di collaborare ad atti infami»[70].

3.2. Conflitto ideologico: guerra e rivoluzione

Furet, lo storico della Rivoluzione del 1789, ha scritto: «se lo storico vuol trovare, a valle della Rivoluzione francese, una catena di eventi nuovi, gigantesca e caotica quanto quella di duecento anni fa, è verso il Ventesimo secolo che deve volgersi, verso l'epoca delle guerre e delle rivoluzioni, che ha inizio con la Prima Guerra Mondiale, con il bolscevismo e il fascismo. La civiltà europea non ne uscirà soltanto sconvolta. Essa sarà molto vicina a soccombere e ne resta, ancor oggi, convalescente»[71]. La Prima Guerra Mondiale non potrebbe essere compresa se venisse trascurato il suo carattere ideologico e, perciò, rivoluzionario. Questo carattere appartiene alla modernità come suo elemento *essenziale* e nella modernità pienamente si inscrive il conflitto del 1914. Per dare una definizione efficace dell'ideologia possiamo risalire ad un'opera di Marx – *Tesi su Feuerbach* – in cui il pensatore tedesco, nel 1845, attribuiva ai filosofi non più il mero compito di capire il mondo, bensì quello di trasformarlo[72]. La filosofia, dal tradizionale impegno di comprensione e di conoscenza del reale, doveva, quindi, convertirsi in politica, con la nuova missione rivoluzionaria e con una formidabile carica ideologica[73]. D'altronde anche i non marxisti, facendo proprio il primato dell'azione, hanno finito per assimilare

---

69 ) Cfr. Ayn RAND, *La virtù dell'egoismo. Un concetto nuovo di egoismo*, a cura di Nicola Iannello, Liberilibri, Macerata 2010.
70 ) Nicolás GÓMEZ DÁVILA, *In margine a un testo implicito*, Adelphi, Milano 2009, p. 14.
71 ) François FURET, *Ottocento e Novecento: ideologie e illusioni*, in «Nuova Storia Contemporanea», anno 1 (1997), n. 1 (novembre-dicembre), p. 62.
72 ) Cfr. Ludwig FEUERBACH - Karl MARX - Friedrich ENGELS, *Materialismo dialettico e materialismo storico*, a cura di Cornelio Fabro, La Scuola, Brescia 1962, p. 84.
73 ) Il grande politologo liberale Kenneth Minogue (1930-2013) ha semplicemente ribadito il primato della realtà quando, ribaltando il proposito marxista, ha scritto: «voglio capire il mondo, non cambiarlo» (Kenneth MINOGUE, *La mente servile. La vita morale nell'era della democrazia*, prefazione di Franco Debenedetti, Istituto Bruno Leoni Libri, Torino 2012, p. 40).

la lezione di Marx. La Grande Guerra ha svolto una parte importante di questo nuovo compito non limitandosi allo scontro tra le forze militari, ma dando a questo scontro una portata politica in vista della trasformazione del mondo[74].

Questo aspetto è stato certamente richiamato molto negli studi storiografici che spesso hanno parlato della Prima Guerra Mondiale con tratti di assoluta novità rispetto al passato. Il conflitto del 1914, però, non può essere considerato la prima guerra ideologica; anche a tal proposito, è indispensabile mettere in relazione il 1914 con il 1789. La prima grande guerra ideologica fu quella della Rivoluzione francese (con i suoi luttuosi prolungamenti) ed in questa continuità palingenetica si inserisce pienamente il terribile conflitto mondiale. È comunque vero, come sostiene lo storico francese Daniel Halévy (1872-1962)[75], che, dalle campagne giacobine e napoleoniche (ma, per certi versi, già con la guerra dei Trent'anni), i grandi scontri militari europei non sono stati mai solo conflitti tra armate, ma sono stati sempre tanto guerre quanto rivoluzioni.

Sono molti gli storici che ritengono che la guerra ebbe un inizio "ordinario" quale conflitto scoppiato a causa di "convenzionali" contese tra gli Stati; ma anche chi ha ammesso questo tipo di origine, ha identificato una successiva metamorfosi[76]. Sintetizza Massimo de Leonardis (1949-viv.): «è quindi evidente che la Prima Guerra Mondiale scoppiò per ragioni classiche di politica di potenza. [...] Tuttavia, la Grande Guerra si trasformò in uno scontro ideologico totale»[77]. Anche Hoppe ha sostenuto che «la Prima Guerra Mondiale ebbe inizio come una disputa territoriale vecchio stile. Tuttavia, [...] la guerra assunse una nuova dimensione spiccatamente ideologica»[78]. È comunque lecito chiedersi se la montante carica di potenza politica non contenesse almeno in germe quella caratteristica ideale/ideologica che si sviluppò appieno successivamente. Sta di fatto che se la Grande Guerra è diventata l'evento che ha tanto profondamente inciso nella storia è a causa del carattere ideologico che ha racchiuso in sé.

---

74 ) Cfr. Lawrence SONDHAUS, *World War One. The Global Revolution*, Cambridge University Press, New York (N. Y.) 2011.
75 ) Cfr. Daniel HALÉVY, *Essai sur l'accélération de l'histoire*, Editions de Fallois, Paris 2001 (l'opera è del 1948).
76 ) Non sono pochi coloro che scorgono nel 1917 un "anno chiave" e un "punto di svolta" per la trasformazione della Grande Guerra in senso ideologico. Uno per tutti: cfr. Massimo de LEONARDIS, *La trasformazione della Grande Guerra: il 1917*, in «Eunomia. Rivista semestrale di Storia e Politica Internazionali. Università del Salento», anno 4 n.s. (2015), n. 2, p. 21-38.
77 ) *Ibidem*, p. 24.
78 ) Hans-Hermann HOPPE, *Democrazia: il dio che ha fallito*, prefazione di Raimondo Cubeddu, Liberilibri, Macerata 2008, p. 6.

Non dovrebbe risultare difficile capire in cosa si distingue una guerra ideologica da una guerra classica[79]. Fermo restando che ogni guerra è sempre funesta ed apportatrice di lutti (anche quando è necessaria e, perciò, inevitabile), quella ideologica – a differenza della guerra classica – si caratterizza per i suoi motivi ideali (o, meglio, "ideocratici") che forniscono una legittimazione politica che non ammette limiti. È la stessa distinzione che corre tra guerra ordinaria e rivoluzione politica o tra insurrezione e rivoluzione o tra ribellione e lotta politica. Se non ogni guerra è ideologica (a dimostrarlo basta pensare, ad esempio, alle guerre medioevali), è vero, però, che l'ideologia contiene sempre una pulsione violenta e questa è, prima o poi, destinata a trasformarsi in conflitto.

La guerra ideologica viene perseguita non per impadronirsi di un castello o allo scopo di conquistare nuove terre, non solo per saccheggiare e per sottomettere, ma per cambiare il mondo esistente. Ovviamente, tutti gli altri possibili fini "meno nobili" non sono mai stati disdegnati anche nella più (apparentemente) disinteressata causa ideologica; ma è il proposito di trasformazione del mondo ed, ancor prima, di trasformazione dell'uomo a rendere una guerra propriamente rivoluzionaria. Per questo tipo di lotta militare, il programma è il «sovvertimento del tradizionale ordine»[80]. Scriveva Fejtö: «non bastava come obiettivo [...] recuperare l'Alsazia-Lorena, prendersi la rivincita su Sedan: il grande disegno offerto dall'élite politica ed intellettuale ai soldati delle trincee era di estirpare dall'Europa le ultime vestigia del clericalismo e del monarchismo, e questo ignorando o fingendo di ignorare il processo di liberalizzazione accelerato al quale si era assistito in Germania e in Austria-Ungheria dalla fine del secolo»[81].

In questo quadro, la Grande Guerra, anche ammettendone lo scoppio per classiche ragioni di politica di potenza, manifestò un'aperta connotazione ideologica tesa a perseguire alcuni obiettivi particolari che possiamo ricondurre soprattutto alla "repubblicanizzazione" dell'Europa

---

79 ) Fejtö titola *Dalla guerra classica alla guerra ideologica* la parte quarta del suo testo (cfr. François FEJTÖ, *Requiem per un impero defunto. La dissoluzione del mondo austro-ungarico*, introduzione di Sergio Romano, Mondadori, Milano 1998, p. 313-379).
80 ) Massimo de LEONARDIS, *Francesco Ferdinando: una linea di successione, un possibile futuro, un "casus belli"*, in Maurizio DOSSENA - Ivo MUSAJO SOMMA (a cura di), *L'utile ideologico dell'inutile strage. Atti della giornata di studi della Gebetsliga Kaiser Karl. Piacenza, 17 maggio 2014*, Ellade, Piacenza 2015, p. 51.
81 ) FEJTÖ, *Requiem per un impero defunto. La dissoluzione del mondo austro-ungarico*, cit., p. 320. Fejtö parlava di "processo di liberalizzazione" in modo approssimativo ed in modo differente rispetto al significato proprio. Lo storico intendeva riferirsi genericamente alla modernizzazione in atto anche negli Imperi Centrali.

e all'abbattimento dell'ultima grande potenza cattolica, la monarchia asburgica.

Il concetto di "repubblicanizzazione" richiama l'immagine con cui ordinariamente viene raffigurata la Prima Guerra Mondiale e, cioè, la decisiva ed esiziale contrapposizione tra le nuove forze democratiche emergenti e la reazione del vecchio imperialismo[82]. Una sorta di grande guerra ideale di liberazione. Tanto è vero che nello schema prevalente, il conflitto realizza, in qualche modo, il passaggio dal principio monarchico a quello repubblicano. Il paradigma dei liberali marginalisti ritiene questo schema fuorviante e, sebbene non lo rigetti nella sua fattualità, lo capovolge nella sua portata e nel suo significato.

Il testo più diffuso di Hans-Hermann Hoppe – *Democracy: The God That Failed* (2001) – si apre soffermandosi sul significato della Grande Guerra che viene stigmatizzato come «il passaggio dall'Austria e dalla "via austriaca" all'America e alla "via americana"»[83]. Così lo studioso tedesco spiega quest'immagine: «la trasformazione storica di portata mondiale, dall'*Ancien régime* basato sul governo di re e principi alla nuova epoca democratica coi suoi governanti eletti dal popolo, potrebbe anche essere letta come il passaggio dall'Austria e dalla "via austriaca" all'America e alla "via americana". È così per varie ragioni. Anzitutto, è stata l'Austria a dare inizio alla guerra e l'America a concluderla. L'Austria ha perso, l'America ha vinto. L'Austria era comandata da un monarca – l'imperatore Francesco Giuseppe – l'America da un presidente democraticamente eletto – il professor Woodrow Wilson. Ancor più importante, tuttavia, la Prima Guerra Mondiale non è stata una guerra tradizionale, combattuta per obiettivi territoriali, ma per un obiettivo ideologico: e l'Austria e l'America erano (ed erano percepite come tali dalle parti in causa) i due paesi che incarnavano più chiaramente le idee in conflitto l'una contro l'altra»[84].

Sin qui la descrizione; molto più originale è il commento che Hoppe sviluppa anche in altri studi[85]. Per l'economista tedesco «la trasformazione

---

82 ) Cfr. Eric J. HOBSBAWM, *L'età degli imperi. 1875-1914*, Laterza, Bari 1991, p. 368s. Per il famoso storico di ispirazione marxista, sarebbe stata la consapevolezza del proprio tramonto a spingere gli imperi centrali – e l'Austria in particolare – a puntare su una guerra che avrebbe potuto invertire le sorti della storia.
83 ) HOPPE, *Democrazia: il dio che ha fallito*, cit., p. 6.
84 ) *Ibidem*.
85 ) Cfr. Hans-Hermann HOPPE, *Time Preference, Government, and the Process of De-Civilization: From Monarchy to Democracy*, in John V. DENSON (edited by), *The Costs of War. America's Pyrrhic Victories*, Transaction Publisher, New Brunswick (New Jersey) 1999, p. 455-493; cfr. Hans-Hermann HOPPE, *L'economia politica della monarchia e della democrazia, e l'idea di un ordine naturale*, in «Federalismo & Libertà», anno 6 (1999), n. 5-6, p. 269-297.

storica»[86] prodotta dal conflitto si riassume nel definitivo cambiamento del governo, oramai concepito in termini di proprietà pubblica o collettiva. L'interessante tesi di fondo di Hoppe[87] si concentra sullo scontro tra governo organizzato intorno alla proprietà privata (quello antico monarchico) e governo organizzato intorno alla proprietà collettiva (quello moderno repubblicano). Hoppe non solo sostiene che la monarchia realizzava un governo più o meno organizzato intorno alla proprietà privata mentre la democrazia realizza un governo senz'altro organizzato intorno alla proprietà pubblica o collettiva, ma analizza questo quadro con una serie di dati che portano a concludere che il processo politico di erosione della proprietà avviene massimamente attraverso la legittimazione democratica[88]; è quest'ultima, quindi, a mettere a rischio le libertà individuali ancor più di come poteva avvenire nel regime monarchico che la Prima Guerra Mondiale definitivamente eclissò.

Nel suo volume, Hoppe cita anche l'opera di un illustre erudito qual è stato Erik-Maria von Kuehnelt-Leddihn (1909-1999). Lo studioso di Innsbruck confrontando i moderni governanti con molti antichi monarchi aveva motivi di ritenere che, a confronto dei primi, molti antichi monarchi potrebbero essere quasi considerati liberali[89]. Infatti, tutti gli indicatori dello statalismo – dalla tassazione all'inflazione, dal controllo politico della moneta al debito pubblico, dalla burocrazia alla iper-legislazione – mostrano che il regime democratico ha enormemente garantito un accrescimento del potere politico[90].

Un altro autore che ha considerato la "repubblicanizzazione" del mondo il principale scopo ideologico delle potenze vincitrici è lo storico ungherese François Fejtö. Sebbene in una prospettiva differente da quella

---

86 ) HOPPE, *Democrazia: il dio che ha fallito*, cit., p. 6.
87 ) Cfr. Carlo LOTTIERI, *Credere nello Stato? Teologia politica e dissimulazione*, Rubbettino, Soveria Mannelli (Catanzaro) 2011, p. 89; cfr. Guglielmo PIOMBINI, *Prima dello stato. Il medioevo della libertà*, Facco, Treviglio (Bergamo) 2004, p. 54-55; cfr. Piero VERNAGLIONE, *Paleolibertarismo. Il pensiero di Hans-Hermann Hoppe*, Rubbettino, Soveria Mannelli (Catanzaro) 2007, p. 76-83.
88 ) Già Rothbard – il maestro di Hoppe – sosteneva che «il soggetto privato, sicuro del suo possesso e della sua risorsa di capitale, può adottare una visione a lungo termine, poiché desidera conservare il valore capitale della sua risorsa. È il governante che deve prendere e scappare, che deve sfruttare la proprietà finché è al potere» (Murray N. ROTHBARD, *Potere e mercato. Lo Stato e l'economia*, a cura di Nicola Iannello, Istituto Bruno Leoni Libri, Torino 2017, p. 273-274).
89 ) Cfr. Erik-Maria von KUEHNELT-LEDDIHN, *Leftism Revisited. From de Sade and Marx to Hitler and Pol Pot*, Arlington House Publishers, New Rochelle (New York) 1974, p. 34.
90 ) Cfr. PIOMBINI, *Prima dello stato. Il medioevo della libertà*, cit., p. 55.

di Hoppe, Fejtö, nei suoi studi, ha insistito sul proposito, ostinatamente perseguito da parte dei governanti dell'Intesa, di distruzione della monarchia austro-ungarica[91]. Per quanto all'impostazione dello storico ungherese non siano state risparmiate critiche[92], essa ha contribuito non poco ad illuminare un quadro generale che rischiava di essere appiattito sul conformismo culturale.

L'immagine prevalente è, infatti, quella che proviene dalla stessa impostazione ideologica della Grande Guerra, quella che nel conflitto vede la contrapposizione tra l'avanzata della democrazia e la resistenza dell'imperialismo. Nel 1922, il saggista americano Albert Jay Nock (1870-1945) volle scrivere un'opera che lo stesso titolo si incaricava di spiegare: il *mito delle Nazioni colpevoli*[93]. Per Nock – scrittore controcorrente – quella della esclusiva responsabilità di un unico fronte non poteva che essere considerata un puro mito. A quello schema dicotomico si deve, in fondo, l'attribuzione delle colpe interamente alla Germania che fu caricata di costi insostenibili e brucianti risentimenti. Nello schema ideologico, l'insistente contrapposizione manichea tra democratici e reazionari portò la propaganda ad esprimere la demonizzazione dell'avversario e l'attività divulgativa alleata diede il meglio di sé per offrire un'immagine criminale dei nemici e soprattutto delle truppe tedesche.

Accantonando la propaganda di guerra (ovviamente molto attiva su entrambi i fronti), consideriamo come, alla prova dei fatti, sia innanzitutto l'icona storiografica a reggere poco. A mostrare quanto sia artificiosa la contrapposizione tra autoritarismo e democrazia è innanzitutto la lunga fase di incubazione della guerra e le spinte imperialistiche comuni a tutti i contendenti. Ma se volessimo cogliere anche un solo episodio rivelativo potremmo richiamare la pubblicazione, ad opera dei bolscevichi, dei documenti segreti conservati nelle casseforti dello zar e del suo governo[94]. Questi documenti non solo comprovavano le mire imperialistiche degli Stati dell'Intesa (Italia compresa) e gli accordi sottoscritti in vista della guerra, ma, facendo luce alle vicende degli anni anteriori al suo scoppio, costringevano a ridimensionare le responsabilità degli Imperi Centrali

---

91 ) Cfr. FEJTÖ, *Requiem per un impero defunto. La dissoluzione del mondo austro-ungarico*, cit., p. 315s.320.
92 ) Cfr. Aldo A. MOLA, *Storia della massoneria italiana dalle origini ai giorni nostri*, Bompiani, Milano 1992, p. 430.
93 ) Cfr. Albert Jay NOCK, *The Myth of a Guilty Nations*, Ludwig von Mises Institute, Auburn (Alabama) 2011.
94 ) Cfr. *Storia del Partito Comunista (bolscevico) dell'URSS*, Edizioni in lingue estere, Mosca 1948, p. 137.

in ordine alla preparazione del conflitto[95]. Lenin, in questo modo, poteva utilizzare a proprio sostegno il contenuto delle carte per dimostrare la comune prassi di tutti gli "Stati capitalisti", come il leader bolscevico non si stancava di definirli.

Dopo la guerra, i nuovi regimi in Germania e in Austria, in spregio alla precedente classe politica, vollero fare altrettanto ed aprirono gli scrigni dei vecchi governanti. Ad essere incaricati dai rispettivi governi di indagare negli archivi furono il pensatore tedesco Karl Kautsky (1854-1938), tra i nomi più noti della storia marxista, e lo storico austriaco Roderich Goos (1879-1951)[96]. In modo non dissimile da ciò che era venuto alla luce con i documenti russi, le ricerche sia di Kautsky sia di Goos dimostrarono l'assenza di volontà da parte di Berlino e Vienna di incamminarsi verso un'avventura bellica[97]. Dai documenti emergeva, piuttosto, che l'aggressività era ben presente nell'altro fronte che, con la mobilitazione militare russa, aveva fatto precipitare gli eventi. Il risultato di questa ricerca risultava non solo sorprendente dopo le accuse alla Germania – accuse che avevano costituito la filosofia stessa dei trattati di pace siglati a Parigi –, ma anche non poco imbarazzante per gli stessi governi socialdemocratici, ora alla guida degli Stati eredi degli Imperi centrali, che pensavano di trarre prove tese a screditare ulteriormente gli antichi regimi.

Una serie di altre ricerche hanno ancor più indotto non solo a ridimensionare la tesi della esclusiva colpevolezza della Germania, ma addirittura a ribaltare questa tesi a danno delle potenze alleate. Con l'apertura di altri archivi, con indagini più approfondite, con l'accesso da parte degli studiosi ai documenti desecretati dai governi (soprattutto gli archivi francesi) si è giunti ad una panoramica più obiettiva che ha sconfessato l'impostazione manichea più comune.

Uno dei grandi argomenti propri di quest'impostazione fu quello relativo all'oppressione subita dai popoli da parte degli Imperi Centrali. La lotta a questi poteva ammantarsi di motivazioni ideali che venivano costantemente amplificate dalla martellante propaganda. Quello delle nazionalità oppresse fu un grande motivo di legittimazione della guerra: gli alleati si presentavano come il baluardo contro l'autoritarismo e

---

95 ) Cfr. Ralph RAICO, *Great Wars and Great Leaders. A Libertarian Rebuttal*, foreword by Robert Higgs, Ludwig von Mises Institute, Auburn (Alabama) 2010, p. 3.
96 ) Cfr. Federico CURATO, *La letteratura sulle origini della prima Guerra Mondiale*, in AA. VV., *Nuove questioni di storia contemporanea*, Marzorati, Milano 1986, vol. 2, p. 825-827.
97 ) Cfr. Alfred F. PRIBRAM (edited by), *The Secret Treaties of Austria-Hungary, 1879-1914*, Fertig, New York (N. Y.) 1921, 2 vols.

gli araldi dell'autodeterminazione dei popoli[98]. L'immagine dell'Austria tirannica, "prigione dei popoli", fu quanto mai comune e non solo tra i soldati italiani[99]. Solo uno sguardo disincantato permette di non dare credito ad un pregiudizio che avrebbe almeno dovuto tener conto come le accuse lanciate agli Imperi Centrali riguardassero non meno i nemici di questi ultimi[100].

Se i più ricorrenti e consueti argomenti davano giustificazione alla lotta contro l'autoritarismo e legittimavano gli Stati dell'Intesa e, soprattutto, esaltavano un nuovo ordine del mondo che si sarebbe compiuto nel segno della democratizzazione e della repubblicanizzazione, un altro obiettivo ideologico particolare può essere identificato nella scristianizzazione dell'Europa.

Senza escludere che questo proposito sia stato coltivato in circoli dotati di indubbia capacità di condizionamento[101], l'obiettivo finiva con l'essere inevitabilmente già contenuto nell'ideologia della modernizzazione del mondo. Ed, in ogni caso, ogni possibile progetto di "de-cattolicizzazione" dell'Europa non poteva realizzarsi politicamente che attraverso l'abbattimento dell'Austria, considerata l'ultimo baluardo di sacralità istituzionale. Fejtö, che ha richiamato molto l'attenzione su questo aspetto, ha sostenuto che «l'Austria-Ungheria, incarnava insieme monarchia e cattolicesimo. [...] Il grande disegno [...] era di estirpare dall'Europa le ultime vestigia del clericalismo e del monarchismo»[102].

Sta di fatto che militanza anti-cattolica e odio verso l'impero asburgico finivano assai spesso per coincidere ed anche sul piano operativo (ad esempio in Italia) la causa dell'interventismo coincideva con quella dell'anticlericalismo[103]. Dovrebbe apparire sorprendente vedere come i

---

98 ) A Roma, nell'aprile 1918, nazionalisti e massoni organizzarono un congresso dei "popoli oppressi". Cfr. MOLA, *Storia della massoneria italiana dalle origini ai giorni nostri*, cit., p. 427.442.
99 ) Cfr. Carlo MORANDI, *L'idea dell'unità politica d'Europa nel XIX e XX secolo*, in AA. VV., *Nuove questioni di storia contemporanea*, Marzorati, Milano 1986, vol. 2, p. 1415.
100 ) Cfr. Angelo VENTRONE, *La seduzione totalitaria. Guerra, modernità, violenza politica (1914-1918)*, Donzelli, Roma 2003.
101 ) Cfr. Massimo de LEONARDIS, *La trasformazione della Grande Guerra: il 1917*, in «Eunomia. Rivista semestrale di Storia e Politica Internazionali. Università del Salento», anno 4 n.s. (2015), n. 2, p. 31.36; cfr. MOLA, *Storia della massoneria italiana dalle origini ai giorni nostri*, cit., p. 400.402.403.428.431-432; cfr. Indro MONTANELLI, *L'Italia di Giolitti (1900-1920)*, Rizzoli, Milano 1974, p. 357.
102 ) FEJTÖ, *Requiem per un impero defunto. La dissoluzione del mondo austro-ungarico*, cit., p. 320.
103 ) Cfr. Arturo Carlo JEMOLO, *Chiesa e Stato in Italia dalla unificazione ai giorni nostri*, Einaudi, Torino 1981, p. 163.

cattolici in tutti i paesi si siano lasciati sopraffare dallo spirito nazionalistico e non siano stati capaci di scorgere l'esito a cui si sarebbe giunti anche grazie al contributo delle loro forze, dei loro ideali e del loro stesso sangue. È il caso dire che essi furono utilizzati e beffati.

Lo stesso don Luigi Sturzo sembrò essere subalterno a questa ideologizzazione del conflitto. A dimostrarlo sono le sue parole pronunciate solo pochi giorni dopo la conclusione della guerra quando, evocando «elementi palingenetici per l'avvenire dei popoli»[104], descriveva una nuova era: «nuova era di popoli, come quella della Rivoluzione francese, nuova concezione statale oggi segue la guerra, nuovo fiotto di vitalità democratica»[105].

L'affermazione di don Sturzo è paradossale considerando l'autore; pur tuttavia anche essa, con le suggestioni della palingenesi, della nuova era, della Rivoluzione Francese, sembra carica di quell'ideologia che ha reso la Grande Guerra più simile ad una rivoluzione che ad un mero conflitto militare. È certamente vero che il legame tra Prima Guerra Mondiale e rivoluzione non deve essere trascurato; esso rappresenta un'altra chiave di lettura per comprendere quanto importante sia stata la vicenda bellica del 1914-1918. Questo legame va colto e analizzato anche indipendentemente da quanto effettivamente riuscirono a realizzare quegli «ambienti politici che concepirono la Prima Guerra Mondiale come una prosecuzione della rivoluzione francese, per liberare l'Europa dagli spettri della monarchia e del cattolicesimo»[106].

Ciò che conta è la trasformazione che la guerra ha di fatto prodotto, anche indipendentemente da precisi propositi o deliberati obiettivi. E, sotto questo aspetto, il portato del conflitto ha conseguenze davvero paragonabili a quelle della Rivoluzione del 1789.

Sturzo, parlando di rigenerazione, in fondo, non si allontanava molto da un comune sentire all'interno del mondo cattolico. In esso era presente sia l'idea che la guerra, rappresentando un flagello di Dio[107], sarebbe stata l'occasione per una qualche forma di restaurazione dell'antico ordine (una sorta di rivoluzione di segno contrario), sia l'idea – che sembra trovare nelle parole di Sturzo una conferma – secondo, cui in positivo, la guerra

---

104 ) Luigi STURZO, *I discorsi politici*, Istituto Luigi Sturzo, Roma 1951, p. 386.
105 ) *Ibidem*, p. 385.
106 ) Ivo MUSAJO SOMMA, *Tra Vienna e Roma. L'intervento italiano nel conflitto e la situazione della monarchia danubiana alla vigilia della Grande Guerra*, in Maurizio DOSSENA - Ivo MUSAJO SOMMA (a cura di), *L'utile ideologico dell'inutile strage. Atti della giornata di studi della Gebetsliga Kaiser Karl. Piacenza, 17 maggio 2014*, Ellade, Piacenza 2015, p. 33.
107 ) Cfr. Gabriele DE ROSA, *Il movimento cattolico in Italia. Dalla Restaurazione all'età giolittiana*, Laterza, Bari 1988, p. 296-297.

avrebbe spinto in avanti l'umanità. In questa duplice attesa – tradizionalista o progressista – si può scorgere un qualcosa che, per quanto sacralizzata, non è molto distante da ciò che ci si attende da una rivoluzione.

C'è da riflettere sul rapporto tra rivoluzione e guerra; esso nasce dal fatto che ogni tentativo di riformulazione della realtà ha sempre bisogno della guerra. Sin dalla vicenda giacobina francese, la guerra è inscritta nel tentativo palingenetico. Come è stato ben detto a proposito dalle campagne militari iniziate nel 1792, «la rivoluzione aveva bisogno della guerra; la pace avrebbe significato la fine della rivoluzione»[108]. Parlavamo già della pulsione violenta intrinsecamente contenuta in ogni istanza ideologica; ebbene, la guerra dà forza e successo alla volontà politica di trasformare la realtà perché indebolisce le naturali resistenze sociali a questa opera di cambiamento. Ancora val la pena ricordare quanto l'Italia avesse bisogno di una guerra; senza di essa il suo futuro sarebbe stato a rischio; la guerra, invece, cementò definitivamente la nuova realtà statale.

Quanto al rapporto generico tra guerra e rivoluzione, diciamo anzitutto che se per rivoluzione dobbiamo intendere quel processo di trasformazione della vita dell'uomo che ha come esito – deliberato o anche solo involontario – la subordinazione di questa stessa vita all'apparato politico (dato che la rivoluzione è qualcosa di propriamente politico[109]), allora, occorre riconoscere che la Prima Guerra Mondiale ha avuto gli effetti di una grande rivoluzione.

Una guerra ideologica, d'altra parte, non avrebbe potuto che avere effetti tipicamente rivoluzionari e non solo perché al conflitto mondiale è seguita una lunga "rivoluzione mondiale" durata decenni, ma, innanzitutto, per il carattere radicalmente statalizzante: «la guerra era, in fondo, una rivoluzione sociale»[110]. Se una rivoluzione tende innanzitutto a sovvertire l'ordine sociale naturale, la guerra mondiale, essendo stata portatrice di un programma di trasformazione dell'ordine tradizionale (o di ciò che di esso rimaneva)[111], non può non essere considerata nella sua dimensione sovvertitrice.

---

108 ) Lucio VILLARI, *La rivoluzione francese*, Laterza, Roma - Bari 2010, p. 78.
109 ) Ciò che chiamiamo "rivoluzione" ha un connotato innanzitutto politico, sebbene ciò che la rivoluzione esprime è precedente rispetto alla sua manifestazione violenta. Forse per tale motivo Gómez Dávila scriveva che «oggi il termine "rivoluzione", più che un avvenimento politico connota una vertigine, uno spasmo emotivo, l'ubriachezza dell'anima» (Nicolás GÓMEZ DÁVILA, *In margine a un testo implicito*, Adelphi, Milano 2009, p. 107).
110 ) Salvo MASTELLONE, *La storia della democrazia in Europa. Da Montesquieu a Kelsen*, UTET, Torino 1989, p. 303.
111 ) Cfr. de LEONARDIS, *La trasformazione della Grande Guerra: il 1917*, cit., p. 31.

Un aspetto – questo – fatto proprio, in modo esplicito, dai tanti circoli che avevano visto nella guerra un momento decisivo di cambiamento: «agli occhi di molti intellettuali dell'avanguardia la guerra doveva ora non soltanto portare a compimento la nazione, ma anche catapultarla nella modernità e rinnovarla radicalmente, ossia causare entrambe le cose: integrazione e rivoluzione allo stesso tempo»[112]. Quel momento giunse e fu decisivo per perfezionare un cambiamento già in atto: «il nichilismo degli intellettuali rivoluzionari, il loro disprezzo per i prosaici valori dell'*ethos* borghese e il loro desiderio di trascendere l'esistente e di liberarsi delle sue intollerabili catene non avrebbero mai e poi mai potuto diventare una forza storica capace di travolgere le istituzioni liberali, qualora la Grande Guerra non avesse toccato, alterandolo profondamente, il vissuto di milioni di uomini»[113].

Difatti, la guerra, come ogni rivoluzione, mise in subbuglio l'esistente. Se «nell'impero austro-ungarico tutto pareva duraturo, e la monarchia millenaria appariva il garante supremo di tale continuità»[114], la guerra apportò ogni possibile sconvolgimento. E subito dopo il conflitto la rivoluzione proletaria sembrò essere la logica appendice delle trincee e del boato dei cannoni. Anche sotto questo aspetto, la Grande Guerra appare come il traguardo della precedente epoca della Rivoluzione[115]. Un traguardo che era anche un nuovo inizio. Infatti, «[...] non è [...] meno vero che [...] la prima guerra mondiale fu sia una rivoluzione in se stessa sia l'avvio e la prima tappa di una rivoluzione di portata e dimensioni ancora maggiori, proseguita negli anni Trenta in apparenti condizioni di pace, e infine conclusa da un terzo atto che prese, ancora una volta, le forme di un enorme conflitto»[116].

Ma, ancor più in profondità, la Prima Guerra Mondiale si può configurare come conflitto rivoluzionario per il forte tasso di "politicità" in essa contenuto. È questa caratteristica che rese la guerra una vera rivoluzione perché, come dopo ogni rivoluzione, similmente anche dopo la

---

112 ) Oliver JANZ, *1914-1918. La Grande Guerra*, Einaudi, Torino 2014, p. 209.
113 ) Luciano PELLICANI, *La Grande Guerra e la rivolta contro la civiltà liberale*, in «Eunomia. Rivista semestrale di Storia e Politica Internazionali. Università del Salento», anno 4 n.s. (2015), n. 2, p. 17.
114 ) Guglielmo PIOMBINI, *Stefan Zweig e "Il mondo di ieri"*, in «StoriaLibera. Rivista di scienze storiche e sociali», anno 3 (2017), n. 6, p. 64.
115 ) Cfr. Nicola VIRGILIO, *Il Novecento: totalitarismo e rivoluzione*, in «Linea Tempo», anno 4 (2000), n. 1 (aprile), p. 100.
116 ) Andrea GRAZIOSI, *Guerra e rivoluzione in Europa. 1905-1956*, Il Mulino, Bologna 2001, p. 172.

Grande Guerra, il potere dello Stato ne uscì rafforzato e con nuove e più potenti attribuzioni[117].

Se la rivoluzione è fondamentalmente una statalizzazione della società, la guerra del 1914-1918 determinò similmente un aumento del livello di politicità. Esprimeva bene questo concetto Furet quando scriveva che «la rivoluzione è [...] la rivincita del pubblico sul privato, il trionfo del politico sull'economico, la vittoria della volontà sulla quotidianità»[118]. E questi sono tutti caratteri propriamente riscontrabili nella guerra mondiale.

Dicevamo già che non sono pochi gli studiosi che hanno rintracciato i collegamenti tra il 1914 e il 1789. Tra questi, Jean Bérenger (1934-viv.) che, in *Storia dell'impero asburgico*, ha sostenuto come la Grande Guerra avesse segnato «il trionfo dei principi della Rivoluzione francese»[119]. E se nel 1815 la Rivoluzione subì una battuta di arresto, tra il 1918 e i successivi anni non vi fu alcuna soluzione di continuità. A proposito di queste due date che ricordano anche il Congresso di Vienna e la Conferenza di Parigi[120], val la pena ricordare che un diplomatico di grande statura come Henry Kissinger (1923-viv.), soffermandosi sulle differenze tra Wilson e Metternich, ha attribuito al primo la proclamazione di principi nuovi e, perciò, rivoluzionari e al secondo la difesa di certezze antiche e consolidate e, perciò, naturali[121]. Coerentemente, il realista Metternich volle pacificare il Continente e mise fine alla guerra mentre l'idealista Wilson, nel nome della democrazia, estese a dismisura il conflitto.

Caratteristica tipica di ogni conflitto ideologico è, infatti, quella di armarsi in nome di alti e nobili ideali. A riguardo, Leopold Kohr ha causticamente potuto ben dire: «sicché si arriva al paradosso che quasi tutte le guerre sono state combattute in nome dell'unità e della pace, il che significa che, se non fossimo stati unionisti e pacifisti tanto accaniti, avremmo potuto evitare un buon numero di conflitti»[122]. Il pacifismo di Wilson fu realmente rivoluzionario e dimostrò di esserlo anche facendo proprio "il mito dell'ultima guerra". È, questa, un'idea che attraversa la

---

117 ) Cfr. José Pedro GALVAO de SOUSA, *La rappresentanza politica*, introduzione e cura di Giovanni Turco, Edizioni Scientifiche Italiane, Napoli 2009, p. 216.
118 ) François FURET, *Ottocento e Novecento: ideologie e illusioni*, in «Nuova Storia Contemporanea», anno 1 (1997), n. 1 (novembre-dicembre), p. 68.
119 ) Jean BÉRENGER, *Storia dell'impero asburgico. 1700-1918*, Il Mulino Bologna 2003, p. 434.
120 ) La conferenza di pace di Parigi si aprì il 18 gennaio 1919.
121 ) Cfr. Henry KISSINGER, *L'arte della diplomazia*, Mondadori, Milano 1996, p. 56-57.
122 ) Cfr. Leopold KOHR, *Il crollo delle nazioni*, Edizioni di Comunità, Milano 1960, p. 123.

storia dell'utopia, l'illusione che sia necessaria una guerra ultima e definitiva per evitare ogni altra futura guerra e per abolire ogni futuro contrasto[123]; una guerra combattuta non per egoismo, ma contro gli egoismi, rinnovando finalmente il mondo. Il proposito di repubblicanizzare il mondo andava esattamente in questa direzione. L'ultima guerra da combattere, quindi: quella che avrebbe liberato il mondo dall'autoritarismo e avrebbe concesso a tutti i popoli la democrazia. Questo mito, però, comportava un prezzo altissimo nel presente e una infelice beffa per il futuro. Il prezzo pagato per compiere quello che sarebbe dovuto essere l'ultimo sacrificio bellico fu di milioni di morti (quanti nessuna guerra precedente ne aveva mai contati) e la beffa fu presto svelata non solo per la mancata realizzazione delle attese (con anni di disordine e di violenze), ma per l'avvio di un processo che avrebbe condotto alla preparazione di un conflitto ancor più devastante rispetto a quello che voleva pur essere l'ultima guerra dell'umanità.

D'altra parte, questa spinta rivoluzionaria non era meno percepita all'interno del fronte degli Imperi centrali. Ricordavamo già i pensatori germanici portavoce della difesa ultimativa della *Kultur*. Nelle loro teorizzazioni non solo era ricorrente il richiamo al 1789 (pensiamo a Johann Plenge), ma la dimensione rivoluzionaria era avvertita come il grande ed insopprimibile dovere morale. Accanto agli studiosi già richiamati in precedenza, può essere menzionato anche Paul Lensch (1873-1926). Lensch, fortemente condizionato da Plenge, diede alle riflessioni di quest'ultimo un'ampia diffusione sia attraverso la successiva azione politica (Lensch fu membro della sinistra social-democratica al *Reichstag*) sia con il libro *Tre anni di rivoluzione mondiale* (*Drei Jahre Weltrevolution*). Il testo fu scritto durante la guerra (nel 1918); in esso il conflitto veniva riletto alla luce della categoria socialista della rivoluzione mondiale delineando lo scontro tra Germania e Gran Bretagna quale conflitto tra rivoluzione e contro-rivoluzione: «nell'attuale Rivoluzione mondiale la Germania rappresenta la parte del rivoluzionario, e la sua più grande antagonista, l'Inghilterra, la parte del controrivoluzionario»[124]. In realtà, il fremito rivoluzionario era prevalente in entrambi gli schieramenti e l'unica istanza autenticamente controrivoluzionaria sarebbe stata espressa dal desiderio di pace e dal principio del libero scambio mercantile.

---

123 ) Cfr. Ludwig von MISES, *L'azione umana. Trattato di economia*, prefazione di Lorenzo Infantino, Rubbettino, Soveria Mannelli (Catanzaro) 2016, p. 867.
124 ) Friedrich A. von HAYEK, *La via della schiavitù*, prefazione di Raffaele De Mucci, Rubbettino, Soveria Mannelli (Catanzaro) 2011, p. 223.

Commentando Lensch, si potrebbe sostenere che lo scoppio della guerra sembrò costituire la sconfitta dell'idea rivoluzionaria perché i vari fermenti di socialismo ebbero non solo una battuta d'arresto, ma una sorta di involuzione anti-internazionalista risucchiando la lotta di classe in quella a favore della Nazione[125]. Ma l'idea rivoluzionaria era sconfitta solo apparentemente; Lenin, infatti, seppe approfittare e la guerra si fuse con la Rivoluzione che ebbe tutte le condizioni per divampare in un'Europa ormai a brandelli. Quanto detto del legame tra guerra e rivoluzione non si restringe alla sola rivoluzione socialista, anche se il rilievo di quest'ultima non può essere certo ridimensionato (e, d'altro canto, sarebbe impossibile parlare della Rivoluzione bolscevica senza il contesto del conflitto). Tuttavia l'occasione offerta dalla guerra alla rivoluzione socialista è un'altra questione che lega in un'unica direzione politica i due momenti. Specificamente, non solo Lenin, ma anche Mussolini[126] seppe precocemente intendere il «"mito della guerra rivoluzionaria" che avrebbe spazzato via il vecchio ordine politico e sociale»[127]. Spazzar via il vecchio ordine politico rappresentò senz'altro l'obiettivo del programma socialista, ma questo traguardo non si restrinse solo ai propositi marxisti, trattandosi di una mira comune a molte posizioni. A conferma di ciò, il filosofo Augusto Del Noce ha significativamente sostenuto che Mussolini e Gobetti – per quanto considerati ordinariamente inconciliabili – hanno avuto in comune l'idea (e l'obiettivo) che la guerra dovesse avere uno sbocco in una rivoluzione e in un rinnovamento radicale[128].

Se la Grande Guerra è congiunta alla nozione di rivoluzione, quest'ultima evoca quella di "modernità". La sciagura bellica portò all'estremo le contraddizioni del progressismo (cosa diversa dal progresso ed addirittura antitetica ad esso) e rivelò la disonestà del mito illuminista. La sciagura fu tanto una vera e propria nemesi delle false promesse quanto una reale *apocalisse* (quale *rivelazione*) della modernità[129]. Sarebbe un errore attribuire al solo uso della tecnologia gli effetti devastanti del conflitto. La guerra fu, sì, tecnologica, ma sul banco degli imputati deve essere posto unicamente lo Stato – vera cifra della modernità – e non certo i nuovi

---

125 ) Cfr. François FURET, *Il passato di un'illusione. L'idea comunista nel XX secolo*, Mondadori, Milano 1997, p. 47.
126 ) Cfr. Emilio GENTILE, *Mussolini contro Lenin*, Laterza, Roma - Bari 2017.
127 ) Daniele CESCHIN, *Il "partito della guerra", il governo, la piazza in Italia*, in Nicola LABANCA - Oswald ÜBEREGGER (a cura di), *La guerra italo-austriaca (1915-1918)*, Il Mulino, Bologna 2014, p. 66.
128 ) Cfr. Augusto DEL NOCE, *Il suicidio della rivoluzione*, Rusconi, Milano 1978.
129 ) Cfr. Emilio GENTILE, *L'apocalisse della modernità. La Grande Guerra per l'uomo nuovo*, Mondadori, Milano 2014.

mezzi che l'intraprendenza umana aveva reso disponibili. Sarebbe, altresì, un errore identificare la modernità con l'industrializzazione o con il processo di modernizzazione o con l'avanzamento scientifico. Infatti, mentre la modernità è un'ideologia che intende spazzare via il retaggio del passato, la modernizzazione è, invece, un'attitudine legata alla costante esigenza di miglioramento propria di ogni uomo. La guerra fu rivoluzionaria non perché utilizzò tecnologia e industria, ma perché fu pregna del carattere della modernità racchiuso nel proposito di trasformare ideologicamente il mondo attraverso l'azione politica.

3.3. GUERRA TOTALE: L'APOTEOSI DELLO STATO

Per quanto i comandi militari di tutti gli Stati contendenti avessero previsto una guerra breve, i frangenti dell'inizio del conflitto furono accompagnati anche dalla percezione di una grande svolta. Una percezione che era variamente avvertita, ma che si comprende bene attraverso le testimonianze degli uomini di cultura; di queste testimonianze abbiamo riportato significative citazioni. Se la previsione della brevità della guerra traduceva la consapevolezza di considerare inizialmente il conflitto al pari di altri conflitti classicamente combattuti, la percezione di una grande svolta inserì presto la guerra nel contesto di uno scontro ideologico che non poteva che configurarsi come guerra *totale*.

Analizzando l'economia di guerra, Mises sosteneva che «molti storici non si rendono conto dei fattori che hanno sostituito alla guerra "limitata" dell'*ancien régime* la guerra "illimitata" del nostro tempo»[130]. Certamente, per comprendere il carattere ideologico (e, perciò, propriamente politico e rivoluzionario) della Prima Guerra Mondiale occorre distinguere questa dalle antiche contese dinastiche[131].

Per un noto storico militare, il britannico Michael Eliot Howard (1922-viv.), «prima del 1914 la guerra era quasi universalmente considerata un modo accettabile, forse inevitabile e per molti desiderabile, di risolvere le controversie internazionali e la guerra generalmente prevista ci si aspettava fosse, se non proprio *frisch und fröhlich* [fresca e allegra, *ndr*], tuttavia certamente breve; certamente non più lunga della guerra del 1870 che consciamente o inconsciamente era assunta come modello da

---

130 ) MISES, *L'azione umana. Trattato di economia*, cit., p. 867.
131 ) Cfr. Alessandro VITALE, *Nazionalismo, neonazionalismo, Stato nazionale territoriale e patriottismo: quali rischi per le libertà*, in Nicola IANNELLO - Lorenzo INFANTINO (a cura di), *Idee in Libertà. Economia, Diritto, Società*, Rubbettino, Soveria Mannelli (Catanzaro) 2015, p. 115.

quella generazione»[132]. Sebbene solo cinicamente una guerra possa essere anche unicamente pensata come *frisch und fröhlich*, è senz'altro vero che una guerra più è breve più è sopportabile. E la guerra scoppiata a causa dell'attentato di Sarajevo a molti sembrava appartenere alle guerre tollerabili proprio perché pronosticata come breve. Anche un altro storico inglese, Alan John Percival Taylor (1906-1990) ha confermato questa sensazione: «tutti pensavano che la guerra potesse rientrare nelle forme di civiltà esistenti, come era avvenuto per le guerre del 1866 e del 1870. Queste erano state invero seguite da periodi di maggiore stabilità monetaria, maggiore libertà di commercio e da governi più costituzionali. Si riteneva che una guerra avrebbe interrotto il normale corso della vita civile soltanto per il tempo della sua durata»[133]. Si trattò solo di un'illusione, un'illusione quanto mai grande perché cagione della superficialità con cui si scivolò nell'abisso[134].

Come già detto a proposito della distinzione tra la guerra tradizionale e la guerra ideologica, ogni conflitto è sempre una sciagura (pur senza escludere affatto l'esistenza di guerre inderogabili dovute alla necessità di autodifesa legittima, indispensabile e doverosa); ma il carattere palingenetico fa di una guerra qualcosa di ancor più grave rispetto agli scontri per le conquiste territoriali o per il saccheggio di una qualche zona. Se ogni guerra aggressiva è sempre orrenda, il carattere ideologico grava sulla stessa natura dell'aggressione trasformando surrettiziamente una prevaricazione violenta in una lotta per la causa dell'umanità.

La guerra non era più quella del monarca che, mosso da avidità e da brama di potere, si avventurava verso conquiste a scapito dei sudditi. Oramai la guerra veniva considerata il mezzo per rigenerare il mondo. E, perciò, la Prima Guerra Mondiale (almeno nei suoi aspetti peculiari) va debitamente ricondotta alla Rivoluzione del 1789 e alla successiva vicenda napoleonica.

Una tale concezione della guerra presuppone il passaggio dall'autorità del monarca (magari tirannico) alla sovranità dello Stato (per natura assoluta) e ha come esito inevitabile il carattere di totalità (la guerra diviene *totale*). Mises descrisse questo carattere totalizzante come la cifra della «guerra totale moderna [che] non ha nulla in comune con la guerra

---

132 ) Cfr. Michael HOWARD, *The Causes of Wars and other Essays*, Temple Smith, London 1983, p. 9.
133 ) Alan John Percivale TAYLOR, *L'Europa delle grandi potenze*, Laterza, Bari 1971, vol. 2, p. 729.
134 ) Cfr. Massimo de LEONARDIS, *La trasformazione della Grande Guerra: il 1917*, in «Eunomia. Rivista semestrale di Storia e Politica Internazionali. Università del Salento», anno 4 n.s. (2015), n. 2, p. 25-26.

limitata» del passato[135]. Non è certo un caso che nella letteratura "austriaca" siano numerosi i riferimenti alla "guerra totale" come carattere tipico del mondo moderno[136]. La guerra moderna è "totale" non solo o non innanzitutto per le capacità distruttive offerte dai nuovi mezzi e dalle moderne tecnologie. È "totale" perché deve trascinare tutta la popolazione negli interessi che lo Stato ritiene prioritari, perché deve coinvolgere tutti gli uomini (da qui la coscrizione obbligatoria e generale). In altri termini: la guerra di uno Stato "totale" non può se non essere "totale"[137], oltre che nelle dimensioni e nell'estensione, anche (e soprattutto) nel significato e nella portata.

Al controverso filosofo tedesco Ernst Jünger (1895-1998) viene fatta risalire la formula perché, in un articolo del 1930, il filosofo parlò di "mobilitazione totale" (*Die Totale Mobilmachung*)[138]. In realtà il concetto è più profondamente esposto dagli autori di Scuola Austriaca proprio perché meglio teoreticamente attrezzati a cogliere l'indissolubile legame tra "guerra totale" e "Stato totale". Solo una guerra di Stato può divenire una guerra totale perché questa può essere realizzata solo a partire dal ruolo onnicomprensivo dello Stato.

L'essenza dello Stato è l'assolutezza; essere "ab-soluto" significa essere sciolto da ogni vincolo e da ogni principio oggettivo. Ed infatti, solo nel superamento della morale ancorata al principio di realtà può realizzarsi lo Stato totale. È stato detto che la guerra moderna presuppone una nuova concezione di guerra senza morale[139]. Non si può non essere d'accordo con quest'affermazione, ma non va, comunque, trascurato come, sostituendo la morale oggettiva con la propria, lo Stato – lo "Stato etico" – è artefice di una guerra totale che è tale proprio perché corrispondente ad una nuova morale, una morale subalterna e funzionale all'ideologia della

---

135 ) MISES, *L'azione umana. Trattato di economia*, cit., p. 868.
136 ) Cfr. Nicola IANNELLO, *Mises di fronte allo Stato onnipotente*, in Lorenzo INFANTINO - Nicola IANNELLO (a cura di), *Ludwig von Mises: le scienze sociali nella Grande Vienna*, Rubbettino, Soveria Mannelli (Catanzaro) 2004, p. 276.277; cfr. Hans-Hermann HOPPE, *Democrazia: il dio che ha fallito*, prefazione di Raimondo Cubeddu, Liberilibri, Macerata 2008, p. 61-63.363-365; cfr. Ludwig von MISES, *I fallimenti dello Stato interventista*, prefazione di Lorenzo Infantino, Rubbettino, Soveria Mannelli (Catanzaro) 1997, p. 350s.; cfr. MISES, *L'azione umana. Trattato di economia*, cit., p. 865s.
137 ) Cfr. Ludwig von MISES, *Lo Stato onnipotente. La nascita dello Stato totale e della guerra totale*, introduzione di Victor Zaslavsky, Rusconi, Milano 1995.
138 ) Poi in opuscolo autonomo: Ernst JÜNGER, *Die totale Mobilmachung*, Verlag für Zeitkritik, Berlin 1931.
139 ) Cfr. Massimo de LEONARDIS, *Ultima ratio regum. Forza militare e relazioni internazionali*, Monduzzi, Milano 2013.

perfezione sociale. Una morale non più ancorata la principio di realtà, ma innalzata sull'istanza di trasformazione ideologica della società.

Con la guerra totale, lo Stato esercita pienamente la propria sovranità. L'autorità politica arriva a godere della piena titolarità di tutte le risorse nazionali e della stessa vita dei "cittadini". Lo Stato assorbe ogni proprietà e impone che tutto gli sia riservato. Pianificazione economica, centralizzazione, espropri, elevata tassazione ed esteso debito pubblico diventano gli strumenti di questa mobilitazione totale di tutte le risorse materiali. L'"ora della patria"[140] si traduce inevitabilmente nell'"oro alla patria", l'oblazione allo Stato anche dei beni che le famiglie conservano con maggiore affetto.

Ma non c'è solo l'espropriazione materiale; oltre alla tassa pecuniaria, da pagare vi è anche la "tassa del sangue" che la popolazione deve versare per dimostrare la propria lealtà alla Patria, una Patria che si trasforma in una religione a cui offrire tutto se stesso. La coscrizione in nome della Nazione è uno degli aspetti che rivela la coercizione esercitata dallo Stato; ma non esiste solo l'arruolamento obbligatorio, esiste anche una coscrizione di fatto che riguarda l'intera popolazione perché tutti devono sentirsi consacrati alla causa nazionale sostenendo in ogni modo l'impegno militare dei soldati. In realtà, questo coinvolgimento – diretto o indiretto – rivela una forma di vera e propria schiavitù. Sull'assimilazione dell'arruolamento alla schiavitù, Rothbard è tornato spesso nei suoi testi. Si chiedeva lo scienziato sociale americano: «cos'è altro l'arruolamento se non servitù involontaria? [...] gli arruolati debbono cedere i loro corpi e, se necessario, le loro vite alla "società" o alla "patria", allora dobbiamo rispondere: *chi* sono questa "società" o questa "patria" che vengono usate come parola magica per giustificare la schiavitù?»[141].

Considerando le innumerevoli vittime della Prima Guerra Mondiale, non può non trovare spazio e legittimità la domanda di Rothbard che, da deciso avversario dello Stato, non poteva che attribuire al potere politico la responsabilità di questa ingiustizia. Un'ingiustizia che dovette essere ben percepita come tale da coloro che furono inviati al fronte e dai loro familiari dalle cui braccia i coscritti venivano strappati. Lo Stato manifestava il suo volto più truce con l'arruolamento di buona parte della popolazione, quella stessa popolazione che dichiarava voler difendere. Un'immagine rende bene la capacità predatoria dello Stato; è il grido di

---

140 ) Cfr. Angelo Maria ZECCA, *La grande ora della patria*, Tarantola, Piacenza 1915.
141 ) Murray N. ROTHBARD, *Per una nuova libertà*, introduzione di Luigi Marco Bassani, Liberilibri, Macerata 2004, p. 116.

terrore che una contadina italiana rivolge al figlio chiamato ad arruolarsi: «scappa, che arriva la Patria!»[142].

Il libertario Rothbard si è sempre mostrato consapevole del carattere immorale della coercizione dello Stato che arriva a privare della vita milioni di persone: «il libertario rifiuta di dare allo Stato la licenza morale di commettere azioni che quasi tutti ritengono immorali, illegali o criminali se commesse da privati. [...] Lo Stato commette abitualmente omicidio di massa chiamandolo "guerra" [...]; lo Stato pratica la schiavitù nelle proprie forze militari, e la chiama "coscrizione" [...]. Il libertario sostiene che il fatto che tali nefandezze vengano o meno sancite dalla maggioranza della popolazione non altera la loro vera natura: ossia, a prescindere dalla ratifica popolare, la guerra è e rimane omicidio di massa, la coscrizione è schiavitù»[143]. Anche solo a partire dal numero delle vittime, questo ragionamento spingeva Rothbard a ritenere lo Stato l'entità più pericolosa per il genere umano, un'entità al cui confronto la bande criminali risulterebbero essere ben poca cosa.

Soffermandosi sulle circostanze del primo conflitto mondiale, Rothbard ha sottolineato un altro importante aspetto: il legame costitutivo esistente tra Stato e guerra, tra potere politico e vicende belliche. È senz'altro utile fare tesoro degli studi di Kohr sul rapporto tra crescita del potere e crescita dell'aggressività, così come è bene ricordare ciò che lo storico francese Bertrand de Jouvenel sintetizzava ribadendo un principio che costringe a considerare la contiguità tra potere e guerra: «progressione del Potere, progressione della guerra; progressione della guerra, progressione del Potere»[144]. Il nesso tra Stato e guerra può essere analizzato sotto vari aspetti. Il primo e più immediato riguarderebbe la stessa origine dello Stato sempre collegata a qualche conflitto o qualche aggressione. Il politologo italiano Angelo Panebianco (1948-viv.) ha giustamente scritto che «lo Stato nasce prima di tutto come *macchina da guerra*»[145]. Si tratta di un aspetto rilevante che richiamavamo già a proposito della contrapposizione tra il libero commercio che richiede la pace per prosperare e il potere politico che si accresce in situazioni di conflitto. Da qui il carattere naturalmente pacifico del libero scambio come unica alternativa alla coercizione esercitata dal potere politico. Libero mercato e controllo

---

142 ) Cit. in Francesco JOVINE, *L'impero in provincia*, Editore Tumminelli, Roma 1945, p. 112.
143 ) ROTHBARD, *Per una nuova libertà*, cit., p. 40-41.
144 ) Bertrand de JOUVENEL, *Il Potere. Storia naturale della sua crescita*, SugarCo, Milano 1991, p. 160.
145 ) Angelo PANEBIANCO, *Stato e Nazione*, in Fabrizio FOSCHI (a cura di), *Scoprire il Novecento*, Il Cerchio, Rimini 1999, p. 13.

dirigistico sono contrastanti perché se il primo ha bisogno della pace per poter svilupparsi, il secondo genera inevitabilmente scontri tra le Nazioni. L'economia libera comporta la pace, il potere degli Stati richiede la forza[146].

L'indagine circa la correlazione tra Stato e guerra è un altro rilevante contributo offerto dagli esponenti della Scuola Austriaca. In modo particolare, la Prima Guerra Mondiale, per il suo carattere di guerra totale, ha offerto una formidabile occasione e una straordinaria legittimità ad una classe politica sempre più al comando dell'economia e sempre più organizzatrice della vita sociale. Considerando gli eventi bellici di quegli anni, Randolph Silliman Bourne (1886-1918), uno sconosciuto intellettuale progressista del New Jersey, lasciò una lapidaria sentenza circa il rapporto tra guerra e Stato. Nella sua opera incompiuta e ritrovata dopo la sua prematura morte – titolata per l'appunto *The State* –, Bourne aveva lapidariamente sentenziato: «la guerra è la salute dello Stato»[147]. Rothbard e altri libertari fecero proprio l'aforisma citando più volte l'intellettuale *leftist* nella cui affermazione non avrebbero potuto non rispecchiarsi[148]. Commentando più volte la tesi, si mostrava la distanza tra gli interessi bellici dell'apparato dello Stato e la necessità della pace per imprenditori e lavoratori perché, se lo Stato trae potere dal contesto della guerra, il libero scambio può vivere solo nella generale concordia.

Le parole di Bourne sembrerebbero dare adito ad inclinazioni "cospirazionistiche" quasi come se la guerra venisse positivamente (ed occultamente) ricercata per i vantaggi che essa offre allo Stato e alla classe politica, ma, al di là dell'aspetto "cospiratorio", risulta innegabile la spinta accentratrice e pianificazionistica che la guerra produce ed è difficilmente contestabile che essa risulti politicamente funzionale (nonché gradita) ai grandi gruppi industriali committenti dello Stato.

Come abbiamo già esposto e come ancora vedremo in seguito, per quanto la Grande Guerra abbia avuto anche un sostegno popolare (sostegno

---

146 ) Recuperiamo un'altra affermazione dell'appena citato Panebianco: «mentre il libero mercato non comporta coercizione per alcuno, e dunque non lascia a nessuno la possibilità di esercitare potere su altri, lo Stato è invece la quintessenza della coercizione, ed è proprio in virtù degli strumenti della violenza di cui lo Stato dispone che certi uomini possono esercitare potere su altri uomini» (Angelo PANEBIANCO, *Il potere, lo stato, la libertà. La gracile costituzione della società libera*, Il Mulino, Bologna 2004, p. 83).
147 ) Randolph BOURNE, *La guerra è la salute dello Stato*, in Nicola IANNELLO (a cura di), *La società senza Stato. I fondatori del pensiero libertario*, Rubbettino, Soveria Mannelli (Catanzaro) 2004, p. 180.
148 ) Cfr. David BOAZ, *Libertarismo. Silloge*, Liberilibri, Macerata 2010, p. 314; cfr. Murray N. ROTHBARD, *The Great Society: A Libertarian Critique*, in Marvin E. GETTLEMAN - David MERMELSTEIN (edited by), *The Great Society Reader. The Failure of American Liberalism*, Random House, New York (N. Y.) 1967.

largo da parte degli intellettuali), lo scoppio del conflitto è stato lungamente preparato – più o meno involontariamente – e poi ultimamente determinato da una relativamente ristretta classe politica (in qualche caso davvero ristrettissima, come in Italia o negli USA). Alla guerra non si sarebbe giunti se non vi fossero stati gli apparati delle Nazioni. Senza catene diplomatiche, alleanze con alcuni e contrasti con altri[149], la guerra non sarebbe mai potuta divenire l'ecatombe della "guerra totale". Ciò che rese la guerra inesorabilmente *totale* furono gli interessi degli Stati. Scriveva ancora Bourne: «la politica internazionale è una "politica di potenza" perché si tratta di relazioni tra Stati; ed è proprio questo che sono gli Stati, infallibilmente e disastrosamente: vaste aggregazioni di forza umana e industriale che possono essere slanciate l'una contro l'altra in guerra»[150].

La diffidenza degli autori "austriaci" nei confronti degli strumenti di controllo che sempre la guerra mette nelle mani della politica risulta pienamente giustificata. Come in ogni conflitto, ancor più nella guerra moderna dove ogni aspetto della vita è assorbito dalle esigenze supreme dello Stato (perciò la guerra diviene *totale*), ogni provvedimento politico diventa legittimo. Ancora Randolph Bourne scriveva che «i periodi di guerra mettono in rilievo l'ideale dello Stato in modo molto chiaro, e rivelano atteggiamenti e tendenze che erano nascoste. Nei periodi di pace il senso dello Stato langue in una repubblica che non sia militarizzata»[151]. In clima di guerra, invece, le necessità e le urgenze dello Stato piegano ogni resistenza. In guerra tutto diviene giustificabile in virtù del superiore "bene della Patria", aprendo la via ad un collettivismo nel quale l'individualità è avvertita come eversiva e ogni libertà individuale scompare. Tragicamente.

---

149 ) «Il Governo, senza mandato del popolo, senza consultare il popolo, conduce tutte le negoziazioni, i tira e molla, le minacce e le spiegazioni, che lentamente lo portano in collisione con qualche altro Governo, e gentilmente e irresistibilmente fa scivolare il paese in guerra. A beneficio dei cittadini orgogliosi e sprezzanti, si fa forte di una lista degli insulti intollerabili che sono stati scagliati contro di noi dalle altre nazioni; a beneficio di coloro che esercitano liberalità e beneficenza, possiede un insieme convincente di scopi morali che il nostro ingresso in guerra raggiungerà; alle classi ambiziose e aggressive, può sussurrare gentilmente di un ruolo più grande nei destini del mondo. Il risultato è che, anche in quei paesi dove il compito di dichiarare la guerra è teoricamente nelle mani dei rappresentanti del popolo, non si sa di nessuna assemblea legislativa che abbia mai rifiutato la richiesta di un Esecutivo che, dopo aver condotto tutta la politica estera in stretta riservatezza e irresponsabilità, ordini alla nazione di entrare in battaglia» (BOURNE, *La guerra è la salute dello Stato*, cit., p. 174-175).
150 ) *Ibidem*, p. 177.
151 ) *Ibidem*, p. 178.

In forza della guerra i vari poteri dello Stato acquistano legittimità ed estensione permettendosi ciò che in periodi di normalità non sarebbe stato loro concesso. Negli anni della Grande Guerra furono numerosissime le infrazioni commesse da ogni governo a danno dei diritti individuali[152]. Sosteneva ancora Bourne: «l'opinione di minoranza, che in tempo di pace irritava solamente e non poteva essere affrontata con la legge a meno che non si presentasse insieme ad un crimine effettivo, diventa, con lo scoppio della guerra, un caso di illegalità. Le critiche dello Stato, le obiezioni alla guerra, le opinioni tiepide riguardo alla necessità o alla bellezza della coscrizione sono causa di pene gravissime, molto più severe di quelle comminate per crimini effettivi e concreti»[153].

Nel nesso originario tra Stato e guerra, Rothbard scorgeva niente altro che l'attitudine della politica ad estendere la sua penetrazione e il suo potere. È questo il motivo per cui l'interventismo dell'apparato statale in politica estera è simbiotico a quello in politica interna. Stato assistenziale e propensione militare guerrafondaia camminano sempre di pari passo e ciò autorizzava Rothbard a descrivere, con un gioco di parole, il moderno statalismo come *welfare-warfare State*[154]. La guerra di Stato (*warfare State*) e lo Stato assistenziale (*welfare State*) non sarebbero che due aspetti dello stesso potere politico che – anche storicamente – sono sempre stati complementari e si sono sempre rinforzati congiuntamente.

Se la guerra (la "guerra totale") è una creatura dello Stato, è anche vero che lo Stato (lo "Stato totale") è, in certo qual modo, un prodotto della guerra. In un circolo vizioso, la guerra totale nasce dallo Stato e lo Stato è alimentato dalla guerra totale. Una prospettiva, questa, che si trova anche compendiata nell'affermazione del politologo statunitense Charles Tilly (1929-2008) secondo il quale «la guerra fece lo Stato, lo Stato fece la guerra»[155].

Abbiamo detto che caratteristica della guerra moderna è il fatto di essere "totale". "Totale" anche nella dimensione numerica e quantitativa, ma innanzitutto in senso *essenziale*: ogni aspetto della vita dell'uomo dev'essere sacrificato allo Stato perché lo Stato rivendica la sovranità su ogni aspetto dell'uomo. Se, quindi, la guerra diviene "totale" è, fondamentalmente, perché essa è strumento di uno Stato che è ormai "totale".

---

152 ) Cfr. Harry N. SCHEIBER, *The Wilson Administration and Civil Liberties, 1917-1921*, Quid pro Books, New Orleans (Louisiana) 2013.
153 ) BOURNE, *La guerra è la salute dello Stato*, cit., p. 179.
154 ) Cfr. ROTHBARD, *Per una nuova libertà*, cit., p. 41.70s.90.351s.; cfr. Murray N. ROTHBARD, *L'etica della libertà*, Liberilibri, Macerata 2000, p. 302s.
155 ) Charles TILLY (a cura di), *La formazione degli Stati nazionali nell'Europa occidentale*, Bologna, Il Mulino 1984, p. 44.

Già Mises aveva avuto modo di insistere sull'equazione tra "Stato totale" e "guerra totale": *The Rise of the Total State and Total War* era, infatti, il sottotitolo di *Omnipotent Government*[156], il primo volume pubblicato dal maestro viennese in America (1944). Ad organizzazioni politiche ridotte corrispondevano guerre ridotte; sarà lo Stato totale moderno, invece, a rendere "totale" la guerra. Allo Stato *totale* che rivendica un potere *totale* non può che seguire uno scontro tra poteri generali, scontro che diviene inesorabilmente guerra *totale*.

Totale è la guerra, totale è la mobilitazione, totale è la battaglia. Anche la resa del nemico dovrà essere totale. Tutto deve concorrere a dare il senso di una consacrazione totale dell'uomo allo Stato (seppur chiamato, più dolcemente, "Patria" o "Nazione"). La guerra è totale anche perché implica una sola possibilità: andare avanti. Infatti non si può tornare indietro non essendoci la possibilità di fermare la meccanica di una guerra ideologica che va avanti in un vortice spaventoso che ha tutto il sapore della disperazione[157].

La "guerra totale" imponeva la distruzione di tutto, senza distinzione tra obiettivi militari e obiettivi civili. E la prima devastazione avvenne ai danni dei diritti naturali dell'individuo: la vita, la libertà, la proprietà. Dicevamo anche che la "guerra democratica" comportò la dissoluzione dell'individuo ed infatti essa fu la migliore strada verso il collettivismo. Nell'inquadrare la vicenda bellica nella storia dell'idea comunista, infatti, François Furet scriveva che «la guerra è la schiavitù degli uomini, sottomessi al potere assoluto dei capi»[158].

Il potere assoluto dei capi ci proietta nel concetto di totalitarismo, che comunemente viene attribuito ai regimi che si svilupperanno dalle tossine della Grande Guerra, prima in Russia, poi in Italia, infine in Germania. Ma per capire quanto il totalitarismo sia, più propriamente, legato alla realtà dello Stato in quanto tale occorre definirlo. Totalitarismo proviene da "totalità" e può essere descritto come quel tipo di politica che tende ad inglobare nello Stato (lo "Stato totale") le funzioni *naturalmente* svolte dalle persone, in modo individuale o in modo associato. Si dà totalitarismo

---

156 ) MISES, *Lo Stato onnipotente. La nascita dello Stato totale e della guerra totale*, cit.
157 ) Anche in una situazione di paralisi quale fu quella tra la fine del 1916 e l'inizio del 1917, in un momento in cui nessuno schieramento aveva riportato alcuna vittoria determinante, le ipotesi di armistizio venivano generalmente considerate come una forma di tradimento. In quel periodo Wilson avrebbe potuto spendere le sue energie per condurre una trattativa di pace (senza vinti e senza vincitori) piuttosto che preparare l'ingresso in guerra degli USA.
158 ) François FURET, *Il passato di un'illusione. L'idea comunista nel XX secolo*, Mondadori, Milano 1997, p. 61.

quando lo Stato assorbe la società o quando vi è coincidenza fra lo Stato e la nazione (come ricordava Ernest Gellner[159]). Il totalitarismo è, pertanto, già contenuto nella espansione del potere politico.

Occorre precisare che se lo Stato (a differenza di ciò che chiamiamo semplicemente "governo") si caratterizza sempre per la sua assolutezza[160], dire "Stato totalitario" significa dire qualcosa di pleonastico. Occorre distinguere tra "governo" e "Stato" o tra "politica" e "Stato", ma lo Stato è sempre *tendenzialmente* totalitario perché, a differenza di altre forme naturali di organizzazione politica e sociale, tende sempre ad espandere il proprio potere sino ad estinguere le realtà originarie della vita dell'uomo.

Ebbene, la Grande Guerra – anche sotto questo aspetto nella scia di ciò che si era avviato nel 1789 – non è stata solo la porta aperta verso i regimi totalitari (come vedremo meglio riguardo alle conseguenze del conflitto), ma ha costituito un formidabile esperimento di avanzata statalizzazione della vita umana. Per comprendere come ciò sia stato realizzato proviamo a capire quanto sia stato distruttivo per la libertà dell'uomo il controllo politico dell'economia[161].

Se la guerra offre sempre al potere politico una straordinaria motivazione per imporre la propria autorità, ciò avvenne ancor più con la Grande Guerra che, configurandosi come un conflitto totale – una guerra che tutto doveva trascinare con sé –, comportò un grado di centralizzazione e di politicizzazione fino a quel momento mai raggiunto (se non negli anni del Terrore della Rivoluzione francese). Non vi fu né paese né situazione in cui lo Stato non allargasse vorticosamente il proprio campo di azione a danno dell'intraprendenza personale. Il controllo politico di quasi tutti gli aspetti dell'economia (produzione, consumo, moneta, risparmio, ecc.) e di quasi tutti i settori della società si impose in nome della suprema causa nazionale. La consapevolezza di cosa comporti la guerra per il vasto campo dell'economia è abbastanza condivisa dagli storici e richiami alla questione si trovano in ogni testo. Ad esempio, lo storico francese Maurice Crouzet (1897-1973) così ha descritto la situazione: «sono state le esigenze dell'economia di guerra a produrre il più grande sconvolgimento nelle abitudini individualistiche e a confutare completamente le concezioni dottrinali tradizionali. Bruscamente il meccanismo delicato e complicato della produzione e degli scambi è stato sconnesso;

---

159 ) Cfr. Ernest GELLNER, *Nazioni e nazionalismo*, prefazione di Gian Enrico Rusconi, Editori Riuniti, Roma 1997, p. 9.
160 ) Può essere utile ricordare il modo con cui abbiamo definito lo Stato (cfr. cap. 1 di questo testo).
161 ) Cfr. Friedrich A. von HAYEK, *La via della schiavitù*, prefazione di Raffaele De Mucci, Rubbettino, Soveria Mannelli (Catanzaro) 2011, p. 135-148.

ogni governo ha dovuto improvvisare provvedimenti rivoluzionari, prendere in mano la direzione dell'economia nazionale, sostituirsi all'iniziativa privata o sottometterla alla sua autorità sia per poter rifornire di uomini e di materiali l'esercito, sia per provvedere al sostentamento del paese»[162]. In ogni situazione in cui si avverte il pericolo, lo "Stato forte" appare ai più la soluzione cui affidarsi. E un Paese in guerra rappresenta la situazione di massimo pericolo[163]. In considerazione di tutto ciò, «la guerra "totale" doveva essere guidata con fermezza e con decisione; i dibattiti politici interni potevano anche continuare, ma era necessario conferire poteri speciali agli organi esecutivi, e privilegiare le esigenze belliche; la mobilitazione militare doveva essere appoggiata dalla mobilitazione del paese, dal consenso patriottico di tutti i cittadini»[164].

Se, quindi, la consapevolezza degli effetti dirigistici causati dalla guerra nell'ambito economico è condivisa dagli storici, rimane controverso il giudizio da dare al centralismo, centralismo che la guerra ha enormemente favorito. Era, perciò, inevitabile che la letteratura "austriaca" si soffermasse sull'analisi di quell'economia di guerra[165] che ridimensionava drasticamente il *laissez-faire* e la libera concorrenza e che mediante il dirigismo e la pianificazione si trasformava in un socialismo di fatto. Da qui, nei testi di Mises, la frequente e contemporaneo uso delle formule "economia di guerra" e "socialismo di guerra"[166] in modo non dissimile da come Rothbard ha descritto il "collettivismo di guerra"[167] per delineare ciò che era contenuto in premesse ambigue e che avrebbe fortemente ipotecato il futuro, e non solo quello economico. Al proposito, aggiungeva Furet:

---

162 ) Maurice CROUZET, *Storia del mondo contemporaneo*, Sansoni, Firenze 1974, p. 112.
163 ) Nel grido "la Patria in pericolo!" si scorgono tante analogie nella storia: da ciò che consentì il ricompattamento del fronte rivoluzionario nella Francia del 1792 fino alla giustificazione odierna di ogni misura fiscale straordinaria.
164 ) Salvo MASTELLONE, *La storia della democrazia in Europa. Da Montesquieu a Kelsen*, UTET, Torino 1989, p. 302.
165 ) Ad esempio, cfr. MISES, *Lo Stato onnipotente. La nascita dello Stato totale e della guerra totale*, cit.; cfr. Ludwig von MISES, *I fallimenti dello Stato interventista*, prefazione di Lorenzo Infantino, Rubbettino, Soveria Mannelli (Catanzaro) 1997; cfr. HAYEK, *La via della schiavitù*, cit., p. 220.
166 ) Cfr. Ludwig von MISES, *Socialismo. Analisi economica e sociologica*, a cura di Dario Antiseri, Rusconi, Milano 1990, p. 290.543.620; cfr. von MISES, *I fallimenti dello Stato interventista*, cit., p. 349s.; cfr. Ludwig von MISES, *Politica economica. Riflessioni per oggi e per domani*, introduzione di Lorenzo Infantino, Liberilibri, Macerata 2007, p. 52.
167 ) Cfr. ROTHBARD, *Per una nuova libertà*, cit., p. 371; cfr. Murray N. ROTHBARD, *War Collectivism in World War I*, in Ronald RADOSH - Murray N. ROTHBARD (edited by), *A New History of Leviathan. Essays on the Rise of the American Corporate State*, E.P. Dutton, New York (N. Y.) 1972, p. 66-110.

«il crescente controllo dell'economia in funzione dei bisogni del fronte dà agli Stati uno straordinario potere sui cittadini»[168].

Come al solito, le emergenze offrono efficaci argomenti ai detrattori della libertà economica e la guerra rappresentò una circostanza particolare e un'occasione storica. Sosteneva Mises: «l'economia di mercato, dicono socialisti e interventisti, è nel migliore dei casi un sistema che può essere tollerato in tempo di pace. Quando però sopravviene la guerra, tale indulgenza non è ammissibile. Essa pregiudicherebbe gli interessi vitali della nazione a solo vantaggio degli interessi egoistici dei capitalisti e degli imprenditori. La guerra, e in ogni caso la moderna guerra totale, richiede perentoriamente il controllo economico governativo»[169]. D'altra parte, gli autori marginalisti coglievano nella pianificazione e nell'interventismo espressi nei provvedimenti di quegli anni disposizioni che, introdotte dalle necessità belliche, erano destinate a sopravvivere alla guerra e a trasformarsi in modalità ordinarie, accettate ormai abbastanza pacificamente dai più.

Potrebbe sembrare eccessiva l'assimilazione dell'economia di guerra al socialismo o al collettivismo (come hanno fatto Mises e Rothbard). Pur tuttavia, una buona prospettiva economica insegna che i paradigmi non possono che essere due, quello del mercato libero e quello della pianificazione coatta: «esistono due e soltanto due modi in cui un'economia può essere organizzata. Uno è tramite la libertà e la scelta volontaria, la via del mercato. L'altro è attraverso la forza e il comando, la via dello Stato. A coloro che sono ignoranti di economia, potrebbe sembrare che soltanto quest'ultima rappresenti una reale organizzazione e pianificazione, mentre la via del mercato sia solo confusione e caos. L'organizzazione del libero mercato, invece, è in realtà un mezzo sorprendente e flessibile per soddisfare i bisogni di tutti gli individui, di gran lunga più efficiente dell'intervento o dell'operato dello Stato»[170]. Si tratta di paradigmi univoci e alternativi; la confusione tra questi è possibile e, di fatto, si è realizzata nella gran parte delle volte, ma la commistione è solo una oscillazione che conferma l'alternativa tra le posizioni, che rimangono solo due.

Durante la guerra l'organizzazione dell'economia subì una così forte accelerazione nella direzione della pianificazione da assimilare effettivamente questa organizzazione al socialismo. Ancora Mises sosteneva: «non

---

168 ) FURET, *Il passato di un'illusione. L'idea comunista nel XX secolo*, cit., p. 64.
169 ) Ludwig von MISES, *L'azione umana. Trattato di economia*, prefazione di Lorenzo Infantino, Rubbettino, Soveria Mannelli (Catanzaro) 2016, p. 875.
170 ) Murray N. ROTHBARD, *Potere e mercato. Lo Stato e l'economia*, a cura di Nicola Iannello, Istituto Bruno Leoni Libri, Torino 2017, p. 268.

è necessario discutere se il socialismo conduce necessariamente alla guerra totale. [...] È sufficiente affermare che gli aggressori non possono dar luogo a una guerra totale senza introdurre il socialismo»[171]. Come la pace tra le nazioni stimola la libertà imprenditoriale e come il libero scambio favorisce un clima di cooperazione internazionale, parimenti la guerra introduce forme di socialismo e di centralismo. La guerra compromette il libero commercio e lascia il potere politico senza vincoli nell'adottare la pianificazione economica; realizzando il socialismo di guerra – perché in guerra si realizzano sempre modalità di socialismo – ci si avvia verso forme di totalitarismo.

Più avanti avremo modo di accennare al modo con cui questa "economia di guerra" si è manifestata attraverso l'espansione statale in settori sensibili quali il bilancio federale, la tassazione, la politica monetaria e bancaria, infine le nazionalizzazioni e l'espansione burocratica. Il dirigismo si radicò dovunque, anche negli Stati Uniti. È difficile pensare a provvedimenti dirigisti nella patria delle libertà, eppure anche in America la guerra consentì che si realizzasse il controllo politico della produzione e di non poche attività[172]. Già il National Defense Act (giugno 1916) aveva concesso al presidente l'autorità non soltanto di imporre la precedenza nella consegna delle forniture, ma, di fatto, di stabilire le condizioni degli ordinativi e dei contratti. Ogni rifiuto da parte dei fornitori avrebbe comportato l'immediata statalizzazione delle fabbriche e una pesante condanna dei responsabili. Seguì il War Industries Board (luglio 1917) finalizzato a vigilare su ogni settore, pianificandone gli indirizzi, e il Lever Act (Food and Fuel Control Act, agosto 1917) allo scopo di istituire il controllo generale dei prezzi[173]. «La mobilitazione economica collettivistica durante la guerra [...], realizzò il sogno nascente di grandi uomini d'affari e d'intellettuali progressisti di un'economia cartellizzata e monopolizzata, pianificata dal governo federale con la comoda collaborazione di grandi personaggi della grande industria»[174].

Uno degli effetti più rilevanti del dirigismo è stata la saldatura tra il potere politico e la grande industria legata alle commesse governative. A noi oggi, abituati a considerare lo Stato quale argine ai poteri economici, può sembrar strano dover, invece, riconoscere proprio allo Stato la

---

171 ) MISES, *I fallimenti dello Stato interventista*, cit., p. 352.
172 ) Cfr. Murray N. ROTHBARD, *War Collectivism in World War I*, in Ronald RADOSH - Murray N. ROTHBARD (edited by), *A New History of Leviathan. Essays on the Rise of the American Corporate State*, E. P. Dutton, New York (N. Y.) 1972, p. 66-110.
173 ) Cfr. Ronald SCHAFFER, *America in the Great War. The Rise of the War Welfare State*, Oxford University Press, New York (N. Y.) 2013, p. 42s.
174 ) ROTHBARD, *Per una nuova libertà*, cit., p. 371.

responsabilità di consolidare e di stabilizzare il connubio tra potere politico e "potere economico" (o, meglio, grande industria). È lo Stato (o, meglio, gli uomini che lo rappresentano), infatti, a fare dell'economia un prolungamento della politica e, nel tentativo di porre sotto controllo governativo la produzione e lo scambio, accresce a dismisura il potere di alcuni uomini su molti altri. Abbiamo virgolettato il riferimento al cosiddetto *potere economico* perché tale concetto è improprio[175]; generalmente se ne parla in relazione ai grandi gruppi economici che sono in grado di esercitare un condizionamento politico sulla competizione commerciale. Ma quando ciò avviene, l'esercizio di tale "potere" – non essendo conseguenza dell'economia e del lavoro – non ha più alcun rapporto con il libero scambio; diviene, piuttosto, un segnale dell'adulterazione dell'economia e del lavoro. La crescente convergenza tra politica ed economia indica un asservimento della seconda ai criteri, all'azione e, quindi, al potere propriamente detto della prima. I grandi gruppi industriali che hanno rapporti privilegiati con il governo, avendo tutto da guadagnare dall'arbitrarietà delle decisioni politiche, si trasformano in paladini del rafforzamento dello Stato e rinnegano la libera concorrenza. A quest'ultima, invece, deve ancorarsi l'unico vero "potere economico" che è quello nelle mani del consumatore, con la sua libertà di accordare o negare uno scambio.

In un interessante saggio del 1965, *Left and Right: the Prospects for Liberty*, Rothbard descrisse la *American Progressive Era*[176] e sostenne anche la continuità tra le politiche dell'era Wilson e le politiche delle amministrazioni seguenti[177]. Rothbard attingeva agli studi dello storico americano Gabriel Kolko (1932-2014), anche per l'economia di guerra di quegli anni, tendenza che ridimensionava ulteriormente il *laissez-faire* e la libera concorrenza. Scriveva Kolko: «durante la guerra attraverso varie agenzie amministrative e di emergenza fu creata una sintesi tra economia e politica a livello federale, che continuò durante il decennio successivo. Certamente il periodo della guerra rappresenta il trionfo degli affari nel

---

175 ) Cfr. Murray N. ROTHBARD, *Potere e mercato. Lo Stato e l'economia*, a cura di Nicola Iannello, Istituto Bruno Leoni Libri, Torino 2017, p. 319-323.
176 ) Ora è disponibile un volume che consente di disporre di molti saggi sin qui inediti: Murray N. ROTHBARD, *The Progressive Era*, foreword by Judge Andrew P. Napolitano, edited by Patrick Newman, Ludwig von Mises Institute, Auburn (Alabama) 2017.
177 ) Cfr. Murray N. ROTHBARD, *Sinistra e Destra: le prospettive della libertà*, introduzione di Roberta Adelaide Modugno, Istituto Acton, Roma 2003, p. 40-41. Circa la *Progressive Era* cfr. Giuseppe MARANINI, *La Costituzione degli Stati Uniti d'America*, a cura di Eugenio Capozzi, Rubbettino, Soveria Mannelli (Catanzaro) 2003, p. 224; cfr. Francesco MARTINI, *Il movimento populista di fine Ottocento negli Stati Uniti e la sua perdurante influenza sulla politica americana*, in «Eunomia. Rivista semestrale di Storia e Politica Internazionali. Università del Salento», anno 2 nuova serie (2013), n. 2, p. 191-234.

modo più eclatante [...]. La grande industria ottenne l'appoggio totale da parte di varie agenzie di regolamentazione e dell'esecutivo. Fu durante la guerra che divennero operativi un oligopolio effettivo e operativo, ed accordi sul prezzo e sul mercato in settori dominanti dell'economia americana»[178]. In altri termini, il connubio corporativo tra il potere politico e la grande industria (a cui si aggiunse il sindacato)[179] si rafforzò ancor più, radicandosi in modo tale che la fine della guerra non riuscirà più a mettere in discussione.

Ovviamente, in Europa le cose non andarono in modo differente. Rothbard parlava del «sogno nascente di grandi uomini d'affari e d'intellettuali progressisti di un'economia cartellizzata»[180] e quel "sogno" non tardò ad essere realizzato dopo essere stato già da tempo teorizzato. In Germania l'economia di guerra (la *Kriegswirtschaft*) ebbe in Walter Rathenau (1867-1922) uno dei più emblematici assertori. Rathenau prima che politico era stato un imprenditore; aveva criticato le forme violente del socialismo pur pronosticando un'unione anticapitalistica; sarà quindi membro del governo (quale ministro degli Esteri) della Repubblica di Weimar per poi essere ucciso da una cellula terroristica. Con l'avvio della Grande Guerra, Rathenau fu a capo del Dipartimento per l'approvvigionamento delle materie prime per uso bellico (il *Kriegsrohstoffsabteilung*) elaborando, nel 1918, un'opera dal significativo titolo *L'economia nuova*[181] (*Die neue Wirtschaft*, stampata rapidamente anche in Italia[182]), in cui si preconizzava un'economia nazionalizzata in forza della quale si sarebbe potuto superare il principio della proprietà privata. In Francia, un ruolo simile a quello di Rathenau fu svolto da Albert Thomas (1878-1932), uno studioso di chiara tendenza socialista che durante la guerra ebbe una

---

178 ) Gabriel KOLKO, *The Triumph of Conservatism. A Reinterpretation of American History, 1900-1916*, The Free Press, Glencoe (Illinois) 1963, p. 286 («a synthesis of business and politics on the federal level was created during the war, in various administrative and emergency agencies, that continued throughout the following decade. Indeed, the war period represents the triumph of business in the most emphatic manner possible [...]. Big business gained total support from the various regulatory agencies and the Executive. It was during the war that effective, working oligopoly and price and market agreements became operational in the dominant sectors of the American economy»).
179 ) Come già precisato, in questo connubio non si può parlare di "potere economico" alla stregua del "potere politico". Infatti, questo connubio mette fine all'economia di concorrenza che riconosce nella scelta del consumatore l'unico vero "potere economico".
180 ) ROTHBARD, *Per una nuova libertà*, cit., p. 371.
181 ) Walter RATHENAU, *L'economia nuova*, introduzione di Lucio Villari, Einaudi, Torino 1976.
182 ) Walter RATHENAU, *L'economia nuova*, a cura di Gino Luzzati, Giuseppe Laterza & figli, Bari 1919.

posizione chiave nell'esecutivo quale ministro degli armamenti. Thomas auspicava l'applicazione dei criteri economici varati durante il conflitto al successivo periodo di pace mediante la realizzazione di un'economia controllata dallo Stato in chiave anticapitalistica. Neanche il Regno Unito sfuggì alla marea statalista. Di questa fu espressione David Lloyd George (1863-1945), prima in qualità di ministro della guerra, poi premier (dal 1916 al 1922). Benché di estrazione liberale, Lloyd George si prodigò per far assumere al governo il maggiore controllo possibile dell'industria e del credito.

È in questo modo che l'economia di guerra, come esperimento di pianificazione, ha tracciato la strada per il totalitarismo[183], dovendo precisare sempre che ciò che si realizzò di lì a poco nella Russia bolscevica o poi nell'Italia fascista e nella Germania nazionalsocialista non fu *essenzialmente* differente da ciò che si era già realizzato in ogni altro Paese durante gli anni della Grande Guerra (e assai spesso anche nel successivo periodo di pace). Se di differenza si deve parlare, questa fu esclusivamente di misura, non di direzione politica. Suggerisce, infatti, lo storico Raico: «mentre la guerra fornì a Lenin delle opportunità altrimenti non disponibili per realizzare il suo programma, così, sebbene su un piano più modesto, aprì prospettive ai progressisti [...], le quali non sarebbero mai esistite in tempo di pace»[184].

L'attività economica, per la sua fondamentale rilevanza per la vita degli individui, deve rimanere non solo autonoma, ma sovrana e primaziale rispetto ad ogni potere politico; l'intromissione governativa ne snatura la realtà e la riduce a spazio strategico in cui lo Stato esercita la coercizione. Per la sua fondamentale rilevanza, l'organizzazione dell'economia costituisce il principale obiettivo dello Stato. Il controllo dell'economia, attraverso le leve politiche, è il vero parametro per pesare il potere dello Stato. Esso non potrà mai essere effettivo o addirittura "totale" fintanto che non godrà del controllo dell'economia. La Grande Guerra ha

---

183 ) Cfr. Joseph T. SALERNO, *War and the Money: Concealing the Costs of War beneath the Veil of Inflation*, in John V. DENSON (edited by), *The Costs of War. America's Pyrrhic Victories*, Transaction Publisher, New Brunswick (New Jersey) 1999, p. 450-453; cfr. Alessandro VITALE, *"Omnipotent Government": alle radici del realismo politico di Ludwig von Mises*, in Lorenzo INFANTINO - Nicola IANNELLO (a cura di), *Ludwig von Mises: le scienze sociali nella Grande Vienna*, Rubbettino, Soveria Mannelli (Catanzaro) 2004, p. 304.
184 ) Ralph RAICO, *Great Wars and Great Leaders. A Libertarian Rebuttal*, foreword by Robert Higgs, Ludwig von Mises Institute, Auburn (Alabama) 2010, p. 34 («as the war furnished Lenin with otherwise unavailable opportunities for realizing his program, so too, on a more modest level, it opened up prospects for American progressives that could never have existed in peacetime»).

enormemente accelerato il perseguimento di questo obiettivo. Ma è altresì importante cogliere la similarità tra ciò che è avvenuto durante la guerra e ciò che negli anni successivi si è prodotto nei regimi totalitari. Sotto questo aspetto si potrebbe dire che economia di guerra ed economia totalitaria hanno percorso la medesima direzione perché le varie forme di collettivismo hanno sempre gli stessi scopi e i medesimi strumenti. Non è mai superfluo sottolineare come tutte le forme ideologiche siano accomunate da un obiettivo che le connota profondamente: la costruzione dello Stato dirigista e la demolizione della libera economia, l'estensione della dimensione collettiva e lo schiacciamento della proprietà privata. La Prima Guerra Mondiale per il suo carattere devastante ha rappresentato un momento decisivo per la creazione dello Stato totale attraverso il controllo dell'economia da parte del potere politico.

# 4

# Italia tra Risorgimento e Fascismo

> «I fautori della guerra sostenevano allora l'urgenza di prendervi parte, ritenendo che essa sarebbe stata di breve durata; temevano che, venendo a finire senza il nostro intervento, si perdesse una magnifica occasione per compiere l'unità nazionale» (Giovanni Giolitti).

## 4.1. Particolarità italiane

Il "caso italiano" merita un qualche approfondimento non solo per un innegabile interesse mosso da comprensibili ragioni (che nulla hanno di campanilismo), ma anche per alcune particolarità significative e sintomatiche. Al contrario di un'acritica partigianeria, è esattamente l'affetto per la propria terra e per il popolo a cui si è in tanti modi legati a motivare un'analisi disincantata e lontana dai miti.

Ebbene, la prima particolarità è data dalla iniziale neutralità proclamata dal governo italiano. Nonostante gli accordi con la Germania e l'Austria suggellati nella Triplice Alleanza sin dal 1882, l'Italia si mantenne estranea alla contesa invocando il carattere meramente difensivo degli accordi che la legavano al *Reich* e all'Impero. Questa situazione di non belligeranza permette di assimilare l'Italia agli Stati Uniti: entrambe le Nazioni avrebbero potuto evitare la guerra a dispetto di altre che nel conflitto furono inghiottite dai lacci degli eventi e dalle catene dei trattati diplomatici.

Il governo italiano, pur creando un iniziale *casus foederis*, si disimpegnò dal fronte austro-tedesco, ma sin dall'inizio questa mossa fu contrassegnata da ambiguità, non da un reale desiderio di pace. Vi era la consapevolezza dell'impreparazione dell'esercito, ma vi era innanzitutto la volontà di approfittare della situazione generale per trarne il maggiore vantaggio possibile. A presiedere il governo era Antonio Salandra (1853-1931)[1] che con la proclamazione del «sacro egoismo»[2] mostrava quanta bellicosità si animasse dietro l'ufficiale defilamento italiano.

Oltretutto, ciò che merita attenzione nella questione italiana è non solo il capovolgimento di alleanza e il cambio di fronte, ma la capacità della minoranza interventista di imporsi sulla maggioranza neutralista[3].

Sembra dimostrato che il paese (il "paese reale") fosse contrario all'entrata in guerra. Tutti gli studi confermerebbero un'opposizione alla guerra largamente maggioritaria. Addirittura la gran parte dei parlamentari risulterebbe essere stata avversa al coinvolgimento. Certamente lo era la figura più rappresentativa di quella stagione politica, Giovanni Giolitti (1841-1928). Lo statista, infatti, nonostante solo qualche anno prima, in qualità di Capo del Governo, avesse condotto la guerra di Libia, mantenne una ferma resistenza dinanzi alle posizioni interventiste e da queste subì un duro ostracismo.

Nel paese, all'iniziale scontato neutralismo popolare subentrò una crescente opera di propaganda a favore della guerra con una sorta di riproposizione della scollatura tra "paese reale" e "paese legale" ove una minoranza (almeno iniziale) riuscì ad egemonizzare il dibattito sino a far apparire l'ingresso in guerra non solo un dato quasi ineluttabile, ma anche qualcosa di fortemente voluto dalla popolazione. In un clima di discussione sempre più serrato, caratterizzato da ordinaria violenza verbale ed anche da episodi d'intimidazione, le piazze presero il sopravvento e la predicazione per la guerra assunse presto i toni della lotta rivoluzionaria. Il caso italiano rivela il fermento ideologico che animò la voglia di combattere e la capacità di trasferire questa voglia dal piano intellettuale a quello

---

1 ) Salandra fu presidente del Consiglio dei Ministri dal marzo 1914 al giugno 1916. A lui subentrò, a seguito delle sconfitte militari sull'altopiano di Asiago, Paolo Boselli dal giugno 1916 all'ottobre 1917.
2 ) Antonio SALANDRA, *I discorsi della guerra con alcune note*, Fratelli Treves, Milano 1922, p. 4.
3 ) Fu lo stesso presidente del Consiglio dei ministri a lasciare un rendiconto di quei mesi di dibattito politico. Cfr. Antonio SALANDRA, *La neutralità italiana (1914-1915)*, Mondadori, Milano 1931 e Antonio SALANDRA, *L'intervento. 1915. Ricordi e pensieri*, Mondadori, Milano 1930.

politico nonché la capacità delle minoranze, organizzate e motivate, di prevalere sui più che restavano inerti e divisi.

Non è certamente un caso che nella disputa venissero a definirsi posizioni e fisionomie, dando la prova del carattere di cerniera della Prima Guerra Mondiale. È, infatti, in questi burrascosi frangenti che Benito Mussolini (1883-1945)[4], passato dalla neutralità dell'internazionalismo socialista (e in quanto socialista massimalista era stato direttore del quotidiano l'«Avanti!») all'acceso interventismo (e, perciò, espulso dal Partito Socialista Italiano) poteva considerare la guerra come la strada della rivoluzione. In modo non dissimile da Lenin, il programma di Mussolini non si dava alternative: «o guerra o rivoluzione»[5].

Le parole con cui Gabriele D'Annunzio (1863-1938) incitava le folle sono note («Beati i giovani che sono affamati e assetati di gloria, perché saranno saziati. Beati i misericordiosi, perché avranno da tergere un sangue splendente, da bendare un Raggiante dolore. Beati i puri di cuore, beati i ritornanti con le vittorie, perché vedranno il viso novello di Roma, la fronte ricoronata di Dante, la bellezza trionfale d'Italia»[6]), ma questi proclami – come abbiamo già visto – non rappresentavano un caso isolato: il surriscaldamento dell'atmosfera politica gravava sulla responsabilità della gran parte degli intellettuali. Infatti «gli intellettuali svolsero un ruolo di particolare rilievo in Italia, in quanto contribuirono in modo decisivo all'entrata in guerra del paese e al fatto che esso prendesse le sembianze di un enorme laboratorio di ideologia nazionalistica, unico nel suo genere, da cui poco dopo la guerra emerse il fascismo»[7].

«Lacerba», la rivista letteraria fondata da Giovanni Papini (1881-1956) e Ardengo Soffici (1879-1964) a Firenze all'inizio del 1913, già a settembre del 1914 spingeva il Paese all'intervento: «il governo italiano il quale sta in questo momento disonorando e rovinando il paese con l'insistere, nessuno sa perché, in una neutralità divenuta ormai imbecille, non perde nessuna occasione per dichiarare che questo suo modo di comportarsi davanti agli avvenimenti che trasformeranno la faccia dell'Europa, corrisponde perfettamente al desiderio della maggioranza del popolo italiano. Noi non crediamo che questa sia la verità. Eccettuati i preti, una parte dei socialisti e pochi trippai amanti del quieto vivere a costo di qualunque

---

4 ) Cfr. Ernst NOLTE, *Il giovane Mussolini. Marx e Nietzsche in Mussolini socialista*, a cura di Francesco Coppellotti, SugarCo, Milano 1996.
5 ) Cfr. Renzo DE FELICE, *Mussolini il rivoluzionario (1883-1920)*, Einaudi, Torino 2005, p. 298.
6 ) Cit. in Romain RAINERO - Stefano B. GALLI, *L'Italia e la "grande vigilia". Gabriele D'Annunzio nella politica italiana prima del fascismo*, FrancoAngeli, Milano 2007, p. 80.
7 ) Oliver JANZ, *1914-1918. La Grande Guerra*, Einaudi, Torino 2014, p. 208.

umiliazione, nessuno in Italia approva l'inerzia che il governo ci impone, che ci snerva e che ci condurrà alla più abietta depressione morale, se non, alla fine, a una reazione esasperata che a pochi potrà costare assai cara»[8].

In un crescendo di eccitazione popolare – o che tale voleva apparire – le piazze furono «in completa balìa della minoranza interventista»[9]. Il clima di effervescenza e di *suspence* politica (che, invece, dovrebbe sempre mettere grande inquietudine) provocarono grandi dimostrazioni di massa e, nella generale impressione di entusiasmo popolare, le cosiddette "radiose giornate di maggio" (il "radiosomaggismo") fornirono al governo i motivi o il pretesto per entrare in guerra[10]. Sulla modalità con cui l'Italia scelse l'avventura si può dire anche che la piazza si rese colpevole di una sorta di colpo di mano grazie alla frenesia che era andata crescendo in quei mesi. Parte importante della stampa aveva cooperato a questa operazione di propaganda che dava alle folle un ruolo e un peso che accompagnerà le tristi vicende del secolo. Intellettuali e giornalisti non perdevano occasione per diffamare una "Italietta" incapace di gloria e di sacrifici estremi; anche questa propaganda finì con l'alimentare l'idea dello Stato forte che, per essere veramente tale, aveva bisogno di una "grande guerra". Benedetta sarebbe stata la vituperata "Italietta" se si fosse scelta la strada della pace. Ma la strada della guerra era già inscritta e segnata nella storia precedente, tracciata dalla volontà di costruire un'Italia forte e gloriosa (ma questo tentativo, per un'inesorabile nemesi, non poté che generare una Italia meschina e reietta, tutt'altro che grande ed eroica).

Rivoluzionari e intellettuali si lamentavano dell'inerzia del governo, così come si scriveva sulla rivista «Lacerba» di Papini. Le infiammate (o semplicemente deliranti) orazioni di D'Annunzio ebbero il loro grave peso così come la prova di forza delle folle. Ma a fare da sponda vi furono gli uomini di Stato che non avrebbero mai potuto perdere un'occasione così importante: sebbene in una situazione contraddittoria, lavoraronoad accordi segreti per condurre l'Italia in guerra[11]. L'euforia collettiva (apparente o reale che fosse) e le pressioni della stampa, la fragilità parlamentare e le

---

8 ) Cit. in Angelo ROMANO, *La cultura italiana del '900 attraverso le riviste: Lacerba. La Voce (1914-1916)*, Einaudi, Torino 1960, p. 326.
9 ) Indro MONTANELLI, *L'Italia di Giolitti (1900-1920)*, Rizzoli, Milano 1974, p. 229.
10 ) Cfr. Daniele CESCHIN, *Il "partito della guerra", il governo, la piazza in Italia*, in Nicola LABANCA - Oswald ÜBEREGGER (a cura di), *La guerra italo-austriaca (1915-1918)*, Il Mulino, Bologna 2014, p. 63-83.
11 ) Ovviamente intendiamo riferirci prevalentemente alle trattative che portarono agli accordi di Londra della fine dell'aprile 1915. In base ad essi l'Italia avrebbe dichiarato guerra agli Imperi Centrali entro un mese. All'Italia vennero promessi numerosi compensi territoriali (poi, in buona misura, non corrisposti) in palese stile imperialistico.

trame diplomatiche concorsero davvero ad una dimostrazione di "governo forte": «non c'è dubbio che l'intervento fu imposto da una minoranza attiva che, con l'appoggio paracostituzionale della Corona, nel maggio 1915, pose le Camere e il Paese di fronte ad un fatto compiuto»[12]. È stato detto che l'ingresso in guerra «era l'abdicazione alla volontà della piazza, che a sua volta aveva abdicato alla volontà di una minoranza, come del resto in Italia era sempre successo»[13]. Verosimilmente, la volontà della piazza e la volontà della minoranza vanno inscritte nel processo di statalizzazione delle masse che inglobando il "paese reale" nel "paese legale" ha sempre bisogno di "minoranze illuminate". Ciò che avvenne un po' dovunque, ha avuto anche in Italia il suo inveramento: la guerra che si voleva di popolo fu il frutto di una decisione assunta solo da tre persone: il re Vittorio Emanuele III (1869-1947), il capo dell'esecutivo Antonio Salandra (che, tra l'altro, viene considerato un "liberale conservatore") e il ministro degli esteri Sidney Sonnino (1847-1922). L'ultima guerra del cosiddetto Risorgimento nazionale non poteva iniziare in modo diverso dalle precedenti[14] e agli accordi segreti si univa la retorica popolare in forza della quale il re poteva annunciare che «l'ora solenne delle rivendicazioni nazionali [era] suonata»[15]. Oltretutto, si può ricordare con ironia che «Vittorio Emanuele non era un triplicista per il semplice motivo ch'era un vero Savoia, e da vero Savoia, abituato a barcamenarsi fra Potenze più grosse e rapaci, vedeva in ogni alleanza un fastidioso impegno contratto per motivi di necessità, e da tradire appena se ne presentasse l'occasione»[16].

Come gli altri Stati, anche quello italiano non sarebbe mai nato senza guerre. Le cosiddette guerre di Indipendenza – che in realtà sono state guerre di annessione – ne sono la dimostrazione. La dichiarazione del 24 maggio 1915 dev'essere, quindi, letta innanzitutto come un'ulteriore conferma dell'osmosi tra lo Stato e la guerra per cui – ricordando l'affermazione del politologo statunitense Charles Tilly – lo Stato ha bisogno della guerra per crescere e la guerra è possibile grazie alle necessità dello Stato[17].

---

12 ) Pietro QUARONI, *L'Italia dal 1914 al 1945*, in AA. VV., *Nuove questioni di storia contemporanea*, Marzorati, Milano 1986, vol. 2, p. 1194.
13 ) MONTANELLI, *L'Italia di Giolitti (1900-1920)*, cit., p. 233-234.
14 ) La dichiarazione di guerra dell'Italia venne consegnata il 23 maggio 1915 solo all'Austria-Ungheria; la guerra con la Germania fu ufficializzata molto più tardi, il 27 agosto 1916. Cfr. Alberto MONTICONE, *La Germania e la neutralità italiana: 1914-1915*, Il Mulino, Bologna 1971.
15 ) Cit. in Magda POLI, *Un mare d'inchiostro per un mare di sangue. La Grande Guerra*, Sandro Teti Editore, Roma 2011, p. 27.
16 ) MONTANELLI, *L'Italia di Giolitti (1900-1920)*, cit., p. 233-234.
17 ) Cfr. Charles TILLY (a cura di), *La formazione degli Stati nazionali nell'Europa occidentale*, Bologna, Il Mulino 1984, p. 44.

Ad esempio di ciò, è il caso ricordare un altro episodio. Tra i non pochi motivi di tensione in Europa che hanno preceduto l'attentato di Sarajevo, va annoverata anche la guerra italo-turca (più nota come guerra di Libia, 1911-1912). Per l'Italia si trattò di un antefatto significativo per i presupposti e per gli effetti. La campagna militare, infatti, si inseriva nelle contese coloniali della politica imperialistica delle potenze occidentali (e, tra queste, l'Italia aveva bisogno di ritagliarsi un posto) e fomentò le prime manifestazioni organizzate del nazionalismo italiano. Al di là dei marginali interessi bancari (ritenuti ordinariamente il principale motivo della contesa), alla guerra si giunse a causa dei progetti governativi e per ragioni di imperialismo politico[18].

È in questo quadro di statalizzazione che va collocato l'ingresso dell'Italia nella Prima Guerra Mondiale. E come per gli altri Paesi, anche per l'Italia la guerra è stata una cerniera tra il passato e il futuro. Anzi, per certi versi con caratteri ancor più accentuati rispetto ad altre Nazioni, per l'Italia il conflitto ha rappresentato, in ordine a questo processo di statalizzazione, contemporaneamente, un punto di arrivo ed un nuovo slancio.

4.2. Traguardo risorgimentale

In prima battuta, per l'Italia, la Grande Guerra dev'essere considerata un punto di arrivo. Come traguardo, l'ingresso nel conflitto completava la vicenda cosiddetta "risorgimentale"[19] e, per questo motivo, nella consueta retorica, il '15-'18 fu anche glorificato come "Quarta Guerra d'Indipendenza"[20]. Sin da subito l'entrata nella mischia venne connotata con questi caratteri epici. Giolitti, ad esempio, nelle sue memorie ripeteva che «i fautori della guerra sostenevano allora l'urgenza di prendervi parte, ritenendo che essa sarebbe stata di breve durata; temevano che, venendo a finire senza il nostro intervento, si perdesse una magnifica occasione per compiere l'unità nazionale»[21]. Nel nome del Risorgimento, la cui opera non si considerava ancora compiuta[22], la guerra fu presentata come una

---

18 ) Cfr. Ludwig von MISES, *Lo Stato onnipotente. La nascita dello Stato totale e della guerra totale*, introduzione di Victor Zaslavsky, Rusconi, Milano 1995, p. 141-142; cfr. Ralph RAICO, *Great Wars and Great Leaders. A Libertarian Rebuttal*, foreword by Robert Higgs, Ludwig von Mises Institute, Auburn (Alabama) 2010, p. 7.
19 ) Circa il processo di unificazione italiano si tenga presente quanto esposto a proposito delle grandi centralizzazioni statali del secondo Ottocento (cfr. cap. 1 di questo testo).
20 ) Cfr. Brunello VIGEZZI, *L'Italia liberale e la guerra (1914-1915)*, in AA.VV., *Nuove questioni di storia contemporanea*, Marzorati, Milano 1986, vol. 1, p. 689s.
21 ) Giovanni GIOLITTI, *Memorie della mia vita*, Garzanti, Milano 1944 (opera del 1922), p. 521.
22 ) Cfr. Ivanoe BONOMI, *La politica italiana da Porta Pia a Vittorio Veneto (1870-1918)*, Einaudi, Torino 1944.

necessità nazionale, un dovere irrinunciabile, un obbligo patriottico. Anche le invocazioni di Gabriele D'Annunzio, d'altra parte, possono essere lette in continuità con l'iconografia dell'"indipendenza". Infatti, quando il vate proclamava «voi volete un'Italia più grande, non per acquisto ma per conquisto, non a misura di vergogna ma a prezzo di sangue e di gloria»[23], proiettava la Nazione verso un futuro di potenza, con un linguaggio diverso, ma in una cornice simile a quella utilizzata per affrescare la cosiddetta indipendenza nazionale. Alla tradizione risorgimentale garibaldina si rifaceva direttamente anche la massoneria italiana che, nelle sue dichiarazioni ufficiali, riaffermava la propria fedeltà agli ideali unitari ottocenteschi. Si legge in un documento già dell'estate del 1914: «poiché certe ore non si rinnovano nella storia ed è follia e sciagura lasciarle trascorrere senza intenderle e senza afferrare le opportunità che esse offrono, noi crediamo che l'Italia mal provvederebbe a se stessa se rimanesse assente dal tragico cimento nel quale si decidono, per più generazioni, le sorti d'Europa. Vitali interessi della Patria sono gravemente minacciati; il completamento dell'unità nazionale, così a lungo sospirato, se ora non si conseguisse, sarebbe differito chi sa a quando, compromesso forse per sempre; la difesa del diritto contro la forza richiede da noi, per omaggio alle nostre più fulgide tradizioni, cooperazione né pavida né tarda»[24].

Il tasto della liberazione viene sempre abbondantemente battuto nelle grandi contese ideologiche. D'altra parte come si giustificherebbe lo Stato nazionale senza una precedente oppressione o come si legittimerebbe l'unificazione senza la necessità di un riscatto popolare?

Ma da chi occorreva liberarsi? Certamente dall'Austria[25], tradizionalmente considerata oppressore dei popoli, ostacolo al cammino delle nazionalità e velo sulla dignità dell'Italia unita. Si può anche dire che lo Stato nazionale ha trovato il proprio movente ideale nella lotta contro l'Austria[26]. Senza questo fantasma come si sarebbe sostenuta l'epica risorgimentale con il suo prolungamento nel '15-'18? Si dovrebbe propriamente sostenere che lo Stato italiano risorgimentale ha trovato la propria identità e la propria unità in contrapposizione ad un nemico identificato

---

23 ) Cit. in Romain RAINERO - Stefano B. GALLI, *L'Italia e la "grande vigilia". Gabriele D'Annunzio nella politica italiana prima del fascismo*, FrancoAngeli, Milano 2007, p. 80.
24 ) È la circolare del 6 settembre 1914 del Gran Maestro del Grande Oriente d'Italia Ettore Ferrari (1845-1929). Cit. in Aldo A. MOLA, *Storia della massoneria italiana dalle origini ai giorni nostri*, Bompiani, Milano 1992, p. 399.
25 ) Cfr. Nicola LABANCA - Oswald ÜBEREGGER (a cura di), *La guerra italo-austriaca (1915-1918)*, Il Mulino, Bologna 2014.
26 ) Cfr. Francesco PERFETTI (a cura di), *La Grande Guerra e l'identità nazionale. Il primo conflitto mondiale nella politica e nelle istituzioni*, Le Lettere, Firenze 2014.

nell'Austria asburgica[27]. L'identificazione di un nemico esterno è sempre utile allo scopo di giustificare le azioni belliche ed è sempre funzionale per compattare il fronte interno. Tuttavia ci sarebbero non pochi segnali che stanno ad indicare che le popolazioni dei territori asburgici "liberati" non si sentivano particolarmente oppresse[28] ed anzi ebbero tanti motivi per rimpiangere la condizione precedente[29]. Una prova di ciò è costituita dal fenomeno dell'emigrazione che, dopo l'unificazione nazionale, coinvolse in particolare (oltre il fertile meridione) il non più prospero Veneto. Un'analisi priva di pregiudizi indurrebbe, quindi, a rivedere radicalmente l'immagine della situazione delle popolazioni di etnia italiana nelle terre conquistate all'Austria sul finire del 1918[30].

---

27 ) La Repubblica italiana del 1946 ha poi aggiornato le motivazioni con una propria fisionomia in funzione anti-fascista; al mito dell'"indipendenza" si è sostituito quello della "resistenza".

28 ) Un esempio può essere offerto da come i veneziani erano integrati nella marina imperiale tanto da costituirne la pressoché totalità dell'organico. Nel 1866 a Lissa (quindi contro la flotta del Regno d'Italia, nel corso della cosiddetta terza guerra d'indipendenza), gli equipaggi delle navi austriache acclamarono per l'ultima volta la vittoria al grido «viva san Marco!» perché quasi tutti provenienti dalla Laguna. Cfr. Ettore BEGGIATO, *Lissa, l'ultima vittoria della Serenissima (20 luglio 1866)*, Il Cerchio, Rimini 2012.

29 ) Una ben strana lezione giungeva dalla propaganda italiana che enfatizzava le presunte colpe austriache, ma ovviamente nascondeva i reali crimini commessi dall'Italia soprattutto contro le popolazioni del meridione della Penisola durante e ancor più dopo l'unificazione nazionale.

30 ) Significativa è la narrazione dello scrittore ligure Vittorio Giovanni Rossi (1898-1978), all'epoca giovane ufficiale di marina. Così lo scrittore rievocava la sua esperienza di soldato "liberatore": «quando sbarcai a Trieste, scoppiavo dalla gioia. La guerra era finita; avevamo vinto; Trieste era nostra; io ero a Trieste e avevo gli anni che allora bastava averli per scoppiare dalla gioia; adesso non basta più niente, per scoppiare dalla gioia. [...] Credevamo non di fare una piccola correzione alla geografia, ma di portare a Trieste una cesta di primizie di un frutto mai visto da nessuno [...]. Poi, sbarcando a Trieste, avevamo trovato una città con una civiltà molto più moderna della nostra; e molto più colta [...], più dentro l'Europa [...] e più fornita di buona educazione; e la buona educazione è una cosa di cui non si parla mai nella storia, come se la storia fosse fatta solo dai maleducati; invece la buona educazione è molto più importante di altre cose di cui si parla sempre nella storia. Ci avevano fabbricato un'Austria marcia, pronta a sfasciarsi al primo urto nostro [...]. Avevamo trovato, e distrutto, un'amministrazione della cosa pubblica ammirabile; pedante come le poche amministrazioni pubbliche ammirabili che ci sono al mondo; scrupolosamente onesta; scrupolosamente rispettosa del cittadino e dei suoi diritti scritti e rispettata da tutti appunto per questo, cioè non per paura ma per fiducia e spontanea riverenza [...]. Avevamo scoperto che esisteva, cioè era esistito fino allora, uno Stato dove genti di numerose nazionalità e lingue e civiltà e religioni diverse convivevano senza amarsi, ma solidali e concordi [...]. E quando c'erano i sanguinosi combattimenti, pochi da noi si domandavano com'era quella storia; un impero descritto come una vecchia carriola, e aveva soldati di razze e civiltà diverse, che combattevano insieme come demoni; e quando avevano smesso di combattere, era perché avevano avuto

Quelle terre si ottennero «per conquisto» e «non per acquisto»[31], come vaneggiava Gabriele D'Annunzio che, per avere «un'Italia più grande», considerava glorioso il «prezzo di sangue»[32]. In questa strana logica, più sarebbe stato alto questo prezzo, maggiore sarebbe stata la gloria. E se sulla misura della gloria si può dubitare, si può senz'altro affermare che il prezzo fu altissimo.

Questo altissimo prezzo si sarebbe potuto evitare ottenendo le cosiddette terre irredente mediante la trattativa con l'Austria, assicurando a questa la neutralità dell'Italia tentata di passare nel fronte dell'Intesa. La diplomazia segreta italiana lavorava su due tavoli ed alla fine scelse la via più azzardata. Se proprio si voleva il Trentino, Trieste e la Venezia Giulia, la Dalmazia e l'Istria, sarebbe bastato sottrarsi alla guerra. Sembra un paradosso, ma è così. Combattere contro gli Imperi centrali non garantiva il risultato, ma rendeva questo molto più a rischio rispetto ad un accordo. In realtà si volle la guerra ammantandola di intenti risorgimentali perché gloria patriottica e gloria dello Stato si sarebbero potute adeguatamente celebrare solo con il sacrificio del sangue e mediante una guerra che si volle proclamare "di indipendenza".

Il governo italiano guidato da Salandra, ormai incamminato verso un cambio di alleanze e verso l'opzione bellica, volutamente alzò il livello delle richieste indirizzate all'Austria tanto da suscitare lo sconcerto degli stessi ambasciatori italiani a Vienna e a Berlino[33]. I passi del governo (a capo della diplomazia vi era Giorgio Sidney Sonnino (1847-1922) che dal 1914 al 1919 fu ministro degli Esteri) puntavano ad esasperare i rapporti con l'Austria ed ad indurre questa ad una risposta negativa alle

---

l'ordine di smettere; ed era perché il blocco marittimo aveva costretto le popolazioni al pane K o pane di patate, ai vestiti di carta, agli zoccoli invece delle scarpe. [...] I nostri governanti dicevano che non si poteva fare l'Europa, se non si distruggeva quell'impero; e questo è stato fatto; e si sono visti, e ancora si vedono, i risultati» (Vittorio Giovanni ROSSI, *Preambolo* a Lino CARPINTERI - Mariano FARAGUNA, *L'Austria era un paese ordinato*, Edizioni de La Cittadella, Trieste 1980, p. IX-XIII). Devo la conoscenza anche di questa testimonianza a Ivo Musajo Somma.

31 ) Cit. in RAINERO - GALLI, *L'Italia e la "grande vigilia". Gabriele D'Annunzio nella politica italiana prima del fascismo*, cit., p. 80.

32 ) *Ibidem*.

33 ) Solo decenni dopo, si è avuta la possibilità di rendere noti i sentimenti degli ambasciatori italiani nella capitale austriaca e nella capitale tedesca. A capo della delegazione a Vienna (dal 1904 al 1915) era Giuseppe Avarna di Gualtieri (1843-1916) mentre a Berlino (dagli inizi del 1913 fino alla guerra) era Riccardo Bollati (1858-1939). Cfr. Carlo AVARNA di GUALTIERI (a cura di), *Il carteggio Avarna-Bollati: luglio 1914-maggio 1915*, Edizioni Scientifiche Italiane, Napoli 1953.

pretese italiane[34]. L'Italia voleva la guerra e si caricò di questa responsabilità dinanzi alla storia[35].

È impressionante constatare come il cambio di fronte sia avvenuto con tanta disinvoltura e senza troppo imbarazzo. Così l'Italia (e diversi uomini nelle cerchie più alte e tra questi lo stesso Sonnino) passava dall'ammirazione per il *Reich* al neutralismo e alla successiva alleanza con l'Intesa.

Il tradimento sembra un tratto endemico e originario della politica italiana[36]. Dal Risorgimento al suo "completamento" con la guerra del '15-'18, dalle acclamazioni per la proclamazione del fascio e dell'impero all'armistizio, Stato italiano e voltafaccia sembrano uniti in un matrimonio duraturo[37]. Ed al tradimento gridò Francesco Giuseppe che nel manifesto ai suoi popoli del 23 maggio 1915 così bollava il comportamento dell'ex-alleato: «il re d'Italia mi ha dichiarato guerra. Un atto di infedeltà, di cui la storia non conosce l'eguale, è stato perpetrato dal regno d'Italia verso i suoi due alleati. Dopo un'alleanza di più di trent'anni [...] l'Italia ci ha abbandonato nell'ora del pericolo e a bandiere spiegate è passata nel campo dei nostri nemici». Ben diverso era stato l'atteggiamento di Francesco Giuseppe che aveva rifiutato ogni possibile guerra preventiva all'Italia che i suoi consiglieri giudicavano infida e prossima al tradimento[38]. Nonostante si fossero presentate alcune occasioni per risolvere militarmente i problemi con l'Italia, l'imperatore non volle mai prendere in considerazione l'eventualità di attaccare un Paese alleato[39]. D'altra parte,

---

34 ) Cfr. Gian Enrico RUSCONI, *L'azzardo del 1915. Come l'Italia decide la sua guerra*, Il Mulino, Bologna 2009, p. 130s.

35 ) Entrambi gli ambasciatori italiani a Vienna e a Berlino, Avarna di Gualtieri e Bollati, pensarono di dimettersi dai loro incarichi giudicando sleali le richieste di cui furono emissari. Ad Avarna di Gualtieri – pur profondamente avverso alla scelta del suo governo – toccò il compito di consegnare la dichiarazione di guerra dell'Italia all'Austria-Ungheria il 23 maggio 1915 (quella alla Germania aspetterà ben 15 mesi). Cfr. Ivo MUSAJO SOMMA, *Tra Vienna e Roma. L'intervento italiano nel conflitto e la situazione della monarchia danubiana alla vigilia della Grande Guerra*, in Maurizio DOSSENA - Ivo MUSAJO SOMMA (a cura di), *L'utile ideologico dell'inutile strage. Atti della giornata di studi della Gebetsliga Kaiser Karl. Piacenza, 17 maggio 2014*, Ellade, Piacenza 2015, p. 24-25.37.

36 ) Cfr. Bruno VESPA, *Italiani voltagabbana. Dalla prima guerra mondiale alla Terza Repubblica sempre sul carro dei vincitori*, Mondadori, Milano 2014.

37 ) Non si intende rigettare la possibilità di ogni tipo di resipiscenza e di ravvedimento; si intende solo sottolineare che la ragion di Stato è per sua natura relativistica ed opportunistica. E, pertanto, anche elemento di corruzione morale.

38 ) Cfr. Emilio GENTILE, *Due colpi di pistola, dieci milioni di morti, la fine di un mondo*, Laterza, Bari 2014, p. 12; cfr. Emilio GENTILE, *L'apocalisse della modernità. La Grande Guerra per l'uomo nuovo*, Mondadori, Milano 2014, p. 132; cfr. Francesco PERFETTI, *Il sapore della libertà. La resistenza liberale e monarchica di Manlio Lupinacci*, in «Nuova Storia Contemporanea», anno 10 (2006), n. 4 (luglio-agosto), p. 143.

39 ) Il capo di Stato Maggiore dell'esercito austriaco, il feldmaresciallo Franz Conrad von Hötzendorf (1852-1925), preparò in più circostanze piani militari che si scontrarono

la percezione di un vero e proprio tradimento non fu avvertita solo dagli austriaci se lo stesso Giolitti arrivò ad affermare: «spezzare il trattato adesso: passare dalla neutralità all'aggressione è un tradimento come ce n'è pochi nella storia»[40].

Se la scelta italiana fu traditrice, non di meno fu anche azzardata[41]. Ancora il vituperato Giolitti rifletteva in questo modo: «a chi mi parlava di una guerra di tre mesi rispondevo che sarebbe durata almeno tre anni, perché si trattava di debellare i due Imperi militarmente più organizzati del mondo, che da oltre quarant'anni si preparavano alla guerra; i quali, avendo una popolazione di oltre centoventi milioni potevano mettere sotto le armi sino a venti milioni di uomini; che l'esercito dell'Inghilterra, di nuova formazione, sarebbe stato in piena efficienza, come dichiarava lo stesso governo inglese, solamente nel 1917; che il nostro fronte, sia verso il Carso, sia verso il Trentino, presentava difficoltà formidabili»[42]. Anche il leader socialista Filippo Turati (1857-1932) espresse tutta la sua contrarietà all'avventura nella quale era stata gettata l'Italia: «nessun paese è meno costretto, consigliato o autorizzato dell'Italia a mescolarsi alla guerra; nessun paese ha altrettanto da temere dal parteciparvi e così poco da sperarne anche nell'ipotesi del miglior successo. Per ragioni storiche, geografiche, demografiche, per ragioni di stirpe e di tradizione, per ragioni finanziarie ed economiche, per la sua indole di nazione esportatrice di mano d'opera e tributaria fatalmente ancor oggi verso il capitale straniero, l'Italia ha tutto l'interesse di restare, di diventare la grande mediatrice e pacificatrice dei popoli, non legata, non vassalla a una gente o all'altra, all'uno o all'altro aggruppamento di Stati»[43].

Ma, oltre che traditrice e azzardata, la scelta italiana fu innanzitutto un errore e lo fu sotto ogni aspetto. Non dissimilmente da ogni altro Paese in campo (come vedremo più avanti), ma con gli aggravi propri della situazione italiana, le conseguenze della guerra hanno enormemente pesato sulla vita politica, economica e sociale della nazione. Ed anche nei rapporti internazionali, la neutralità sarebbe stata la scelta vincente perché, assai

---

risolutamente con l'opposizione di Francesco Giuseppe. L'esercito italiano sarebbe stato facilmente sbaragliato sia a seguito del terremoto di Messina (1908) sia durante la guerra di Libia (1911-1912).
40 ) Cit. in Olindo MALAGODI, *Da Sarajevo a Caporetto*, Ricciardi, Napoli 1960, p. 58. L'attestazione di Olindo Malagodi (1870-1934) è autorevole per lo stretto rapporto politico e amichevole che legava Malagodi a Giolitti.
41 ) Di *azzardo* parla Gian Enrico Rusconi (1938-viv.): cfr. RUSCONI, *L'azzardo del 1915. Come l'Italia decide la sua guerra*, cit.
42 ) Giovanni GIOLITTI, *Memorie della mia vita*, Garzanti, Milano 1944 (opera del 1922), p. 521.
43 ) Filippo TURATI, *Trent'anni di critica sociale*, Zanichelli, Bologna 1921, p. 43.

verosimilmente, non avrebbe pregiudicato alcun rapporto e li avrebbe tutti garantiti meglio. Si sarebbe potuta utilizzare nei confronti di chiunque avesse vinto: nei confronti dell'Intesa, rivendicando il rifiuto di scendere in campo a fianco degli Imperi Centrali; nei confronti di questi ultimi, rivendicando il rifiuto delle proposte dell'Intesa. D'altronde, la scelta dello schieramento vincente (o quello che si sperava esserlo) non garantì neanche ciò che era stato segretamente promesso al governo italiano e al danno della guerra si aggiunse la beffa del trattamento riservato all'Italia al tavolo di pace. Un effetto – quello del nuovo mito della "vittoria mutilata" e dei mancati compensi territoriali – destinato ad alimentare nuovi e gravidi scontenti nazionalistici.

4.3. Nuovo avvio

Per molti aspetti, quindi, la Grande Guerra fu in continuità con la vicenda risorgimentale. Lo fu senz'altro, perché essa richiama la scissione tra "paese reale" e "paese legale": in continuità con la costituzione dello Stato nazionale avvenuto senza (e spesso contro) la società reale, la "Quarta Guerra d'Indipendenza" fu fatta calare sugli italiani senza che questi – nella loro maggioranza – l'abbiano voluta o anche solo capita. Tuttavia – come tra breve proveremo a spiegare – la guerra fu *anche* il grande momento della ricomposizione di questa storica frattura.

Certamente vi furono le pressioni esercitate dalla piazza o da quelli che oggi chiameremmo opinionisti; certamente vi furono moltissimi giovani e meno giovani che si emozionarono all'idea della guerra patriottica. Ma anche solo il modo verticistico con cui l'Italia fu condotta al fronte dimostra che fu necessario far trovare il "paese reale" dinanzi ad un dato di fatto. E, così, la guerra divenne l'elemento catalizzatore per completare la "italianizzazione" degli italiani.

Ad essere mandati al fronte furono soprattutto i figli dei contadini (gli operai erano spesso indispensabili nelle industrie) che a lungo continuarono ad avvertire come incomprensibile il sacrificio cui erano chiamati. Per essi, la guerra rimaneva quella di uno Stato estraneo del quale neanche la lingua parlavano. Ed accanto alla scuola, l'esercito diventava l'altro strumento funzionale per amalgamare e per "nazionalizzare" il popolo: quasi come se il popolo avesse avuto nella scuola statale lo strumento per essere educato e nell'esercito lo strumento per essere disciplinato[44].

---

44 ) Cfr. Allan CARLSON, *The Military as an Engine of Social Change*, in John V. DENSON (edited by), *The Costs of War. America's Pyrrhic Victories*, Transaction Publisher, New Brunswick (New Jersey) 1999, p. 389-397.

Ma questa opera di omologazione non è stata né indolore né pacifica. Il bagno di sangue amalgamò, sì, gli italiani, ma fu necessario vincere le naturali resistenze mediante, ad esempio, la dura disciplina nell'esercito o la promessa di future ricompense. Quanto al primo esempio, è significativo come il regio esercito italiano attuò, su comando del generale Cadorna, Capo di Stato Maggiore, una risoluta applicazione di metodi repressivi con numerose fucilazioni, giungendo alla prassi della decimazione dei reparti[45]. Così come la necessità di unire alla causa bellica i coscritti spinse il governo a far intravedere la promessa di concedere la proprietà della terra ai contadini[46]. In realtà l'unica terra che venne assicurata fu quella sotto la quale una rilevante parte dei combattenti venne sepolta.

Se, quindi, la Grande Guerra rappresentò l'ultima fase della frattura tra società e istituzioni, tra "paese reale" e "paese legale", non di meno, proprio la militarizzazione generale imposta dalla guerra realizzò ciò che era ancora incompiuto: la ricomposizione della frattura tra il popolo (o *i popoli* della penisola) e lo Stato nazionale.

Specificamente in Italia, il processo "risorgimentale", iniziato senza popolo (e spesso contro di esso), terminava, quindi, con la "nazionalizzazione" – nella sua forma più compiuta – della società: l'intero popolo in guerra per *completare* l'unificazione territoriale. Se, in quanto "Quarta Guerra d'Indipendenza", la Grande Guerra rappresentava per l'Italia un punto di arrivo, è anche vero che gli sconfinati campi di battaglia del '15-'18 realizzavano pure un ulteriore balzo in avanti: la guerra costituiva, infatti, la porta verso il fascismo quale modalità italiana del perfezionamento della "statalizzazione delle masse". Infatti, la guerra offrì non solo le condizioni per lo sviluppo del fenomeno fascista sotto la dimensione contingente e fattuale, ma anche le migliori condizioni per il successivo innesto totalitario e statolatrico. Il fascismo rappresentò, infatti, lo sviluppo[47] – in continuità lineare, sostanziale ed ideologica – del nazionalismo precedente, tanto che si potrebbe dire che esso non solo non ruppe con la tradizione risorgimentale, ma a questa diede pieno compimento[48].

---

45 ) Cfr. Enzo FORCELLA - Alberto MONTICONE, *Plotone di esecuzione. I processi della prima guerra mondiale*, Laterza, Roma - Bari 2014.
46 ) Cfr. Salvatore COPPOLA, *La "Terra ai contadini" ex combattenti: la grande delusione (1919-1922)*, in «L'Idomeneo», anno 17 (2015), n. 18, p. 111-140.
47 ) Cfr. Renzo DE FELICE, *Mussolini il fascista. I. La conquista del potere (1921-1925)*, Einaudi, Torino 2005; cfr. Renzo DE FELICE, *Le origini del fascismo*, in AA. VV., *Nuove questioni di storia contemporanea*, Marzorati, Milano 1986, vol. 1, p. 774-797; cfr. Augusto DEL NOCE, *Il suicidio della rivoluzione*, Rusconi, Milano 1978, p. 199s.343s.
48 ) In uno dei suoi discorsi più famosi – quello del 26 maggio 1927, alla Camera dei Deputati – Mussolini concluse affermando: «oggi preannunciamo al mondo la creazione

Soffermandoci, quindi, solo sui caratteri più tipicamente italiani che fecero della guerra il punto di partenza della successiva vicenda totalitaria, abbiamo trascurato ciò che è senz'altro fondamentale, ma che è stato comune ad ogni altro Paese. *In primis* quell'economia di guerra che permette allo Stato di pianificare il lavoro umano e di controllare i meccanismi di produzione della ricchezza.

Torniamo, allora, sulla "italianizzazione" delle differenti *nazioni* della penisola. Con il sacrificio più alto – con il «caldo bagno di sangue» –, il popolo *finalmente* si fondeva nello Stato e dimostrava di non essere più, ad esso, estraneo. In questo modo si giungeva a "fare gli italiani" (secondo le note parole di D'Azeglio), rendendo gli italiani *finalmente* coscienti di *appartenere* allo Stato, benché questo fosse stato costruito senza di loro.

Il caso più sintomatico di questa "italianizzazione" fu l'adeguamento alle ragioni patriottiche delle due principali componenti di quel "paese reale" che aveva a lungo mantenuto la propria distanza dallo Stato unitario risorgimentale. Ci riferiamo ai socialisti e ai cattolici; ma se per i primi – pur con la particolarità del "leninismo" mussoliniano – motivazioni e atteggiamenti sono assimilabili a quelli dei socialisti degli altri Paesi, il ruolo dei cattolici in Italia durante la guerra ebbe tratti distintivi e significativamente peculiari, ben rappresentando una novità rispetto alla contrapposizione risorgimentale ed un'anticipazione rispetto alla posizione che le masse cattoliche assunsero nei confronti del fascismo.

Pur divisi, inizialmente, tra interventisti e neutralisti[49], i cattolici presto si adeguarono ai proclami di guerra. Infatti, una volta scoppiato il conflitto, l'"allineamento" anche dei cattolici contrari all'intervento fu pressoché generale (come, d'altronde, negli altri paesi) e la cautela con cui essi guardavano la politica nazionale si sciolse nel nome del dovere patriottico e degli obblighi propri della fedeltà civile.

Un antefatto indicativo fu costituito dalla guerra in Libia di qualche anno prima (1911): già in quel contesto i cattolici manifestarono

---

del potente Stato unitario italiano, dalle Alpi alla Sicilia, e questo Stato si esprime in una democrazia accentrata, organizzata, unitaria, nella quale democrazia il popolo circola a suo agio, perché, o signori, o voi immettete il popolo nella cittadella dello Stato, ed egli la difenderà, o sarà al di fuori, ed egli l'assalterà» (Benito MUSSOLINI, *Discorso dell'Ascensione. Il regime Fascista per la grandezza dell'Italia*, Libreria del Littorio, Roma-Milano 1927, p. 80).

49 ) Cfr. Gabriele DE ROSA, *Il movimento cattolico in Italia. Dalla restaurazione all'età giolittiana*, Laterza, Bari 1988, p. 294-318; cfr. Arturo Carlo JEMOLO, *Chiesa e Stato in Italia dalla unificazione ai nostri giorni*, Einaudi, Torino 1977, p. 160s.; cfr. Marco INVERNIZZI, *Il movimento cattolico in Italia dalla fondazione dell'Opera dei Congressi all'inizio della seconda guerra mondiale (1874-1939)*, Mimep-Docete, Pessano (Milano) 1996, p. 60.

un'approvazione abbastanza diffusa dei motivi sostanzialmente imperialistici che portarono il governo a lanciarsi nell'iniziativa. Anche in questo caso, fu una guerra a cementare la fedeltà allo Stato. All'indomani della campagna militare libica, don Luigi Sturzo proclamava pubblicamente: «noi dobbiam tributar lode, come Italiani, all'attuale rappresentanza nazionale e all'attuale governo di avere affrontato e risolto il problema della grandezza dell'Italia con la impresa libica; e tutti gli sforzi generosi della nazione debbono rispondere all'importanza dell'impresa stessa»[50].

Pochi anni dopo, i cattolici accettarono la guerra e, pur avendo inizialmente dimostrato di preferire la neutralità, aderirono alla causa nazionale. A quel punto, buona parte di essi fu tutt'altro che indenne dal contagio dell'enfasi per le "terre irredente", contribuendo a rafforzare quella retorica nazionalistica che – non solo in Italia – è stata direttamente corresponsabile del vortice che generò il totalitarismo.

Questo contagio, come abbiamo richiamato già e in varie circostanze, non risparmiò neanche Luigi Sturzo che pure, successivamente, si contraddistinse sia nell'opposizione al regime fascista sia nella lotta allo statalismo repubblicano. È sorprendente, perciò, leggere le osservazioni del sacerdote nelle quali egli attribuiva al conflitto mondiale di pregio di costituire «la prima guerra nazionale nel senso completo della parola, il grande esperimento della nostra vita di giovane nazione, il momento sacro e tragico della vitalità e della esperienza»[51]. Uno dei maggiori studiosi del pensiero di Sturzo così ha commentato la posizione del futuro leader popolare: «la guerra diventava agli occhi di Sturzo la grande correttrice della vita pubblica italiana, rimasta senza un centro di unificazione nazionale dopo l'Unità e la nuova occasione per ricostituire un'unità spirituale e morale del Paese. Niente di più lontano dalla condanna della guerra di Benedetto XV, niente che lontanamente possa avvicinarsi a quella bruciante definizione della guerra come "inutile strage"»[52].

Meno significativa sotto il profilo dello spessore, ma rivelativa della inconsistenza di una vera e propria posizione cattolica, la figura del generale Luigi Cadorna, Capo di Stato Maggiore del regio esercito sino all'autunno del 1917. Cadorna è un esempio di convinto praticante la cui fede oltre a non intaccare il fervore patriottico, intendeva dare forza alle motivazioni militari. Le convinzioni religiose neanche impedirono al devoto generale l'adozione di duri metodi repressivi posti in essere per

---

50 ) Luigi STURZO, *Scritti inediti. Volume 1°: 1890-1924*, a cura di Francesco Piva, prefazione di Gabriele De Rosa, Edizioni Cinque Lune, Roma 1974, p. 361.
51 ) *Ibidem*, p. 387 (discorso del 30 giugno 1918, Pesaro).
52 ) Gabriele DE ROSA, *Luigi Sturzo*, UTET, Torino 1977, p. 182.

scoraggiare gli episodi di insubordinazione e per assicurare la disciplina della truppa.

Non è neanche un caso che la prima partecipazione nel governo italiano da parte di un cattolico avvenne proprio nei frangenti bellici. Infatti, dopo le dimissioni del gabinetto Salandra, l'avvocato Filippo Meda (1869-1939)[53] fu nominato ministro delle Finanze nel governo Boselli (1916-1917) mantenendo la stessa carica anche nel successivo gabinetto Orlando (1917-1918). L'ingresso nel governo non era il frutto di una valutazione della gerarchia della Chiesa, le cui reazioni furono, invero, piuttosto caute[54], ma era sintomatico del contributo che i cattolici stavano offrendo ad uno Stato oramai non più avvertito come estraneo ed usurpatore. Le parole pronunciate da Meda nel momento in cui assumeva la carica governativa sono pienamente rivelative della "nazionalizzazione" dei cattolici. Proclamava il neo ministro: «io sentivo che era giunta l'ora di affermare, anche più risolutamente che in passato non ci fosse stato possibile di fare, la fusione della nostra anima religiosa coll'anima nazionale, e di dissipare l'ultima nube che ancora circondasse il nostro assoluto lealismo nel quale io vedo, voi lo sapete, una condizione inderogabile perché qualsiasi nostra azione in mezzo alla società moderna riesca pratica e feconda. Chiunque altro al mio posto, fosse stato anche dei pochi che accompagnarono di riserve il mio passo, non si sarebbe contenuto diversamente; io ne ho la convinzione perché a nessuno avrebbe potuto sfuggire il fatto che [...] ogni esitanza sarebbe apparsa – e forse sarebbe stata – una imperdonabile debolezza, un errore irreparabile e, permettetemi di aggiungere, una colpa verso la patria. Sì, verso la patria: dacché è nel nome di essa, è nel nome dei supremi interessi dell'Italia, è nel nome del suo avvenire che tanti uomini di diversa origine e di diverse tendenze, tanti uomini che in condizioni normali non avrebbero forse mai concepita la possibilità di trovarsi associati nell'esercizio del potere, che anzi avrebbero considerata una simile ipotesi come contraria alle buone norme costituzionali, hanno intuita la grandezza e la bellezza di un atto diretto ad esprimere in faccia al popolo ed all'esercito, di fronte al mondo ed alla storia, la decisa, concorde volontà dell'Italia di vincere nel cimento affrontato; perché vincere è vivere; vivere onorati, rispettati, liberi, indipendenti, come solo

---

53 ) Cfr. Ada FERRARI, *Meda, Filippo*, in Francesco TRANIELLO - Giorgio CAMPANINI (diretto da), *Dizionario storico del movimento cattolico in Italia*, Marietti, Casale Monferrato (Alessandria) 1982, vol. II, p. 363-366.
54 ) Cfr. Ernesto VERCESI, *Le origini del movimento cattolico in Italia 1870-1922*, prefazione di Filippo Meda, nuova introduzione di Francesco Malgeri, Il Poligono, Roma 1981, p. 159.

si conviene ad un paese non immemore dei suoi dolori e delle sue glorie, non incurante dei suoi destini e della sua missione»[55].

Il lealismo cattolico fu mal compensato. Intanto, in una situazione che sarebbe potuta divenire critica per il Regno, non vi fu alcuna cospirazione della Santa Sede ai danni dell'Italia nell'ottica di un ritorno di una qualche sovranità temporale[56]. La diplomazia vaticana esercitò, sì, delle pressioni, per evitare che l'Italia entrasse in guerra, ma unicamente per salvaguardare il Paese dalle immaginabili sciagure[57].

Da parte governativa, invece, si adottò un ben diverso atteggiamento che venne anzitempo alla luce grazie alla pubblicazione da parte dei bolscevichi della documentazione segreta contenuta negli archivi russi. All'inizio del 1918, nell'imbarazzo generale, si resero note le clausole del Patto di Londra che aveva convinto il governo e il re a schierarsi dalla parte dell'Intesa. Su tassativa richiesta della stessa Italia, l'articolo 15 stabiliva che la Santa Sede sarebbe stata esclusa dal futuro tavolo delle trattative per la pace a causa del timore italiano per un possibile accrescimento del prestigio internazionale del Papato. Ancora una volta i cattolici venivano utilizzati e beffati: da un lato si richiedeva loro, platealmente, di non far mancare l'aiuto per concorrere alle sorti della patria; dall'altro, segretamente, si escludeva la prospettiva di veder soddisfatte le loro aspirazioni tese a conseguire una definitiva sistemazione dello status della Sede Apostolica[58].

L'Italia che, venendosi a trovare in una situazione privilegiata, avrebbe potuto evitare la guerra se solo il governo e il re l'avessero voluto, si calò, invece, in una tempesta il sui esito finale era tutt'altro che assicurato. È in questo senso che si è parlato della scelta italiana come di un *azzardo* e di un *errore*.

C'è anche da suggerire un'altra linea di lettura che con quanto detto non dovrebbe apparire in contraddizione. Ed è quella che ha inteso la guerra come "via di uscita", come la soluzione ai grandi mali che lo Stato

---

55 ) Filippo MEDA, *L'Italia, la guerra e la pace*, Società Tipografica Editrice Mantovana, Mantova 1917, p. 36-37.

56 ) Cfr. Giovanni Battista VARNIER, *La Santa Sede e le ipotesi di un ritorno del potere temporale durante la Grande Guerra*, in Massimo de LEONARDIS (a cura di), *Fede e diplomazia. Le relazioni internazionali della Santa Sede nell'età contemporanea*, EDUCatt, Milano 2014, p. 69-91; spec. 86.

57 ) Cfr. Gabriele DE ROSA, *Il movimento cattolico in Italia. Dalla Restaurazione all'età giolittiana*, Laterza, Bari 1988, p. 302.

58 ) Cfr. Massimo de LEONARDIS, *La trasformazione della Grande Guerra: il 1917*, in «Eunomia. Rivista semestrale di Storia e Politica Internazionali. Università del Salento», anno 4 n.s. (2015), n. 2, p. 36; cfr. Arturo Carlo JEMOLO, *Chiesa e Stato in Italia dalla unificazione ai giorni nostri*, Einaudi, Torino 1981, p. 166.

unitario portava con sé senza possibilità di trovare soluzione. In fondo è questa anche la concomitante visione di Mussolini e Gobetti che intravidero nella guerra la strada per una radicale trasformazione dell'Italia[59]. Infatti, questa visione rivoluzionaria non è certo distante da quella di coloro (che rivoluzionari non pensavano di essere) che si accollarono l'*azzardo* dell'ingresso in guerra considerando il conflitto la grande occasione per la salvezza o il rilancio dello Stato nazionale[60].

Per l'Italia, destinata ad essere un regno certamente inferiore alle grandi potenze europee, con un peso ridotto e con uno scarso apprezzamento internazionale, la guerra poteva rappresentare la soluzione all'insicuro *status quo* e la creazione di uno spazio nella trasformazione degli antichi equilibri continentali lì ove fossero sopraggiunti importanti sconvolgimenti[61]. Gli sconvolgimenti, purtroppo, non mancarono e lo spazio dell'Italia si accrebbe – benché limitatamente rispetto alle aspettative –, ma sconvolgimenti europei e maggiore spazio italiano concorsero a creare nuove sciagure per gli italiani sempre più legati allo Stato nato dal Risorgimento.

Se queste erano le attese e le speranze per possibili rimescolamenti della geografia politica, la guerra poteva essere pensata come una sorta di toccasana per la salvezza di un Regno che si considerava poggiato ancora su istituzioni precarie e su una Corona sostenuta da un consenso relativamente limitato. In una situazione di fragilità politica, è inevitabile che gli uomini di Stato scommettano sulla strada che possa cementare la Nazione e possa rinnovarne la legittimità. Come in ogni operazione ideologica, ove la guerra contro i nemici esterni viene invocata come via di soluzione dei problemi e dei dissidi interni (in una lezione che ha la sua inaugurazione nella guerra rivoluzionaria girondina del 1792[62]), così l'ingresso nel conflitto apparve a molti la strada risolutrice dei tanti mali in cui si dibatteva il Paese. Una lezione che si ripete: come per i rivoluzionari francesi la guerra contro le potenze esterne rappresentò il modo per compattare le forze interne e, in questo modo, salvare la Rivoluzione dal suo fallimento; analogamente per lo Stato italiano la pace avrebbe comportato la permanenza in una situazione paludosa nella quale il mito fondatore del Risorgimento si sarebbe verosimilmente esaurito.

Venne il momento in cui molti iniziarono a ritenere la guerra una necessità o, almeno, un'opportunità. Più cresceva l'onda emotiva interventista

---

59 ) Cfr. Augusto DEL NOCE, *Il suicidio della rivoluzione*, Rusconi, Milano 1978.
60 ) Cfr. le considerazioni sul rapporto tra guerra e rivoluzione presenti nel cap. 2.
61 ) Cfr. Pietro QUARONI, *L'Italia dal 1914 al 1945*, in AA. VV., *Nuove questioni di storia contemporanea*, Marzorati, Milano 1986, vol. 2, p. 1198-1199.
62 ) Cfr. Beniamino DI MARTINO, *Rivoluzione del 1789. La cerniera della modernità politica e sociale*, Leonardo Facco Editore, Treviglio (Bergamo) 2015, p. 177-181.

e più aumentò il numero di coloro che pensarono di trarne – più o meno cinicamente o più o meno idealmente – vantaggio. Ancora una volta, non erano i lavoratori o gli imprenditori a trarre beneficio dalla guerra, ma coloro che vivevano di una qualche rendita politica. Così fu per coloro che pensarono al conflitto come un rimedio alle difficoltà italiane: ad iniziare dal Re, probabilmente «attirato [...] dalla gloriosa prospettiva di diventare protagonista dell'unità d'Italia, lasciata incompiuta dai suoi predecessori»[63]. Anche in questo caso, la nemesi non tardò a manifestarsi perché, proprio in forza del suo apparente trionfo, Vittorio Emanuele III creava le premesse non solo per la ignominia che si è poi abbattuta sulla sua figura, ma anche per la fine della stessa dinastia.

Ma lo Stato italiano aveva bisogno della guerra e presumibilmente non avrebbe potuto sopravvivere senza di essa. Come e anche più degli altri Paesi, il conflitto compaginò le istituzioni, militarizzò la società, nazionalizzò le masse; in una parola: rese irrevocabile lo Stato unitario. Hobsbawm ha sostenuto che l'Austria, consapevole di essere ormai in una situazione disperata, avrebbe puntato sulla guerra come unica speranza di risollevarsi[64], quasi come un ultimo e disperato colpo di coda. È, piuttosto, da ritenere che sia stata l'Italia ad aver avuto un bisogno vitale della guerra, considerandola, cinicamente, una grande opportunità – o *la* grande storica opportunità – per sanare le proprie ferite e per uno slancio che diversamente non avrebbe potuto darsi.

La Prima Guerra Mondiale rappresenta per lo Stato italiano senz'altro uno dei grandi nodi della sua storia: senza di essa lo Stato nazionale non avrebbe potuto perfezionarsi. Anche il caso italiano, quindi, dimostra drammaticamente come la via della guerra è la strada spianata per il consolidamento dello Stato.

---

63 ) Simona COLARIZI, *Storia del Novecento italiano. Cent'anni di entusiasmo, di paure, di speranza*, Rizzoli, Milano 2000, p. 65.
64 ) Cfr. Eric J. HOBSBAWM, *L'età degli imperi. 1875-1914*, Laterza, Bari 1991, p. 368-369.

5

L'AMERICA ANTI-AMERICANA

«L'abbandono dell'America che fu» (Ralph Raico).

5.1. ISOLAZIONISMO GIÀ IN CRISI

NEL DELINEARE il carattere della guerra totale moderna, Mises definì l'ingresso in guerra degli Stati Uniti d'America come il «tragico errore del presidente Wilson»[1]. Così facendo veniva ribaltata la comune lettura circa la positiva idealità dell'intervento militare americano destinato a segnare le sorti della Prima Guerra Mondiale.

In verità, quell'intervento militare non si limitò a sbilanciare le forze in campo a favore delle potenze dell'Intesa determinando il tracollo degli Imperi Centrali. L'ingresso in guerra degli USA va visto come qualcosa di ancora più gravido di effetti, anche rispetto alla vicenda bellica e, seppur nel quadro generale comune a tutti i Paesi, il caso americano merita alcune attenzioni particolari.

Per comprendere l'accelerazione anche negli Stati Uniti dei processi di statalizzazione dovuti alla guerra, occorre fare qualche passo indietro e soffermarci su ciò che rese possibile la politica del presidente Wilson. Esattamente considerando i decenni precedenti della storia americana, la politica interventistica wilsoniana non può essere ritenuta una "svolta". Non dissimilmente da quanto era avvenuto negli altri contesti, anche l'entrata in guerra degli USA va riletta alla luce della storia precedente e

1 ) Ludwig von MISES, *L'azione umana. Trattato di economia*, prefazione di Lorenzo Infantino, Rubbettino, Soveria Mannelli (Catanzaro) 2016, p. 868.

in continuità con essa. La vera svolta nella storia degli Stati Uniti avvenne, piuttosto, con la sconfitta della Confederazione ad opera dell'Unione nella già accennata Guerra per la Secessione (la cosiddetta guerra civile americana, 1861-1865)[2] con la messa fuorilegge del principio di secessione (vero criterio di un'effettiva autodeterminazione) e con il ribaltamento del primato degli Stati locali[3] a tutto vantaggio del governo federale[4]. La riduzione dell'autogoverno dei singoli Stati e delle singole comunità e l'accrescimento dell'accentramento politico del governo federale costituì la vera svolta rispetto a ciò che era inscritto nell'Indipendenza del 1776[5]. A rendere inesatta l'attribuzione di un'inversione di direzione degli USA solo alla politica wilsoniana concorre anche l'analisi della cosiddetta *American Progressive Era* o *New Era*[6], i decenni a cavallo tra l'Ottocento e il Novecento caratterizzati da una forte egemonia politica del movimento progressista. Non a caso è stato questo il periodo in cui il protezionismo commerciale ebbe il suo radicamento anche negli Stati Uniti. Lì, nonostante il dibattito sia stato lungo ed aspro, la pratica del controllo governativo sullo scambio con l'estero allineò l'America alle politiche europee. Anzi, negli USA, la controversia sulla legittimità delle decisioni governative non solo riguardò il protezionismo verso il commercio con l'estero, ma

---

2 ) Cfr. cap. 1 di questo testo a proposito delle grandi centralizzazioni che si realizzarono nella seconda metà dell'Ottocento.
3 ) Con un significato inverso rispetto all'uso europeo, negli USA lo Stato (*the State*) è la comunità locale che tende ad amministrarsi in modo autonomo mentre il Governo federale (*the Federal Government*) rappresenta il potere politico centrale.
4 ) Cfr. Luigi Marco BASSANI, *Dalla rivoluzione alla guerra civile. Federalismo e Stato moderno in America 1776-1865*, Rubbettino, Soveria Mannelli (Catanzaro) 2009.
5 ) Cfr. Murray N. ROTHBARD, *America's Two Just Wars: 1775 and 1861*, in John V. DENSON (edited by), *The Costs of War. America's Pyrrhic Victories*, Transaction Publishers, New Brunswick (New Jersey) 1999, p. 119-133.
6 ) Cfr. David BOAZ, *Libertarismo. Silloge*, Liberilibri, Macerata 2010, p. 96.224; cfr. Friedrich A. von HAYEK, *La società libera*, prefazione di Lorenzo Infantino, scritti di Sergio Ricossa, Rubbettino, Soveria Mannelli (Catanzaro) 2011, p. 446; cfr. Francesco MARTINI, *Il movimento populista di fine Ottocento negli Stati Uniti e la sua perdurante influenza sulla politica americana*, in «Eunomia. Rivista semestrale di Storia e Politica Internazionali. Università del Salento», anno 2 nuova serie (2013), n. 2, p. 191-234; cfr. Murray N. ROTHBARD, *Sinistra e Destra: le prospettive della libertà*, introduzione di Roberta Adelaide Modugno, Istituto Acton, Roma 2003, p. 40-41; cfr. Murray N. ROTHBARD, *Per una nuova libertà*, introduzione di Luigi Marco Bassani, Liberilibri, Macerata 2004, p. 426; cfr. Murray N. ROTHBARD, *The Progressive Era*, foreword by Judge Andrew P. Napolitano, edited by Patrick Newman, Ludwig von Mises Institute, Auburn (Alabama) 2017; cfr. Ferdinando VEGAS, *Gli Stati Uniti dal 1890 al 1945*, in AA. VV., *Nuove questioni di storia contemporanea*, Marzorati, Milano 1986, vol. 2, p. 1064s. 1070s. 1088s.; cfr. Thomas E. WOODS jr., *The Church Confronts Modernity. Catholic Intellectuals and the Progressive Era*, Columbia University Press, New York (N. Y.) 2004.

– nel più ampio quadro delle forme di interventismo – accese anche una lunga disputa sul cosiddetto proibizionismo. Trattare anche questo aspetto non ci allontanerebbe dal nostro tema, tuttavia ci limitiamo a suggerire la connessione – che Rothbard sottendeva – tra queste modalità legislative e il clima della *Progressive Era*, il periodo che Rothbard ritiene dover anticiparsi rispetto alle classificazioni storiografiche più in voga e che fu caratterizzato da spinte culturali progressiste ed avanguardiste recepite, in modo politicamente condiviso, sia dai *Repubblicans*, sia dai *Democrats*.

Di questo complessivo movimento progressista Wilson dev'essere considerato senz'altro un leader, ma può essere considerato, al tempo stesso, anche un erede.

È proprio con l'accentramento del potere e con la cultura politica progressista che il governo americano abbandonò gradualmente il tradizionale isolazionismo[7] e il disimpegno nella politica estera avviando un presenzialismo soprattutto in alcuni scenari internazionali. Con l'accrescimento dell'impulso interventista, il governo americano iniziò a considerare l'espansionismo statunitense una sorta di naturale vocazione. L'originario isolazionismo (pare – e non sarebbe privo di significato – che la parola "isolazionismo" venne spregiativamente coniata nel contesto dell'accesissimo dibattito suscitato dagli intendimenti di Roosevelt riguardo l'ingresso in guerra nel 1941) era già stato messo in crisi dagli interventi militari tra la fine dell'Ottocento e l'inizio del Novecento; una sorta di prova generale di un "nuovo ordine" mondiale che supponeva il ruolo attivo degli USA.

Una critica libertaria a ciò fu anticipata dallo scienziato sociale William Graham Sumner (1840-1910)[8] che, dopo la guerra ispano-americana combattuta nel 1898 per il predominio di Cuba e delle Filippine, non plaudiva alla vittoria degli USA, ma, con sofferta ironia, ribaltando l'ordine dei vincitori, descriveva una paradossale "conquista" dell'America da parte della Spagna[9]. Sumner riteneva, cioè, che il nascente imperialismo USA fosse il frutto non della forza del suo paese, ma di un'egemonia che l'America iniziava a patire dall'esterno di essa, un'egemonia proveniente dal Vecchio Mondo. Apparentemente gli USA iniziavano a conquistare il mondo; in realtà, l'America, perdendo la propria originalità e

---

7 ) Cfr. Justin RAIMONDO, *Defenders of the Republic: The Anti-Interventionist Tradition in American Politics*, in John V. DENSON (edited by), *The Costs of War. America's Pyrrhic Victories*, Transaction Publisher, New Brunswick (New Jersey) 1999, p. 67-118.
8 ) Cfr. William Graham SUMNER, *L'uomo dimenticato*. IBL Occasional Paper n. 87, Istituto Bruno Leoni, Torino 2012.
9 ) Cfr. William Graham SUMNER, *The Conquest of the United States by Spain*, in «Yale Law Journal», vol. 8, n. 4 (January 1899), p. 168-193.

il tradizionale isolazionismo, si omologava e veniva, perciò, "conquistata" dall'assolutismo politico della vecchia Europa.

Contro la tesi del naturale espansionismo imperiale statunitense, la guerra contro la Spagna[10] ha rappresentato, infatti, la prima significativa incrinatura della tradizionale politica estera americana[11]. La *Progressive Era*, che in politica si traduceva nell'estensione delle competenze governative[12], portava a maturazione le proprie premesse. Gli isolazionisti fecero proprio il giudizio dello storico Samuel Flagg Bemis (1891-1973) che parlò di «Great Aberration», «la grande aberrazione del 1898»[13] e trasferirono il motto dalla guerra con la Spagna ad ogni genere di intervento militare che non avesse scopo esclusivamente difensivo.

Gli studiosi della Scuola Austriaca – insieme ai fautori dell'isolazionismo – non potevano non scorgere nell'imperialismo una diretta conseguenza dello Stato forte. Il crescente ricorso alle armi o anche l'abitudine a mostrare i muscoli, non sono altro che l'effetto della prepotenza politica. È proprio di chi possiede il potere essere tentato, prima o poi, di esercitare la propria forza. Questo interventismo non consente di scorgere alcun autentico progresso nella storia degli Stati Uniti, ma – come sosteneva Sumner – impone di vedervi l'adeguamento ad una tendenza nei confronti della quale l'America non costituiva più quella "eccezione"[14] che l'aveva resa prospera e pacifica.

L'ordine wilsoniano scaturito dalla Prima Guerra Mondiale, piuttosto che determinare la guida del mondo da parte degli USA, potrebbe, allora, essere "austriacamente" reinterpretato come la subalternità anche della nazione più libera al "nuovo ordine" statalista[15]. Se, quindi, si è soliti

---

10 ) Cfr. John V. DENSON, *War and American Freedom*, in IDEM (edited by), *The Costs of War. America's Pyrrhic Victories*, Transaction Publisher, New Brunswick (New Jersey) 1999, p. 31-36; cfr. Joseph R. STROMBERG, *The Spanish-American War as Trial Run, or Empire as Its Own Justification*, in John V. DENSON (edited by), *The Costs of War. America's Pyrrhic Victories*, Transaction Publishers, New Brunswick (New Jersey) 1999, p. 169-201.
11 ) Ci sarebbe da discutere se la guerra contro il Messico del 1846-1848, i casi del 1889 delle isole Hawaii e di Samoa e la crisi di Panama del 1903 – che vanno, comunque, tenuti presente – possano rappresentare dei veri e propri precedenti.
12 ) «Tra gli anni Ottanta dell'Ottocento e gli anni Trenta del Novecento, un esercito di boiardi di Stato trasformarono il governo federale in un colosso» (Gary GERSTLE, *Liberty and Coercion. The Paradox of American Government*, Princeton University Press, Princeton (New Jersey) 2015, p. 346).
13 ) Samuel Flagg BEMIS, *A Diplomatic History of the United States*, Henry Holt and Company, New York (N. Y.) 1963, p. 29.
14 ) Riflettendo sull'unicità dell'esperienza americana, gli studiosi hanno spesso parlato di "eccezionalismo".
15 ) Torna in mente l'antica locuzione latina *Graecia capta ferum victorem cepit* (la Grecia, conquistata [dai Romani], conquistò [con le arti] il selvaggio vincitore, Orazio, *Epistole*,

ritenere che, con la sua politica interventista, Wilson abbia creato un nuovo quadro della politica americana[16], la pregressa azione imperialista, ed in particolare la guerra del 1898, impongono di considerare l'intervento americano del 1917 nelle sue radici.

Nei decenni a cavallo tra l'Otto e il Novecento il partito di Wilson – il Democratic Party – si era trasformato nei suoi capisaldi: il partito tradizionalmente fiero delle libertà personali ed ostile agli obblighi statali, il partito paladino delle libertà economiche, del *laissez-faire*, della moneta forte e della separazione di questa dallo Stato, il partito dell'intraprendenza personale e dello Stato minimo, così come dell'anti-militarismo e dell'isolazionismo in politica estera, si era tramutato nel partito di ciò che Rothbard chiamerà il *welfare-warfare State*. Con le scelte di Wilson, questa trasformazione era ormai da considerarsi completata[17].

### 5.2. LA CROCIATA PER LA DEMOCRAZIA

Eletto nel novembre 1912 ed arrivato alla Casa Bianca nell'inizio del 1913, Thomas Woodrow Wilson (1856-1924)[18] ha legato il proprio nome, principalmente, a due eventi, uno di carattere interno, l'altro militare: il lancio della politica della *New Freedom* e l'ingresso in guerra. Nello stesso 1913, Wilson pubblicò il libro *The New Freedom*[19] il cui titolo presto divenne lo slogan del programma di governo rappresentando una delle più fortunate formule di riforma sociale. Dopo lo *Square Deal* di Theodore Roosevelt e la *New Freedom* di Wilson, locuzioni come queste – il *New Deal* di Franklin Roosevelt, il *Fair Deal* di Truman, la *New Frontier* di Kennedy, la *Great Society* di Johnson – hanno contrassegnato i grandi progetti politici, anche se hanno finito col costituire solo varianti piccole e puramente formali di un comune orientamento che si esprimeva in sempre più massicci interventi sociali da parte del governo federale.

L'amministrazione Wilson entrò in azione ereditando il XVI Emendamento alla Costituzione (approvato nel febbraio 1913) con cui veniva

---

II,1,156). Applicando la frase al nuovo contesto, si potrebbe sostenere che il vero perdente sia stata l'America. *Mutatis mutandis*, qui non c'è una superiorità culturale che si afferma; a prevalere è solo un orientamento ideologico.

16 ) Cfr., sebbene in posizione critica, Hans-Hermann HOPPE, *Democrazia: il dio che ha fallito*, prefazione di Raimondo Cubeddu, Liberilibri, Macerata 2008, p. 6.

17 ) Cfr. ROTHBARD, *Per una nuova libertà*, cit., p. 33.

18 ) Wilson è stato il 28° presidente degli Stati Uniti. Al primo mandato, a seguito delle elezioni del 1912, ne seguì un secondo nell'autunno del 1916. Wilson, pertanto, governò gli USA dal 1913 al 1921.

19 ) Thomas W. WILSON, *The New Freedom. A Call for the Emancipation of the Generous Energies of a People*, Doubleday, Garden City (New York) 1913.

introdotta e "costituzionalizzata" l'imposta progressiva sul reddito[20]. Seguì una lunga serie di provvedimenti (sulle locazioni, sui prezzi di favore per gli agricoltori, sull'istruzione, sull'obbligo di assicurazioni sociali, sulla *value-added tax*, sui salari minimi, sui sussidi) che il libertario italiano Bruno Leoni (1913-1967) bollò come «rapine legali»[21].

Altre due istituzioni avrebbero inciso fortemente sull'economia (e non solo su quella a stelle e strisce): la creazione della Federal Trade Commission (settembre 1914), istituzione consacrata a regolamentare la concorrenza, e soprattutto la fondazione della Federal Reserve (dicembre 1913), la banca centrale federale (ossia statale) che avrebbe, da quel momento, governato la politica monetaria degli USA[22]. Non furono poche, al riguardo, le espressioni di opposizione; per quanto insufficienti, esse dimostrarono la buona intuizione di coloro che avevano ben compreso quanto determinante fosse la questione. Come ha scritto il monetarista Milton Friedman (1912-2006)[23], «la creazione del Federal Reserve System ha rappresentato il cambiamento più rilevante nelle istituzioni monetarie degli Stati Uniti»[24].

Tra le voci di dissenso che si alzarono all'epoca, ci fu quella di Charles A. Lindbergh Sr. (1859-1924), Rappresentante del Minnesota al Congresso nonché padre del famoso aviatore. Contrario anche all'ingresso in guerra qualche anno dopo, Lindbergh, causticamente, così dichiarò a proposito del nuovo istituto federale: «questo decreto instaura il più gigantesco gruppo monopolistico della Terra... Quando il presidente firmerà

---

20 ) «The Congress shall have power to lay and collect taxes on incomes, from whatever source derived, without apportionment among the several States, and without regard to any census or enumeration (Il Congresso avrà la facoltà di imporre e riscuotere tasse sui redditi derivanti da qualunque fonte, senza ripartirle tra i vari Stati e senza dover tenere conto di alcun censimento)». Sul significato dell'introduzione dell'*income tax* nell'ordinamento, cfr. Charles ADAMS, *For Good and Evil. L'influsso della tassazione sulla storia dell'umanità*, Liberilibri, Macerata 2007, p. 446s.; cfr. Cyril Northcote PARKINSON, *La legge e i profitti. Una serie di verità straordinarie e paradossali sulle tasse e sul fisco nel mondo e nella storia*, Bompiani, Milano 1965, p. 45-46; cfr. Pascal SALIN, *La tirannia fiscale*, Liberilibri, Macerata 1997, p. 35s.
21 ) Bruno LEONI, *Il pensiero politico moderno e contemporaneo*, a cura di Antonio Masala, introduzione di Luigi Marco Bassani, Liberilibri, Macerata 2009, p. 392s.
22 ) Cfr. Murray N. ROTHBARD, *A History of Money and Banking in the United States. The Colonial Era to World War* II, Ludwig von Mises Institute, Auburn (Alabama) 2002, p. 183-271; cfr. Murray N. ROTHBARD, *Il Mistero dell'Attività Bancaria*, prefazione di Joseph T. Salerno, USEMLAB Economia e Mercati, Torino 2013, p. 227-237.
23 ) Come Rothbard, anche Friedman ha riconosciuto la responsabilità del Federal Reserve System nella crisi del 1929.
24 ) Milton FRIEDMAN, *Capitalismo e libertà*, prefazione di Antonio Martino, Istituto Bruno Leoni Libri, Torino 2010, p. 89.

questo atto, il governo invisibile del potere monetario, la cui esistenza è stata provata dal Money Trust Investigation, verrà legalizzato»[25].

Ancora una volta, un programma che si faceva bandiera di una libertà astratta (*"New Freedom"*) finiva col creare il pretesto ideologico all'allargamento del concreto potere politico. Hayek in *The Constitution of Liberty* (del 1960) mise in risalto la contraddizione della formula *New Freedom* adottata da Wilson: proprio il ricorso alla parola libertà comportò il ridimensionamento delle libertà reali[26] – così come era avvenuto in Europa, dove la retorica della "nuova libertà" giacobina era stata l'arma per smantellare le preesistenti libertà storiche[27]. Come nei tanti casi analoghi della storia recente, anche i provvedimenti dell'amministrazione Wilson, in nome di una singolare concezione della libertà, ponevano pesanti limitazioni alle concrete libertà economiche individuali mediante l'arbitrio dei gruppi di potere e della direzione collettiva dell'economia.

Abbiamo già citato la formula che Rothbard adottava per sottolineare il connubio tra interventismo sociale interno ed interventismo imperialista sul piano internazionale. Il pensatore americano, giocando con la somiglianza dei termini inglesi, descriveva efficacemente il moderno statalismo come *welfare-warfare State*[28]. Certamente la politica di Wilson può trovare nella locuzione di Rothbard una pertinente interpretazione dimostrando come l'interventismo militare (esterno) è inseparabile da quello sociale ed economico (interno). E l'uno e l'altro produssero un forte cambiamento dello stile americano[29].

Nel suo passato, Wilson non aveva dato prova di spirito imperialistico ed, anzi, si era accreditato come pacifista. Non di meno, però, al governo, la sua non fu mai una reale neutralità dinanzi alle parti in guerra. Quella della sua amministrazione fu, piuttosto, una specie di "neutralità belligerante". Si parteggiava per l'Intesa in modo costante, sebbene silenziosamente per non allarmare l'opinione pubblica americana convintamente neutralista.

---

25 ) Cit. in Richard H. TIMBERLAKE, *Monetary policy in the United States. An intellectual and institutional history*, University of Chicago Press, Chicago (Illinois) 1993, p. 233 («This act establishes the most gigantic trust on earth... When the President signs this act the invisible government by the money powers [..., proven to exist by the Money Trust investigation,] will be legalized»).
26 ) Cfr. Friedrich A. von HAYEK, *La società libera*, prefazione di Lorenzo Infantino, scritti di Sergio Ricossa, Rubbettino, Soveria Mannelli (Catanzaro) 2011, p. 77.
27 ) Cfr. Beniamino DI MARTINO, *Rivoluzione del 1789. La cerniera della modernità politica e sociale*, Leonardo Facco Editore, Treviglio (Bergamo) 2015, p. 122-141.
28 ) Cfr. ROTHBARD, *Per una nuova libertà*, cit., p. 41.70s.90.351s.; cfr. Murray N. ROTHBARD, *L'etica della libertà*, Liberilibri, Macerata 2000, p. 302s.
29 ) Cfr. Murray N. ROTHBARD, *World War I as Fulfillment: Power and the Intellectuals*, in «Journal of Libertarian Studies», vol. 9, n. 1, Winter 1989, p. 81-125.

Tutt'altro che imparziale, l'*establishment* governativo statunitense svolse una costante azione al fianco degli Stati dell'Intesa con rifornimenti e finanziamenti, un'azione di sostegno svolta senza mai dichiararsi esplicitamente nemici degli Imperi Centrali.

Particolarmente intensa fu l'opera di propaganda tesa a screditare l'immagine della Germania e dell'Austria e ad enfatizzare le colpe degli eserciti di questi Paesi. Venne creato un potente ed influente centro filo-governativo per orientare l'informazione[30], il Committee on Public Information[31], e vennero messi in campo strumenti di pressione difficilmente immaginabili per la libera America.

La parzialità e la ricerca dei pretesti[32] per poter giustificare la dichiarazione di guerra alla fine produsse il suo (amaro) risultato. Wilson aveva dovuto lavorare a lungo per poter avere la meglio sul tradizionale isolazionismo americano; le resistenze politiche[33] furono assai dure da piegare[34], ma ancor più tenaci furono quelle popolari[35]. Così come avverrà venticinque anni dopo con Roosevelt, si rese necessaria un'opera di propaganda lunga e martellante[36] per poter, infine, giungere a giustificare la dichiarazione di guerra. Quando questa approdò al Congresso nell'aprile del 1917, Wilson si trincerò dietro l'assicurazione di avere la stragrande maggioranza del popolo americano dalla sua parte. In questo modo, il presidente dimenticava non solo le precedenti e ripetute promesse di

---

30 ) Cfr. Alan AXELROD, *Selling the Great War. The Making of American Propaganda*, Palgrave Macmillan, New York (N.Y.) 2009, p. 67s.
31 ) La costituzione del Committee è dell'aprile 1917 e venne affidato ad un noto giornalista progressista, George Creel (1876-1953).
32 ) Cfr. Ralph RAICO, *Great Wars and Great Leaders. A Libertarian Rebuttal*, foreword by Robert Higgs, Ludwig von Mises Institute, Auburn (Alabama) 2010, p. 25s.27.30.
33 ) Ad es.: *Representative Claude Kitchin's Speech Opposing President Wilson's Request for a Declaration of War*, in John V. DENSON (edited by), *The Costs of War. America's Pyrrhic Victories*, Transaction Publisher, New Brunswick (New Jersey) 1999, p. 503-508.
34 ) Il presidente si trovò contro non solo il Congresso, ma anche parte del suo stesso schieramento. Significative le dimissioni del Segretario di Stato, William Jennings Bryan (1860-1925), in contrasto con Wilson sulla questione della neutralità. Da considerare che, del Partito Democratico, Bryan è stato un personaggio di primo piano essendo stato candidato per ben tre volte alle elezioni presidenziali: quelle del 1896 e del 1900 (entrambe vinte dal repubblicano McKinley) e quelle del 1908 (vinte dal repubblicano Taft).
35 ) Cfr. Erik-Maria von KUEHNELT-LEDDIHN, *Leftism Revisited. From de Sade and Marx to Hitler and Pol Pot*, Arlington House Publishers, New Rochelle (New York) 1974, p. 227-247; cfr. Robert NISBET, *Conservatorismo: sogno e realtà*, a cura di Spartaco Pupo, Rubbettino, Soveria Mannelli (Catanzaro) 2012, p. 135.
36 ) Cfr. David GORDON, *A Common Design: Propaganda and World War*, in John V. DENSON (edited by), *The Costs of War. America's Pyrrhic Victories*, Transaction Publishers, New Brunswick (New Jersey) 1999, p. 301-319.

neutralismo, ma anche le ragioni della vittoria elettorale per il suo secondo mandato. Infatti, appena pochi mesi prima dell'entrata in guerra, nel novembre del 1916, lo slogan elettorale ricordava agli elettori americani che Wilson aveva il merito di aver mantenuto gli USA fuori dalla guerra[37]. E neanche sarà un caso che le elezioni del 1920 saranno perse dal Partito Democratico proprio a causa della partecipazione in guerra e per le incognite insite nella politica estera dell'amministrazione uscente (trattati di pace e adesione alla Società delle Nazioni).

Quindi, vincendo le forti resistenze interne, nella primavera del 1917, gli Stati Uniti entrarono in guerra in qualità di paese "associato" e non come paese "alleato" – distinzione che non doveva risultare significativa per i neutralisti (ed ancor meno per i tanti giovani americani che lasceranno la vita sui campi di battaglia). Né aveva molta capacità persuasiva nei confronti degli isolazionisti il carattere "democratico" – e non "imperialista" – che Wilson volle attribuire all'intervento bellico.

L'erosione del tradizionale isolazionismo si compì in nome di una (relativamente) nuova visione politica idealista che Wilson volle incarnare a fondo e di cui è rimasto uno dei principali emblemi. La sua concezione utopica e carica di contraddizioni voleva farsi strumento di una sorta di rigenerazione morale del mondo. Ed, infatti, «gli Stati Uniti entrarono in guerra come portatori di un programma di sovvertimento del tradizionale ordine internazionale»[38].

Sull'idealismo wilsoniano molto si è scritto[39] considerando il ruolo di un "presidente apostolo"[40]. Sta di fatto che l'utopismo fu la piattaforma ideologica che faceva del governo un'azione politica missionaria e del presidente una sorta di "sacerdote-profeta"[41], come lo ha definito Kissinger. In forza di questo idealismo formalmente pacifista (che perseguiva la guerra per porre fine alle guerre), a Wilson, nel 1919, venne assegnato

---

37 ) Lo slogan era: «He kept us out of War». Cfr. Donald E. SCHMIDT, *The Folly of War. American Foreign Policy, 1898-2005*, Algora Publishing, New York (N.Y.) 2005, p. 80-82.
38 ) Massimo de LEONARDIS, *La trasformazione della Grande Guerra: il 1917*, in «Eunomia. Rivista semestrale di Storia e Politica Internazionali. Università del Salento», anno 4 n.s. (2015), n. 2, p. 31.
39 ) Come esempio della letteratura "austriaca": cfr. RAICO, *Great Wars and Great Leaders. A Libertarian Rebuttal*, cit., p. 18-19. Come esempio della letteratura generica: cfr. Ferdinando VEGAS, *Gli Stati Uniti dal 1890 al 1945*, in AA. VV., *Nuove questioni di storia contemporanea*, Marzorati, Milano 1986, vol. 2, p. 1060.1078.1083.
40 ) Cfr. Valeria LERDA GENNARO, *Woodrow Wilson*, in Romain RAINERO (a cura di), *I personaggi della storia contemporanea*, Marzorati, Milano 1983, vol. 2, p. 1231.1240.1241.
41 ) Cfr. Henry KISSINGER, *L'arte della diplomazia*, Mondadori, Milano 1996, p. 56-57.

il premio Nobel per la pace[42]. Il paradosso sta nel fatto che il presidente americano anziché lavorare per condurre gli schieramenti alla tregua – come avrebbe potuto fare con ben più decisione nel 1916 – preferì, al contrario, allargare l'estensione del conflitto con il coinvolgimento degli USA. Ma ciò non è in contrasto, bensì in linea, con l'alta concezione che aveva Wilson del compito di espellere dal mondo le forze considerate retrograde e reazionarie.

L'idealismo è sempre causa di disastri e quello del presidente USA non fece eccezione. Per lo storico americano Raico se gli USA non avessero abbandonato la vocazione isolazionista e non avessero sostenuto così attivamente l'Intesa, la guerra avrebbe potuto avere conclusione anticipata (probabilmente già nel 1916)[43], grazie anche alle segrete trattative di pace di cui si era fatto attivo promotore il nuovo imperatore asburgico[44], Carlo I (che regnò solo dalla fine del 1916 all'inizio del 1919). Ovviamente manca la prova controfattuale[45] della ipotesi di Raico; è indiscutibile, però, che l'aiuto americano abbia allontanato la possibilità di una pace "senza vinti e senza vincitori" ed abbia radicalizzato il conflitto[46].

L'azione di amministrazione si trasformava in opera ideologica e la politica in una pericolosa «scienza della perfezione»[47], un perfettismo inevitabile in base ad una concezione così alta della politica, espressione di una visione utopica che investiva il governo di compiti estesi e totalizzanti. Come il grande politologo Kenneth Minogue (1930-2013) suggeriva,

---

[42]) Il conferimento ebbe ancor più risalto per il fatto di non essere stato più assegnato dall'inizio della guerra (però nel 1917 venne riconosciuto alla Croce Rossa internazionale).

[43]) Cfr. Ralph RAICO, *World War I: The Turning Point*, in John V. DENSON (edited by), *The Costs of War. America's Pyrrhic Victories*, Transaction Publisher, New Brunswick (New Jersey) 1999, p. 203-247.

[44]) Cfr. François FEJTÖ, *Requiem per un impero defunto. La dissoluzione del mondo austro-ungarico*, introduzione di Sergio Romano, Mondadori, Milano 1998, p. 212s.; cfr. François FURET, *Il passato di un'illusione. L'idea comunista nel XX secolo*, Mondadori, Milano 1997, p. 69; cfr. Hans-Hermann HOPPE, *Democrazia: il dio che ha fallito*, prefazione di Raimondo Cubeddu, Liberilibri, Macerata 2008, p. 10; cfr. Enrico NISTRI, *Il trattato di Versailles*, in «Linea Tempo», aprile 1999, p. 55.57.

[45]) Cfr. HOPPE, *Democrazia: il dio che ha fallito*, cit., p. 10-11.

[46]) All'ingresso in guerra degli USA va ascritta un'altra terribile conseguenza: la pandemia della "febbre spagnola" che causò un numero incalcolabile di vittime, molte di più di quelle direttamente dovute alla guerra (si parla della influenza spagnola addirittura come la più grave forma di epidemia della storia dell'umanità). Come diremo in seguito, la diffusione della malattia fu una diretta conseguenza dell'intervento militare americano perché, da una contea del Texas, il virus si propagò in Europa attraverso le truppe statunitensi.

[47]) John H. HALLOWELL, *Il fondamento morale della democrazia*, a cura di Marina Sallusti, Giuffrè, Milano 1995, p. 125 («la politica è l'arte del possibile, non una scienza della perfezione»).

occorrerebbe sempre riflettere su come «poche cose sono più distruttive dei sogni politici di perfezione»[48].

Alla nazione americana si attribuiva un ruolo nuovo ed universale, non dissimile da quello che la Francia rivoluzionaria si era data sul finire del Settecento. In nome di questo ruolo che l'America iniziava a giocare nel globo, il governo di Wilson si sentiva messaggero di un "anticolonialismo imperiale"[49]. Una formula strana ove nel nome dell'anticolonialismo non ci si impediva di esercitare un imperialismo per niente inferiore a quello delle potenze europee. Ed infatti questa azione del governo statunitense non fu meno imperialista di quella delle potenze europee, per il fatto di essere spesa in nome dell'anticolonialismo che pur si diceva di voler contrastare. Contro i rischi di questa impostazione, gli autori "austriaci" non hanno risparmiato sforzi. A riguardo, scriveva ancora Rothbard: «questa battaglia [...] contro il nuovo imperialismo americano era semplicemente parte integrante della loro battaglia perenne contro la coercizione, lo statalismo e l'ingiustizia – contro il "governo forte" in ogni settore della vita, sia interna sia estera»[50]. Ed in effetti la crociata wilsoniana per la democrazia sul piano internazionale non poteva non avere pesanti controeffetti in politica interna. Non è il caso ora elencare i provvedimenti adottati; alcuni sono stati già citati, altri saranno accennati più avanti. Ci basta, in questo momento, richiamare il pesante impatto che lo Stato iniziava ad avere negli aspetti ordinari della vita delle persone anche nel paese che aveva fatto della libertà individuale la sua forza e la sua ragion d'essere.

Non solo la coscrizione obbligatoria[51] e le perdite umane, ma la conquista politica della moneta e il gravame dell'inflazione[52], l'esplosione della spesa pubblica e l'aumento della burocrazia, il dirigismo governativo e la pianificazione dell'economia; tutte cose che danno il senso di quegli spazi che la guerra consentiva di strappare alla società e di attribuire allo Stato.

---

48 ) Kenneth MINOGUE, *La mente servile. La vita morale nell'era della democrazia*, prefazione di Franco Debenedetti, Istituto Bruno Leoni Libri, Torino 2012, p. 398.
49 ) Cfr. VEGAS, *Gli Stati Uniti dal 1890 al 1945*, cit., p. 1079.
50 ) Murray N. ROTHBARD, *Per una nuova libertà*, introduzione di Luigi Marco Bassani, Liberilibri, Macerata 2004, p. 33.
51 ) Cfr. Robert HIGGS, *War and Leviathan in Twentieth-Century America: Conscription as the Keystone*, in John V. DENSON (edited by), *The Costs of War. America's Pyrrhic Victories*, Transaction Publisher, New Brunswick (New Jersey) 1999, p. 375-388.
52 ) Cfr. Joseph T. SALERNO, *War and the Money: Concealing the Costs of War beneath the Veil of Inflation*, in John V. DENSON (edited by), *The Costs of War. America's Pyrrhic Victories*, Transaction Publisher, New Brunswick (New Jersey) 1999, p. 433-453.

Non c'è bisogno di ricordare che questa "economia di guerra" non fu una leva su cui agì solo l'amministrazione Wilson. Ma è normale che l'analisi della situazione americana abbia destato più preoccupazione e più attenzione[53] per le innegabili conseguenze nel paese delle libertà capitalistiche e dei diritti individuali[54].

In un circolo vizioso in cui *welfare* e *warfare* si sostengono a vicenda, la guerra di Wilson trovava alimento nel carattere "democratico" che il presidente USA volle imprimere alla partecipazione bellica[55]. Come le campagne militari giacobine che presero avvio nel 1792, la guerra di Wilson aveva una natura "ideologica": non il mero – pur deprecabile – ottenimento di vantaggi territoriali, ma la soppressione di ciò che rimaneva della Vecchia Europa[56], raffigurata in forme autoritarie e vetuste. Una trasformazione che doveva avvenire all'insegna di una nuova missione, quella di "democratizzare" il mondo[57].

Wilson e la sua amministrazione, quindi, abbracciarono una missione palingenetica e fecero della guerra una vera e propria crociata – si parlò, infatti, di "crociata democratica"[58] – che non poteva, a causa dei suoi caratteri, che essere preludio di una "guerra totale".

Tutta la macchina propagandistica messa in campo dal governo contribuì a creare un clima di contrapposizione netta tra le potenze democratiche e quelle considerate autoritarie[59]. Ancora una volta, il Committee on

---

53 ) Cfr. ROTHBARD, *Per una nuova libertà*, cit., p. 351-391.
54 ) Cfr. John V. DENSON, *War and American Freedom*, in IDEM (edited by), *The Costs of War. America's Pyrrhic Victories*, Transaction Publisher, New Brunswick (New Jersey) 1999, p. 1-51.
55 ) Cfr. RAICO, *Great Wars and Great Leaders. A Libertarian Rebuttal*, cit., p. 19.32.42; cfr. Roberto de MATTEI, *La sovranità necessaria. Riflessioni sulla crisi dello Stato moderno*, Il Minotauro, Roma 2001, p. 125s.; cfr. Giorgio RUMI, *La Chiesa di fronte ai totalitarismi*, in Licia MORRA (a cura di), *L'Europa del XX secolo fra totalitarismo e democrazia*, Itaca, Lugo di Romagna (Ravenna), p. 87; cfr. Lucio TONDO, *Woodrow Wilson, la crisi di Veracruz e il contrasto con il Kaiserreich (aprile 1914)*, in «Eunomia. Rivista semestrale di Storia e Politica Internazionali. Università del Salento», anno 3 nuova serie (2014), n. 1, p. 77-142.
56 ) Cfr. HOPPE, *Democrazia: il dio che ha fallito*, cit., p. 6-7; cfr. Erik-Maria von KUEHNELT-LEDDIHN, *Leftism Revisited. From de Sade and Marx to Hitler and Pol Pot*, Arlington House Publishers, New Rochelle (New York) 1974, p. 240.
57 ) Cfr. le considerazioni sul rapporto tra guerra e democrazia presenti nel cap. 2 (par. 1).
58 ) Cfr. Valeria LERDA GENNARO, *Woodrow Wilson*, in Romain RAINERO (a cura di), *I personaggi della storia contemporanea*, Marzorati, Milano 1983, vol. 2, p. 1235; cfr. Charles SEYMOUR, *Woodrow Wilson and the World War. A Chronicle of Our Own Times*, edited by Allen Johnson, The Floating Press, Auckland (New Zealand) 2013, p. 73.
59 ) Quanto fosse artificiosa questa distinzione lo dimostrano i provvedimenti adottati da Wilson che limitarono gravemente le libertà individuali. Cfr. Harry N. SCHEIBER,

Public Information svolse la sua funzione presentando «la guerra come una nobile crociata combattuta per la democrazia contro i demonizzati tedeschi»[60].

La crociata democratica di Wilson, che non mancò di suscitare anche l'ironia del rivoluzionario Lev Trotsky, compagno di Lenin[61], ebbe, comunque, grande *appeal*. In Italia, ad esempio, don Luigi Sturzo ripose fiducia nell'impostazione democratica di Wilson e dimostrò di sposare il carattere ideale dell'intervento USA. Così argomentava il pensatore siciliano: «il rincalzo americano fu anzitutto basato sopra un'impostazione idealistica [...]. Si suole ripetere dai nazionalisti di tutto il mondo che le idealità degli americani nascondevano il loro vantaggio e testimoniavano una mentalità puritana ipocrita. [...] Comunque fosse la realtà, e certo essa era diversa dalle apparenze, era questa la piattaforma intellettuale della politica di guerra; e mai più elevati sentimenti (salvo durante le crociate e la difesa della civiltà cristiana contro i Turchi) furono messi a base di una lotta più sanguinosa»[62].

Tuttavia, l'ostinazione con cui l'amministrazione Democratica promosse l'ingresso nel conflitto[63] – anticipazione di quanto avverrà con Roosevelt nel 1941 – rappresentò un punto di non ritorno per gli USA. Lo storico "austriaco" Raico sottolinea ciò sino a parlare di "svolta": la guerra – ha scritto lo storico – «fu anche un punto di svolta nella storia della nostra nazione americana, la quale, sotto il comando di Woodrow Wilson, si sviluppò in qualcosa di radicalmente diverso da ciò che era stata prima. Da tutto ciò deriva l'importanza delle origini di tale guerra, il suo svolgimento, ed il suo periodo successivo»[64].

---

*The Wilson Administration and Civil Liberties, 1917-1921*, Quid pro Books, New Orleans (Louisiana) 2013.
60 ) Susan A. BREWER, *Why America Fights. Patriotism and War Propaganda from the Philippines to Iraq*, Oxford University Press, New York (N. Y.) 2009, p. 280 («the Committee on Public Information presented the war as a noble crusade fought for democracy against demonized Germans»).
61 ) Cfr. Lev TROTSKY, *Storia della rivoluzione russa*, Sugar Editore, Milano 1964, p. 306.
62 ) Luigi STURZO, *L'Italia e il fascismo (1926)*, Edizioni di Storia e Letteratura, Roma 2001, p. 37.
63 ) Per una ricostruzione della vicenda, cfr. Thomas E. WOODS jr., *Guida politicamente scorretta alla storia degli Stati Uniti d'America*, a cura di Maurizio Brunetti, con un invito alla lettura di Marco Respinti, D'Ettoris Editori, Crotone 2012, p. 161-176.
64 ) RAICO, *Great Wars and Great Leaders. A Libertarian Rebuttal*, cit., p. 2 («It was also a turning point in the history of our American nation, which under the leadership of Woodrow Wilson developed into something radically different from what it had been before. Thus, the importance of the origins of that war, its course, and its aftermath»).

Certamente la crociata wilsoniana per la democrazia archiviava definitivamente la vocazione pacifica e mercantile propria della *Old America* e suggellava una nuova stagione interventista sul piano internazionale[65].

La insopprimibile componente collettivistica della democrazia[66] era stata alla base della diffidenza per la democrazia da parte dei coloni americani, una diffidenza che portava i coloni ad essere assai distanti dagli illuministi francesi con la loro tipica adorazione per la volontà generale e per la sovranità popolare[67]. La originaria differenza tra la *freedom* americana e la *Liberté* giacobina[68] sembrava scomparire nei propositi ideologici di Wilson che, in questo modo, si ponevano in contrasto con le origini culturali dell'organizzazione politica americana[69].

Ciò che rimaneva (o a mala pena sopravviveva) in Europa di quel mondo pre-statuale sembrava molto più vicino alle origini americane di quanto possa immaginarsi. La confederazione delle colonie della Nuova Inghilterra rappresentò un'alternativa al processo di "nazionalizzazione" che è stato tipico dell'Europa moderna: il policentrismo medievale aveva trovato ben più un'eco di sé nel modo con cui i coloni gelosamente custodirono il principio dell'autogoverno e il riferimento al diritto naturale. Mentre in Europa andava affermandosi sempre più lo Stato nazionale e il "principio di sovranità", le colonie (indipendenti di fatto) iniziavano il loro prospero cammino, grazie alla *conservazione* degli ordinamenti che erano propri della Vecchia Europa, ma che i nuovi Stati nazionali progressivamente abiuravano.

Va, quindi, tenuto presente che ciò che Wilson condannava sbrigativamente come autoritarismo era, in realtà, ben più "americano" (perché assai più congenere alla tradizione coloniale americana) di quella democrazia giacobina che la guerra avrebbe voluto esportare in tutta Europa e nel

---

65 ) Cfr. ROTHBARD, *Per una nuova libertà*, cit., p. 351-391.
66 ) Cfr. Erik-Maria von KUEHNELT-LEDDIHN, *L'errore democratico. Il problema del destino dell'Occidente*, Volpe, Roma 1966.
67 ) Rothbard scriveva: «il libertario è chiaramente un individualista ma *non* un egualitario. L'unica uguaglianza che egli reclama è l'uguaglianza dei diritti di ogni uomo alla sua proprietà e alla sua persona, alla proprietà della terra mai usata che egli rende fertile, e alla proprietà altrui che egli ha ottenuto per sé con il libero scambio o come donazione volontaria» (ROTHBARD, *Per una nuova libertà*, cit., p. 65).
68 ) Cfr. Beniamino DI MARTINO, *"Conceived in liberty". La contro-rivoluzione americana del 1776*, Liamar Editions, Principality of Monaco 2016, p. 152s.
69 ) «Charles Austin Beard (1874-1948) sottolineava che i padri fondatori aborrivano la democrazia più del peccato originale. Inoltre, la parola "democrazia" non compare né nella Dichiarazione d'Indipendenza, né nella Costituzione statunitensi» (Erik-Maria von KUEHNELT-LEDDIHN, *Liberale e liberal non sono la stessa cosa*, in «Cultura & identità», anno 2 (2010), n. 4, p. 12).

mondo intero. L'autoritarismo contro cui Wilson costruì la sua crociata altro non era se non il pluralismo culturale e istituzionale che affondava le sue radici nella storia pre-rivoluzionaria del Vecchio Continente.

Sarebbe troppo approssimativo dividere gli schieramenti in modo netto e preciso, ma il fronte "democratico" dell'Intesa era maggiormente espressione di tendenze statalizzanti che non mancarono di rafforzarsi proprio grazie all'esito del conflitto. L'amministrazione degli Stati Uniti trovò più naturale collocarsi a fianco della Triplice Intesa; tuttavia questa collocazione – si potrebbe dire – andava a contraddire non solo il tradizionale spirito isolazionista americano, ma anche la originaria cultura coloniale avversa ad ogni centralismo.

In base a ciò, l'idealismo della (relativamente) nuova politica estera USA si amalgamava bene con gli intendimenti patrocinati dall'Intesa e il moralismo di Wilson non avrebbe potuto che avere come proprio compagno il giacobinismo di Clemenceau[70]. Fu così che l'America progressista e la Francia post-rivoluzionaria si trovarono – com'era logico – dalla stessa parte o, per usare una metafora attinente, nella stessa trincea.

5.3. L'ANTI-MAYFLOWER

Abbiamo ricordato le precedenti scelte americane in politica estera nel cui solco si poneva Wilson. È pur tuttavia innegabile che questa presidenza rappresenta un punto nodale nella storia politica degli USA[71]. «Fu Wilson – dichiarava Rothbard – a stabilire i principi guida della politica estera americana per tutto il resto del nostro secolo. Quasi ogni presidente successivo ha voluto essere wilsoniano e ha seguito la sua politica»[72]. Infatti, proprio a partire da quel momento, la politica estera non si è più distaccata dal principio di intervento militare, avendo Wilson suggellato un orientamento che è poi rimasto inalterato nei successivi decenni[73]. Da

---

70 ) Georges Benjamin Clemenceau (1841-1929) era il primo ministro francese. Tuttavia, a causa del trattato di Versailles vi furono divergenze molto forti con il presidente americano. Cfr. Georges CLEMENCEAU, *Grandezze e miserie di una vittoria*, Mondadori, Milano 1931.
71 ) Cfr. Paul GONFRIED, *Wilsonianism: The Legacy That Won't Die*, in «The Journal of Libertarian Studies», volume IX, n. 2, Fall 1990, p. 117-126.
72 ) ROTHBARD, *Per una nuova libertà*, cit., p. 362.
73 ) Ciò, ovviamente, non ha impedito che importanti studi promuovessero un approfondimento critico nei confronti di una figura troppo spesso considerata intoccabile. Non sono pochi i testi utili a dare un quadro demitizzato di Wilson. È del 1929 *Why We Fought* di Grattan (C. Hartley GRATTAN, *Why We Fought*, Bobbs-Merrill, Indianapolis (Indiana) 1969); nel 1935 uscì *Road to War* di Millis (Walter MILLIS, *Road to War. America 1914-1917*, Houghton Mifflin, Boston (Massachusetts) 1935). Non vanno dimenticati i saggi che in prossimità della Seconda Guerra Mondiale riprendevano tutti

allora, infatti, tutti i presidenti USA – come direbbe Rothbard –, hanno «voluto essere wilsoniani» seguendone gli indirizzi in politica estera. Anche i futuri presidenti Herbert Hoover (repubblicano, 1929-1933) e Franklin D. Roosevelt (democratico, 1933-1945) – all'epoca rispettivamente capo della American Relief Administration (poi della U.S. Food Administration)[74] e Vicesegretario alla Marina[75] – sostennero convintamente l'ingresso in guerra e, una volta alla Casa Bianca, entrambi, nei rapporti internazionali, seguirono le linee proclamate da Wilson.

Proprio queste linee, promulgate o stabilizzate dall'amministrazione democratica di Wilson, andavano a sconfessare l'elemento caratterizzante le origini americane: quell'isolazionismo che rappresentava una peculiarità e una sorta di vocazione dei neonati Stati Uniti[76]. Infatti, ancor prima che per la scelta delle alleanze, l'interventismo rinnegava le radici dello stesso patto politico da cui era nata la convivenza americana e da cui si era sviluppato il suo rigoglio.

Richiamandosi a questa vocazione e rivitalizzando la lezione della storia degli USA, l'americano Rothbard ha fatto frequente riferimento alla figura di Thomas Jefferson (1743-1826)[77], estensore della Dichiarazione d'Indipendenza e precoce contestatore del *Big Government*. Nel nome dello "spirito del 1776", Jefferson aveva affermato il principio isolazionista fondato sulla priorità del libero scambio: «pace, commercio e buoni rapporti con tutte le nazioni, ma alleanze con nessuna»[78]. Jefferson e la quasi totalità dei Padri fondatori, per la comune cultura mercantile, si sentivano naturalmente isolazionisti; evitare ogni dannosa interferenza con altri governi era considerata la condizione per garantire la coesistenza

---

i temi cari all'isolazionismo. Più recenti, invece, sono *The Politics of War* di Karp (Walter KARP, *The Politics of War. The Story of Two Wars which Altered Forever the Political Life of the American Republic (1890-1920)*, Harper and Row, New York (N.Y.) 1979), *The End of Order* di Mee (Charles L. MEE, Jr., *The End of Order. Versailles 1919*, Edward Payson Dutton, New York (N.Y.) 1980) e *Why America Fights* di Brewer (Susan A. BREWER in *Why America Fights. Patriotism and War Propaganda from the Philippines to Iraq*, Oxford University Press, New York (N.Y.) 2009).

74 ) Per ciò che riguarda Hoover, cfr. LERDA GENNARO, *Woodrow Wilson*, cit., p. 1236.
75 ) Per ciò che riguarda Roosevelt, cfr. RAICO, *Great Wars and Great Leaders. A Libertarian Rebuttal*, cit., p. 37.
76 ) Cfr. Thomas E. WOODS jr., *Guida politicamente scorretta alla storia degli Stati Uniti d'America*, a cura di Maurizio Brunetti, con un invito alla lettura di Marco Respinti, D'Ettoris Editori, Crotone 2012, p. 66-67.
77 ) Cfr. ROTHBARD, *Per una nuova libertà*, cit., p. 33.362.385.
78 ) Cit. in Norman K. RISJORD, *Jefferson's America, 1760-1815*, Rowman & Littlefield Publishers, Lanham (Maryland) 2002, p. 332 («peace, commerce, and honest friendship with all nations–entangling alliances with none»).

pacifica ed assicurare i buoni rapporti commerciali con tutti. Il principio di Jefferson – «commerciare con tutte le nazioni, stringere alleanze con nessuna» – rappresenta quel saggio criterio di realismo politico che consentirebbe alla civiltà di prosperare senza guerre; quel saggio criterio che consentì all'America di progredire rapidamente e di svilupparsi senza paragoni. «Fieri dell'indipendenza – commentava lo storico Ralph Raico –, gli americani erano dediti al pacifico (e redditizio) scambio di beni»[79]. L'interventismo internazionale rappresentava, invece, il rinnegamento dello spirito imprenditoriale coloniale, il capovolgimento della subalternità della politica al commercio e il tradimento dell'antica "repubblica mercantile"[80]. Per quanto non siano mancati tentativi atti a leggere la politica di Wilson in chiave jeffersoniana[81], l'abbinamento tra le due figure è chiaramente indebito. Le scelte di Wilson, vieppiù, si pongono in modo contrario all'impostazione di Jefferson, rinnegando il caratteristico isolazionismo americano. In linea con i propositi jeffersoniani, invece, si sono collocati gli autori legati al libertarismo. Per essi il dovere verso l'internazionalismo economico non può che coincidere con l'obbligo all'isolazionismo diplomatico. Ha sostenuto, pertanto, Rothbard: «l'internazionalismo economico e culturale nel senso di libertà pacifica di commercio, di investimento e di scambio tra tutti i cittadini di tutti i paesi. E questa è anche l'essenza della posizione libertaria»[82].

E quanto l'assenza di interventismo in politica estera costituisse un importante elemento di distanza rispetto alla ordinaria e abituale prassi diplomatica delle potenze europee lo dimostra, accanto al già citato pensiero di Jefferson, una serie di attestazioni. Tra le più significative, quella di Washington e di Adams. Pure Alexis de Tocqueville (1805-1859), nel suo celeberrimo *De la démocratie en Amérique* (1835-1840), non mancò di sottolineare la peculiarità con cui il governo nord-americano si

---

79 ) Ralph RAICO, *La storia del liberalismo e della libertà occidentale*. IBL Occasional Paper n. 1, Istituto Bruno Leoni, Torino 2004, p. 4.
80 ) La partecipazione bellica venne giustificata da Wilson anche nel nome della libertà di navigazione e dell'abolizione delle barriere economiche (cfr. il discorso dei "Quattordici punti"). Si trattava, però, di un vero paradosso tale qual era quello di affidare la libertà economica al potere statale e di mettere il commercio sotto la tutela delle decisioni politiche. A proposito dei gravi effetti prodotti dall'interventismo, Hayek scriveva: «se le relazioni economiche internazionali, anziché essere relazioni fra individui, diventano sempre più relazioni fra intere nazioni organizzate come organismi commerciali, esse diventano inevitabilmente cause di attrito e di invidia fra intere nazioni» (Friedrich A. von HAYEK, *La via della schiavitù*, prefazione di Raffaele De Mucci, Rubbettino, Soveria Mannelli (Catanzaro) 2011, p. 270).
81 ) Così, ad esempio, in LERDA GENNARO, *Woodrow Wilson*, cit., p. 1240-1241.
82 ) ROTHBARD, *Per una nuova libertà*, cit., p. 352.

disimpegnava da contrasti e contese internazionali[83] contrariamente alla sempre intricata politica estera degli Stati europei[84].

E nelle pagine del politologo francese troviamo anche le affermazioni di George Washington (1732-1799), primo presidente USA (1789-1797). Ebbene, l'eroe dell'Indipendenza nazionale nel discorso di commiato (*Farewell Address*, 17 settembre 1796) quasi al termine del suo mandato, si rivolse ai suoi compatrioti con il più realistico dei programmi politici: «la grande regola di condotta per noi, riguardo alle nazioni straniere, è quella di estendere le nostre relazioni commerciali avendo con loro il minor legame politico possibile. [...] La nostra vera politica consiste nell'evitare alleanze permanenti con qualsiasi parte del mondo straniero»[85]. Le parole suonano come un lascito politico da cui gli Stati Uniti avrebbero fatto bene a non distaccarsi mai[86].

---

83 ) Cfr. Alexis de TOCQUEVILLE, *La democrazia in America*, Rizzoli, Milano 1999, p. 234-238 (libro II, cap. V).

84 ) Tanto spesso la politica estera ha assunto la principale preoccupazione delle cancellerie e dei regnanti europei.

85 ) George WASHINGTON, *Farewell Address*, edited by Julia Hargrove, Teaching & Learning Company, Carthage (Illinois) 2000, p. 16 («the great rule of conduct for us in regard to foreign nations is, in extending our commercial relations, to have with them as little political connection as possible. [...] It is our true policy to steer clear of permanent alliances with any portion of the foreign world»).

86 ) Vale la pena proseguire la lettura del discorso di Washington: «l'Europa ha un certo numero di interessi che le sono propri e che non hanno alcun rapporto, o hanno qualche rapporto molto indiretto, coi nostri; essa si trova dunque frequentemente impegnata in questioni che ci sono naturalmente estranee; unirci con legami artificiali alle vicissitudini della sua politica, entrare nelle varie combinazioni delle sue alleanze e inimicizie e prendere parte alle lotte che ne risultano sarebbe agire imprudentemente. Il nostro isolamento e la nostra lontananza da essa ci invitano dunque a adottare un cammino contrario e ci permettono di seguirlo. Se noi continueremo a formare una sola nazione, retta da un governo forte, in un tempo non lontano non avremo nulla da temere da alcuno. Allora noi potremo prendere un atteggiamento che faccia rispettare la nostra neutralità; le nazioni belligeranti, sentendo l'impossibilità di acquistare qualcosa a nostro danno, temeranno di provocarci senza motivo; e noi saremo in posizione tale da scegliere la pace o la guerra, senza seguire altre direttive per le nostre azioni che i nostri interessi e la giustizia. Perché abbandoneremo i vantaggi che possiamo trarre da una situazione tanto favorevole? Perché lasceremo un terreno che ci è proprio per andarci a stabilire in un terreno straniero? Perché, infine, legando il nostro destino a una parte qualunque dell'Europa, esporremo la nostra pace o la nostra prosperità all'ambizione, alle rivalità, agli interessi o ai capricci dei popoli che l'abitano? La nostra vera politica è di non contrarre alleanze permanenti con nessuna nazione straniera; per lo meno riguardo a quelle che siamo ancora liberi di fare, poiché io sono ben lontano dal pretendere che si manchi di parola agli impegni esistenti. L'onestà è sempre la migliore politica: questa massima mi sembra egualmente applicabile agli affari delle nazioni e a quelli degli individui. Io penso dunque che si debbano eseguire in tutta la loro estensione gli impegni che abbiamo già assunti; ma credo

Il testamento politico di Washington venne ripreso anche nei propositi di un suo successore, John Quincy Adams (1767-1848), che, senza tergiversazioni, riteneva un grave errore idealizzare le questioni internazionali e proclamava con tutta nettezza: «l'America non se ne va in giro per il mondo a cercare mostri da distruggere. Essa augura a tutti libertà e indipendenza; ma combatte e si vendica solo per se stessa»[87].

La filosofia esposta da Wilson nel discorso con cui il presidente chiedeva al Congresso l'approvazione alla dichiarazione di guerra contro la Germania non poteva essere più distante dal principio enunciato dal suo predecessore Adams. Il 2 aprile 1917 Wilson, infatti, affermò «di lottare [...] per la definitiva pace del mondo e per la liberazione dei popoli, popolo tedesco compreso: per i diritti delle nazioni grandi e piccole e la prerogativa degli uomini in ogni dove di scegliere il modo di vivere e di obbedire. Il mondo deve essere reso sicuro con la democrazia [...]; [combattiamo] per un dominio universale del diritto quale concerto di popoli liberi che devono portare la pace e la sicurezza di tutte le nazioni e rendere il mondo finalmente libero»[88].

Lo storico Raico, sottolineando la contrapposizione tra i grandi interpreti dell'isolazionismo e il presidente che condusse l'America in guerra nel 1917, ha avuto motivi per sostenere che «Woodrow Wilson può essere visto come l'anti-Washington. [...] Wilson era anche l'anti-John Quincy Adams»[89]. In questa stessa linea, considerando il tradizionale e tenace attaccamento dell'antica America all'isolazionismo, potremmo giungere a definire Wilson "l'anti-americano" a causa del ruolo svolto nell'erodere i principi su cui si era innalzata la "eccezione" politica degli Stati Uniti.

---

inutile e imprudente assumerne dei nuovi. Disponiamoci sempre in modo di far rispettare la nostra posizione: alleanze temporanee basteranno a metterci in grado di far fronte a qualsiasi pericolo» (*Ibidem*, p. 16-17).

87 ) Lynn H. PARSONS, *John Quincy Adams*, Rowman & Littlefield, Lanham (Maryland) 2001, p. 149 («But she [America] goes not abroad, in search of monsters to destroy. She is the well-wisher to the freedom and independence of all. She is the champion and vindicator only of her own»).

88 ) Cit. in Robert J. McMAHON - Thomas W. ZEILER, *Guide to U.S. Foreign Policy. A Diplomatic History*, CQ Press, Thousand Oaks (California) 2012, p. 135 («to fight thus for the ultimate peace of the world and for the liberation of its peoples, the German people included: for the rights of nations great and small and the privilege of men everywhere to choose their way of life and of obedience. The world must be made safe for democracy [... we fight] for a universal dominion of right by such a concert of free peoples as shall bring peace and safety to all nations and make the world at last free»).

89 ) Ralph RAICO, *Great Wars and Great Leaders. A Libertarian Rebuttal*, foreword by Robert Higgs, Ludwig von Mises Institute, Auburn (Alabama) 2010, p. 32 («Woodrow Wilson may be seen as the anti-Washington. [...] Wilson was also the anti-John Quincy Adams»).

Come già detto, Wilson non è certamente l'unico responsabile di questa deriva; pur tuttavia il peso di quanto fatto in tale direzione non può essere sottostimato perché è enorme. Non è, quindi, eccessivo parlare – ancora con un'espressione di Raico – della responsabilità di aver distorto (o grandemente contribuito a distorcere) il genuino spirito individualistico americano determinando «the abandonment of the America that was»[90], l'abbandono dell'America che fu. Con l'ingresso in guerra, l'America rinunciava ad essere ciò che era stata e ciò che l'aveva resa grande.

Collegato a queste considerazioni, si può aggiungere un ulteriore ed ultimo commento. Scriveva lo storico svizzero Gonzague de Reynold (1880-1970): «nel 1917, quando gli americani sono intervenuti per la prima volta nella guerra europea, quando sono sbarcati in Francia, l'avvenimento che si preparava dalla fine del secolo XV si è compiuto: la storia è diventata mondiale»[91]. Reynold parlando dell'«avvenimento che si preparava dalla fine del secolo XV» intendeva riferirsi alla globalizzazione della storia. A noi la citazione serve per indicare che, da quel momento, l'America ha scelto di accodarsi a tutto il portato dei giochi diplomatici e dei giochi di potere propri del Vecchio Continente, quei grovigli, cioè, che hanno portato l'Europa al suo declino e al suo collasso. L'America – *Conceived in Liberty*, direbbe Rothbard[92] – sorta allontanandosi dalle lotte che insanguinavano le vecchie patrie e distanziandosi dal potere che calpestava le libertà individuali, ora si *ricongiungeva* a quel Vecchio Continente del quale aveva abborrito le svolte. Così, lo sbarco sul suolo europeo dei soldati americani rappresenta un "contro-approdo" che, in qualche modo, invertiva (e sovvertiva) lo sbarco, sulle coste del New England, dei *Pilgrim Fathers*. Questi, tre secoli prima, nel 1620, erano fuggiti dall'assolutismo, mentre la partecipazione alla Grande Guerra costrinse gli americani a riabbracciare tutto ciò di cui avevano potuto fare a meno. La nave Mayflower aveva portato i coloni nella terra della libertà, la politica di Wilson riportò gli americani tra le spine delle ideologie. Un libero patto aveva unito i pionieri nell'edificazione delle colonie del Nuovo Mondo (da spontanei *covenants* e *agreements* erano nate le comunità libere[93]); una decisione governativa piuttosto autoritaria e abbastanza impopolare contribuiva a desertificare il Vecchio Mondo.

---

90 ) *Ibidem*, p. 33.
91 ) Gonzague de REYNOLD, *Impressions d'Amérique*, Marguerat, Lausanne 1950, p. 33.
92 ) Murray N. ROTHBARD, *Conceived in Liberty*, Ludwig von Mises Institute, Auburn (Alabama) 1999, 4 volumes.
93 ) Cfr. Luigi Marco BASSANI - Alberto MINGARDI, *Dalla Polis allo Stato. Introduzione alla storia del pensiero politico*, Giappichelli Editore, Torino 2015, p. 127s.; cfr. Nicola MATTEUCCI, *Lo Stato moderno. Lessico e percorsi*, Il Mulino, Bologna 2011, p. 137.

La fuga dall'assolutismo aveva aperto una nuova possibilità di libertà, ora la volontà di rafforzare la centralità del decisionismo politico sconfessava la tradizionale via americana per la costruzione della società. La prima fu una fuga per salvaguardare la propria libertà; il decisionismo politico fu la strada per importare un'idea giacobina di costruzione sociale. Alle libertà concrete e alle necessità reali che avevano mosso i pellegrini nel 1620 si sostituiva, nel 1917, il carattere ideale (e astratto) di un'estesa operazione di guerra. Il desiderio di concrete libertà individuali aveva spinto dei pionieri e degli esuli coraggiosi verso altre frontiere, le utopiche idee di rigenerazione collettiva costrinsero i discendenti dei pionieri e dei coloni a morire nelle trincee del Vecchio Continente.

Se lo sbarco degli esuli della Mayflower aveva salvaguardato la civiltà consentendo la sopravvivenza degli ordinamenti naturali in un terra indenne dall'assolutismo politico, il "contro-sbarco" dei soldati degli Stati Uniti sul suolo europeo rappresentava un ricongiungimento del Nuovo Mondo al Vecchio nel nome dell'imperio dello Stato sulla vita degli individui[94].

Il rinnegamento del tradizionale isolazionismo segnava, quindi, la fine della specificità americana, un "eccezionalismo" salvaguardato dalla salutare distanza con la vecchia Europa. Il ricongiungimento dell'America all'Europa rinchiudeva la vitalità della prima nel mondo ideologico caratteristico della seconda.

---

94 ) Quanto fosse difficile da comprendere la "eccezionalità" americana lo dimostrano ancora le parole di don Luigi Sturzo (che nel suo successivo esilio negli Stati Uniti dimostrerà di imparare tanto da un mondo che rimaneva incomparabilmente più libero di quello europeo). Ebbene, all'indomani dell'armistizio, nel novembre del 1918, il sacerdote esaltava quasi poeticamente l'intervento degli USA: «nel riflusso di forze nuove che dall'America viene sul vecchio continente europeo, come a ringiovanirlo – novello Faust – al tocco delle ingenue energie di popoli forti, che han saputo tendere alla più larga conquista della libertà e al più notevole sviluppo della democrazia politica e sociale» (Luigi STURZO, *I discorsi politici*, Istituto Luigi Sturzo, Roma 1951, p. 386). Per il futuro leader popolare, «dall'America veniva un fiotto di libertà» (*Ibidem*, p. 386); in realtà, l'America dimostrava di aver perso molta della sua libertà e gli unici fiotti furono solo quelli del tanto sangue inutilmente versato.

# 6

## L'accelerazione statalizzatrice

> Senza la Prima Guerra Mondiale «l'estensione dell'interferenza governativa nell'economia privata, e in ultima istanza il controllo della stessa da parte dello Stato, negli Stati Uniti e nell'Europa occidentale non avrebbe mai raggiunto le vette alle quali è oggi» (Hans-Hermann Hoppe).

### 6.1. Resa totale

La fine della Grande Guerra significò anche il tracollo del Secondo Reich e, soprattutto, la fine del millenario impero asburgico[1]. L'umiliazione della Germania ebbe nella repubblica di Weimar la sua precaria forma istituzionale e, mentre in Austria l'ultimo imperatore regnante di casa d'Asburgo (beato per la Chiesa Cattolica), Carlo (1887-1922)[2], era costretto all'esilio, dalle ceneri dell'impero dell'aquila bicipite

---

1 ) Cfr. Franco CARDINI, *La fine dell'impero asburgico e dell'impero ottomano*, in Licia MORRA (a cura di), *L'Europa del XX secolo fra totalitarismo e democrazia*, Itaca, Lugo di Romagna (Ravenna) 1991, p. 43-54.
2 ) Cfr. Elena BIANCHINI, *Carlo I d'Austria*, Tabula Fati, Chieti 2005; cfr. Mario CAROTENUTO, *Carlo I d'Austria e la pace sabotata*, Fede & Cultura, Verona 2010; cfr. Mauro FAVERZANI, *Carlo I d'Asburgo, un Imperatore Santo*, Il Cerchio, Rimini 2005; cfr. Oscar SANGUINETTI - Ivo MUSAJO SOMMA, *Un cuore per la nuova Europa. Appunti per una biografia del beato Carlo d'Asburgo*, invito alla lettura di Luigi Negri, D'Ettoris Editori, Crotone 2004.

nascevano varie repubbliche[3]. Con la rovina della *Felix Austria* tramontava un intero mondo[4] che, per quanto imperfetto, fu immediatamente rimpianto rispetto al nuovo mondo, quello delle guerre ideologiche e dello Stato totale[5]. Il crollo dei millenari riferimenti sovranazionali, l'insicurezza verso il futuro, le insurrezioni che serpeggiavano ovunque, davano la sensazione di un disastro epocale. In questo clima plumbeo, Mises tristemente osservava: «soltanto a Vienna esisteva un gruppo ristretto di persone che riflettevano sui modi e le possibilità di tenere in piedi [l'autorità]. Gli eventi scatenati dalla distruzione della monarchia asburgica dimostreranno tardivamente che queste persone si erano sforzate di salvare da un'immensa catastrofe l'Europa e la civiltà umana. Ma i loro sforzi erano destinati a fallire perché mancavano di una robusta piattaforma ideologica»[6].

Coerentemente a come era stata condotta, la *guerra totale* si concluse con l'imposizione di una *resa totale* del nemico, umiliato (la Germania fu costretta a dichiararsi unica colpevole[7]), smembrato (dagli Imperi centrali nacquero gracili repubbliche facili prede del rampante bolscevismo[8]) e affamato (pretendendo un enorme indennizzo[9]). Con la Conferenza

---

3 ) Non senza motivi, c'è chi è arrivato a paragonare la fine dell'Impero austro-ungarico ai più grandi eventi della storia contemporanea: «il crollo della monarchia asburgica [è] un evento la cui portata simbolica è analoga a quella della Rivoluzione francese» (Roberto de MATTEI, *La sovranità necessaria. Riflessioni sulla crisi dello Stato moderno*, Il Minotauro, Roma 2001, p. 123).
4 ) Cfr. Edmond TAYLOR, *La caduta delle dinastie*, Dall'Oglio, Milano 1968 (*The fall of the Dynasties. The collapse of the Old Order 1905-1922*, 1963).
5 ) Ancora un denso pensiero di Mises sulla "guerra totale": «la guerra moderna non è più una guerra di eserciti e di re. È una guerra di popoli, una guerra totale. È una guerra di Stati che non lasciano ai propri sudditi alcuna sfera privata; essi considerano l'intera popolazione parte delle forze armate. Chi non combatte deve lavorare per sostenere ed equipaggiare l'esercito. Esercito e popolo sono una sola e medesima cosa. I cittadini partecipano alla guerra in maniera appassionata. Giacché è il loro Stato, è il loro dio a combattere» (Ludwig von MISES, *Lo Stato onnipotente. La nascita dello Stato totale e della guerra totale*, introduzione di Victor Zaslavsky, Rusconi, Milano 1995, p. 148).
6 ) Ludwig von MISES, *Autobiografia di un liberale. La Grande Vienna contro lo statalismo*, prefazione di Lorenzo Infantino, Rubbettino, Soveria Mannelli (Catanzaro) 1996, p. 59.
7 ) Cfr. Federico CURATO, *La letteratura sulle origini della prima Guerra Mondiale*, in AA. VV., *Nuove questioni di storia contemporanea*, Marzorati, Milano 1986, vol. 2, p. 817-909.
8 ) Cfr. Piero SINATTI, *Le rivoluzioni russe e l'Europa*, in Licia MORRA (a cura di), *L'Europa del XX secolo fra totalitarismo e democrazia*, Itaca, Lugo di Romagna (Ravenna) 1991, 1991, p. 55-66.
9 ) Cfr. Antonio SCOTTÀ (a cura di), *La Conferenza di pace di Parigi fra ieri e domani (1919-1920)*, Rubbettino, Soveria Mannelli (Catanzaro) 2003. Più avanti ricorderemo

di Parigi[10], la pace non fu ricercata nella cooperazione, ma venne imposta prostrando il nemico; in questo modo, però, «l'Europa firmava a Versailles la condanna ad un altro sanguinoso conflitto»[11]. Lontani da ogni sincero desiderio di comprendere le autentiche cause del conflitto, alle trattative di pace (singolare modalità per definire ciò che avvenne), i governi vittoriosi, provvedendo a scaricare ogni responsabilità sui vinti, allargarono ancor più la distanza tra le nazioni, lacerando ulteriormente l'Europa[12]. "Pace" è un eufemismo perché la conclusione di una guerra totale quale fu il conflitto mondiale non avrebbe potuto prevedere alcun accordo condiviso ed alcuna reale pacificazione, ma solo una totale disfatta dell'esercito ostile e la totale umiliazione della popolazione della nazione nemica.

Poco più di cento anni prima, l'Europa aveva messo fine alle sanguinarie e spregiudicate avventure napoleoniche con il ben noto Congresso di Vienna. In quella diversa situazione, i vincitori non avevano coltivato istinti di sadica vendetta. Il già richiamato principe di Metternich non aveva certo preteso la disgregazione della Francia, limitandosi, in modo equilibrato, a richiedere semplicemente il ristabilimento dei confini nazionali precedenti alle invasioni napoleoniche. Un paio di anni dopo la Conferenza di Parigi, l'economista italiano Francesco Saverio Nitti (1868-1953)[13], affidò ad un libro i suoi amari commenti[14]. Paragonando il trattato di Versailles del 1919 al Congresso di Vienna del 1815, Nitti riconosceva: «gli uomini che noi abbiamo considerato come le espressioni del passato, i sovrani di diritto divino, i ministri dell'assolutismo, i diplomatici di antico stile e di antica anima come Metternich, appaiono

---

il lavoro svolto da Mises presso l'*Abrechnungsamt*, un ufficio preposto all'esecuzione di alcune clausole finanziarie.
10 ) La sede scelta per le discussioni fu Parigi nei cui dintorni furono siglati i trattati tra gli Stati vincitori e le singole Nazioni sconfitte: a Versailles con la Germania (giugno 1919), a Saint-Germain con l'Austria (settembre 1919), a Neully con la Bulgaria (novembre 1919), al Trianon con l'Ungheria (giugno 1920), a Sèvres con la Turchia (agosto 1920). I lavori della Conferenza di Parigi si protrassero dal gennaio 1919 al gennaio 1920.
11 ) Carmelo FERLITO, *Versailles: ponte economico tra due guerre*, in «StoriaVerità», anno 13 (2008), n. 54 (novembre-dicembre), p. 44.
12 ) E non solo l'Europa. Ai confini del Vecchio Continente, la Guerra provocò anche il crollo dell'Impero Ottomano e l'abolizione, nel 1924, del califfato da parte di Kemal Atatürk (1881-1938). Alcuni scorgono in questa svolta le cause remote della nascita del moderno fondamentalismo islamico.
13 ) Nitti, già ministro del Tesoro nel precedente esecutivo Orlando, è stato presidente del Consiglio dei Ministri dal giugno del 1919 al giugno del 1920. In questa veste prese parte alla seconda fase dei lavori della Conferenza di Parigi.
14 ) Francesco Saverio NITTI, *La decadenza dell'Europa. Le vie della ricostruzione*, R. Bemporad & Figlio, Firenze 1922.

circondati da nobiltà morale e [da] politica grandezza di fronte a coloro che in nome dell'Intesa han dichiarato un secolo dopo di rappresentare la democrazia e la civiltà»[15]. Nitti, pur avendo guidato la delegazione italiana a Parigi in qualità di Capo del governo, percepiva quanto fosse stata diversa la condotta dei nuovi diplomatici rispetto a quelli dell'epoca precedente. Ma la "resa totale" richiedeva – coerentemente con la "guerra totale" – l'annichilimento della nazione sconfitta, così come l'instaurazione della "democrazia" non poteva che comportare un atteggiamento drasticamente punitivo. Per questo motivo, «Versailles non è un trattato come un altro. La pace di Versailles è una metafora della *finis Europae* e al tempo stesso ne costituisce una premessa»[16]. Continuava Nitti nelle sue considerazioni: «mentre i trattati del 1815 diedero all'Europa un lungo periodo di civiltà, di ordine e di prosperità, i nuovi trattati hanno sconvolto tutti i popoli, rotta la solidarietà economica, infranti i legami che secoli di comune sforzo avevano determinato e preparano con eserciti sempre crescenti e con diffidenza sempre maggiore, un avvenire che, se è assai triste per i vinti, non è meno minaccioso per i vincitori, se non sapranno ritrarsi dalla fatale discesa verso l'abisso, in cui li ha messi la morale della violenza»[17].

Già ricordavamo come un diplomatico contemporaneo di grande statura qual è Henry Kissinger abbia riflettuto sulle differenze tra Wilson e Metternich vedendo nel primo l'annunciatore di principi nuovi e rivoluzionari e nel secondo il difensore di certezze antiche e consolidate[18]; ma l'osservazione di Kissinger può essere trasposta quale giudizio complessivo della caratura ideologica della "pace" scaturita dalla Conferenza di Parigi. È quel vizio ideologico per cui Furet ha scritto che «i trattati del 1919-20, più che una pace europea, costituiscono una rivoluzione europea»[19].

Ed infatti saranno esattamente i trattati di pace a costituire la principale ipoteca per il futuro dell'Europa e del mondo fornendo «una semplice tregua ventennale»[20] ed avviando i processi che portarono al secondo conflitto mondiale.

---

15 ) *Ibidem*, p. 44.
16 ) Enrico NISTRI, *Il trattato di Versailles*, in «Linea Tempo», aprile 1999, p. 52.
17 ) NITTI, *La decadenza dell'Europa. Le vie della ricostruzione*, cit., p. 44.
18 ) Cfr. Henry KISSINGER, *L'arte della diplomazia*, Mondadori, Milano 1996, p. 56-57.
19 ) François FURET, *Il passato di un'illusione. L'idea comunista nel XX secolo*, Mondadori, Milano 1997, p. 70.
20 ) Massimo de LEONARDIS, *La trasformazione della Grande Guerra: il 1917*, in «Eunomia. Rivista semestrale di Storia e Politica Internazionali. Università del Salento», anno 4 n.s. (2015), n. 2, p. 37.

Il carattere vessatorio delle risoluzioni venne riconosciuto da molti osservatori, anche tra quelli appartenenti alle Nazioni vincitrici. Abbiamo citato Nitti e possono essere ricordati Jacques Pierre Bainville (1879-1936)[21] e Keynes (sulla posizione di quest'ultimo torneremo a breve). Ciò ovviamente non fu sufficiente a fermare il proposito di realizzare la "vittoria totale" e meno che mai ad rivelare quanto fosse strumentale la contrapposizione tra Stati autoritari che andavano piegati e Stati democratici che dovevano guidare il nuovo ordine. Sorprendentemente anche un pensatore come Luigi Sturzo manifestò – a ridosso della conclusione del conflitto – una inconsueta fermezza con affermazioni che invitavano il Paese ad incamminarsi sulla strada della pace punitiva ed a trattare duramente gli sconfitti. Dichiarò il sacerdote siciliano: «non è possibile e non sarebbe giusto invocare una pietà di debolezza e, imprevidenti, alimentare speranze di riscosse nei popoli nemici; mentre è equo e doveroso far sentire il peso dei delitti che hanno provocato e compiuto coloro che la guerra prepararono e vollero»[22].

Ancora una volta, però, l'azione politica, forte dei suoi poteri (anzi tanto più forte quanto più alti erano i suoi motivi ideali), si dimostrava miope. Al pari di ogni tentativo di pianificazione della realtà, anche in questo caso, il controllo statale della vita dei popoli finì col provocare una lunga serie di danni destinati a sfociare in un nuovo e più grande fiume di sangue.

Tra i grandi propositi proclamati alla vigilia del Congresso – esposti in modo particolare dal programma di Wilson, detto dei "Quattordici punti"[23] – vi erano quelli relativi al rispetto dell'autodeterminazione e delle nazionalità. Ora, proprio ciò che si intendeva realizzare a parole fu sconfessato da veti incrociati e da interessi che si scontravano[24]. Il tanto condannato imperialismo dei vinti[25] venne superato dalla sete di conquista dei vincitori (Italia non esclusa). In una nemesi storica, sarà proprio

---

21 ) Jacques BAINVILLE, *Les conséquences politiques de la paix*, préface de Jacques Laurent, postface de Jacques Rupnik, Editions de l'Arsenal, Paris 1995 (opera del 1920).
22 ) Luigi STURZO, *I discorsi politici*, Istituto Luigi Sturzo, Roma 1951, p. 386.
23 ) Com'è noto il programma di Wilson venne manifestato attraverso "Quattordici punti" nel gennaio 1918 (per il testo del Memorandum di Wilson, cfr. AA. VV., *Novecento*, Ce.Se.D. Edizioni, Milano 1998, p. 61-63).
24 ) I tanto declamati principi di autodeterminazione dei popoli si infransero dinanzi alle opposizioni dei vincitori che ne impedirono l'applicazione. Così avvenne nel caso dei Sudeti (in Cecoslovacchia), del Sud Tirolo (in Italia), di Danzica (in Prussia), dell'Alsazia (in Francia), dell'Irlanda (nel Regno Unito). Anche la proibizione di ogni ipotesi di unione tra Austria e Germania (*Anschluss* che poi avvenne nel 1938) andava a negare i principi di nazionalità e di autodeterminazione.
25 ) Cfr. Brigitte MAZOHL - Paolo POMBENI (a cura di), *Minoranze negli imperi. Popoli fra identità nazionale e ideologia imperiale*, Il Mulino, Bologna 2012.

il modo con cui si affrontò la questione delle nazionalità a far esplodere nuovi e più profondi risentimenti tra le etnie[26]. Contraddizioni, incoerenze, promesse disattese e soprattutto ingiustizie svelarono la retorica con cui si era parlato di autodeterminazione e condussero presto a nuove e più gravi tensioni tra popoli. Infatti «i trattati di pace, che dovevano risolvere per sempre la questione delle nazionalità oppresse, erano riusciti [...] a inventarne delle altre: il nuovo assetto europeo non solo non garantiva una stabilità politica ed una pacifica convivenza tra i popoli, ma rappresentava una situazione ancora più esplosiva dell'anteguerra, foriera di nuove e terribili conseguenze (basti pensare all'impulso che l'irredentismo germanico diede alla nascita e all'affermazione del nazionalsocialismo ed all'uso che dei sei milioni e mezzo di "martiri" tedeschi sparsi in tutta Europa seppe fare la propaganda nazista)»[27].

Il nazionalismo, quindi, non si spense con la guerra; esso, anzi, si alimentò ancor più nel clima del dopoguerra sempre più unito all'idea che non possa esservi nazione che non sia – al tempo stesso – Stato, rafforzando quel presupposto che era stato all'origine dei grandi mali generati nell'Ottocento. Ma si tratta di un presupposto tanto diffuso quanto infondato: «tutte le nazioni debbono essere Stati. Quest'idea attraversa in modo prepotente la storia degli ultimi due secoli, ispira rivendicazioni di popolo, giustifica guerre e arriva persino ad essere il fondamento dei trattati di pace, come avverrà a Versailles[28] [...] quando in nome del principio dell'autodeterminazione dei popoli verrà smembrata un'unità politica secolare, l'Impero austro-ungarico»[29].

Sono molti gli studiosi che si sono soffermati a considerare la fine di questa millenaria istituzione[30]. Certamente vi sono ragioni per farlo anche in diretta relazione agli obiettivi ideologici che le potenze dell'Intesa si prefiggevano. Realizzare la soppressione dell'Impero fu un errore fatale. Un autorevole interprete della cultura mitteleuropea, il filosofo Vaclav Belohradsky, così ha giudicato la eliminazione della grande unità

---

26 ) Cfr. István DEÁK, *Gli ufficiali della monarchia asburgica. Oltre il nazionalismo*, Libreria Editrice Goriziana, Gorizia 2003, p. 34 passim.
27 ) Giancarlo LEHNER, *Economia, politica e società nella prima guerra mondiale*, D'Anna, Messina - Firenze 1973, p. 105.
28 ) In realtà a Versailles fu siglato il trattato tra gli Stati vincitori e la Germania (giugno 1919); il trattato con l'Austria venne firmato a Saint-Germain (settembre 1919). Entrambi nella cornice della Conferenza di Parigi.
29 ) Luigi Marco BASSANI - Alberto MINGARDI, *Dalla Polis allo Stato. Introduzione alla storia del pensiero politico*, Giappichelli Editore, Torino 2015, p. 196.
30 ) Ad esempio, cfr. Leo VALIANI, *La Dissoluzione dell'Austria-Ungheria*, Il Saggiatore, Milano 1966.

plurinazionale: «la dissoluzione dell'Impero austro-ungarico è il fatto più denso di conseguenze della Prima Guerra Mondiale. È cominciato allora il calvario dei popoli del Danubio triturati nei loro nuovi Stati nazionali, sorti dalle rovine dell'Impero, dalla risvegliata aggressività dei loro vicini prepotenti. Quanta miseria, quanto vagabondare senza patria, quanti profughi strappati alla loro lingua e ai loro costumi, quanta crudeltà scaturirono dalla distruzione di quella *koiné* che univa insieme i popoli del vecchio impero!»[31]. Sotto il profilo geo-politico si è creato non semplicemente un vuoto di sovranità (se così fosse stato i popoli avrebbero potuto realmente organizzarsi in modo naturale e spontaneo), ma una corsa alla sovranità da parte dei nuovi Stati accentratori e nazionalistici; non, quindi, un'assenza di potere, ma una più forte ed oppressiva sovranità. All'Impero, la realtà politica meno accentrata d'Europa, si sostituivano, così, le nuove entità statali. «L'Impero d'Austria era l'ultima fortezza dell'universalismo europeo assediato ormai dai demoni del nazionalismo che graffiavano rabbiosi le sue mura. La guerra ha aperto loro le porte»[32]. A dimostrare quanto l'Impero, per il suo decentramento, non fosse un'istituzione superata dalla storia provvederanno i decenni successivi con ciò che essi hanno attestato[33].

Ancora Belohradsky commenta con parole amare: «è successo qualcosa di irreparabile in Europa: dappertutto ora la terra è irta di confini a filo spinato in cui gli occhi più avveduti intuiscono già la mortifera geometria dei futuri campi di concentramento»[34]. Se all'interno dell'Impero tutte le nazionalità potevano contare sulla «protezione della legge e avevano totale libertà di coscienza e di culto» godendo «di libertà molto più grandi di quelle dei loro fratelli di razza che vivevano al di fuori delle

---

31 ) Vaclav BELOHRADSKY, *Quel grande sogno sul Danubio. La fine dell'Impero austro-ungarico*, in «Il Sabato», 19.11.1988, n. 47, p. 34.
32 ) *Ibidem*.
33 ) «La fine della vecchia Austria si fonde [...] con quella della civiltà europea: *finis Austriae* e *finis Europae*» (Ivo MUSAJO SOMMA, *Tra Vienna e Roma. L'intervento italiano nel conflitto e la situazione della monarchia danubiana alla vigilia della Grande Guerra*, in Maurizio DOSSENA - Ivo MUSAJO SOMMA (a cura di), *L'utile ideologico dell'inutile strage. Atti della giornata di studi della Gebetsliga Kaiser Karl. Piacenza, 17 maggio 2014*, Ellade, Piacenza 2015, p. 35). Subentrerà l'Europa degli scioperi violenti e dell'odio di classe; l'Europa dei lager, la spettralità dei vari Auschwitz e l'orrore dei macelli umani come Katyn; l'Europa della "cortina di ferro", del muro di Berlino e delle schiavitù ideologiche. Ma questo non è più il Vecchio Continente... che già tale non era più almeno dalle avventure giacobine e dalle campagne napoleoniche.
34 ) BELOHRADSKY, *Quel grande sogno sul Danubio. La fine dell'Impero austro-ungarico*, cit., p. 34.

frontiere dell'Impero»[35], nei nuovi Stati nulla sarà assicurato alle numerose minoranze[36].

Nelle sue preziose memorie storiche, Winston Churchill ha offerto una testimonianza sulla dissoluzione dell'Impero, testimonianza tanto più significativa per il fatto che lo statista inglese, in qualità di Primo Lord dell'Ammiragliato, era stato uno dei grandi protagonisti inglesi nel conflitto 1914-1918[37]. «La [...] grande tragedia – scrisse Churchill – fu il completo smembramento dell'Impero austro-ungarico a opera dei trattati di St. Germain e del Trianon. Per secoli questa identificazione del Sacro Romano Impero aveva offerto comunanza di vita, vantaggi commerciali e sicurezza a un gran numero di popoli, nessuno dei quali ebbe più tardi la forza o la vitalità di resistere isolato alla pressione della risorta Germania o della Russia. [...] Non esiste uno solo tra i popoli o le province che costituivano l'impero degli Asburgo che non abbia pagato l'indipendenza con quei tormenti che gli antichi poeti e teologi riservavano ai dannati»[38]. All'analisi dello storico può ben accompagnarsi la nostalgia del romanziere. Uno dei più noti cantori della mitteleuropa asburgica, Joseph Roth[39], pensando alla "vecchia patria" e ai "nuovi Stati" così si esprimeva: «[...] io odio le nazioni e gli Stati nazionali. La mia vecchia patria, la monarchia sola era una grande casa con molte porte e molte stanze per molte specie di uomini. La casa è stata suddivisa, spaccata, frantumata. Là io non ho più nulla da cercare»[40].

A dare il senso di quanto le scelte del Congresso di Parigi abbiano determinato le successive tragedie, può essere aggiunta ancora un'ultima testimonianza che ci giunge da quel qualificato storico che è stato François Fejtö. Nel corso di una conferenza tenuta in Italia, una delle ultime della sua lunga vita, lo stesso storico volle confidare come nacque l'ardita idea

---

35 ) Cfr. Henry BOGDAN, *Storia dei paesi dell'est*, Società Editrice Internazionale, Torino 1994, p. 150-155.
36 ) Cfr. Massimo de LEONARDIS, *Francesco Ferdinando: una linea di successione, un possibile futuro, un "casus belli"*, in Maurizio DOSSENA - Ivo MUSAJO SOMMA (a cura di), *L'utile ideologico dell'inutile strage. Atti della giornata di studi della Gebetsliga Kaiser Karl. Piacenza, 17 maggio 2014*, Ellade, Piacenza 2015, p. 50s.; cfr. MAZOHL - POMBENI (a cura di), *Minoranze negli imperi. Popoli fra identità nazionale e ideologia imperiale*, cit.
37 ) Cfr. Ralph RAICO, *Rethinking Churchill*, in John V. DENSON (edited by), *The Costs of War. America's Pyrrhic Victories*, Transaction Publisher, New Brunswick (New Jersey) 1999, p. 330-333.
38 ) Winston CHURCHILL, *La Seconda Guerra Mondiale. I/1: Da guerra a guerra*, Mondadori, Milano 1948, p. 27.
39 ) Debbo la conoscenza anche di questa pagina di Roth a Ivo Musajo Somma.
40 ) Joseph ROTH, *Il busto dell'imperatore*, in IDEM, *Il mercante di coralli*, Adelphi, Milano 2004, p. 183-184.

del testo *Requiem per un impero defunto* (terminato solo nel 1988). L'intuizione risaliva addirittura al lontano 1937, poco prima dell'*Anschluss*, quando il giovane studioso, all'uscita dall'archivio di Vienna, si imbatté in un gruppo di militanti nazisti «che, nel pieno centro della capitale, stavano fracassando le vetrine di alcuni negozi gestiti da ebrei. Intuì l'esistenza di una connessione fra quelle drammatiche scene, che annunciavano il trionfo del nazismo in Europa, e la scomparsa dell'Impero asburgico»[41].

Nel giorno in cui la Germania siglava l'armistizio, il 18 novembre 1918, Albert Einstein (1879-1955), da Berlino, scriveva queste parole alla madre: «militarismo e burocrazia oggi sono stati del tutto aboliti»[42]. Mai ingenuità fu più grossolana e mai profezia si rivelerà meno corretta.

Accanto alle conseguenze innescate dalla cancellazione dell'Impero multinazionale determinata dai trattati di pace, vi fu un altro elemento che costituì un'ulteriore ipoteca per il futuro dell'Europa e del mondo. Per quanto paradossale possa apparire, questa altra gravosa ipoteca fu l'istituzione della Società delle Nazioni, l'organizzazione internazionale che si diede lo scopo di prevenire le possibili guerre mediante iniziative diplomatiche.

La Società delle Nazioni sarebbe dovuta essere l'espressione più significativa del "nuovo ordine" preconizzato da Wilson, quel "nuovo ordine" che avrebbe dovuto bandire per sempre i conflitti. Ma «la Società delle Nazioni [nasceva...] dal compromesso tra il mito universalistico e la volontà egemonica di un gruppo di potenze; oltre che il peso dell'ideologia wilsoniana[,] portò con sé il retaggio di tutte le incertezze che si erano addensate lungo il corso dell'Ottocento»[43]. Non c'è bisogno di spendere molte parole per ricordare come andò a finire. Basta solo dire che l'organizzazione si alimentava, come meglio non si poteva, della filosofia anti-isolazionista cara a Wilson[44].

A Ginevra, sede della Società delle Nazioni, Mises si trovò a vivere a lungo e, così, poté osservare da vicino anche le incongruenze pratiche e burocratiche di quell'organismo[45]. Tuttavia la vera critica dello studioso

---

41 ) Anna BARBI, *Requiem per un impero defunto. Fejtö sulla fine dell'impero asburgico*, in «Tracce. Litterae Communionis», anno 23 (1996), n. 6 (giugno), p. 58.
42 ) Cit. in Martin GILBERT, *La grande storia della prima guerra mondiale*, Mondadori, Milano 1998, p. 609.
43 ) Carlo MORANDI, *L'idea dell'unità politica d'Europa nel XIX e XX secolo*, in AA. VV., *Nuove questioni di storia contemporanea*, Marzorati, Milano 1986, vol. 2, p. 1425.
44 ) Cfr. Bruno LEONI, *Il pensiero politico moderno e contemporaneo*, a cura di Antonio Masala, introduzione di Luigi Marco Bassani, Liberilibri, Macerata 2009, p. 42.
45 ) Annotava Mises nel suo diario: «si trattava di un'istituzione fittizia. I diplomatici avevano fatto di una grande idea un semplice ufficio con centinaia di impiegati, e la sede

austriaco nei confronti dell'istituzione rimaneva ben impiantata sul piano teorico[46]. Decenni più tardi, nel secondo dopoguerra, il maestro viennese ancora scriverà: «se tutti i popoli diventano liberali e si rendono conto che la libertà economica serve meglio i propri interessi, la sovranità nazionale non sarà più causa di conflitti e guerre. Alla pace durevole non sono necessari né trattati internazionali e convenzioni né tribunali internazionali e organizzazioni simili alla defunta Lega delle Nazioni o alle Nazioni Unite che le sono succedute. Se il principio dell'economia di mercato è universalmente accettato, tali espedienti non sono necessari; se non è accettato, essi sono futili. La pace durevole può essere soltanto conseguenza di un cambiamento ideologico. Fintanto che i popoli inclinano al dogma di Montagne e pensano che non possono svilupparsi economicamente se non a spese delle altre nazioni, la pace non sarà mai altro che una preparazione alla prossima guerra»[47].

La Società delle Nazioni non solo non andava a scalfire i reconditi motivi che avevano condotto al conflitto, ma finiva col legittimarli creando le premesse di nuovi e più duri scontri tra gli Stati[48].

A margine, va ricordato che il progetto internazionalista di Wilson si arenò per una serie di ragioni contrastanti: sia per gli interessi delle altre potenze vincitrici[49], sia per l'opposizione del Congresso di Washington – così che il principale artefice della costituzione dell'organismo si vide negare dai compatrioti l'adesione del proprio paese alla Società delle

---

di funzionari il cui unico interesse era la conservazione del proprio posto. [...] La Società delle Nazioni non è però naufragata per l'incapacità e l'indolenza dei suoi funzionari [...]. In un mondo liberale, i singoli Stati e popoli possono collaborare pacificamente anche senza una particolare organizzazione sovrastatale. Ma in un mondo impregnato di nazionalismo[,] i conflitti non possono essere eliminati né con gli accordi né con la creazione di uffici internazionali» (Ludwig von MISES, *Autobiografia di un liberale. La Grande Vienna contro lo statalismo*, Rubbettino, Soveria Mannelli (Catanzaro) 1996, p. 165.166). Mises preferiva dire che i diplomatici della Società delle Nazioni «avevano fatto di una grande idea un semplice ufficio»; si potrebbe, però, anche sostenere che la Società delle Nazioni aveva fatto di una *semplice idea* un *grande ufficio*.

46 ) Ludwig von MISES, *Lo Stato onnipotente. La nascita dello Stato totale e della guerra totale*, introduzione di Victor Zaslavsky, Rusconi, Milano 1995, p. 331s.383s.

47 ) Ludwig von MISES, *L'azione umana. Trattato di economia*, prefazione di Lorenzo Infantino, Rubbettino, Soveria Mannelli (Catanzaro) 2016, p. 726.

48 ) In breve, si dovrebbe dire che se all'origine dei problemi vi è la sovranità dello Stato, una sorta di "super-Stato mondiale" non rappresenterebbe certo la soluzione. Oltretutto, se è vero che la causa della Grande Guerra possa essere ricondotta al protezionismo degli Stati, vi sarebbe stato da temere un'organizzazione internazionale dei governi – così sosteneva Mises – che non avrebbe potuto che condurre a forme di iper-protezionismo. Cfr. MISES, *Lo Stato onnipotente. La nascita dello Stato totale e della guerra totale*, cit., p. 335.345.

49 ) "Big Four" furono dette le quattro potenze vincitrici: Francia, Regno Unito, Stati Uniti e Italia.

Nazioni. Infatti, nonostante gli sforzi profusi dal Presidente (sforzi di ordine mediatico e di ordine politico), questa volta i membri del Congresso seppero resistere alle pressioni della Casa Bianca e riconobbero nel nuovo internazionalismo le stesse incognite del vecchio nazionalismo[50].

Prima di tratteggiare le conseguenze del conflitto, soffermiamoci su uno squarcio della biografia di due capiscuola. Divisi anche dal fronte di guerra, Keynes e Mises si trovarono, subito dopo la fine delle ostilità belliche, a svolgere incarichi in qualche modo speculari. Dalla parte dei vincitori, l'inglese John Maynard Keynes, che già ricopriva un importante ruolo politico prima della guerra, fu nominato rappresentante economico alla Conferenza di pace per conto del governo di Sua Maestà Britannica. La consulenza dell'economista, tuttavia, si interruppe anticipatamente perché Keynes presentò le sue dimissioni al Primo Ministro David Lloyd George (1863-1945). Come abbiamo già descritto, i trattati di pace, stipulati a seguito della Conferenza di Parigi, rappresentarono una ben poco efficace strada per il ristabilimento della concordia. Il desiderio di rivalsa dei vincitori prevalse senza considerare gli effetti delle umiliazioni imposte ai vinti e sulla tanto invocata "pace democratica" si impose una ferrea "pace punitiva". Keynes non approvò il carattere duramente vessatorio delle condizioni di pace la cui asprezza avrebbe potuto provocare gravi tensioni e nuovi scontri[51]. Lo studioso di Cambridge fu preveggente e affidò queste sue impressioni ad un libro di successo, *The economic consequences of peace*[52], scritto immediatamente dopo il suo anticipato ritiro dalla partecipazione ai lavori della Conferenza di pace. Sull'altro fronte – quello degli sconfitti – l'austriaco Ludwig von Mises, in una posizione decisamente più occultata e sicuramente meno gratificante, dirigeva un ufficio (l'*Abrechnungsamt*) per l'esecuzione di alcune clausole internazionali a seguito del trattato di pace[53]. In questo stesso ufficio, dal 1921 al 1926, sarà impiegato Friedrich von Hayek e solo lì, quest'ultimo, ebbe l'opportunità di conoscere personalmente Mises, la lettura delle cui opere aveva trasformato il suo orizzonte politico e scientifico[54].

---

50 ) Cfr. LEONI, *Il pensiero politico moderno e contemporaneo*, cit., p. 41-43.
51 ) Cfr. Friedrich A. von HAYEK, *Ricordi personali di Keynes e della "Rivoluzione keynesiana"*, in IDEM, *Nuovi studi di filosofia, politica, economia e storia delle idee*, Armando, Roma 1988, p. 308; cfr. Murray N. ROTHBARD, *Keynes, the Man*, Ludwig von Mises Institute, Auburn (Alabama) 2011, p. 53-54.
52 ) John Maynard KEYNES, *Le conseguenze economiche della pace*, Adelphi, Milano 2007 (opera del 1919).
53 ) Cfr. MISES, *Autobiografia di un liberale. La Grande Vienna contro lo statalismo*, cit., p. 106-107.
54 ) Cfr. Friedrich A. von HAYEK, *Hayek su Hayek*, a cura di Stephen Kresge e Leif Wenar, Ponte alle Grazie, Firenze 1996, p. 95.99.101.

## 6.2. L'epoca del socialismo

Attraverso la guida degli "austriaci" abbiamo ripercorso sia le cause remote della vicenda bellica sia gli sviluppi del dirigismo di guerra; proviamo ora – ancora facendoci condurre dalla letteratura liberal-marginalista – a considerare le fondamentali e dirette conseguenze della Prima Guerra Mondiale.

L'individualismo metodologico si distingue dagli altri approcci alle scienze sociali per il suo carattere complessivamente antropologico. Infatti, anche nel considerare le conseguenze propriamente economiche causate dalla Grande Guerra, gli autori "austriaci" hanno mantenuto e mantengono uno sguardo assai ampio che investe l'intera vita dell'uomo.

Innanzitutto essi si sono concentrati sul radicamento del "socialismo di guerra" prima descritto da Mises e infine ripreso da Rothbard. La guerra era stata determinante per spianare la strada all'interventismo del Ventesimo secolo: «un mondo statalizzato di pianificazione economica, interventismo, moneta cartacea, inflazione e iperinflazione, forte instabilità valutaria, controlli delle tariffe e degli scambi commerciali»[55]. In realtà, non si tratta di altro che di quell'interventismo che caratterizza ormai da molto tempo l'economia.

Anticipate dalla legislazione tedesca, che già sul finire dell'Ottocento si era avviata in questa direzione, «dopo la fine della Prima Guerra Mondiale, tutte le altre nazioni – scriveva Mises – adottarono nelle loro politiche del lavoro i metodi radicali dei tedeschi»[56]. Infatti, pressoché tutti gli Stati si lanciarono «a realizzare – scriveva ancora Mises nel 1927 – quanto più hanno potuto dell'ideale socialista, attraverso statizzazioni e municipalizzazioni di imprese e provvedimenti destinati a portarci verso un'economia pianificata»[57].

Le conseguenze stataliste della Grande Guerra saranno annotate anche da Friedrich A. von Hayek[58] e dal nostro Luigi Einaudi[59], ma saranno soprattutto Mises e Rothbard a concentrarsi con maggiore profondità

---

55 ) Murray N. ROTHBARD, *I contributi fondamentali di Ludwig von Mises*, in appendice a Ludwig von MISES, *Libertà e proprietà*, Rubbettino, Soveria Mannelli (Catanzaro) 2007, p. 86.
56 ) Ludwig von MISES, *L'azione umana*, UTET, Torino 1959, p. 352 (brano presente solo nella 1a edizione del 1949).
57 ) Ludwig von MISES, *Liberalismo*, prefazione di Dario Antiseri, Rubbettino, Soveria Mannelli (Catanzaro) 1997, p. 241.
58 ) Cfr. Friedrich A. von HAYEK, *La via della schiavitù*, prefazione di Raffaele De Mucci, Rubbettino, Soveria Mannelli (Catanzaro) 2011, p. 220.
59 ) Cfr. Luigi EINAUDI, *Il Buongoverno. Saggi di economia e politica (1897-1954)*, a cura di Ernesto Rossi, Laterza, Bari 2004, p. 65s.

sui mali costituiti da tassazione, regolamentazione e dalla creazione di un sistema corporativo di accordo tra grande industria, sindacato e governo. Accanto a ciò, essi segnalavano gli effetti perversi sia della «burocrazia statale [che], nel frattempo, si era abituata all'intervento pubblico nell'economia»[60], sia della prassi di tollerare la crescita della spesa pubblica, sia – e certo non da ultimo – del consolidamento del ruolo delle banche centrali[61] e della fine del *gold standard*[62].

L'intera storia economica del conflitto e del periodo post-bellico è da leggere come un processo di ramificazione tentacolare delle competenze politiche nella dimensione lavorativa e produttiva: «la storia economica della guerra è [...] quella del rafforzamento dell'azione dello Stato in tutti i settori di attività: produzione, scambi e consumi»[63]. Un aspetto decisamente rivelatore della perdita di autonomia vitale del settore economico è la dannosa saldatura tra interessi politici ed interessi economici o, per dire meglio, la sottomissione degli interessi economici a quelli politici. Può capitare – e, purtroppo, generalmente capita – che questa perversione venga prodotta da quegli imprenditori che, mirando ad ottenere sicuri vantaggi, si rendono alleati del ceto politico e si dimostrano compiacenti sostenitori dell'espansione della funzione pubblica. Tuttavia, anche quando sono gli imprenditori a rendersi interessati protagonisti di questo connubio, tutto ciò ha come effetto la subalternità della dinamica economica al meccanismo politico con l'agente economico che non solo si rende complice del rafforzamento del potere dello Stato, ma si comporta come una figura politica.

Rothbard chiamerà "corporativo" questo sistema di accordo e di stretta intesa tra grande industria, sindacato e governo e non è difficile scorgere

---

60 ) Francesco FORTE, *L'economia italiana dal Risorgimento ad oggi 1861/2011*, Cantagalli, Siena 2011, p. 66.

61 ) Cfr. Ron PAUL, *End the Fed. Abolire la banca centrale*, Liberilibri, Macerata 2010. Per Ron Paul (1935-viv.) non è certo un caso che il secolo della guerra totale coincida con il secolo delle banche centrali.

62 ) La moneta-oro o la piena convertibilità della carta moneta in oro rappresenta il formidabile freno all'arbitrio del potere politico. Per quanto riguarda la guerra, lo Stato non avrebbe mai avuto le risorse per finanziare lo sforzo bellico se non avesse soppresso il *gold standard*. Infatti, solo escludendo la convertibilità gli Stati avrebbero potuto utilizzare la dissennata strada dell'inflazione e del debito pubblico. Si può legittimamente sostenere che il *gold standard* avrebbe reso impossibile una guerra lunga mentre la politica monetaria degli Stati rese possibile il prolungamento e l'estensione del conflitto. Mises ha voluto soffermarsi anche sulla relazione tra inflazione e militarismo: cfr. Ludwig von MISES, *Nation, State, and Economy. Contributions to the Politics and History of Our Time*, New York University Press, New York (N. Y.) 1983, p. 195.

63 ) Jean HALPÉRIN, *I problemi economici e finanziari*, in AA. VV., *Nuove questioni di storia contemporanea*, Marzorati, Milano 1986, vol. 1, p. 497.

in questo connubio l'origine di tanta corruzione presente nelle società moderne in ogni cosa dipendenti dalle normative politiche. In buona misura ciò è imputabile agli effetti prodotti dall'economia di guerra.

Dicevamo come Rothbard abbia attinto agli studi dello storico americano Gabriel Kolko per ciò che riguarda l'economia di guerra negli Stati Uniti d'America[64]. Riportavamo, quindi, le affermazioni di Kolko in merito allo stretto rapporto che venne ad instaurarsi tra la grande industria e il mondo politico negli anni del conflitto. Un connubio – quello tra il potere politico e il mondo industriale – che, saldatosi in guerra, era destinato a non sciogliersi più. Infatti, «l'unione della grande industria con il governo federale continuò durante gli anni Venti e oltre, utilizzando le fondamenta gettate nell'Era Progressista per stabilizzare e consolidare le condizioni all'interno di varie industrie. [...] Il principio dell'utilizzo del governo federale per stabilizzare l'economia, iniziato nel contesto del moderno industrialismo durante l'Era Progressista, divenne la base del capitalismo politico nelle sue molte ramificazioni successive»[65].

Anche in ricerche come questa di Kolko sono contenute le prove su cui si fonda la lettura innovativa che vede il *New Deal* non come una rottura rispetto ad un precedente capitalismo trionfante, ma come una politica già ampiamente consolidata nei decenni precedenti. Non sussistendo alcuna inversione tra la politica delle amministrazioni precedenti e quella di Franklin Roosevelt, il *New Deal* non rappresenterebbe affatto una novità e, soprattutto, non sarebbe in alcuna discontinuità con quelle impostazioni a cui si attribuiva la causa dei problemi economici cui il *New Deal* intendeva far fronte. La *Progressive Era* non ebbe – per Rothbard – alcuna interruzione negli anni Venti, ma si incistò profondamente nella società americana con un interventismo federale che continuò ad espandersi e che sarà il vero responsabile della crisi del 1929[66].

Ciò che avverrà ancor più intensamente con le scelte politiche prodotte a seguito della grande depressione, era stato già creato e incentivato a

---

64 ) Cfr. Murray N. ROTHBARD, *Sinistra e Destra: le prospettive della libertà*, introduzione di Roberta Adelaide Modugno, Istituto Acton, Roma 2003, p. 40-41.
65 ) Gabriel KOLKO, *The Triumph of Conservatism. A Reinterpretation of American History, 1900-1916*, The Free Press, Glencoe (Illinois) 1963, p. 286 («the unity of business and the federal government continued throughout the 1920's and thereafter, using the foundations laid in the Progressive Era to stabilize and consolidate conditions within various industries ...The principle of utilizing the federal government to stabilize the economy, established in the context of modern industrialism during the Progressive Era, became the basis of political capitalism in its many later ramifications»).
66 ) Cfr. Murray N. ROTHBARD, *La Grande Depressione*, Rubbettino, Soveria Mannelli (Catanzaro) 2008.

causa della guerra che aveva legittimato il rafforzamento della direzione politica dell'economia. Richiamiamo alcuni esempi di questa espansione statale – un vero e proprio dirigismo governativo – in settori sensibili quali il bilancio nazionale, la tassazione, la politica monetaria e bancaria, infine le nazionalizzazioni e l'espansione burocratica[67].

Facciamo ancora ruotare gli esempi intorno al caso americano per il carattere paradigmatico che questo, inevitabilmente, assume.

Menzionavamo, in prima battuta, il bilancio nazionale. La crescita della spesa statale è, inevitabilmente, il primo termine di confronto e di verifica[68]. Conclusi gli anni della Grande Guerra – durante i quali il bilancio degli USA si moltiplicò di trenta volte rispetto agli anni precedenti – la spesa federale si mantenne ordinariamente quadruplicata rispetto al periodo anteriore al 1917[69]. Inesorabilmente collegata al bilancio statale è la politica fiscale (anche se la tassazione è un elemento di tale importanza per la filosofia sociale che può essere esaminata in modo autonomo rispetto alla crescita della spesa pubblica). Bruno Leoni ricordava l'aumento di imposte che si verificò a carico dei contribuenti americani, causa l'ingresso in guerra degli Stati Uniti[70]. Ciò può apparire scontato se si considera il sacrificio richiesto dal governo perché il paese intero sostenesse lo sforzo bellico. Ma non si comprende perché dopo la fine della guerra le imposte non vennero mai revocate: la tassazione non solo non fu alleggerita, ma continuò imperterrita nel suo inasprimento[71].

Quanto alla politica monetaria[72], essa era già instradata sulla via del centralismo dalla richiamata creazione della Federal Reserve. La Prima Guerra Mondiale portò la gran parte dei paesi coinvolti all'abbandono

---

67 ) Einaudi Luigi, in un articolo della fine del 1944, delineò gli stessi effetti subiti, a causa della Grande Guerra, dall'economia italiana. Cfr. Luigi EINAUDI, *Il Buongoverno. Saggi di economia e politica (1897-1954)*, a cura di Ernesto Rossi, Laterza, Bari 2004, p. 65-68.
68 ) Cfr. Mark EDWARDS, *War and Debt. The Culling of Humanity*, Xlibris Publishing, Bloomington (Indiana) 2014.
69 ) Cfr. David BOAZ, *Libertarismo. Silloge*, Liberilibri, Macerata 2010, p. 314.
70 ) Cfr. LEONI, *Il pensiero politico moderno e contemporaneo*, cit., p. 381.
71 ) Ancora ad indicare la distanza tra Wilson e le origini americane, al proposito possono essere ricordate le parole di Thomas Jefferson di un secolo prima: «la soppressione di uffici superflui e di spese e strutture inutili ci ha permesso di eliminare le nostre imposte interne che, disseminando nel paese gli esattori e aprendo loro le porte di ogni casa, avevano dato inizio a un processo di vessazione. Oggi invece un americano può chiedersi con soddisfazione quale contadino, quale artigiano, quale lavoratore abbia mai visto un esattore negli Stati Uniti» (Thomas JEFFERSON, *Federalismo e democrazia*, a cura di Luigi Marco Bassani, La Biblioteca di Libero, Roma 2005, p. 126).
72 ) Cfr. Joseph T. SALERNO, *War and the Money: Concealing the Costs of War beneath the Veil of Inflation*, in John V. DENSON (edited by), *The Costs of War. America's Pyrrhic Victories*, Transaction Publisher, New Brunswick (New Jersey) 1999, p. 433-453.

del *gold standard*[73] e l'amministrazione americana seguì volentieri la scelta assecondandone la tendenza[74]. Nella famosa opera *Capitalism and Freedom* del 1962, Milton Friedman scrisse che la perdita dello *standard* aureo trasformava il Federal Reserve System «in una potente autorità dotata di ampia discrezionalità, in grado di determinare la quantità di moneta in circolazione negli Stati Uniti e di influenzare l'economia in tutto il mondo»[75]. Perciò, con la fine del *gold standard*, Mises vedeva tramontato lo sforzo fatto – anche con *Theorie des Geldes* – nel difendere la convertibilità aurea[76].

Da Böhm-Bawerk a Rothbard, da Mises a Huerta de Soto, nella riflessione della Scuola Austriaca la politica monetaria e bancaria ha rivestito un posto di assoluta centralità per comprendere l'economia, in generale, e il peso dell'intervento dello Stato, in particolare. Da qui il rilievo che la questione merita[77], per comprendere la profondità di analisi del paradigma "austriaco" e la sua capacità di proporre soluzioni ad una politica economica sempre più difettosa. Ricordando il maestro viennese, Rothbard, perciò, non poteva non menzionare l'impegno di Mises al mantenimento del *gold standard* il cui abbandono avrebbe determinato una svolta «infelice e disastrosa» a cui, «lungo tutta la sua vita, reagì» «con grande coraggio e integrità personale»[78]. È stata, questa, la stessa battaglia che Rothbard ha portato avanti contro le svolte della politica di *banking* determinate già durante la guerra, consistenti in un ulteriore allontanamento dai principi del libero mercato[79].

---

73 ) «Altro fatto nuovo: la moneta, internazionale prima del 1914 (poiché collegata al medesimo tallone aureo e facilmente convertibile), diventa "nazionale", nel senso che, inserita al servizio della politica di economia diretta, diviene, ormai, uno strumento di guerra. Stiamo entrando nell'era del dirigismo monetario nazionale, praticato essenzialmente nell'interesse della stabilità economica interna» (HALPÉRIN, *I problemi economici e finanziari*, cit., p. 499-500).

74 ) Cfr. Murray N. ROTHBARD, *The Case Against the Fed*, Ludwig von Mises Institute, Auburn (Alabama) 1994, p. 61.86.120.126.128-129.

75 ) Milton FRIEDMAN, *Capitalismo e libertà*, prefazione di Antonio Martino, Istituto Bruno Leoni Libri, Torino 2010, p. 89.

76 ) Cfr. Ludwig von MISES, *Teoria della moneta e dei mezzi di circolazione*, a cura di Riccardo Bellofiore, Edizioni Scientifiche Italiane, Napoli 1999, p. 278s.

77 ) Cfr. Carlo LOTTIERI, *L'oro e la civiltà dell'Occidente*, in «StoriaLibera. Rivista di scienze storiche e sociali», anno 1 (2015), n. 1, p. 109-116; cfr. Ron PAUL, *La tirannia si fonda sulla moneta statale*, a cura di Francesco Carbone, in «StoriaLibera. Rivista di scienze storiche e sociali», anno 3 (2017), n. 6, p. 121-151.

78 ) Murray N. ROTHBARD, *I contributi fondamentali di Ludwig von Mises*, in appendice a Ludwig von MISES, *Libertà e proprietà*, Rubbettino, Soveria Mannelli (Catanzaro) 2007, p. 86.

79 ) Cfr. Murray N. ROTHBARD, *Lo Stato falsario. Ecco cosa i governi hanno fatto ai nostri soldi*, Leonardo Facco Editore, Treviglio (Bergamo) 2005, p. 79s.

Ancora a proposito dei cambiamenti intervenuti nel sistema bancario, è opportuno almeno accennare al Pitman Act del 1918. Con il provvedimento, il governo aveva potuto vendere le riserve d'argento del Tesoro[80]. Si trattava di una scelta molto grave in ordine all'inflazione e alla base metallica della valuta. I successivi acquisti del metallo (un paio di anni dopo) a prezzo superiore alle quotazioni di mercato fu, poi, un'eredità lasciata dall'amministrazione Wilson, eredità che non fu contrastata dalle amministrazioni successive e che contribuì all'espansione monetaria perseguita dalla Federal Reserve[81]. Le politiche monetarie subivano anche l'influenza delle teorie della stabilità dei prezzi. Le proposte dell'anteguerra di Irving Fisher e di John Keynes, già accarezzate dalla presidenza repubblicana di Taft, furono meglio promosse da quella democratica di Wilson.

Le tesi che riconducono la grande depressione iniziata nel 1929 a ragioni prevalentemente monetarie (facile emissione, espansione creditizia, bassi tassi, ecc.) inducono, poi, a mettere in relazione assai stretta la grande crisi finanziaria con le politiche che trovarono nella guerra l'occasione di realizzazione[82].

Altro effetto prodotto dall'economia di guerra fu l'incremento del processo di nazionalizzazione della produzione industriale e l'aumento dell'erogazione dei servizi da parte dello Stato. Si trattava di una tendenza già in atto che, però, la pianificazione bellica accrebbe notevolmente. Mises, ad esempio, ricordava che in Gran Bretagna, già prima del 1914, si era inteso imitare le statalizzazioni tedesche[83]. Negli Stati Uniti si giunse a nazionalizzare le ferrovie con un «terribile salto in avanti verso il mega-Stato sotto la cui pressione» liberali e libertari giudicavano, già allora, intollerabile vivere[84].

E non dovrebbe sfuggire come, ai richiamati settori dell'economia, si aggiunse un altro importante aspetto condizionato ed ampliato dal dirigismo di guerra: l'accrescimento della burocrazia e del controllo della vita sociale da parte dello Stato. Per quanto negli Stati Uniti non si fosse raggiunto l'apice di questo ampliamento, tuttavia, anche nel paese americano, il numero degli organismi governativi si moltiplicò[85] – quantità destinata a non contrarsi mai più – e commissioni, uffici, amministrazioni,

---

80 ) Cfr. ROTHBARD, *La Grande Depressione*, cit., p. 160-161.
81 ) Cfr. *ibidem*, p. 185s.
82 ) Impossibile non menzionare anche le responsabilità del *Federal Reserve System* precedentemente avviato.
83 ) Cfr. Ludwig von MISES, *Socialismo. Analisi economica e sociologica*, a cura di Dario Antiseri, Rusconi, Milano 1990, p. 620.
84 ) Cfr. BOAZ, *Libertarismo. Silloge*, cit., p. 314.
85 ) Cfr. *ibidem*, p. 315.

direzioni entrarono stabilmente in una prassi a cui la società avrebbe finito con l'abituarsi e con cui ogni persona avrebbe dovuto convivere[86]. Ricordavamo le parole di Einstein che, nel giorno in cui la Germania firmava l'armistizio, si diceva sicuro dell'avvento di una nuova epoca senza burocrazia, oltre che senza militarismo. Come la Grande Guerra aveva avuto una lunga incubazione, così essa diveniva il seme (avvelenato) che maturerà nei vent'anni che prepararono non solo il secondo conflitto mondiale, ma anche l'epoca della più completa sottomissione dell'individuo al potere della burocrazia.

Se l'attenzione per il pensiero di Rothbard ci ha indotto ad una maggiore considerazione per l'America di Wilson, è anche vero che i dati forniti per gli USA possono tendenzialmente valere per ogni altro paese[87]. Anzi, il grado di dirigismo fu ancor maggiore in Europa. Con la Prima Guerra Mondiale l'accelerazione della spinta statalista fu tale che diventava sempre più difficile difendere il libero scambio e la scienza economica risultava sempre meno permeabile alle teorie della Scuola Austriaca. D'altra parte gli autori marginalisti videro nella pianificazione e nell'interventismo motivati dalla guerra – il "socialismo di guerra" – quegli orientamenti che, introdotti dalle necessità belliche, erano destinati a sopravvivere al conflitto e a trascendere le pretese esigenze militari, trasformandosi in modalità ordinarie, accettate ormai abbastanza pacificamente dai più. Mises delineò ciò che era contenuto in premesse ambigue e che avrebbe fortemente ipotecato il futuro, e non solo quello economico. Continuatore e perfezionatore fu, anche in ciò, Rothbard per il quale la guerra aveva spalancato la via agli odierni sistemi nei quali l'interventismo e la pianificazione orientano l'intera economia, dalla politica monetaria al controllo degli scambi commerciali[88].

Ai contemporanei sembrò davvero lontano il mondo anteriore alla guerra. Questo, per quanto già segnato da contraddizioni reali e profonde, al ricordo degli uomini di quella generazione, apparve un periodo idilliaco anche sotto l'aspetto della sicurezza economica: «nell'impero austro-ungarico [...] la moneta, la corona austriaca, circolava in pezzi d'oro e garantiva così la sua stabilità. Ognuno sapeva quanto possedeva o quanto gli era dovuto, quel che era permesso e quel che era proibito. Chi possedeva un capitale era in grado di calcolare con esattezza il reddito annuo corrispondente. Chi possedeva una casa la considerava asilo sicuro dei figli

---

86 ) Cfr. Ludwig von MISES, *Burocrazia*, prefazione di Lorenzo Infantino, Rubbettino, Soveria Mannelli (Catanzaro) 2009.
87 ) Cfr. EINAUDI, *Il Buongoverno. Saggi di economia e politica (1897-1954)*, cit. p. 65.
88 ) Cfr. ROTHBARD, *I contributi fondamentali di Ludwig von Mises*, cit., p. 86.

e dei nipoti; fattorie e aziende passavano per eredità di generazione in generazione; appena un neonato era in culla, si metteva nel salvadanaio o si deponeva alla cassa di risparmio il primo obolo per il suo avvenire»[89]. Sappiamo, comunque, che quel mondo antico era già caratterizzato dalle interferenze statali che ne impediranno la sopravvivenza, ma il periodo precedente al conflitto apparve una situazione aurea rispetto al dirigismo di guerra e ai duraturi effetti di questo.

Il dirigismo di guerra non va solo considerato come un penoso aspetto collaterale alla triste vicenda bellica. Esso va anche inquadrato in ciò di cui è preludio. Intendiamo ancora riferirci allo strettissimo legame tra economia di guerra e totalitarismo. Non è difficile scorgere nella Grande Guerra la vera generatrice dei totalitarismi (benché riteniamo preferibile parlare di un unico fenomeno totalitario). Molti autori hanno messo in luce questo così importante aspetto[90]. Certamente minor attenzione si è posta al modo con cui il totalitarismo è stato largamente preparato (o anche anticipato) proprio dall'economia di guerra[91].

È il conflitto, infatti, a costituire il grande esperimento di pianificazione ed è il "socialismo di guerra" a dare alla politica il controllo della società attraverso il controllo dell'economia. Quanto la dimensione economica sia vincolante per la libertà individuale lo dimostra la stessa volontà politica di arrivare a guidare strategicamente l'organizzazione dei fattori di produzione e di allocazione dei beni. Con l'economia di guerra che permette allo Stato di pianificare il lavoro, lo scambio e i meccanismi di produzione della ricchezza, l'obiettivo di controllare l'economia è pressoché raggiunto. Il delicato meccanismo economico diviene così preda della pianificazione ed il controllo politico si realizza facilmente proprio in forza delle pretese esigenze belliche. Le naturali resistenze e opposizioni alla statalizzazione dell'economia vengono così sbaragliate facilmente, lì ove, per superarle, sarebbe stata necessaria una dura lotta politica. Ecco, dunque, perché il dirigismo economico instaurato a causa della guerra va considerato la strada spianata per il totalitarismo. D'altronde, cos'è il totalitarismo se non l'assimilazione della società – nelle sue complesse articolazioni – da

---

89 ) Guglielmo PIOMBINI, *Stefan Zweig e "Il mondo di ieri"*, in «StoriaLibera. Rivista di scienze storiche e sociali», anno 3 (2017), n. 6, p. 64-65.

90 ) Cfr. George L. MOSSE, *De la Grande Guerre au totalitarisme. La brutalisation des sociétés européennes*, Hachette littératures, Paris 1999.

91 ) Cfr. Alessandro VITALE, *"Omnipotent Government": alle radici del realismo politico di Ludwig von Mises*, in Lorenzo INFANTINO - Nicola IANNELLO (a cura di), *Ludwig von Mises: le scienze sociali nella Grande Vienna*, Rubbettino, Soveria Mannelli (Catanzaro) 2004, p. 304.

parte della struttura dello Stato? Ed il modo principale con cui questa assimilazione si realizza è attraverso il controllo dell'economia.

Accanto a quelle più specificamente economiche, vi sono poi le tante e profonde conseguenze di ordine sociale. A merito del paradigma liberal-marginalista torna la capacità di non separare mai i due aspetti dell'unica condizione umana che ha nell'incombente ombra dello Stato il suo grande motivo di trepidazione. Quelle ascrivibili alla Scuola Austriaca sono riflessioni di grande portata che, però, non sono state sufficientemente attenzionate se non da circoli abbastanza ristretti. Eppure agli storici ed agli studiosi non sarebbe dovuto sfuggire come – anche secondo il filosofo e giurista brasiliano José Pedro Galvao de Sousa (1912-1992) – «dopo ogni guerra, dopo ogni rivoluzione [...] il potere dello Stato ne esce rafforzato e titolare di maggiori attribuzioni»[92].

Il dirigismo che era stato facilmente giustificato durante la guerra non venne smantellato, se non nei suoi eccessi. L'ingerenza politica si era, ormai, radicata e ramificata. La Grande Guerra, quindi, rappresenta una fase assai grave del processo di statalizzazione della vita dell'uomo. Scrive, perciò, Hoppe: «l'estensione dell'interferenza governativa nell'economia privata, e in ultima istanza il controllo della stessa da parte dello Stato, negli Stati Uniti e nell'Europa occidentale non avrebbe mai raggiunto le vette alle quali è oggi»[93].

L'estensione dell'interferenza governativa è vieppiù dimostrata dal caso dei due paesi con più forte vocazione capitalistica: il Regno Unito e l'America. Agli Stati Uniti abbiamo dedicato le pagine del capitolo precedente e a quelle pagine possiamo senz'altro rinviare. Possiamo, però, aggiungere qualche altra testimonianza.

Relativamente alla Gran Bretagna sarà sufficiente rileggere un brano del già menzionato Alan John Percivale Taylor che, all'inizio della sua opera sulla recente storia dell'Inghilterra[94], scriveva: «fino all'agosto del 1914, non fossero esistiti uffici postali e poliziotti, un inglese giudizioso e osservante delle leggi avrebbe potuto trascorrere la vita senza quasi accorgersi dell'esistenza dello Stato. Poteva abitare dove e come gli pareva. Non aveva numero ufficiale né carta d'identità. Poteva viaggiare all'estero o lasciare il suo paese per sempre senza aver bisogno di passaporto o di autorizzazione di qualsiasi genere; poteva convertire il suo denaro in

---

92 ) José Pedro GALVAO de SOUSA, *La rappresentanza politica*, introduzione e cura di Giovanni Turco, Edizioni Scientifiche Italiane, Napoli 2009, p. 216.
93 ) Hans-Hermann HOPPE, *Democrazia: il dio che ha fallito*, prefazione di Raimondo Cubeddu, Liberilibri, Macerata 2008, p. 11.
94 ) Alan John Percivale TAYLOR, *English History 1914-1945*, Oxford University Press, Oxford 1965 (volume XV di Oxford History of England).

qualsiasi tipo di moneta senza restrizioni né limiti. Poteva acquistare merci da tutti i paesi del mondo alle stesse condizioni che in patria. Quanto a questo, uno straniero poteva passare tutta la vita in Inghilterra senza autorizzazione e senza neanche informarne la polizia. Diversamente da quanto accadeva nei paesi del continente europeo, lo Stato non chiedeva ai suoi cittadini di prestare servizio militare. Un inglese poteva arruolarsi di sua volontà nell'esercito regolare, nella marina o nei territoriali. Ma poteva anche, se voleva, ignorare le necessità della difesa nazionale. Agiati capifamiglia erano occasionalmente chiamati a far parte di una giuria. Per il resto, aiutava lo Stato solo chi voleva farlo. Gli inglesi pagavano tasse in misura molto modesta: meno dell'8% del reddito nazionale... Il cittadino adulto era lasciato a se stesso. Tutto questo fu mutato dal contraccolpo della Grande Guerra. La massa del popolo diventò, per la prima volta, un insieme di cittadini attivi. La loro vita venne forgiata dagli ordini superiori e si chiese loro di servire lo Stato anziché occuparsi esclusivamente degli affari propri... Lo Stato stabilì una presa sui suoi cittadini che, seppure meno rigida in tempo di pace, era destinata a non venir più meno, ed anzi a venire rafforzata dalla seconda guerra mondiale. La storia dello Stato e quella del popolo inglese si fusero per la prima volta»[95].

Due considerazioni (anzi appena due *flash*)... La prima considerazione è, probabilmente, comune a chiunque legga le parole di Taylor: uno Stato in questo modo limitato, oggi, potrebbe essere solo sognato. La crescita elefantiaca dello Stato a danno delle libertà individuali ci rende quanto mai lontani dalla maniera di organizzare la vita sociale anche solo di un secolo fa. La seconda considerazione nasce dal modo con cui lo storico inglese termina questo brano: «la storia dello Stato e quella del popolo inglese si fusero per la prima volta». Ciò non rappresentò una peculiarità del popolo inglese; purtroppo il disfacimento della società, causa il suo inglobamento nello Stato, ha segnato l'intero mondo occidentale scaturito dalla Grande Guerra.

L'altro caso, particolarmente emblematico, è quello dell'America. L'efficace descrizione dello storico statunitense Robert Higgs (1944-viv.) offre un quadro esaustivo quanto quello fornito dal collega Taylor sulla situazione inglese. Scrive Higgs: «è esistita un'epoca, molto tempo fa, in cui l'americano medio poteva svolgere i suoi affari quotidiani senza quasi accorgersi dell'esistenza del governo, specialmente del governo federale. Come agricoltore, mercante o industriale poteva decidere cosa, come, quando e dove produrre e vendere i suoi beni, guidato solo dalle forze del

---

95 ) Alan John Percivale TAYLOR, *Storia dell'Inghilterra contemporanea*, Laterza, Bari 1975, vol. 1, p. 1-2.

mercato. Pensateci: non c'erano sussidi all'agricoltura, sostegni ai prezzi, controlli sull'estensione delle coltivazioni; non c'era la Commissione sul Commercio Federale; non c'erano leggi antitrust; non c'era la Commissione per il Commercio Interstatale. Come datore di lavoro, dipendente, consumatore, investitore, prestatore, mutuatario, studente o insegnante poteva procedere largamente secondo il proprio giudizio. Pensateci: non c'era il Consiglio Nazionale per i Rapporti di Lavoro; non c'erano leggi federali per la "protezione" del consumatore; non c'era la Commissione Titoli e Scambi; non c'era la Commissione per le Uguali Opportunità; non c'era il Dipartimento della Sanità. Poiché mancava una banca centrale che emettesse una valuta nazionale, la gente solitamente faceva acquisti con monete d'oro. Non c'erano tasse indirette a livello generale, non c'erano contributi sociali, non c'era l'imposta sul reddito. Anche se i funzionari governativi erano corrotti quanto oggi, se non di più, c'erano molte meno occasioni di corruzione. I cittadini privati spendevano quindici volte più di tutti i governi statali e federali messi insieme. Quei tempi, ahimè, sono passati da tempo»[96].

Non di rado alla guerra vengono attribuiti alcuni risvolti positivi. Si fa sovente riferimento allo sviluppo dell'industrializzazione che avrebbe avuto nelle commesse belliche il suo volano o all'avanzamento tecnologico che spesso si ritiene essere stato incentivato grazie alle esigenze militari oppure all'emancipazione civile fortemente velocizzata dal rimescolamento dei ruoli prodotti dal conflitto. In realtà, alla guerra non può essere attribuito alcun tipo di effetto positivo. Né economico, né sociale, né politico... Non esistono ricadute positive *direttamente* imputabili alla guerra e alle vicende ad essa ricollegabili. Se mai vi fu qualche effetto apprezzabile, questo non fu dovuto al conflitto, ma si affermò *nonostante* la guerra.

---

96 ) Robert HIGGS, *Crisis and Leviathan. Critical Episodes in the Growth of American Government*, Oxford University Press, New York (N.Y.) 1987, p. IX («There was a time, long ago, when the average American could go about his daily business hardly aware of the government–especially the federal government. As a farmer, merchant, or manufacturer, he could decide what, how, when, and where to produce and sell his goods, constrained by little more .than market forces. Just think: no farm subsidies, price supports, or acreage controls; no Federal Trade Commission; no antitrust laws; no Interstate Commerce Commission. As an employer, employee, consumer, investor, lender, borrower, student, or teacher, he could proceed largely according to his own lights. Just think: no National Labor Relations Board; no federal consumer "protection" laws; no Security and Exchange Commission; no Equal Employment Opportunity Commission; no Department of Health and Human Services. Lacking a central bank to issue national paper currency, people commonly used gold coins to make purchases. There were no general sales taxes, no Social Security taxes, no income taxes. Though governmental officials were as corrupt then as now–maybe more so–they had vastly less to be corrupt with. Private citizens spent about fifteen times more than all governments combined. Those days, alas, are long gone»).

Lo scontro tra i popoli produsse solo lutti umani e miseria materiale. Industrializzazione e tecnologia bellica sono semplicemente imparagonabili a ciò che industria e tecnologia avrebbero prodotto con risorse che, invece, la guerra dissipò ed andarono perdute per sempre. Prime tra queste, quelle umane. Già ricordavamo come i campi di battaglia divorarono anche scienziati e geni, ma soprattutto una moltitudine sconfinata di lavoratori che avrebbero fornito capacità ed energie per il progresso dell'umanità.

Non bastarono i milioni di soldati morti tra il fango e il filo spinato[97]. Gli studiosi parlano della enorme cifra di dieci milioni di vittime. A questi si devono aggiungere anche le perdite tra i civili dovute gli stenti, alla fame, all'indebolimento fisico della popolazione. E, poi, come non ricordare la tremenda epidemia della febbre "spagnola"[98] che causò molte più vittime di quante ne produssero i campi di battaglia (il numero dei decessi è stimato addirittura in diverse decine di milioni, facendo di questa, probabilmente, la pandemia più letale dell'intera storia dell'umanità). Anche l'influenza "spagnola" fu un portato della guerra non solo perché le condizioni dei soldati (vita in comune e assenza di igiene) ne favorì la diffusione, ma innanzitutto perché senza la guerra il contagio non si sarebbe diffuso, rimanendo verosimilmente circoscritto alla zona rurale nella quale il virus si era originariamente manifestato[99].

Anche il miglioramento della condizione femminile quale frutto della guerra è da mettere in discussione. Non fu la guerra a dare alle donne nuove opportunità; il conflitto semplicemente le costrinse a lavorare e, spesso, a farlo da vedove o orfane.

È vero che la Grande Guerra deve essere considerata un formidabile fattore acceleratore della storia[100]; occorre, però, chiedersi in quale direzione si produsse questa accelerazione. Certamente ciò avvenne nella linea

---

97 ) Le parole di uno sconosciuto osservatore danno il senso di quanto disumana fosse la vita in guerra: «la cosa è orribile e sopportarla è impresa superiore alle capacità della natura umana» (cit. in Martin GILBERT, *La grande storia della prima guerra mondiale*, Mondadori, Milano 1998, p. 475).

98 ) Cfr. Riccardo CHIABERGE, *1918: la grande epidemia. Quindici storie della febbre spagnola*, UTET, Torino 2016; cfr. Eugenia TOGNOTTI, *La spagnola in Italia. Storia dell'influenza che fece temere la fine del mondo*, Franco Angeli, Milano 2002.

99 ) Così, almeno, sostengono gli esperti. La pandemia fu una diretta conseguenza dell'intervento militare americano avendo avuto origine in una contea del Texas. Di lì trovò facile possibilità di contagio tra le truppe statunitensi che portarono il virus in Europa e, da lì, nel resto del mondo. La pandemia venne tenuta a lungo nascosta dalla censura militare compromettendo le misure di prevenzione. La stessa definizione ("febbre spagnola") è dovuta al fatto che l'infezione venne ufficializzata in Spagna, paese non belligerante e, quindi, interessato non ad occultare l'epidemia, bensì a proteggere la popolazione dal contagio.

100 ) Cfr. Daniel HALÉVY, *Essai sur l'accélération de l'histoire*, Editions de Fallois, Paris 2001 (opera del 1948).

della statalizzazione della vita dell'uomo e del radicamento dei processi ideologici della politica. L'effettivo progresso è, invece, quello che si produce con il lento miglioramento assicurato dalla pacifica cooperazione sociale. Rifiutare questa ineluttabilità significa, in fondo, accettare la violenza quale "levatrice della storia".

Tra i grandi effetti sociali e politici che la guerra provocò con le sue spinte collettivizzatrici dev'essere ancora ricordata l'ascesa delle masse. Si tratta di un fenomeno – come abbiamo provato a definire – "democratico", non perché abbia consentito ai soggetti sociali un reale potere di interlocuzione o di decisione, ma innanzitutto perché ha comportato la fusione dell'intera popolazione – appunto nella sua dimensione di massa – nei meccanismi dello Stato, sacrificando ogni particolarismo alla dimensione collettiva.

Se, quindi, la statalizzazione delle masse nel nome delle istanze nazionali rappresenta la cornice dell'azione democratica, allora non vi è alcuna contraddizione tra l'affermazione della democrazia di massa e l'avvento dei regimi totalitari. Anzi, questa democrazia di massa è inseparabile dal fenomeno totalitario rappresentandone la condizione indispensabile.

In particolare, come sostiene Luciano Pellicani (1939-viv.), «la Grande Guerra, fu la fornace dalla quale uscirono i due soggetti che, fondendosi, avrebbero generato i movimenti totalitari: l'élite rivoluzionaria e la "massa pirica"»[101].

Le conseguenze della Grande Guerra furono, dunque, enormi e sconvolgenti non solo per il carico di morte e di distruzione[102]. Anche un politico come l'italiano Francesco Saverio Nitti, tre anni dopo la fine dei combattimenti, confessava: «vi è qualcuno che ricordi ancora l'Europa nei mesi prima del 1914? E che ricordi gli anni che precedettero questi anni di guerra? Pare che gran tempo sia trascorso, che si tratti di un'epoca lontana, tanto le condizioni della vita sono mutate e tanto è mutata la concezione della vita. Forse trenta milioni di morti separano due età. Molti uomini ha ucciso la guerra, molti più ancora la malattia [l'epidemia di influenza "spagnola", *ndr*], ma assai più ha ucciso la fame. Sono i morti una grande barriera tra l'Europa di ieri e l'Europa di oggi. Abbiamo

---

101 ) Cfr. Luciano PELLICANI, *La Grande Guerra e la rivolta contro la civiltà liberale*, in «Eunomia. Rivista semestrale di Storia e Politica Internazionali. Università del Salento», anno 4 n.s. (2015), n. 2, p. 18.
102 ) Cfr. Edoardo BRESSAN, *Le ripercussioni sociali ed economiche della Grande Guerra*, in Licia MORRA (a cura di), *L'Europa del XX secolo fra totalitarismo e democrazia*, Itaca, Lugo di Romagna (Ravenna) 1991, p. 67-74; cfr. Gaetano RASI, *Tutto è cambiato con la Prima Guerra Mondiale. Società ed economia dal 1915 al 1922*, Edizioni Tabula Fati, Chieti 2015.

vissuto due epoche storiche, non due periodi differenti: l'Europa che era lieta e prospera, dopo l'immensa guerra, è minacciata da una decadenza e da un abbrutimento, che fa ricordare la caduta dell'Impero romano. Noi stessi non ci rendiamo conto di ciò che avviene. Oltre due terzi dell'Europa sono in fermento e vi è in tutti un senso vago d'inquietudine»[103].

L'inquietudine non fu solo un "senso vago", ma per molti popoli fu l'anticamera del terrore. L'immane disastro non si concluse con gli armistizi e i trattati, destinato com'era a prolungarsi perché rappresentava solo il primo tempo di un terrificante Novecento. La guerra consentì la presa del potere bolscevico in Russia e – per quanto la storia non si scriva con i "se" – senza di essa non ci sarebbe stato l'immediato "fertilizzante" per l'attecchimento del fascismo in Italia e per lo sviluppo del nazionalsocialismo in Germania[104]. Con molta sagacia e con altrettanta fondatezza, lo storico tedesco Ernst Nolte (1923-2016) ha perciò parlato del periodo che va dal 1917 al 1945 come di una *guerra civile europea*[105]; una "guerra civile" determinata dall'instaurazione del nuovo Stato sovietico e soprattutto dall'ideologia soggiacente, una "guerra civile" da considerare il grande evento entro cui interpretare la storia del Ventesimo secolo (e, di conseguenza, anche cifra interpretativa del fascismo e del nazionalsocialismo)[106].

Anche oltre la tesi di Nolte, il tema suggerisce almeno due grandi considerazioni. La prima, di natura teorica riguarda la comune essenza statolatrica dei vari totalitarismi. La seconda, di natura genetica riguarda l'attecchimento dei germi del bolscevismo, del fascismo e del nazionalsocialismo, sviluppo e affermazione indissociabile dalla Grande Guerra. Sottolineiamo questa seconda considerazione (senza mai eclissare la prima) perché l'avvento dei regimi totalitari non sarebbe stato possibile senza la Prima Guerra Mondiale. È questa, quindi, a fornire il contesto fertile

---

103 ) Francesco Saverio NITTI, *L'Europa senza pace*, Laterza, Bari 1959, p. 15 (opera del 1921).
104 ) Cfr. Ralph RAICO, *Great Wars and Great Leaders. A Libertarian Rebuttal*, foreword by Robert Higgs, Ludwig von Mises Institute, Auburn (Alabama) 2010, p. 2.
105 ) Cfr. Ernst NOLTE, *Nazionalsocialismo e bolscevismo. La guerra civile europea 1917-1945*, Sansoni, Firenze 1989.
106 ) Cfr. Ernst NOLTE, *La guerra civile europea: 1917-1945*, in Licia MORRA (a cura di), *L'Europa del XX secolo fra totalitarismo e democrazia*, Itaca, Lugo di Romagna (Ravenna) 1991, p. 125-139; cfr. Ernst NOLTE, *La guerra civile europea 1917-1945*, in «Il Nuovo Areopago», anno 9 (1990), n. 33, p. 55-70; cfr. Franco CARDINI, *La guerra civile europea: bolscevismo e nazionalsocialismo*, in Licia MORRA (a cura di), *L'Europa del XX secolo fra totalitarismo e democrazia*, Itaca, Lugo di Romagna (Ravenna) 1991, p. 77-82; cfr. Nicola IANNELLO, *Mises di fronte allo Stato onnipotente*, in Lorenzo INFANTINO - Nicola IANNELLO (a cura di), *Ludwig von Mises: le scienze sociali nella Grande Vienna*, Rubbettino, Soveria Mannelli (Catanzaro) 2004, p. 267-268.

per la generazione dei totalitarismi in Russia, Italia e Germania. È così che la guerra ha rappresentato *anche* un drammatico punto di partenza. Senza le spinte collettivizzatrici stimolate dalla guerra nessuna forma di totalitarismo avrebbe potuto impiantarsi. La successiva estremizzazione era, comunque, già contenuta nella lotta alla sfera individuale, lotta a tutto ciò che rappresentava la dimensione privata e la libertà personale. Non di meno – dicevamo già –, se per totalitarismo deve intendersi il processo politico di *totale* assorbimento di ogni naturale funzione sociale all'interno dello Stato, ciò era stato già anticipato dalla guerra (che, nella sua essenza, rinnovava il totalitarismo centralista della rivoluzione giacobina[107]). Esattamente con i provvedimenti che mettevano gran parte dell'economia nelle mani del potere politico, la guerra aveva non solo creato una decisiva premessa alla successiva epoca totalitaria, ma di quell'epoca conteneva già i caratteri (destinati comunque a radicalizzarsi ulteriormente).

L'economia di guerra con i suoi esperimenti di pianificazione offre la conferma di ciò che abbiamo chiamato "primato ideologico" della Prima Guerra Mondiale, un "primato" rispetto alla Seconda, generalmente considerata l'acme della violenza e della brutalità. In forza della continuità storica e senza alcuna sottovalutazione del portato ideologico della guerra del 1939-1945, sembra giusto, infatti, attribuire un vero e proprio "primato politico" al primo conflitto perché già gravido di tutto ciò che sarebbe esploso nel ventennio successivo. Per tanti, troppi aspetti la Seconda Guerra Mondiale non è altro che una prosecuzione della Prima o, addirittura, di questa solo un'appendice[108], per quanto devastante. Non si tratta solo di recuperare la tesi di Nolte circa la "guerra civile europea"; si tratta soprattutto di riaffermare il carattere decisivo del socialismo come categoria soggiacente e filo conduttore della storia contemporanea: la statalizzazione comporta una "socialistizzazione" le cui diverse forme arrivano inevitabilmente a scontrarsi in una sorta di guerra interna (una specie di "guerra civile").

Nel parlare di socialismo come categoria soggiacente e filo conduttore della storia contemporanea non intendiamo riferirci solo a quel ferale evento che è stata la Rivoluzione bolscevica, ma neanche si potrebbe parlare degli effetti della Grande Guerra senza menzionare ciò che si realizzò in Russia sul finire del 1917.

---

107 ) Cfr. Pierre DRIEU LA ROCHELLE, *Le radici giacobine dei totalitarismi. Bolscevismo, nazismo e fascismo*, Tabula Fati, Chieti 1998.
108 ) Cfr. Gian Enrico RUSCONI, *1914: attacco a Occidente*, Il Mulino, Bologna 2014, p. 16s.

Se è vero che la guerra mondiale fu una carneficina di inaudita portata, è anche vero che ciò che si avviò in Russia con la Rivoluzione bolscevica fu addirittura peggiore. E di molto: di gran lunga più tremendo. Mediante un terribile perfezionamento di lontane premesse, in Russia (e nei contesti che, presto, ne emularono l'esperimento) si instaurò lo Stato del Terrore. Nella lugubre gara del male, la vicenda legata alla politica comunista davvero rappresenta l'abisso infernale della storia dell'umanità. Ciò che possiamo indicare con il nome "Rivoluzione russa" fu ancor più tragico della Prima Guerra Mondiale non solo per un confronto relativo alla durata temporale dei due eventi o in relazione al tremendo numero delle vittime, ma soprattutto per l'allucinante *essenza* dell'utopia socialista.

Mihail Geller (1922-1997), storico e dissidente bielorusso, ha parlato di «un fenomeno prima sconosciuto all'umanità»[109]. Geller ha messo in evidenza il carattere inaudito del regime dei soviet, ma – anche in questo caso – occorrerebbe cogliere meglio le connessioni tra il 1917 russo e il 1789 francese, tra il terrore rosso e il terrore giacobino[110]. Si tratta, in altri termini, di cogliere una progressione ideologica per poter comprendere come l'esplosione delle manifestazioni più violente siano preparate dai momenti precedenti. E nell'eredità del passato, giacobino e marxista, la Rivoluzione russa fece fare un altro tremendo salto in avanti al perfezionamento totalitario. Perciò, il saggista slavo Milovan Gilas (1911-1995) – che da partigiano e militante comunista si trasformò in osservatore critico del sistema nel quale non si riconosceva più – ha sostenuto che il totalitarismo di Lenin è stata la tirannia più assoluta e riuscita dell'era industriale[111].

Gli autori "austriaci" ebbero un'esatta percezione del significato politico dell'instaurazione dello Stato comunista. Mises – nonostante il suo dichiarato utilitarismo – espresse anche un giudizio propriamente morale con parole che danno il senso di quanto inquietante fosse l'avvento dello Stato collettivista: «il vero significato della rivoluzione di Lenin – scriveva l'economista viennese – è da vedere nel fatto che essa fu l'esplosione del principio della violenza e dell'oppressione senza limiti. Fu la negazione di tutti gli ideali politici che per tremila anni avevano guidato l'evoluzione

---

109 ) Mihail GELLER - Aleksandr NEKRIC, *Storia dell'URSS dal 1917 a Eltsin*, Bompiani, Milano 1997, p. 7.
110 ) Cfr. François FURET, *Marx e la Rivoluzione francese*, Rizzoli, Milano 1989; cfr. François FURET, *Le due rivoluzioni. Dalla Francia del 1789 alla Russia del 1917*, UTET, Torino 2002; cfr. Albert MATHIEZ, *Le bolchevisme et le jacobinisme*, Librairie du Parti Socialiste et de l'Humanité, Paris 1920.
111 ) Cfr. Milovan GILAS, *La nuova classe. Una analisi del sistema comunista*, Il Mulino, Bologna 1971.

della civiltà occidentale»[112]. Fu «la liberazione dei demoni»[113]. Fu l'instaurazione dei falsi principi del distruttivismo sociale.

Lo storico polacco-statunitense Richard Edgar Pipes (1923-2018) – un'autorità nel campo degli studi sulla Russia leninista – ha scritto: «la guerra civile, che dilaniò la Russia per quasi tre anni, fu l'evento più distruttivo della sua storia dai tempi dell'invasione dei mongoli, nel XIII secolo. Il rancore e la paura causarono atrocità indicibili: milioni di persone persero la vita in battaglia, e per il freddo, la fame e le malattie. Cessati i combattimenti, la Russia fu colpita da una carestia di una gravità senza precedenti fra le popolazioni europee, una carestia di dimensioni asiatiche, che uccise milioni di persone»[114]. Ed, ancora a sottolineare il grado di distruzione apportato dal regime dei soviet, François Furet poteva, in conclusione della parabola leninista, solo confermare come «la fine della Rivoluzione d'ottobre e la scomparsa dell'impero sovietico si sono lasciate dietro una *tabula rasa* [...] senza confronto»[115].

Limitiamoci ad accennare a due caratteri del distruttivismo socialista per poter cogliere la penetrazione nell'intero panorama occidentale. Intendiamo riferirci al tentativo di creare un sistema di perfetta organizzazione pianificata e alla lotta contro ogni resistenza dell'individualismo.

Quando, nei suoi studi, Hayek volle contrapporre l'ordine spontaneo del mercato all'ordine coercitivo dello Stato parlò del primo come *Cosmos* e del secondo come *Taxis*[116]. Ebbene, la Rivoluzione russa può essere innanzitutto definita come il tentativo di cancellare ogni ordine naturale (ad iniziare dal mercato e dalla proprietà privata) e di creare un sistema di organizzazione in tutto controllato in modo centrale dalla politica. «La distruzione del mercato ha significato non solo l'annientamento dell'autonomia della società civile a petto dello Stato-Partito; ha significato anche l'annientamento della *ratio*. Così l'Unione Sovietica, anziché marciare verso un'economia autopropulsiva, ha imboccato la via che l'ha portata al collasso catastrofico. E ciò è accaduto precisamente perché

---

112 ) Ludwig von MISES, *Socialismo. Analisi economica e sociologica*, a cura di Dario Antiseri, Rusconi, Milano 1990, p. 621.
113 ) *Ibidem*.
114 ) Richard PIPES, *Il regime bolscevico. Dal terrore rosso alla morte di Lenin*, Mondadori, Milano 1999, p. 7.
115 ) François FURET, *Il passato di un'illusione. L'idea comunista nel XX secolo*, Mondadori, Milano 2000, p. 4.
116 ) Cfr. Friedrich A. von HAYEK, *Legge, legislazione e libertà. Critica dell'economia pianificata*, Il Saggiatore, Milano 2010, p. 48s.200.

*Taxis* – l'ordine pianificato – ha sostituito, in tutto e per tutto, *Cosmos* – l'ordine catallattico»[117].

È il caso ancora ricordare Johann Plenge[118], il sociologo tedesco che, esaltando lo spirito germanico, metteva questo spirito in contrapposizione alla decadenza borghese, colpevole di aver anche contaminato l'autentica essenza del socialismo. Per Plenge questa essenza avrebbe dovuto coincidere unicamente con l'ideale di organizzazione e non certo con l'idea di uguaglianza (tanto meno con l'idea di libertà). Per il sociologo, uguaglianza e libertà avevano trionfarono nel 1789, ma l'ideale di organizzazione sociale si sarebbe dovuto realizzare grazie alla Grande Guerra concepita come lotta alla degenerazione europea quale esito dello spirito mercantile. L'auspicio di Plenge si avverò – «Lenin ripeteva fino alla nausea che l'essenza del socialismo era la contabilità e il controllo»[119] –, sebbene non mediante il trionfo del *Reich*, ma attraverso la vittoria dei suoi avversari, ad iniziare dalla Russia che diventerà il modello della pianificazione.

Quantunque in modo improprio, anche Plenge contrapponeva la libertà all'organizzazione ed, esaltando solo quest'ultima, si riconosceva coerentemente nell'ideale socialista anti-individualistico. Un ideale che comporta il disfacimento dell'ambito privato per opera di quello pubblico e l'affermazione della dimensione politica su quella economica[120]. Veniamo così al secondo carattere del distruttivismo socialista su cui volevamo appuntare l'attenzione: quella lotta ad oltranza verso la libertà individuale che costituisce la strada necessaria per giungere all'instaurazione dello Stato perfetto.

Il marginalismo della Scuola Austriaca si è dimostrato il più fiero antagonista di questo progetto che, con l'aiuto di ogni mezzo violento, si ripropone di realizzare il regime della compiuta organizzazione e di estinguere ogni residuo di individualismo[121]. Questo radicale anti-individualismo attraversa ogni testimonianza socialista. Tra le tante possibili, recuperiamo quella di un rivoluzionario bolscevico considerato da Lenin

---

117 ) Luciano PELLICANI, *La genesi del capitalismo e le origini della modernità*, Rubbettino, Soveria Mannelli (Catanzaro) 2013, p. 548.
118 ) Altri richiami al pensiero di Plenge sono nel cap. 1 (par. 5) e nel cap. 2 (par. 2) di questo testo.
119 ) Robert SERVICE, *Lenin. L'uomo, il leader, il mito*, Mondadori, Milano 2001, p. 327.
120 ) Cfr. François FURET, *Ottocento e Novecento: ideologie e illusioni*, in «Nuova Storia Contemporanea», anno 1 (1997), n. 1 (novembre-dicembre), p. 68.
121 ) Cfr. Friedrich A. von HAYEK, *La via della schiavitù*, prefazione di Raffaele De Mucci, Rubbettino, Soveria Mannelli (Catanzaro) 2011, p. 220-221.

tra i migliori e più capaci attivisti[122] che così si esprimeva: «per Lenin il principio sul quale si fonda il Partito Comunista è una coercizione che non conosce vincoli o freni. [...] Un partito del genere è in grado di fare miracoli e di compiere opere che nessun altro collettivo umano può realizzare. [...] Un vero bolscevico è un uomo che ha fatto naufragare la sua personalità nella dimensione collettiva, "nel Partito", sino ad avere la capacità di compiere lo sforzo necessario per staccarsi dalle proprie opinioni e dalle proprie convinzioni, e di convenire in tutta onestà con il Partito»[123]. Come già la guerra, la rivoluzione, ad una velocità ancor maggiore, esasperava l'opposizione al particolare e vedeva in ogni brandello di libertà e in ogni forma di individualismo un focolaio reazionario da sopprimere. In fondo, era questo il grande programma socialista che Nikolaj Ivanovich Bukharin (1888-1938) lapidariamente esprimeva come «la distruzione dell'individualismo»[124] realizzato attraverso la radicale e cruenta abolizione della proprietà privata e la collettivizzazione di ogni aspetto dell'esistenza[125]. Torna allora utile richiamare la comune radice di ogni totalitarismo perché l'odio contro l'individualismo accomuna indissolubilmente comunismo, fascismo e nazionalsocialismo. Ed anche in ciò, non si può che scorgere quel processo che nel "socialismo di guerra" aveva avuto un momento tanto importante di consolidamento.

Il socialismo, però, appare come il perfezionamento e la punta più alta delle varie matrici e delle varie forme di collettivismo, tutte identificabili nel programma di socializzazione dell'uomo, nell'abolizione di tutto ciò che è personale (la proprietà privata nelle sue varie modalità) e nel presagio dello Stato totale. Tutte unite nell'odio contro l'individualismo liberale. Il socialismo (di ogni sfumatura) sarebbe semplicemente incomprensibile se venisse trascurata la sua istanza collettivizzatrice della vita dell'uomo.

In questo programma di lotta alla natura dell'uomo, il socialismo può solo essere distruttivo. Il collettivismo non farà nascere il tanto agognato "uomo nuovo", ma imporrà lo schiacciamento impietoso degli uomini concreti nella loro naturale individualità. L'ideologia si prodiga nel

---

122 ) Si tratta di Jurij Pjatakov (1890-1937) che sarà eliminato nel corso delle grandi purghe staliniane.
123 ) Cit. in Robert CONQUEST, *Il secolo delle idee assassine*, Mondadori, Milano 2001, p. 96.
124 ) Nikolaj Ivanovich BUKHARIN, *Le vie della rivoluzione*, Editori Riuniti, Roma 1977, p. 22.
125 ) Anche Bukharin, prima elogiato da Lenin, finirà vittima delle accuse di Stalin ed eliminato. La moglie finì in un Gulag e il figlio, come prevedeva la legge sovietica per le condanne politiche, fu affidato ad un orfanotrofio di Stato; al figlio di Bukharin fu impedito di conoscere l'identità dei genitori se non dopo la loro parziale riabilitazione.

trasformare la natura dell'uomo; ma la natura non può essere alterata se non al prezzo di distruggere l'essere umano. Per ciò stesso, l'unico vero programma del socialismo sarà quello di distruzione dell'esistente – Pellicani parla di «programma pantoclastico»[126].

La Rivoluzione russa e lo Stato socialista si connotavano per l'assenza di un vero programma positivo; il marxismo, infatti, può essere portatore solo di un carattere *apofatico* (per ciò che vuole combattere, non per ciò che è in grado di edificare); quindi non per la sostenibilità di ciò che afferma, ma per la forza di ciò che nega. A dimostrarlo vi è innanzitutto la prova della storia a cui il materialismo storico intendeva inappellabilmente riferirsi. La fine della spinta della Rivoluzione bolscevica si tradurrà in una stupefacente implosione senza lasciti – se non drammaticamente negativi – per l'umanità[127]. François Furet ha descritto l'assenza di eredità del bolscevismo in questo modo: «la Rivoluzione d'ottobre ha chiuso la sua traiettoria senza essere stata vinta sul campo di battaglia, ma liquidando essa stessa tutto ciò che è stato fatto in suo nome. Nel momento in cui si è disgregato, l'impero sovietico ha offerto lo spettacolo eccezionale di essere stato una superpotenza senza aver incarnato una civiltà. È vero che ha raggruppato attorno a sé accoliti, clienti e colonie, s'è costruita un arsenale militare, ha perseguito una politica estera su scala mondiale; ha avuto insomma tutti gli attributi della potenza internazionale, che hanno imposto il rispetto dagli avversari, senza parlare del messianismo ideologico che ha spinto i sostenitori all'adorazione. Ma la sua rapida dissoluzione non ha lasciato nulla: né principi, né codici, né istituzioni, neanche una storia. Come i tedeschi, i russi sono il secondo grande popolo europeo incapace di dare un senso al loro Ventesimo secolo»[128]. La Rivoluzione russa può esser ricordata solo per le sofferenze prodotte e per le violenze perpetrate su scala estesissima. «Nessun paese nell'epoca moderna aveva conosciuto una devastazione simile [...]; la storia non aveva ancora visto una così immensa catastrofe»[129], una catastrofe come solo uno Stato totale può essere in grado di compiere, quello Stato sovietico quale altra terribile diretta conseguenza della Prima Guerra Mondiale.

---

126 ) Luciano PELLICANI, *La Grande Guerra e la rivolta contro la civiltà liberale*, in «Eunomia. Rivista semestrale di Storia e Politica Internazionali. Università del Salento», anno 4 n.s. (2015), n. 2, p. 13.
127 ) Cfr. Vittorio STRADA, *Impero e rivoluzione. Russia 1917-2017*, Marsilio, Venezia 2017.
128 ) François FURET, *Il passato di un'illusione. L'idea comunista nel XX secolo*, Mondadori, Milano 2000, p. 4.
129 ) Cit. in Giuseppe BOFFA, *Storia dell'Unione Sovietica*, Editrice L'Unità, Roma 1990, vol. 1, p. 183s.

Se è vero – come ricorda Furet – che «il comunismo [...] finisce in una specie di nulla»[130], nondimeno l'azione della Rivoluzione bolscevica è stata devastante sin da subito. E non solo all'interno della Russia. Infatti, mentre nelle sterminate terre russe dilagava il terrore[131], l'inquietudine per il rischio della propagazione del bolscevismo iniziava ad angosciare l'intero continente[132]. L'utopia dei sovversivi si tradusse in un incubo per tanti.

Lenin e gli altri bolscevichi avevano denunciato la guerra come conflitto imperialistico. Pur tuttavia, non vi fu nulla di più militaristico ed espansionistico della rivoluzione comunista. Pipes dichiara che «i bolscevichi conquistarono il potere con il preciso proposito di incominciare a diffondere il conflitto armato, prima in Russia e poi in Europa e nel resto del mondo»[133]. Ma i rivoluzionari non sarebbero mai stati disposti a riconoscere il carattere oltremodo imperialista della loro azione. In relazione alla partecipazione della Russia alla Prima Guerra Mondiale, Trotsky aveva proclamato che «la lotta sanguinosa aveva come oggetto essenziale la dominazione mondiale»[134]; ma Trotsky non si avvedeva di utilizzare lo stesso linguaggio per giustificare l'esportazione della Rivoluzione. Se nella guerra i bolscevichi scorgevano l'imperialismo in azione, tanto più militarista fu la diffusione bolscevica della rivoluzione in campo mondiale[135].

Il socialismo è necessariamente aggressivo perché esso non potrebbe diffondersi in via pacifica causa il suo carattere intrinsecamente predatorio. Rigettando la pacifica cooperazione sociale che si realizza mediante il libero mercato e puntando sulla centralizzazione politica, il socialismo non può che essere impositivo e coercitivo. Rifiutando lo scambio libero e volontario, esso si rivela necessariamente violento e spoliatore perché sostituisce la cooperazione volontaria con una redistribuzione coatta. Al

---

130 ) FURET, *Il passato di un'illusione. L'idea comunista nel XX secolo*, cit., p. 5.
131 ) Cfr. Sergej Petrovic MEL'GUNOV, *Il terrore rosso in Russia 1918-1923*, Jaca Book, Milano 2010.
132 ) Cfr. BOFFA, *Storia dell'Unione Sovietica*, cit., vol. 1, p. 130s.135s.
133 ) Richard PIPES, *Il regime bolscevico. Dal terrore rosso alla morte di Lenin*, Mondadori, Milano 1999, p. 7.
134 ) Lev TROTSKY, *Storia della rivoluzione russa*, Sugar Editore, Milano 1964, p. 31.
135 ) Sommosse avvenivano in continuazione in quasi tutte le nazioni del continente; dalla fine del 1920, con la conclusione della guerra civile russa, tutto l'ex impero zarista era, ormai, sotto il potere dei bolscevichi mentre l'invasione della Polonia da parte della già temibilissima Armata Rossa veniva prodigiosamente fermata alle porte di Varsavia dall'eroico sacrificio dei soldati polacchi del maresciallo Jósef Pilsudski (1867-1935) nella memorabile battaglia della Vistola (15 agosto 1920). Vent'anni dopo Stalin vendicò quella sconfitta con i massacri di Katyn (marzo 1940) dove furono sterminati gli ufficiali dell'esercito polacco.

primitivo saccheggio, subentra la sottrazione politica che è il modo con cui il socialismo realizza l'accaparramento violento.

Nel rifiuto del pacifico scambio, il socialismo si rivela essere l'antitesi del liberalismo. Infatti, da un lato – come anche Mises non si stancava di sostenere –, l'economia di mercato è incompatibile con la guerra[136], dall'altro – in alternativa all'economia di mercato –, il socialismo non può che promuovere una continua guerra di confisca e di espropriazione. Quella guerra di aggressione – già anticipata a partire dal 1792 con l'esportazione della Rivoluzione francese – che fu anche indispensabile mezzo per diffondere il bolscevismo in tutta Europa. E se la pace è l'unica strada percorribile per il liberalismo perché ne costituisce la teoria sociale[137], è allora inevitabile che la lotta sia stata l'unico sentiero percorso dal socialismo a causa della sua contrapposizione ai postulati del libero mercato[138]. Si deve, quindi, concludere che, come lo scambio libero e volontario estingue le occasioni di guerra, l'economia socialista è antitetica alla pace tra i popoli. L'esportazione violenta del socialismo non poteva, quindi, che essere un elemento costitutivo anche della Rivoluzione bolscevica.

I momenti successivi ai vari armistizi che segnarono la fine della Grande Guerra (nel novembre 1918) furono attraversati dal brivido dell'avvento mondiale – per molti ineluttabile – del comunismo. Nel clima di un'imminente rivoluzione, i fermenti del socialismo rivoluzionario sembravano essere destinati ad un rapido successo a seguito dei sommovimenti in varie parti del continente (tra cui l'Italia) e soprattutto in Austria, in Ungheria e in Baviera. A fronte del mondo pre-bellico mitteleuropeo ove tutto davvero pareva duraturo con la monarchia millenaria quale garante suprema di tale solidità[139], la rivoluzione si manifestava nel suo significato letterale scompaginando e terrorizzando la società, fornendo un paralizzante senso di insicurezza per il presente e di sfiducia per l'avvenire. E nell'attesa dell'avvento del comunismo si viveva tra frequenti disordini, intimidazioni, continui scioperi, violenze di piazza, impunità dei sediziosi.

Per comprendere appieno la Grande Guerra nei suoi effetti, quindi, non può essere dimenticato come l'Europa intera si fosse trovata ad un

---

136 ) Cfr. Ludwig von MISES, *I fallimenti dello Stato interventista*, prefazione di Lorenzo Infantino, Rubbettino, Soveria Mannelli (Catanzaro) 1997, p. 352.
137 ) Cfr. Ludwig von MISES, *Socialismo. Analisi economica e sociologica*, a cura di Dario Antiseri, Rusconi, Milano 1990, p. 92.
138 ) Lapidariamente Rothbard ha dichiarato che «il socialismo [...] è l'abolizione violenta del mercato» (Murray N. ROTHBARD, *Potere e mercato. Lo Stato e l'economia*, a cura di Nicola Iannello, Istituto Bruno Leoni Libri, Torino 2017, p. 268).
139 ) Cfr. Guglielmo PIOMBINI, *Stefan Zweig e "Il mondo di ieri"*, in «StoriaLibera. Rivista di scienze storiche e sociali», anno 3 (2017), n. 6, p. 64.

passo dalla rivoluzione mondiale preannunciata da Lenin. Mises sentiva, in quei momenti difficilissimi in cui sembrava che il comunismo stesse per prevalere anche in Austria, il dovere di fare di tutto per impedire l'estensione del bolscevismo. Perciò in quei giorni di acutissime tensioni sociali, di disordini ripetuti e di continui crimini, nel clima di una rivoluzione che sembrava davvero imminente, Mises pubblicò, *Nation, Staat und Wirtschaft*[140]. «Era un libro scritto con criteri scientifici, ma l'intenzione era politica. Era il mio tentativo – confesserà più tardi – di allontanare l'opinione pubblica tedesca e austriaca dall'idea nazionalsocialista»[141]. Era il 1919 e Mises non intendeva riferirsi alle teorie hitleriane (che, comunque, sopraggiungeranno presto), ma alle forme non internazionalistiche di socialismo, a quell'amalgama di nazionalismo e socialismo (da cui venne effettivamente fuori il nazismo) e a quella socialdemocrazia che già sul finire dell'anno prima aveva preso il potere in Germania e in Austria. L'economista viennese riteneva che la parola chiave di quei convulsi momenti fosse "socializzazione"[142]. Non si comprendeva bene – scriveva ancora Mises – quale fosse la differenza tra le "socializzazioni" e le "nazionalizzazioni", ma si procedette insistentemente sulla via delle seconde adottando la prima denominazione.

Nelle sue memorie, confidava Mises: «come si vive quando si è consapevoli di una catastrofe inevitabile? È questione di temperamento. Al liceo, uniformandomi ad una consuetudine umanistica, avevo scelto come mio motto un verso di Virgilio: *Tu ne cede malis sed contra audentior ito* (non lasciarti vincere dal male, ma affrontalo coraggiosamente). Nelle ore più buie della guerra, mi sono sempre ricordato di questo motto. [...] Volevo cercare di fare tutto ciò che un economista può fare, e così decisi di scrivere un libro sul socialismo. L'avevo progettato già prima della guerra; era il momento di realizzarlo»[143]. Così, nel terribile clima di contrapposizione politica e di minacce sovversive, nel 1922, venne dato alle stampe *Sozialismus*[144]. In esso Mises perfezionava la teoria del calcolo economico (già

---

140 ) Ludwig von MISES, *Stato, nazione ed economia*, Bollati-Boringheri, Torino 1994.
141 ) Ludwig von MISES, *Autobiografia di un liberale. La Grande Vienna contro lo statalismo*, prefazione di Lorenzo Infantino, Rubbettino, Soveria Mannelli (Catanzaro) 1996, p. 96.
142 ) Cfr. MISES, *Socialismo. Analisi economica e sociologica*, cit., p. 276-277; cfr. Ludwig von MISES, *L'azione umana. Trattato di economia*, prefazione di Lorenzo Infantino, Rubbettino, Soveria Mannelli (Catanzaro) 2016, p. 734.
143 ) MISES, *Autobiografia di un liberale. La Grande Vienna contro lo statalismo*, cit., p. 100.
144 ) Questo il titolo originario completo: *Die Gemeinwirtschaft: Untersitchungen über den Sozialismus* (*Socialismo. Analisi economica e sociologica*).

anticipata in un saggio di un paio di anni prima[145]) in rapporto alla dottrina socialista. Era il grande contributo che lo studioso intese offrire per fare chiarezza sugli errori economici[146] contenuti in quel sistema che sembrava essere l'orizzonte del futuro. La teoria di Mises innescò un dibattito che ha accompagnato la parabola socialista nel Ventesimo secolo. Rothbard ha ritenuto il giudizio di Mises una sorta di "esplosione" – un *blockbuster*, scriverà – perché «per la prima volta dimostrava che, nel contesto delle economie industrializzate, il socialismo era un sistema irrealizzabile»[147]. È difficile sopravvalutare l'importanza che *Socialismo* ha avuto nel Novecento e nella storia del pensiero liberale. Basterebbe, a conferma di ciò, anche solo ricordare quanto questo poderoso libro fu determinante per tre grandi figure. Sarà, infatti, la lettura del testo di Mises a determinare la conversione al liberalismo di pensatori del calibro del tedesco Wilhelm Theodor Röpke (1899-1966), dell'inglese Lionel Charles Robbins (1898-1984) e, soprattutto, del connazionale Friedrich August von Hayek[148]. «Quando *Socialismo* – testimoniava Hayek – apparve per la prima volta, nel 1922, il suo impatto fu profondo. Gradualmente, ma in modo radicale esso modificò le concezioni di molti giovani idealisti, i quali ritornavano ai loro studi universitari dopo la Prima Guerra Mondiale. Io lo so, perché ero uno di loro. Sentivamo che la civiltà in cui eravamo cresciuti era crollata. Eravamo determinati a edificare un mondo migliore, ed è stato

---

145 ) Nel 1920 Mises aveva scritto il saggio *Die Wirtschaftsrechnung im sozialistischen Gemeinwesen* (*Il calcolo economico in un'economia socialista*). In esso, l'economista austriaco dimostrava che un'economia socialista non si sarebbe potuta reggere perché procede in modo irrazionale e improduttivo mancando la possibilità di definizione del prezzo delle merci. Recentemente l'articolo è stato ripubblicato in italiano: Ludwig von MISES, *Il calcolo economico nello Stato socialista*, Istituto Bruno Leoni Libri, Torino 2015.
146 ) A proposito della teoria del calcolo economico basata sul sistema dei prezzi, Rothbard sintetizzava: «il libero mercato stabilisce dei prezzi che permettono di *calcolare*, di prevedere quali saranno i costi e quindi cosa dovrà essere fatto per ottenere profitti ed evitare perdite. È attraverso tale sistema dei prezzi, e anche mediante la motivazione ad aumentare i profitti ed evitare perdite, che beni e servizi vengono distribuiti in maniera intelligente nel mercato tra tutti gli altri settori della produzione che compongono la moderna economia "capitalista". È il calcolo economico a rendere possibile tale meraviglia; al contrario, la pianificazione centrale, come quella tentata dal socialismo, viene privata della determinazione accurata dei prezzi, e quindi *non può* calcolare costi e prezzi» (Murray N. ROTHBARD, *Per una nuova libertà*, introduzione di Luigi Marco Bassani, Liberilibri, Macerata 2004, p. 268).
147 ) Murray N. ROTHBARD, *I contributi fondamentali di Ludwig von Mises*, in appendice a Ludwig von MISES, *Libertà e proprietà*, Rubbettino, Soveria Mannelli (Catanzaro) 2007, p. 87.
148 ) Cfr. Murray N. ROTHBARD, *Ludwig von Mises: Scholar, Creator, Hero*, in IDEM, *The Essential von Mises*, Ludwig von Mises Institute, Auburn (Alabama) 2009, p. 82.

questo desiderio di ricostruire la società che indusse molti di noi a studiare economia. Il socialismo prometteva di realizzare le nostre speranze in un mondo più razionale, più giusto. Fu allora che apparve questo libro. E le nostre speranze andarono deluse. *Socialismo* ci ha fatto capire che la nostra ricerca era andata nella direzione sbagliata»[149].

Nonostante l'impraticabilità del socialismo potesse essere dimostrata in ogni modo, il favore con cui venivano accolte le idee collettiviste si estendeva sempre più. Anche solo alcuni esempi possono fornire la sensazione di un clima di vera e propria euforia di cui si fecero espressione soprattutto – ancora una volta! – intellettuali e pensatori. D'altra parte, nell'epoca dei miti, non è un paradosso che i più creduloni – *trahison des clercs*, direbbe Julien Benda (1867-1956) – siano proprio coloro che hanno avuto parte alla edificazione delle fedi ideologiche[150]. «Bisogna sottolineare – scriveva ancora Mises – che i ceti colti sono più creduloni di quelli meno istruiti. I più entusiastici difensori del marxismo, del nazismo e del fascismo sono stati gli intellettuali, non i bifolchi. Gli intellettuali non sono stati nemmeno capaci di vedere le evidenti contraddizioni della dottrina da loro accettata»[151].

Ancora Mises identificava nell'atteggiamento anticapitalistico il tratto caratteristico dell'epoca ove, attraverso guerre e rivoluzioni, l'azione di governi e di partiti politici è stata protesa a restringere la sfera della libertà individuale, dell'iniziativa privata e della libera impresa[152]. Le tristi conseguenze della guerra sul piano economico e il clima culturale, la cui eccitazione ideologica è imprescindibile per comprendere i terribili eventi degli anni Trenta, non possono non essere tenuti presente per comprendere il diffuso favore pubblico di cui il socialismo già allora godeva in Occidente. Per dare il senso di questo atteggiamento largamente condiviso, può essere utile riportare un episodio abbastanza famoso. Uno dei più noti giornalisti statunitensi del tempo, Joseph Lincoln Steffens (1866-1936), tra i principali nomi dell'aggressivo giornalismo cosiddetto

---

149 ) Friedrich A. von HAYEK, *Presentazione* a Ludwig von MISES, *Socialismo. Analisi economica e sociologica*, cit., p. 23. Più avanti Hayek scriveva: «*Socialismo* è stato uno *shock* per la nostra generazione, e solo lentamente e dolorosamente ci siamo convinti» (*Ibidem*, p. 26).
150 ) Cfr. Raymond BOUDON, *Perché gli intellettuali non amano il liberalismo*, Rubbettino, Soveria Mannelli (Catanzaro) 2004; cfr. Friedrich A. von HAYEK, *Gli intellettuali e il socialismo*, in IDEM, *Studi di filosofia, politica ed economia*, prefazione di Lorenzo Infantino, Rubbettino, Soveria Mannelli (Catanzaro) 1998, p. 325-352.
151 ) Ludwig von MISES, *Burocrazia*, prefazione di Lorenzo Infantino, Rubbettino, Soveria Mannelli (Catanzaro) 2009, p. 159.
152 ) Cfr. Ludwig von MISES, *Il caos pianificato. Epilogo* di IDEM, *Socialismo. Analisi economica e sociologica*, cit., p. 575.

*muckraker*, nel 1919, svolse un viaggio in Russia. Durante la sua permanenza nella neonata repubblica bolscevica, Steffens aveva anche intervistato Lenin, rimanendone positivamente colpito. Al ritorno dal viaggio, il suo entusiasmo per il comunismo si espresse con una frase rimasta celebre: «ho visto il futuro ed esso funziona!»[153]. E furono in tanti a rimanere così abbagliati da non riuscire a vedere cosa fosse davvero avvenuto e cosa si preparasse all'orizzonte[154].

Si era ormai aperta l'epoca del socialismo, l'era di quell'idea che ubriacherà una parte notevole dell'umanità e trascinerà in un incubo i popoli che la sperimenteranno[155]. Nonostante i presupposti e le stesse palesi realizzazioni del socialismo, «molti degli uomini e delle donne migliori e più nobili lo hanno seguito con entusiasmo, ed esso ha rappresentato la stella polare per l'azione di eminenti statisti, ha egemonizzato le cattedre, infiammato i giovani, riempito la mente e il cuore delle ultime generazioni e di quella attuale, al punto che un giorno si potrà giustamente definire la storia della nostra epoca come l'epoca del socialismo»[156].

Nel clima di euforia per il socialismo, davvero pochi si rendevano, però, conto di cosa realmente significasse l'ideologia più distruttiva per la libertà e per la civiltà. Pochi si rendevano conto che nel socialismo era contenuta la decisiva lotta contro la libera azione umana. Forse nessuna definizione sintetica è chiara come quella offerta da un discepolo di Rothbard, lo spagnolo Jesús Huerta de Soto (1956-viv.) che ha qualificato il socialismo come «ogni restrizione o aggressione istituzionale contro il libero esercizio dell'azione umana» che si suole giustificare «a livello popolare, politico e scientifico, come sistema capace di migliorare il funzionamento della società»[157]. Pochi come gli studiosi della Scuola Austriaca

---

153 ) Cit. in Justin KAPLAN, *Lincoln Steffens. A Biography*, Simon & Schuster, New York (N. Y.) 1974, p. 240 («I have seen the future, and it works!»).
154 ) «Come ha potuto un'idea che ha dimostrato di essere così in contrasto con la natura umana, diffondersi tanto più rapidamente e ampiamente di ogni altro sistema mai concepito?» (Joshua MURAVCHIK, *Il paradiso in terra. Ascesa e caduta del socialismo*, Lindau, Torino 2005, p. 524).
155 ) Ovunque si sia affermato, il comunismo ha posto i popoli in uno stato di prigionia. Infatti solo nel caso della prigione le mura sono innalzate non per impedire l'ingresso agli sconosciuti, ma per rendere impossibile la fuga dei reclusi. In ogni Stato socialista è negata la possibilità di lasciare il Paese (oltre ad essere difficoltoso l'ingresso per gli stranieri). Ciò è comprensibile perché la concessione o l'esercizio delle libertà farebbe crollare il socialismo.
156 ) Ludwig von MISES, *Liberalismo*, prefazione di Dario Antiseri, Rubbettino, Soveria Mannelli (Catanzaro) 1997, p. 241.
157 ) Jesús HUERTA de SOTO, *Socialismo, calcolo economico e imprenditorialità*, Edizioni Solfanelli, Chieti 2012, p. 87; cfr. 89.

di economia hanno intuito quanto sia dovuta al socialismo la distruzione della cooperazione esistente e, al contrario, quanto siano dovute al liberalismo le sorti della civiltà[158]. E pochi come gli studiosi "austriaci" hanno avuto, nell'epoca del trionfante anti-capitalismo, il coraggio e la forza di denunciare la vera natura del collettivismo. In *Sozialismus* Mises proclamava: «il socialismo non è quel che pretende di essere. Non è la scelta avanzata di un mondo migliore e più bello, ma il distruttore di quel che migliaia di anni di civiltà hanno creato. Esso non costruisce, distrugge. La distruzione è effettivamente la sua essenza. Non produce nulla, ma consuma soltanto quel che l'ordine sociale basato sulla proprietà privata dei mezzi di produzione ha creato»[159].

6.3. Declino del liberismo e ascesa dello statalismo

Nell'agitatissimo e violento clima post bellico, Mises, con la sua azione alla Camera di Commercio e con le lezioni al suo "seminario privato", sapeva bene di andare controcorrente. Solitario – solo una assai ristretta cerchia, infatti, provava a resistere –, continuò a contrastare una tendenza che sembrava inscritta nell'inesorabile movimento della storia. Più tardi, sconsolatamente, confesserà: «ognuno era interventista e fautore del socialismo di Stato. Il capitalismo era visto come un brutto episodio della storia, ma che ormai per fortuna era finito per sempre. Il futuro apparteneva allo Stato. Lo Stato – si diceva – avrebbe rilevato tutte le aziende suscettibili di essere statizzate e regolato tutte le altre imprese in modo da rendere impossibile agli imprenditori lo sfruttamento dei lavoratori e dei consumatori. Poiché ignoravano totalmente l'economia politica, gli interventisti non erano in grado di capire il problema che l'interventismo poneva»[160]. D'altra parte, non accorgendosi né delle ammonizioni di Mises né degli studi di Menger, l'economia mondiale marciava in modo sempre più distante dai presupposti liberisti. Anche in patria, la Scuola Austriaca godeva di sempre minore accoglienza: per le teorie "liberal-marginaliste", mai imperanti, era già iniziato un declino che sembrava irreversibile[161].

---

158 ) Proclamava Mises: «colui che sceglie tra un bicchiere di latte e un bicchiere di soluzione di cianuro di potassio, non sceglie tra due bevande; sceglie tra la vita e la morte. Una società che sceglie tra capitalismo e socialismo non sceglie tra due sistemi sociali; sceglie tra la cooperazione sociale e la sua disintegrazione. Il socialismo non è alternativa al capitalismo; è alternativa a ogni sistema in cui gli uomini possono vivere come esseri *umani*» (MISES, *L'azione umana. Trattato di economia*, cit., p. 720).
159 ) MISES, *Socialismo. Analisi economica e sociologica*, cit., p. 504.
160 ) MISES, *Autobiografia di un liberale. La Grande Vienna contro lo statalismo*, cit., p. 49.
161 ) Cfr. Murray N. ROTHBARD, *I contributi fondamentali di Ludwig von Mises*, in appendice a Ludwig von MISES, *Libertà e proprietà*, Rubbettino, Soveria Mannelli

Decisiva per un ulteriore passaggio ad un interventismo governativo di maggiore intensità, la Prima Guerra Mondiale aveva ulteriormente avallato la plausibilità del dirigismo statale e dato spazio alle teorie che lo accreditavano. Rothbard sosteneva che la Grande Guerra era stata decisiva per orientare l'economia verso il «sistema odierno di un monopolio di Stato corporativo»[162]. Sul cosiddetto "Stato corporativo" – cioè su un sistema basato sull'accordo più o meno costante tra grande industria, sindacato[163] e governo – Rothbard ha scritto pagine di particolare interesse mettendo in luce i caratteri di similarità tra regimi totalitari (fascismo e nazionalsocialismo) e regimi democratici (Roosevelt e il *New Deal*)[164].

Il primo dei nomi a cui è legata la crisi del liberismo è quello di John Maynard Keynes che è, probabilmente, l'economista più noto del Ventesimo secolo. Infatti, le sue opere e il suo pensiero – entrambi carichi di innegabili contraddizioni[165] – vengono fatti coincidere con l'immagine del declino del capitalismo. Si parla di "rivoluzione" keynesiana, ma si dimentica che, inserendosi in un paradigma largamente prevalente, l'economista inglese era tutt'altro che originale nelle sue analisi e nelle soluzioni proposte. Tuttavia Keynes è considerato uno dei principali simboli di una "svolta" interventista. Quanto non si trattasse di una "svolta" lo dimostra il lungo tempo da cui era già in atto l'orientamento protezionista ed anti-liberista. Ciò non impedì a Keynes di essere considerato un campione dell'innovazione.

A metà degli anni Venti, John Maynard Keynes tenne un paio di conferenze che assursero al rango di sorta di manifesto programmatico: *La fine del Laissez-Faire*, questo il significativo titolo dato alla successiva pubblicazione che raccolse i testi degli interventi[166]. L'economista di

---

(Catanzaro) 2007, p. 85.
162 ) ROTHBARD, *Per una nuova libertà*, cit., p. 371.
163 ) Per Rothbard, il "collettivismo di guerra" ha costituito anche condizione per la nascita o il rafforzamento del movimento operaio che l'economista giudicava negativamente perché funzionale a questa situazione corporativa. La pianificazione governativa, tesa ad un'economia cartellizzata e monopolizzata dallo Stato – spiegava l'economista libertario americano –, consente o garantisce lo sviluppo di un sindacalismo che ha dimenticato i miglioramenti sociali offerti dal libero mercato e ha preferito ripiegare verso le assicurazioni dello Stato. Cfr. ROTHBARD, *Per una nuova libertà*, cit., p. 371.
164 ) Cfr. Murray N. ROTHBARD, *Sinistra e Destra: le prospettive della libertà*, introduzione di Roberta Adelaide Modugno, Istituto Acton, Roma 2003.
165 ) Cfr. Hunter LEWIS, *Tutti gli errori di Keynes. Perché gli Stati continuano a creare inflazione, bolle speculative e crisi finanziarie*, prefazione di Francesco Forte, Istituto Bruno Leoni Libri, Torino 2010, p. 337s.348.
166 ) Cfr. John Maynard KEYNES, *La fine del lasciar fare*, in IDEM, *Teoria generale dell'occupazione dell'interesse e della moneta e alti scritti*, a cura di Alberto Campolongo, UTET, Torino 1978, p. 83-108.

Cambridge descriveva ciò che per lui erano le «evidenti deficienze» sia del socialismo marxista[167] sia del *laissez-faire*: «né la condotta della scorsa guerra, che ha rappresentato la più notevole deviazione nell'azione sociale accentrata su vasta scala, ha incoraggiato i riformatori o eliminato pregiudizi antiquati. Vi è molto da dire da ambo i lati, è vero. L'esperienza di guerra nell'organizzazione della produzione socializzata ha lasciato alcuni che l'osservarono da vicino, ottimisticamente ansiosi di ripeterla in condizioni di pace. Il socialismo di guerra ottenne senza dubbio una produzione di ricchezza su scala assai maggiore di quanto si sia mai visto in tempo di pace, giacché, sebbene le merci ed i servizi ottenuti fossero destinati ad estinzione immediata ed infruttifera, non di meno essi erano ricchezza. Ciò nonostante[,] la dissipazione dello sforzo era pure prodigiosa e l'atmosfera di sciupio ed il nessun riguardo al costo ripugnavano a qualsiasi carattere parsimonioso o previdente»[168]. Al di là dell'aggrovigliato modo di esprimere i concetti, in fondo, la grande attesa era concentrata proprio nel provare a rinnovare e prolungare, in epoca di pace, l'esperienza «dell'organizzazione della produzione socializzata» che si era realizzata in epoca di guerra. Sorprende molto considerare la guerra come causa (diretta o anche solo indiretta) della «produzione di ricchezza» (oltretutto su larga scala). Come si può impunemente sostenere che la guerra abbia accresciuto la produzione di ricchezza? Tuttavia – oltre a ciò che Keynes esplicitamente sosteneva – non potrebbe che essere questo il presupposto in forza del quale poter auspicare la permanenza (e, a questo punto, perché non il costante incremento?) «dell'organizzazione della produzione socializzata».

In base ad una lettura ideologica dei dati economici relativi al periodo di guerra, l'economia di mercato veniva allora giudicata superata anche per il periodo di pace. Precedentemente abbiamo ricordato come una delle giustificazioni in favore dell'adozione del dirigismo di guerra si poggiava sull'idea che il liberismo potesse essere accolto in periodi di normalità, ma dovesse essere abbandonato o almeno ristretto in tempo di guerra allo scopo sia di pianificare la produzione in vista delle esigenze belliche sia per evitare che interessi privati prendessero il sopravvento sugli interessi del Paese[169]. Sappiamo bene, però, quanto, proprio nel nome degli interessi vitali della nazione, sia stato possibile sviluppare i più famelici egoismi

---

167 ) Pur tuttavia, anche limitatamente alla citazione che segue, Keynes era dell'idea che «il socialismo di guerra ottenne senza dubbio una produzione di ricchezza su scala assai maggiore di quanto si sia mai visto in tempo di pace». È assai difficile, però, capire su cosa si fondasse questa certezza.
168 ) KEYNES, *La fine del lasciar fare*, cit., p. 94.
169 ) Cfr. MISES, *L'azione umana. Trattato di economia*, cit., p. 875.

di chi, protetto dallo Stato, ha potuto superare la prova della concorrenza[170]. Nella nuova situazione post-bellica, però, il dirigismo non venne accantonato sul presupposto che esso aveva dato buona prova di sé. In questo modo, l'economia di mercato, vieppiù delegittimata a causa delle esigenze di guerra, veniva sempre più considerata come un sistema antiquato e superato. Prima della guerra essa sembrava accreditarsi almeno nei periodi ordinari, dopo la guerra, a molti, sembrò intollerabile anche nei momenti di pace.

Rifacendoci a quanto sosteneva anche Keynes, l'economia di guerra veniva presentata come un sistema valido di per sé e destinato ad imporsi nel segno dell'interventismo. Oltretutto, per i fautori della spesa pubblica, la guerra non solo non appariva portatrice di depressione materiale e causa di impoverimento, ma sembrava tanto apportatrice di potenziamento industriale quanto occasione preziosa per la riformulazione dei sistemi economici. Evidentemente, che la guerra potesse essere risolutrice di problemi sociali non era solo un pensiero dei più radicali agitatori. D'altronde, buona parte degli economisti del Novecento – uno per tutti il premio Nobel Paul Krugman (1953-viv.) – rinnoveranno questa impostazione riaffermando la teoria del legame tra spesa pubblica e sviluppo/occupazione.

Ancora per tornare all'altro aspetto – quello relativo alla presunta superiorità del sistema di controllo statale che avrebbe assicurato anche in guerra «produzione di ricchezza su scala assai maggiore di quanto si sia mai visto in tempo di pace»[171] – riportiamo un'opinione a dimostrazione di come l'intera teoria economica del Ventesimo secolo sia stata condizionata dall'esperienza del dirigismo della Grande Guerra. Radicalizzando il pensiero di Keynes al proposito, il socialista americano Edward Michael Harrington (1928-1989), scrittore di successo e brillante attivista politico, in tempi più recenti (nel 1987), ha potuto candidamente sostenere che «la Prima Guerra Mondiale ha dimostrato che, nonostante le rivendicazioni degli ideologi della libera impresa, il governo potrebbe organizzare l'economia in modo efficace»[172].

---

170 ) In una memorabile affermazione – già menzionata –, Hayek ricordava che solo il sistema di concorrenza è in grado di minimizzare il potere impositivo che alcuni possono esercitare su altri. Cfr. Friedrich A. von HAYEK, *La via della schiavitù*, prefazione di Raffaele De Mucci, Rubbettino, Soveria Mannelli (Catanzaro) 2011, p. 194.
171 ) KEYNES, *La fine del lasciar fare*, cit., p. 94.
172 ) Michael HARRINGTON, *The Next Left. The History of a Future*, I. B. Tauris & co Ltd, London 1987, p. 35 («World War I showed that, despite the claims of free-enterprise ideologues, government could organize the economy effectively»).

L'organizzazione dell'economia attraverso le leve politiche rappresenta il grande obiettivo dello Stato che non potrà essere "totale" fintanto che non godrà del controllo dell'economia. Come abbiamo più volte osservato, la Grande Guerra ha concorso in modo davvero particolare a rafforzare l'anti-capitalismo, carattere tipico di ogni forma ideologica e, pertanto, assolutamente comune allo statalismo di ogni colore. Per questa ragione, non è affatto eccessivo affiancare a Keynes le rivendicazioni socialiste e i progetti nazionalsocialisti.

Infatti, anche gli emergenti economisti del nazionalsocialismo facevano, di fatto, causa comune con i comunisti unendosi a questi ultimi nel ritenere il tramonto del liberismo coincidente con l'alba di un'epoca in cui lo Stato avrebbe ereditato le redini dello sviluppo. Hitler, d'altra parte, elogiava apertamente l'economia pianificata di Stalin, ricevendo, a sua volta, apprezzamenti dal capo dell'URSS[173]. La politica economica dei due Stati totalitari era pressoché speculare e ottimi furono i rapporti tra il nazionalsocialismo tedesco e il comunismo sovietico[174] che si interruppero solo nel giugno 1941[175]. Tra gli studiosi che indicavano un programma radicale di pianificazione, quindi, non vi erano solo i rivoluzionari bolscevichi, ma, in una rivelativa sintonia, vi erano anche i programmatori economici nazisti. Anch'essi annunciavano la *fine del capitalismo*, plaudivano alla statalizzazione e disegnavano la strada che il Paese autarchicamente avrebbe dovuto imboccare. Tra questi economisti del collettivismo nazista, può essere ricordato uno dei più noti, Ferdinand Friedrich Zimmermann (1898-1967), che, con lo pseudonimo Ferdinand Fried[176], pubblicò un testo, *La fine del capitalismo* (*Das Ende des Kapitalismus*, 1931), che allora fece scuola e che non mancò di essere subito tradotto nell'Italia del fascismo sociale e dello Stato corporativo[177].

Il pensiero autenticamente liberale sembrava condannato ad una crisi incontrastabile. Dopo essere stato ferito dal nazionalismo e dall'imperialismo della fine dell'Ottocento, dopo essere stato stroncato dall'interventismo bellico, negli anni Venti e Trenta, il *laissez-faire* sembrava destinato ad essere rigettato dalla storia. Con tutto il pensiero liberista, anche la

---

173 ) Cfr. Robert CONQUEST, *Stalin*, Mondadori, Milano 1993, p. 196.
174 ) Cfr. Luciano PELLICANI, *Lenin e Hitler: i due volti del totalitarismo*, Rubbettino, Soveria Mannelli (Catanzaro) 2013; cfr. Viktor SUVOROV, *Stalin, Hitler. La rivoluzione bolscevica mondiale*, Spirali, Milano 2001.
175 ) Anche il regime fascista italiano ebbe solidi e convinti rapporti di cooperazione strategica con l'URSS di Stalin.
176 ) Cfr. HAYEK, *La via della schiavitù*, cit., p. 228.
177 ) Cfr. Ferdinand FRIED (Ferdinand ZIMMERMANN), *La fine del capitalismo*, traduzione di Angelo Treves, Bompiani, Milano 1932.

Scuola Austriaca sembrava, quindi, condannata ad un crepuscolo irreversibile[178] che la successiva crisi del 1929 sembrava drasticamente giustificare.

Il futuro sembrava appartenere incontrovertibilmente al collettivismo. In un intervento tenuto in Italia nel 2004, lo storico americano Ralph Raico così delineava quei frangenti: «la Prima Guerra Mondiale è lo spartiacque del Ventesimo secolo. Sgorgata da idee e politiche antiliberali (dal militarismo al protezionismo), la Grande Guerra aprì il passo a ogni forma di statalismo. In Europa e in America la tendenza all'interventismo statale subì un'accelerazione, mentre i governi chiamavano alle armi, censuravano, prendevano scelte inflazionistiche, accumulavano montagne di debiti, cooptavano imprenditori e lavoratori e si arrogavano il controllo dell'economia. Ovunque intellettuali "progressisti" vedevano i loro sogni prendere forma. Il vecchio liberalismo del *laissez-faire* era morto, gongolavano, e il futuro apparteneva al collettivismo. L'unica domanda sembrava essere: quale collettivismo?»[179].

Ma, nonostante le devastazioni prodotte dal collettivismo, nonostante l'inondazione ideologica e il radicamento delle idee stataliste, la realtà è sempre e misteriosamente destinata a vincere sull'utopia. Ciò che sembrava inarrestabile e trionfante ha prodotto solo sconfinate rovine e ciò che appariva condannato ad un tramonto inesorabile ha vinto alla prova della storia.

Nel 1951, in un saggio dal titolo *The Transmission of the Ideals of Economic Freedom*, Hayek riconobbe, ancora una volta, il ruolo particolare ed insostituibile svolto da Mises. Hayek osservava che alla fine della Prima Guerra Mondiale la tradizione ideale del liberalismo classico sembrava oramai definitivamente esaurita. Se tra le due guerre la fiamma dell'apprezzamento per le libertà economiche fu mantenuta in vita, ciò fu dovuto ad un manipolo di uomini che non si risparmiarono per assicurare che una nuova generazione di pensatori comprendessero il significato e il valore del libero mercato. Per Hayek quest'opera è debitrice a tre uomini solitari che portarono avanti contro tutto e contro tutti un'impresa che ciascuno compì indipendentemente dagli altri: Frank H. Knight (1885-1972) negli Stati Uniti, Edwin Cannan (1861-1935) in Gran Bretagna e, nel Vecchio Continente, Ludwig von Mises[180]. Significativamente Ralph Raico anticipava al 1922 la data della *silenziosa* rinascita del liberalismo

---

178 ) Cfr. ROTHBARD, *I contributi fondamentali di Ludwig von Mises*, cit., p. 85; cfr. ROTHBARD, *Per una nuova libertà*, cit., p. 234.
179 ) Cfr. Ralph RAICO, *La storia del liberalismo e della libertà occidentale*. IBL Occasional Paper n. 1, Istituto Bruno Leoni, Torino 2004, p. 8-9.
180 ) Cfr. Friedrich A. von HAYEK, *Studi di filosofia, politica ed economia*, prefazione di Lorenzo Infantino, Rubbettino, Soveria Mannelli (Catanzaro) 1998, p. 354s.

classico[181] resa possibile dalla pubblicazione di *Sozialismus*. Nonostante ci si trovasse in uno dei momenti più bui per la civiltà occidentale e a dispetto delle tendenze anti-individualistiche, degli orientamenti anti-liberisti e dei diffusi virus totalitari, Mises aveva piantato un seme che non resterà soffocato e non si inaridirà[182].

La Scuola Austriaca non ha avuto altra forza che quella delle idee. Contro i modelli dominanti e contro la seduzione esercitata dalle ideologie, da Menger a Rothbard, i marginalisti hanno, come nessun altro, mantenuto accesa la fiaccola della libertà, combattendo fino in fondo la battaglia delle idee. «Ognuno – asseriva Mises –, nel suo proprio interesse, deve sentirsi vigorosamente impegnato nella battaglia intellettuale. Nessuno può starsene da parte e considerarsi come estraneo al dibattito; gli interessi di ciascuno dipendono dall'esito della battaglia. Che lo voglia o meno, ognuno di noi è tirato dentro alla grandiosa lotta storica, nella battaglia decisiva in cui la nostra epoca ci ha gettato»[183].

---

181 ) RAICO, *La storia del liberalismo e della libertà occidentale*, cit., p. 10.
182 ) «Il conflitto tra capitalismo e totalitarismo, dal cui esito dipende il destino della civiltà, non sarà deciso attraverso guerre civili e rivoluzioni. Tale conflitto è una guerra di idee» (Ludwig von MISES, *Burocrazia*, prefazione di Lorenzo Infantino, Rubbettino, Soveria Mannelli (Catanzaro) 2009, p. 169).
183 ) MISES, *Socialismo. Analisi economica e sociologica*, cit., p. 563.

## Conclusione.
## Il tramonto della civiltà

«Un Ventesimo secolo senza la Grande Guerra sarebbe probabilmente coinciso con un secolo senza i nazisti o i comunisti. Provate ad immaginarlo...» (Ralph Raico).

Un secolo è trascorso da quel primo terribile conflitto mondiale che lo storico scozzese Niall Ferguson (1964-viv.) ha definito «il più grande errore della storia moderna»[1]. Una guerra che si presumeva dover essere breve si trasformò nella più grande carneficina che gli scontri tra gli uomini avessero mai sperimentato.

Con quell'orrendo mattatoio ha avuto inizio il secolo che sarebbe dovuto essere delle macchine e del progresso e che, invece, verrà soprattutto ricordato come il secolo delle ideologie[2], il secolo del totalitarismo[3], il secolo delle idee assassine[4], il secolo crudele[5], l'era delle tirannie[6], il secolo

---

1 ) Niall FERGUSON, *La verità taciuta. La Prima guerra mondiale: il più grande errore della storia mondiale*, Corbaccio, Milano 2002, p. 587.
2 ) Karl Dietrich BRACHER, *Il Novecento. Secolo delle ideologie*, Laterza, Bari 1984.
3 ) Cfr. Hannah ARENDT, *Le origini del totalitarismo*, Edizioni di Comunità, Milano 1996; Alain de BENOIST, *Comunismo e nazismo. 25 riflessioni sul totalitarismo nel XX secolo (1917-1989)*, Arianna Editrice, Casalecchio (Bologna) 2000; cfr. Domenico FISICHELLA, *Totalitarismo. Un regime del nostro tempo*, La Nuova Italia Scientifica, Roma 1987; cfr. Leonard SCHAPIRO, *Totalitarianism*, MacMillan, London 1971.
4 ) Robert CONQUEST, *Il secolo delle idee assassine*, Mondadori, Milano 2001.
5 ) Luigi FENIZI, *Il secolo crudele*, Bardi, Roma 1999.
6 ) Élie HALÉVY, *L'ère des tyrannies. Etudes sur le Socialisme et la Guerre*, Gallimard, Paris 1990 (opera del 1938).

tragico[7], il secolo degli orrori, il secolo della politica distruttiva, il secolo del male[8]. Un male che, così come mai era avvenuto prima, diventa "assoluto" perché pretende di trasformare la realtà e, in quest'opera, richiede, uno strumento – lo Stato – che sia "assoluto" nelle sue capacità, nelle sue funzioni e nella sua forza. Perciò il Ventesimo secolo non sarebbe mai stato ricordato come il secolo del male assoluto se non fosse stato innanzitutto il secolo dello Stato perfetto. È esattamente questa idea di Stato perfetto a generare la più forte tirannia sull'individuo, una tirannia spesso totale, tanto da dover riconoscere, con le parole dello scrittore ucraino Vasilij Grossman (1905-1964), come «il nostro è il secolo della massima violenza dello Stato sull'uomo»[9].

Anche Mises, dinanzi all'orrido spettacolo della Prima Guerra Mondiale, ritenne che essa aveva creato le condizioni per la massima tirannia mai sperimentata ai danni dell'individuo[10]. Si trattava, tuttavia, di una tirannia destinata a schiacciare ancor più l'uomo poiché lo Stato ha proseguito nella sua corsa ed ha sempre più incrementato il suo potere.

Il perdurante accrescimento dello Stato è il vero motivo che impedisce di archiviare la storia e l'interpretazione della guerra del 1914-1918. Infatti, se è strettamente congiunta a ciò che l'ha preceduta nell'intreccio che dall'illuminismo giunge al totalitarismo, essa non è meno legata a ciò che l'ha seguita, giungendo ad inverarsi nella nuova ideologia dello Stato super-nazionale. Tutti i motivi di interesse per la Grande Guerra spingono, perciò, a vedere nella vicenda bellica un capitolo tutt'altro che chiuso il cui studio, anzi, si rivela quanto mai utile per cogliere, senza superficialità e in tutta profondità, l'attualità politica.

Un'attualità politica che, quindi, è strettamente legata alla Prima Guerra Mondiale e alle cause che l'hanno determinata e che impone riflessioni che si applicano a quel passato ancora presente. Innanzitutto affermando che come non sarebbe corretto condannare solo gli aspetti più violentemente coercitivi senza mettere in discussione anche ogni possibilità da parte di un'autorità politica di interferire più o meno pesantemente sulle scelte degli uomini, così, parimenti, non possono essere condannati solo gli aspetti estremi del nazionalismo senza mettere in discussione la crescita dell'apparato statale in quanto tale. Sostiene, infatti, Carlo Lottieri

---

7 ) Tzvetan TODOROV, *Memoria del male, tentazione del bene. Inchiesta su un secolo tragico*, Garzanti, Milano 2001.
8 ) Alain BESANÇON, *Novecento, il secolo del male. Nazismo, comunismo, Shoa*, prefazione di Vittorio Mathieu, Editrice Ideazione, Roma 2000.
9 ) Vasilij GROSSMAN, *Tutto scorre...*, Adelphi, Milano 1987, p. 222.
10 ) Cfr. Ludwig von MISES, *Nation, State, and Economy. Contributions to the Politics and History of Our Time*, New York University Press, New York (N. Y.) 1983, p. 253.

(1960-viv.): «il rigetto degli eccessi sciovinisti e dello spirito intollerante da cui essi traggono alimento non appare accompagnato [...] da un'adeguata riflessione su *ciò che la nazione* [lo Stato, *ndr*] *è e può essere*, oltre che sul rapporto che essa intrattiene con i sistemi politici vigenti. Né è facile incontrare analisi disincantate ed intellettualmente oneste sul carattere *imperiale* degli Stati moderni nazionali che ancora oggi dominano la scena. La situazione paradossale in cui ci troviamo, infatti, è la seguente: quasi nessuno si riconosce nel nazionalismo, ma questo non significa che i principi che sono alla base di quella logica autoritaria siano stati effettivamente rigettati, nella teoria come nella pratica»[11].

Cogliere i nessi che legano il passato al presente consente di comprendere come e con quali ritmi prosegua l'erosione di ciò che rimane della civiltà occidentale. Se questa deve la sua fioritura alla libertà individuale ed alla prosperità che essa genera quando non è contrastata o violata dal potere politico, allora gli apparati dello Stato non possono che costituire il più grande pericolo per la civiltà[12]. L'individualismo con il principio dell'integrità della difesa della proprietà privata è alla base dello sviluppo della civiltà[13]; il pensiero collettivista con l'esaltazione dei miti della Nazione è la strada per la demolizione del patrimonio del passato[14]. Come non ricordare costantemente che «l'era di catastrofi e di sconvolgimenti sociali»[15] è tale in quanto epoca della politica invasiva e socializzatrice e dello Stato onnipresente e pervasivo?

Sarebbe un errore pensare al collettivismo solo nei suoi punti più drammatici e nei suoi momenti più terrificanti. Infatti, ciò che raggiunse il suo apice più violento con l'instaurazione del regime sovietico a seguito della rivoluzione bolscevica non è *sostanzialmente* diverso (se non per gradazione, quindi) da ciò che si è ovunque realizzato con le pretese dello Stato sovrano[16], padrone dell'economia, delle proprietà e, spesso, delle stesse vite.

---

11 ) Carlo LOTTIERI, *Il concetto di nazione tra liberalismo e statalismo. In margine a Ernest Renan*, in Ernest RENAN - Murray N. ROTHBARD, *Nazione, cos'è*, Leonardo Facco Editore, Treviglio (Bergamo) 1996, p. 20-21.
12 ) Acutamente Gómez Dávila asseriva: «civiltà è ciò che è miracolosamente scampato allo zelo dei governanti» (Nicolás GÓMEZ DÁVILA, *In margine a un testo implicito*, Adelphi, Milano 2009, p. 130).
13 ) Cfr. Kenneth MINOGUE, *La mente servile. La vita morale nell'era della democrazia*, prefazione di Franco Debenedetti, Istituto Bruno Leoni Libri, Torino 2012, p. 194s.
14 ) Ancora un mordace pensiero di Gómez Dávila per il quale la «civiltà è quel che i vecchi riescono a salvare dalla carica dei giovani idealisti» (GÓMEZ DÁVILA, *In margine a un testo implicito*, cit., p. 44).
15 ) Eric J. HOBSBAWM, *L'età degli imperi. 1875-1914*, Laterza, Bari 1991, p. 376.
16 ) È da sottolineare la diffidenza liberale per la "sovranità" del potere politico. Cfr. Beniamino DI MARTINO, *Stato di diritto. Divisione dei poteri. Diritti dell'uomo. Un*

La sensibilità che ha connotato – e continua a caratterizzare – gli autori liberal-marginalisti in relazione al futuro della civiltà trova, quindi, nella interpretazione della Grande Guerra un momento di verifica e di riscontro.

Il tramonto dell'individualismo – precedente alla guerra e, a causa di questa, potentemente accelerato – determina innanzitutto la crisi della civiltà occidentale fondata sullo spazio intangibile dell'individuo. Una lezione che dalla civiltà cristiana passava alla Scuola Austriaca che seppe riconoscere nell'individualismo il principio distintivo della filosofia sociale occidentale. Una concezione della vita che ha garantito una sfera di libertà in cui l'individuo è stato sufficientemente (benché precariamente) garantito dall'interferenza e dall'oppressione del potere politico; una concezione della vita sociale che è a fondamento dello sviluppo e della prosperità della civiltà occidentale[17].

La tragedia bellica aveva determinato la fine del clima frivolamente ottimistico prodotto dalla cultura positivistica; le ombre prendevano il sopravvento e lo "spegnimento delle luci"[18] sembrava la nuova condizione in cui avrebbero avuto ogni spazio le correnti irrazionalistiche[19]. I testimoni più consapevoli, perciò, parlarono di «crisi della coscienza» (Valéry), di «tramonto dell'Occidente» (Spengler), di «tradimento dei chierici» (Benda), di «crisi delle scienze europee» (Husserl), di «società immorale» (Niebuhur), di «scempio del mondo» (Huizinga), di «fine del mondo moderno» (Guardini), di «Europa decadente» (Aron), di «agonia» (Zambrano). Da Heidegger a Mounier, da Burckhardt a Marrou a Toynbee, il mondo occidentale è apparso incamminato verso un crepuscolo che somiglia al suicidio della civiltà. Con un'intensità non dissimile dall'angoscia che attanagliò gli animi più vigili e le menti più avvedute, gli economisti di Scuola Austriaca manifestarono la medesima preoccupazione per il futuro dell'umanità. Le affermazioni che attraversano le loro opere mostrano la consapevolezza di come ad essere in gioco fosse davvero «il destino della civiltà»[20]. Ma, a differenza degli altri intellettuali,

---

*confronto tra dottrina cattolica e pensiero libertario*, Leonardo Facco Editore, Treviglio (Bergamo) 2017, p. 46-48.

17 ) Cfr. Ludwig von MISES, *Libertà e proprietà*, prefazione di Lorenzo Infantino, appendice di Murray N. Rothbard, Rubbettino, Soveria Mannelli (Catanzaro) 2007, p. 25.
18 ) Cfr. HOBSBAWM, *L'età degli imperi*, cit., p. 373.374s.384-387.
19 ) Cfr. Gianfranco MORRA, *Fermenti irrazionalistici nella "Belle epoque"*, in Licia MORRA (a cura di), *L'Europa del XX secolo fra totalitarismo e democrazia*, Itaca, Lugo di Romagna (Ravenna) 1991, p. 11-21.
20 ) Ludwig von MISES, *Socialismo. Analisi economica e sociologica*, a cura di Dario Antiseri, Rusconi, Milano 1990, p. 467.

i liberali marginalisti ebbero ben più evidenti le cause e ben più chiare le terapie. Quanto a queste ultime, occorre dire che se l'accrescimento del potere statale comporta la riduzione delle libertà individuali, allora basterebbe riaffermare il libero mercato contro ogni intromissione politica[21], la proprietà privata contro ogni arbitrio governativo[22], la formazione del capitale contro ogni impedimento statale[23]. Sarebbe, dunque, questo ribaltamento, la condizione e la garanzia di quella pace – nelle società e tra i popoli – che il libero scambio postula e promuove. Se – in altri termini – lo Stato con il suo assolutismo è da considerarsi l'origine dei conflitti, allora il ristabilimento delle intangibili ed originarie libertà individuali rappresenterebbe la soluzione alla crisi generale, in quella consapevolezza che i marginalisti hanno espresso e che condurrebbe a concludere che sia proprio «l'antiliberalismo [...] a pilotarci verso un tracollo generale della civiltà»[24].

Nel corso della trattazione siamo stati indotti a sottolineare la concatenazione delle premesse che aprirono la strada alla guerra. Queste premesse sono state anche di ordine culturale, militare e latamente economico, ma sono state innanzitutto di ordine politico. Se esse possono essere riassunte nel giudizio appena ora riportato in base al quale il tracollo della civiltà ha avuto la sua causa nella statalizzazione della vita sociale e nella lotta al libero scambio, allora non sarebbe indebito sostenere che la Grande Guerra, essendo inscritta nella volontà di potenza degli Stati, non è stata

---

21 ) Il nostro tempo, sosteneva Mises, «ha generato e ha reso popolari dottrine sociali che presentano lo Stato totale come la più alta conquista della storia umana. Il cristiano osservante e l'ateo radicale hanno rifiutato l'economia di mercato, dipingendola come il peggiore di tutti i mali» (MISES, *Libertà e proprietà*, cit., p. 30).

22 ) «La proprietà privata crea una sfera nella quale l'individuo è libero dall'ingerenza dello Stato, pone limiti allo sconfinamento della volontà dello Stato, e permette che accanto e contro i poteri politici sorgano altri poteri. La proprietà privata diventa così la base di ogni iniziativa vitale libera dall'ingerenza del potere politico, il terreno d'impianto e di coltura della libertà, dell'autonomia dell'individuo, e in ultima analisi di qualsiasi sviluppo della vita spirituale e materiale. In questo senso la proprietà è stata definita la *condizione fondamentale dello sviluppo dell'individuo*» (Ludwig von MISES, *Lo Stato onnipotente. La nascita dello Stato totale e della guerra totale*, introduzione di Victor Zaslavsky, Rusconi, Milano 1995, p. 88).

23 ) Ancora Mises scriveva: «il mondo potrà gradualmente risollevarsi dalla condizione in cui l'ha precipitato la politica dei gruppi anticapitalisti organizzati, solo se il liberalismo ridiventa l'asse portante della politica delle grandi nazioni, solo se un radicale mutamento nella mentalità e nel convincimento profondo degli individui riesce a ridare via libera al capitalismo. Non esiste altra via che possa tirarci fuori dall'attuale confusione politica e sociale» (Ludwig von MISES, *Liberalismo*, prefazione di Dario Antiseri, Rubbettino, Soveria Mannelli (Catanzaro) 1997, p. 217.

24 ) *Ibidem*, p. 27.

un evento fortuito, ma qualcosa, in certo qual modo, di prevedibile e di inesorabile.

In effetti, la guerra non può essere considerata un mero incidente; un incidente non è imputabile ad alcun preciso processo. La Grande Guerra (al pari del secondo conflitto mondiale) è stata, invece, la conseguenza diretta di un identificabile processo di centralizzazione delle Nazioni e del nazionalismo imperialista degli Stati. Infatti, non si può concedere alcuna attenuante dovuta al fatto che essa sia sfuggita al controllo di tutti i protagonisti, illusi dall'idea di una "guerra breve"; l'Europa era già una polveriera. E ad una polveriera basta davvero poco per esplodere.

Ovviamente, sostenere questo tipo di inevitabilità non significa affatto avere nei confronti del terribile evento un atteggiamento fatalista e passivo. Significa solo prendere sul serio l'esito – gravido di tragiche conseguenze – dell'accrescimento del potere degli Stati. Considerare la guerra una incontrovertibile nemesi storica non può impedire ogni tipo di sforzo per ridimensionarne i danni. Perciò per scongiurare il ripetersi delle sciagure è di grande aiuto il lavoro degli studiosi teso ad investigare sulle conseguenze messe in atto da un evento. A riguardo citiamo ancora Hoppe e Raico.

Dicevamo già che il testo più diffuso di Hans-Hermann Hoppe – *Democracy: The God That Failed* (2001) – si apre soffermandosi sul significato della Grande Guerra. Se nei precedenti contesti ci siamo occupati di alcune altre riflessioni dello studioso tedesco[25], ora da lui recuperiamo una domanda esiziale che, però, non potrà trovare una risposta storicamente precisa. Qui ci interessa solo cogliere la consapevolezza della portata storica dell'evento, consapevolezza che spinge Hoppe a domandarsi come sarebbe stato il mondo se il conflitto non ci fosse stato o se avesse avuto un altro esito[26]. Ovviamente la domanda non potrà mai avere una soluzione, causa l'assenza di una "prova controfattuale"[27]. «Tuttavia, ciò non rende la domanda priva di senso né arbitraria la risposta»[28]. Già, perché Hoppe una risposta prova a darla e lo fa in linea con quanto, solo qualche anno prima, era stato affrontato ed approfondito da uno storico di

---

25 ) Cfr. cap. 2, a proposito del carattere rivoluzionario della Prima Guerra Mondiale.
26 ) Cfr. Hans-Hermann HOPPE, *Democrazia: il dio che ha fallito*, prefazione di Raimondo Cubeddu, Liberilibri, Macerata 2008, p. 10-11.
27 ) Un'interessante riflessione che parte da una serie di grandi "se" del conflitto è quella di Stefano MAGNI, *Piazza Caporetto. Controstoria della Grande Guerra*, Libri di Libertates, Milano 2015.
28 ) HOPPE, *Democrazia: il dio che ha fallito*, cit., p. 10.

professione qual è Niall Ferguson[29]. «Sarebbe stato pressoché impossibile
– sostiene Hoppe – per i bolscevichi andare al potere in Russia e, come
reazione alla crescente minaccia comunista nell'Europa occidentale, per
i fascisti e nazionalsocialisti fare lo stesso in Italia e in Germania. I milioni di vittime del comunismo, del nazionalsocialismo e della Seconda
Guerra Mondiale avrebbero potuto essere evitati»[30].

Su cosa sarebbe successo se l'Europa e il mondo non fossero piombati
nell'inferno della Grande Guerra si è interrogato anche un altro storico,
l'americano Ralph Raico, considerando in particolare le conseguenze derivate dall'ingresso in guerra degli USA[31]. Pur andando al di là delle valutazioni specifiche, ci si può limitare a trattenere il dato di fatto espresso
da Raico relativo alla enorme portata della Prima Guerra Mondiale: «un
Ventesimo secolo senza la Grande Guerra sarebbe probabilmente coinciso
con un secolo senza i nazisti o i comunisti. Provate ad immaginarlo»[32].

Non si tratta di abbandonare il campo dell'analisi storica per lanciarsi
spericolatamente in quello di temerarie supposizioni. Ma non vi è alcun
azzardo nel sostenere che senza le sciagure *inaugurate* dalla Prima Guerra
Mondiale l'umanità godrebbe sicuramente di ben altri standard di vita
e di minori minacce alla propria sicurezza. Non vi è alcuna avventatezza
nel ritenere che si sarebbero potute risparmiare inenarrabili sofferenze
ed un'incalcolabile numero di vite. I conteggi, al riguardo, sono impossibili e devono rimanere necessariamente indefiniti; ma stiamo parlando di uno scenario sterminato: decine e decine di milioni di vittime da
allargare ulteriormente con tutti coloro che hanno patito sofferenze
e conseguenze direttamente o indirettamente imputabili alla politica
ideologica degli Stati. Non vi è alcuna sconsideratezza nel ritenere che
l'avvento dei totalitarismi si sarebbe potuto evitare se la Grande Guerra
non fosse mai scoppiata, così come non è affatto impreciso sostenere che
una storia senza totalitarismo sarebbe stata possibile solo in un mondo
in cui i governi fossero stati fortemente limitati, in un mondo in cui la

---

29 ) Cfr. Niall FERGUSON (edited by), *Virtual History. Alternatives and Counterfactuals*, Basic Books, New York (N. Y.) 1999.
30 ) HOPPE, *Democrazia: il dio che ha fallito*, cit., p. 11.
31 ) Cfr. il cap. 4, a proposito dell'abbandono del tradizionale isolazionismo americano da parte del presidente Wilson e della sua amministrazione.
32 ) Ralph RAICO, *Great Wars and Great Leaders. A Libertarian Rebuttal*, foreword by Robert Higgs, Ludwig von Mises Institute, Auburn (Alabama) 2010, p. 2 («So, a twentieth century without the Great War might well have meant a century without Nazis or Communists. Imagine that»).

vita degli uomini non si fosse abituata ad essere controllata e diretta dal potere dello Stato[33].

Se, quindi, il Novecento è stato il secolo del male totalitario, è fondamentalmente perché tutta l'età moderna è l'epoca dello Stato totale. E se l'accrescimento di questo assoluto è l'unica vera causa diretta ed empirica dell'immane numero di morti e delle enormi distruzioni, non sarà difficile cogliere l'indissolubile e drammatico legame tra la catastrofe della civiltà e l'estensione dell'interferenza politica in ogni aspetto della vita individuale, quella vita individuale che, in quanto inserita nelle relazioni sociali, ha nella libertà economica e nella proprietà privata i suoi insostituibili cardini. Non è mai superfluo sottolineare come tutte le forme ideologiche siano accomunate da un obiettivo che le connota profondamente: l'ampliamento dei poteri dello Stato e la demolizione della libera economia, l'estensione della dimensione collettiva e lo schiacciamento della proprietà privata. Un unico obiettivo ed un unico fenomeno: un unico obiettivo che è stato perseguito a volte in maniera radicale, a volte in maniera più moderata; un unico fenomeno qual è la costituzione dello Stato perfetto eretto a spese dell'individuo. La Prima Guerra Mondiale per il suo carattere devastante ha largamente cooperato a tutto ciò.

Scriveva il grande Frédéric Bastiat: «quando la smarrita ragione pubblica onora ciò che è spregevole, disprezza ciò che è onorevole, punisce la virtù e ricompensa il vizio, incoraggia ciò che nuoce e scoraggia ciò che è utile, applaudisce alla menzogna e soffoca il vero sotto l'indifferenza o l'insulto, una nazione volge le spalle al progresso e non vi può essere ricondotta se non dalle terribili lezioni delle catastrofi»[34]. Sono le terribili catastrofi in cui inesorabilmente si incorre quando si abbandona la strada dell'ordine naturale delle cose e la via delle libertà individuali, i sentieri, cioè, su cui si è sviluppata la civiltà occidentale. L'impostazione metodologica della Scuola Austriaca ha avuto – e mantiene – l'ineguagliato pregio sia di identificare il veleno dell'ideologia che si annida in ogni tentativo di sostituire l'individuo con la collettività sia di saper ricondurre a questo errore le terribili catastrofi della storia e, tra le più grandi di queste, quella della Grande Guerra.

---

33 ) Lo scrittore Zweig, consapevole di cosa comportasse il peso del potere politico, doveva ben rammaricarsi della condizione degli europei, usciti dalla guerra. Rivolto ad essi, lo scrittore, con sofferenza, affermava: «non sanno più quanta libertà e quanta gioia abbia succhiato loro dalle midolla e dal profondo dell'anima il fantoccio spietato e cupido dello Stato» (Stefan ZWEIG, *Il mondo di ieri. Ricordi di un europeo*, Mondadori, Milano 1994, p. 113).
34 ) Frédéric BASTIAT, *Armonie economiche*, premessa di Agostino Canonica, introduzione di Francesco Ferrara, UTET, Torino 1949, p. 595.

*Bibliografia*

AA. VV., *La Prima guerra mondiale: 1914-1918. Materiali e fonti*, Gangemi Editore, Roma 2014.
AA. VV., *Novecento. L'Europa delle ideologie e delle guerre totali*, prefazione di Franco Cardini, Itaca, Castelbolognese (Ravenna) 1994.
John ACTON, *Storia della libertà*, a cura di Eugenio Capozzi, Ideazione Editrice, Roma 1999 (*The History of Freedom*, 1877).
Charles ADAMS, *For Good and Evil. L'influsso della tassazione sulla storia dell'umanità*, Liberilibri, Macerata 2007 (*For Good and Evil. The Impact of Taxes on the Course of Civilization*, 2001).
Taner AKCAM, *Nazionalismo turco e genocidio armeno*, Guerini e Associati, Milano 2005 (*From Empire to Republic. Turkish Nationalism and the Armenian Genocide*, 2004).
Luigi ALBERTINI, *Le origini della guerra del 1914*, Libreria Editrice Goriziana, Gorizia 2011, 3 voll. (opera del 1942).
Mario ALBERTINI, *La nazione, il feticcio ideologico del nostro tempo*, in «Il Federalista», anno 2 (1960), n. 3, p. 173-175.
Benjamin M. ANDERSON, *Economics and the Public Welfare. A Financial and Economic History of the United States, 1914-1946*, Liberty Press, Indianapolis (Indiana) 1979 (opera del 1949).
Filippo ANDREATTA (a cura di), *Le grandi opere delle relazioni internazionali*, Il Mulino, Bologna 2011.
Norman ANGELL, *The Great Illusion. The Relation of Military Power to National Advantage*, Peguin Books, London 1910.
Giovanni ANSALDO, *Giovanni Giolitti. Il ministro della buona vita*, Le Lettere, Firenze 2002.
Dario ANTISERI, *Cattolici a difesa del mercato*, a cura di Flavio Felice, Rubbettino, Soveria Mannelli (Catanzaro) 2005.
–, *Il liberalismo cattolico italiano dal Risorgimento ai giorni nostri*, Rubbettino, Soveria Mannelli (Catanzaro) 2010.
Dario ANTISERI - Lorenzo INFANTINO (a cura di), *La Scuola austriaca di economia. Album di famiglia*, Rubbettino, Soveria Mannelli (Catanzaro) 1999.
Hannah ARENDT, *Le origini del totalitarismo*, Edizioni di Comunità, Milano 1996 (*The Origins of Totalitarianism*, 1951).
Antonia ARSLAN, *La strada di Smirne*, Rizzoli, Milano 2009.
Carlo AVARNA di GUALTIERI (a cura di), *Il carteggio Avarna-Bollati: luglio 1914-maggio 1915*, Edizioni Scientifiche Italiane, Napoli 1953.
Alan AXELROD, *Selling the Great War. The Making of American Propaganda*, Palgrave Macmillan, New York (N. Y.) 2009.
Jacques BAINVILLE, *Les conséquences politiques de la paix*, préface de Jacques Laurent, postface de Jacques Rupnik, Editions de l'Arsenal, Paris 1995 (opera del 1920).
Ottavio BARIÈ, *Imperialismo e colonialismo*, in Luigi FIRPO (a cura di), *Storia delle idee politiche, economiche e sociali*, UTET, Torino 1973, vol. V, p. 635-727.

Luigi Marco BASSANI - Alberto MINGARDI, *Dalla Polis allo Stato. Introduzione alla storia del pensiero politico*, Giappichelli Editore, Torino 2015.

Frédéric BASTIAT, *Armonie economiche*, premessa di Agostino Canonica, introduzione di Francesco Ferrara, UTET, Torino 1949 (*Harmonies économiques*, 1850).

–, *Ciò che si vede, ciò che non si vede e altri scritti*, a cura di Nicola Iannello, prefazione di Gérard Bramoullé, Rubbettino, Soveria Mannelli (Catanzaro) 2005.

Frédéric BASTIAT - Gustave de MOLINARI, *Contro lo statalismo*, a cura di Carlo Lottieri, introduzione di Sergio Ricossa, Liberilibri, Macerata 2004.

Jean-Jacques BECKER, *1914. L'anno che ha cambiato il mondo*, Lindau, Torino 2007 (*L'Année 14*, 2005).

Giuseppe BEDESCHI, *Storia del pensiero liberale*, Rubbettino, Soveria Mannelli (Catanzaro) 2015.

Ettore BEGGIATO, *Lissa, l'ultima vittoria della Serenissima (20 luglio 1866)*, Il Cerchio, Rimini 2012.

–, *Questione veneta. Protagonisti, documenti e testimonianze*, prefazione di Francesco Jori, Raixe Venete, Padova 2015.

–, *1866: la grande truffa. Il plebiscito di annessione del Veneto all'Italia*, Editrice Veneta, Vicenza 2016.

Samuel Flagg BEMIS, *A Diplomatic History of the United States*, Henry Holt and Company, New York (N. Y.) 1963.

Jean BÉRENGER, *Storia dell'impero asburgico. 1700-1918*, Il Mulino Bologna 2003 (*Histoire de l'Empire des Habsbourg. 1273-1918*, 1990).

Alain BESANÇON, *Novecento, il secolo del male. Nazismo, comunismo, Shoa*, prefazione di Vittorio Mathieu, Editrice Ideazione, Roma 2000 (*Le Malheur du siècle. Sur le communisme, le nazisme et l'unicité de la Shoah*, 1998).

Elena BIANCHINI, *Carlo I d'Austria*, Tabula Fati, Chieti 2005.

David BOAZ, *Libertarismo. Silloge*, Liberilibri, Macerata 2010 (*Libertarianism. A Primer*, 1997).

Giuseppe BOFFA, *Storia dell'Unione Sovietica*, Edizioni L'Unità, Roma 1990, 4 voll.

Henry BOGDAN, *Storia dei paesi dell'est*, Società Editrice Internazionale, Torino 1994 (*Histoire des pays de l'Est*, 1982).

Carmelo BONANNO, *L'età contemporanea nella critica storica*, Liviana, Padova 1985.

Giuseppe BONFANTI (a cura di), *Il fascismo: la conquista del potere. Documenti e testimonianze*, La Scuola, Brescia 1980.

Ivanoe BONOMI, *La politica italiana da Porta Pia a Vittorio Veneto (1870-1918)*, Einaudi, Torino 1944.

Massimo BORGHESI, *Novecento e totalitarismi*, in «Linea Tempo», anno 3 (1999), n. 2 (agosto), p. 150-162.

–, *Novecento: il tempo dei miti*, in «Linea Tempo», anno 1 (1997), settembre, p. 59-62.

Lorenzo BOTRUGNO (a cura di), «*Inutile strage*». *I cattolici e la Santa Sede nella Prima guerra mondiale. Raccolta di Studi in occasione del Centenario dello scoppio della Prima guerra mondiale (1914-2014)*, Libreria Editrice Vaticana, Città del Vaticano 2016.
Randolph BOURNE, *La guerra è la salute dello Stato*, in Nicola IANNELLO (a cura di), *La società senza Stato. I fondatori del pensiero libertario*, Rubbettino, Soveria Mannelli (Catanzaro) 2004, p. 173-202 (*The State*, 1918).
Karl Dietrich BRACHER, *Il Novecento. Secolo delle ideologie*, Laterza, Bari 1984 1984 (*Zeit der Ideologien. Eine Geschichte politischen Denkens im 20. Jahrhundert*, 1982).
Edoardo BRESSAN, *Le ripercussioni sociali ed economiche della Grande Guerra*, in Licia MORRA (a cura di), *L'Europa del XX secolo fra totalitarismo e democrazia*, Itaca, Lugo di Romagna (Ravenna) 1991, p. 67-74.
Susan A. BREWER in *Why America Fights. Patriotism and War Propaganda from the Philippines to Iraq*, Oxford University Press, New York (N. Y.) 2009.
Eamonn BUTLER, *La Scuola austriaca di economia. Un'introduzione*, Istituto Bruno Leoni Libri, Torino 2014.
Franco CARDINI, *Francesco Giuseppe*, Sellerio, Palermo 2012.
-, *La fine dell'impero asburgico e dell'impero ottomano*, in Licia MORRA (a cura di), *L'Europa del XX secolo fra totalitarismo e democrazia*, Itaca, Lugo di Romagna (Ravenna) 1991, p. 43-54.
-, *La guerra civile europea: bolscevismo e nazionalsocialismo*, in Licia MORRA (a cura di), *L'Europa del XX secolo fra totalitarismo e democrazia*, Itaca, Lugo di Romagna (Ravenna) 1991, p. 77-82.
Franco CARDINI - Sergio VALZANIA, *Le radici perdute dell'Europa. Da Carlo V ai conflitti mondiali*, Mondadori, Milano 2006.
Allan CARLSON, *The Military as an Engine of Social Change*, in John V. DENSON (edited by), *The Costs of War. America's Pyrrhic Victories*, Transaction Publisher, New Brunswick (New Jersey) 1999, p. 389-397.
Mario CAROTENUTO, *Carlo I d'Austria e la pace sabotata*, Fede & Cultura, Verona 2010.
Lino CARPINTERI - Mariano FARAGUNA, *L'Austria era un paese ordinato*, Edizioni de La Cittadella, Trieste 1980.
Salvatore CARRUBBA, *La cultura liberale in Italia*. IBL Occasional Paper n. 19, Istituto Bruno Leoni, Torino 2005.
Andrea CASPANI, *La crisi politico-culturale del primo dopoguerra in Europa*, in AA. VV., *Novecento. L'Europa delle ideologie e delle guerre totali*, prefazione di Franco Cardini, Itaca, Castelbolognese (Ravenna) 1994, p. 73-84.
-, *La prima guerra totale*, in AA. VV., *Novecento. L'Europa delle ideologie e delle guerre totali*, prefazione di Franco Cardini, Itaca, Castelbolognese (Ravenna) 1994, p. 23-55.
Francesco CATALUCCIO, *La questione d'Oriente: lotte di nazionalità e interessi di potenze (1815-1865)*, in AA. VV., *Nuove questioni di storia contemporanea*, Marzorati, Milano 1986, vol. 2, p. 1467-1533.

Daniele CESCHIN, *Il "partito della guerra", il governo, la piazza in Italia*, in Nicola LABANCA - Oswald ÜBEREGGER (a cura di), *La guerra italo-austriaca (1915-1918)*, Il Mulino, Bologna 2014, p. 63-83.
Federico CHABOD, *L'idea di nazione*, Laterza, Roma - Bari 2008.
Jean-Jacques CHEVALLIER, *Le grandi opere del pensiero politico. Da Machiavelli ai nostri giorni*, Il Mulino, Bologna 1991 (*Les grandes œuvres politiques. De Machiavel à nos jours*, 1949).
Riccardo CHIABERGE, *1918: la grande epidemia. Quindici storie della febbre spagnola*, UTET, Torino 2016.
Christopher CLARK, *I sonnambuli. Come l'Europa arrivò alla Grande Guerra*, Laterza, Roma - Bari 2013 (*The Sleepwalkers. How Europe Went to War in 1914*, 2012).
Georges CLEMENCEAU, *Grandezze e miserie di una vittoria*, Mondadori, Milano 1931 (*Grandeurs et Misères d'une victoire*, 1930).
Alfred COBBAN, *The Nation State and National Self-Determination*, Thomas Y. Crowell, New York (N. Y.) 1970.
Simona COLARIZI, *Storia del Novecento italiano. Cent'anni di entusiasmo, di paure, di speranza*, Rizzoli, Milano 2000.
Luigi COMPAGNA, *1789-1917: Furet, una storiografia per distinguere*, in «Nuova Storia Contemporanea», anno 1 (1997), novembre-dicembre, n. 1, p. 71-86.
Robert CONQUEST, *Il costo umano del comunismo*, Edizioni del Borghese, Milano 1973 (*The Human Cost of Soviet Communism*, 1970).
-, *Il secolo delle idee assassine*, Mondadori, Milano 2001 (*Reflections on a Ravaged Century*, 1999).
Salvatore COPPOLA, *La "Terra ai contadini" ex combattenti: la grande delusione (1919-1922)*, in «L'Idomeneo», anno 17 (2015), n. 18, p. 111-140.
Benedetto CROCE, *L'Italia dal 1914 al 1918. Pagine sulla guerra*, Ricciardi, Napoli 1919.
—, *Storia d'Italia dal 1871 al 1915*, Laterza, Bari 1973 (opera del 1943).
Benedetto CROCE - Luigi EINAUDI, *Liberismo e liberalismo*, a cura di Giovanni Malagodi, Ricciardi, Milano-Napoli 1988.
Raimondo CUBEDDU, *Il liberalismo della scuola austriaca. Menger, Mises, Hayek*, Morano, Napoli 1992.
Federico CURATO, *La letteratura sulle origini della prima Guerra Mondiale*, in AA. VV., *Nuove questioni di storia contemporanea*, Marzorati, Milano 1986, vol. 2, p. 817-909.
Stig DAGERMAN, *Autunno tedesco. Viaggio tra le rovine del Reich millenario*, Lindau, Torino 2007 (*Tysk höst*, 1947).
Eugenio DAL PANE (a cura di), *Tapum! Immagini della Grande Guerra tra mito e realtà*, Itaca, Faenza 1991.
István DEÁK, *Gli ufficiali della monarchia asburgica. Oltre il nazionalismo*, Libreria Editrice Goriziana, Gorizia 2003 (*Beyond Nationalism. A Social and Political History of the Habsburg Officer Corps. 1848-1918*, 1990).

Alain de BENOIST, *Comunismo e nazismo. 25 riflessioni sul totalitarismo nel XX secolo (1917-1989)*, Arianna Editrice, Casalecchio (Bologna) 2000 (*Communisme et Nazisme. 25 réflexions sur le totalitarisme au XXe siècle*, 1998).
Romana DE CARLI SZABADOS, *Finis Austriae. La santità dell'ultimo imperatore*, Fede & Cultura, Verona 2011.
Bertrand DE JOUVENEL, *Il Potere. Storia naturale della sua crescita*, SugarCo, Milano 1991 (*Du Pouvoir. Histoire naturelle de sa croissance*, 1945).
Renzo DE FELICE, *Le origini del fascismo*, in AA. VV., *Nuove questioni di storia contemporanea*, Marzorati, Milano 1986, vol. 1, p. 774-797.
–, *Mussolini il fascista. I. La conquista del potere (1921-1925)*, Einaudi, Torino 2005 (opera del 1966).
Alberto DEL BONO (a cura di), *La tregua di Natale. Lettere dal fronte*, Lindau, Torino 2014.
Giuseppe DELLA TORRE, *Carlo d'Austria. Una testimonianza cristiana*, Milano 1972.
Massimo de LEONARDIS, *Francesco Ferdinando: una linea di successione, un possibile futuro, un "casus belli"*, in Maurizio DOSSENA - Ivo MUSAJO SOMMA (a cura di), *L'utile ideologico dell'inutile strage. Atti della giornata di studi della Gebetsliga Kaiser Karl. Piacenza, 17 maggio 2014*, Ellade, Piacenza 2015, p. 41-55.
–, *La trasformazione della Grande Guerra: il 1917*, in «Eunomia. Rivista semestrale di Storia e Politica Internazionali. Università del Salento», anno 4 nuova serie (2015), n. 2, p. 21-38.
–, *L'Italia e il suo esercito. Una storia di soldati dal Risorgimento ad oggi*, Rai-ERI, Roma 2005.
–, *San Pio X, Benedetto XV: i loro tentativi di pace nel contesto politico europeo*, in Lorenzo BOTRUGNO (a cura di), *«Inutile strage». I cattolici e la Santa Sede nella Prima guerra mondiale. Raccolta di Studi in occasione del Centenario dello scoppio della Prima guerra mondiale (1914-2014)*, Libreria Editrice Vaticana, Città del Vaticano 2016, p. 23-47.
–, *Ultima ratio regum. Forza militare e relazioni internazionali*, Monduzzi, Milano 2013.
Augusto DEL NOCE, *Il suicidio della rivoluzione*, Rusconi, Milano 1978.
Georges DEMARTIAL, *Les responsabilités de la Guerre. Le patriotisme et la vérité*. Editions Clarté, Paris 1920.
John V. DENSON (edited by), *The Costs of War. America's Pyrrhic Victories*, Transaction Publisher, New Brunswick (New Jersey) 1999.
–, *War and American Freedom*, in IDEM (edited by), *The Costs of War. America's Pyrrhic Victories*, Transaction Publisher, New Brunswick (New Jersey) 1999, p. 1-51.
Roberto de MATTEI, *La sovranità necessaria. Riflessioni sulla crisi dello Stato moderno*, Il Minotauro, Roma 2001.
Gabriele DE ROSA, *Il movimento cattolico in Italia. Dalla Restaurazione all'età giolittiana*, Laterza, Bari 1988.

–, *La crisi dello stato liberale in Italia*, Studium, Roma 1964.
Guido DE RUGGIERO, *Storia del liberalismo europeo*, Laterza, Bari 2003.
Beniamino DI MARTINO, *"Conceived in liberty". La contro-rivoluzione americana del 1776*, Liamar Editions, Principality of Monaco 2016.
–, *La Prima Guerra Mondiale come effetto dello "Stato totale". L'interpretazione della Scuola Austriaca di economia*, Leonardo Facco Editore, Treviglio (Bergamo) 2016.
–, *Rivoluzione del 1789. La cerniera della modernità politica e sociale*, Leonardo Facco Editore, Treviglio (Bergamo) 2015.
Antonio DONNO, *"Anglo-Saxonism" o "Anglosfera": note sul "soft power" americano nel Novecento*, in «StoriaLibera. Rivista di scienze storiche e sociali», anno 3 (2017), n. 6, p. 11-33.
–, *La ritrovata unità anglo-americana in nome dell'"Anglo-Saxonism" negli anni che precedettero la Grande Guerra*, in «Eunomia. Rivista semestrale di Storia e Politica Internazionali. Università del Salento», anno 4 n.s. (2015), n. 2, p. 103-138.
Antonio DONNO - Giuliana IURLANO (a cura di), *Il 1917, anno decisivo della grande guerra*, in «Eunomia. Rivista semestrale di Storia e Politica Internazionali. Università del Salento», anno 6 (2017), n. 2, p. 85-746.
Maurizio DOSSENA - Ivo MUSAJO SOMMA (a cura di), *L'utile ideologico dell'inutile strage. Atti della giornata di studi della Gebetsliga Kaiser Karl. Piacenza, 17 maggio 2014*, Ellade, Piacenza 2015.
Pierre DRIEU LA ROCHELLE, *Le radici giacobine dei totalitarismi. Bolscevismo, nazismo e fascismo*, a cura di Calogero Carlo Lo Re, Tabula Fati, Chieti 1998.
Mark EDWARDS, *War and Debt. The Culling of Humanity*, Xlibris Publishing, Bloomington (Indiana) 2014.
Luigi EINAUDI, *Il Buongoverno. Saggi di economia e politica (1897-1954)*, a cura di Ernesto Rossi, Laterza, Bari 2004.
Mauro FAVERZANI, *Carlo I d'Asburgo, un Imperatore Santo*, Il Cerchio, Rimini 2005.
François FEJTÖ, *Requiem per un impero defunto. La dissoluzione del mondo austro-ungarico*, introduzione di Sergio Romano, Mondadori, Milano 1998 (*Requiem pour un empire défunt. Histoire de la destruction de l'Autriche-Hongrie*, 1988).
Luigi FENIZI, *Il secolo crudele*, Bardi, Roma 1999.
Niall FERGUSON, *Il grande declino. Come crollano le istituzioni e muoiono le economie*, Mondadori. Milano 2013 (*The Great degeneration. How institutions decay and economies die*, 2013).
–, *Il grido dei morti. La prima guerra mondiale: il più atroce conflitto di ogni tempo*, Mondadori, Milano 2014 (*The Pity of War. Explaining World War I*, 1998).
–, *La verità taciuta. La Prima guerra mondiale: il più grande errore della storia mondiale*, Corbaccio, Milano 2002 (*The Pity of War. Explaining World War I*, 1998).
–, *Occidente. Ascesa e crisi di una civiltà*, Mondadori, Milano 2014 (*Civilization: The West and the Rest*, 2011).

–, XX *secolo. L'età della violenza. Una nuova interpretazione del Novecento*, Mondadori, Milano 2008 (*The War of the World: History's Age of Hatred*, 2006).
–, (edited by), *Virtual History. Alternatives and Counterfactuals*, Basic Books, New York (N. Y.) 1999.
Carmelo FERLITO, *Versailles: ponte economico tra due guerre*, in «StoriaVerità», anno 13 (2008), n. 54 (novembre-dicembre), p. 41-44.
Domenico FISICHELLA, *Totalitarismo. Un regime del nostro tempo*, La Nuova Italia Scientifica, Roma 1987.
Enzo FORCELLA - Alberto MONTICONE, *Plotone di esecuzione. I processi della prima guerra mondiale*, Laterza, Roma - Bari 2014.
Francesco FORTE, *L'economia italiana dal Risorgimento ad oggi 1861/2011*, Cantagalli, Siena 2011.
Milton FRIEDMAN, *Capitalismo e libertà*, prefazione di Antonio Martino, Istituto Bruno Leoni Libri, Torino 2010 (*Capitalism and Freedom*, 1962).
François FURET, *Il passato di un'illusione. L'idea comunista nel XX secolo*, Mondadori, Milano 1997 (*Le passé d'une illusion*, 1995).
–, *Le due rivoluzioni. Dalla Francia del 1789 alla Russia del 1917*, UTET, Torino 2002
–, *Ottocento e Novecento: ideologie e illusioni*, in «Nuova Storia Contemporanea», anno 1 (1997), n. 1 (novembre-dicembre), p. 61-70.
François FURET - Giuliano PROCACCI, *Controverso Novecento*, Donzelli Editore, Roma 1995.
Paul FUSSELL, *La grande guerra e la memoria moderna*, Il Mulino, Bologna 2014 (*The Great War and Modern Memory*, 1975).
–, *The Culture of War*, in John V. DENSON (edited by), *The Costs of War. America's Pyrrhic Victories*, Transaction Publisher, New Brunswick (New Jersey) 1999, p. 417-424.
Ernesto GALLI DELLA LOGGIA, *La nascita dei totalitarismi*, in Fabrizio FOSCHI (a cura di), *Scoprire il Novecento*, Il Cerchio, Rimini 1999, p. 21-34.
José Pedro GALVAO de SOUSA, *La rappresentanza politica*, introduzione e cura di Giovanni Turco, Edizioni Scientifiche Italiane, Napoli 2009 (*Da representação política*, 1971).
Ernest GELLNER, *Nazioni e nazionalismo*, prefazione di Gian Enrico Rusconi, Editori Riuniti, Roma 1997 (*Nations and Nationalism*, 1983).
Emilio GENTILE, *Due colpi di pistola, dieci milioni di morti, la fine di un mondo*, Laterza, Bari 2014.
–, *Il mito dello Stato nuovo. Dal radicalismo nazionale al fascismo*, Laterza, Bari 1999.
–, *L'apocalisse della modernità. La Grande Guerra per l'uomo nuovo*, Mondadori, Milano 2008.
–, *Mussolini contro Lenin*, Laterza, Roma - Bari 2017.
Gary GERSTLE, *Liberty and Coercion. The Paradox of American Government*, Princeton University Press, Princeton (New Jersey) 2015.
Martin GILBERT, *La grande storia della prima guerra mondiale*, Mondadori, Milano 1998 (*The First World War*, 1971).

Elio GIOANOLA, *La crisi del soggetto nella letteratura del primo Novecento*, in Licia MORRA (a cura di), *L'Europa del XX secolo fra totalitarismo e democrazia*, Itaca, Lugo di Romagna (Ravenna) 1991, p. 23-31.

Giovanni GIOLITTI, *Memorie della mia vita*, Garzanti, Milano 1944 (opera del 1922).

Erik GOLDSTEIN, *Gli accordi di pace dopo la Grande guerra (1919-25)*, edizione italiana a cura di Roberto Pertici, Il Mulino, Bologna 2005.

David GORDON, *A Common Design: Propaganda and World War*, in John V. DENSON (edited by), *The Costs of War. America's Pyrrhic Victories*, Transaction Publishers, New Brunswick (New Jersey) 1999, p. 301-319.

Paul GOTTFRIED, *Is Modern Democracy Warlike?*, in John V. DENSON (edited by), *The Costs of War. America's Pyrrhic Victories*, Transaction Publisher, New Brunswick (New Jersey) 1999, p. 425-431.

–, *Wilsonianism: The Legacy That Won't Die*, in «The Journal of Libertarian Studies», volume IX, n. 2, Fall 1990, p. 117-126.

C. Hartley GRATTAN, *Why We Fought*, Bobbs-Merrill, Indianapolis (Indiana) 1969.

Andrea GRAZIOSI, *Guerra e rivoluzione in Europa. 1905-1956*, Il Mulino, Bologna 2001.

Daniel HALÉVY, *Essai sur l'accélération de l'histoire*, Editions de Fallois, Paris 2001 (opera del 1948).

Élie HALÉVY, *L'ère des tyrannies. Etudes sur le Socialisme et la Guerre*, Gallimard, Paris 1990 (opera del 1938, postuma).

–, *Perché scoppiò la prima guerra mondiale*, con un saggio di Marco Bresciani, Della Porta Editori, Pisa 2014 (ciclo di conferenze del 1929).

Friedrich A. von HAYEK, *La società libera*, prefazione di Lorenzo Infantino, scritti di Sergio Ricossa, Rubbettino, Soveria Mannelli (Catanzaro) 2011 (*The Constitution of Liberty*, 1960).

–, *La via della schiavitù*, prefazione di Raffaele De Mucci, Rubbettino, Soveria Mannelli (Catanzaro) 2011 (*The Road to Serfdom*, 1944).

–, *Nuovi studi di filosofia, politica, economia e storia delle idee*, Armando, Roma 1988 (*Studies in Philosophy Politics and Economics*, 1967).

Max HASTINGS, *Catastrofe 1914. L'Europa in guerra*, Neri Pozza, Vicenza 2014 (*Catastrophe 1914. Europe Goes to War*, 2013).

Paul HENRY, *Nazionalità e nazionalismo*, in AA. VV., *Nuove questioni di storia contemporanea*, Marzorati, Milano 1986, vol. 1, p. 271-323.

Franz HERRE, *Francesco Giuseppe*, Fabbri, Milano 2000 (*Kaiser Franz Joseph von Österreich: sein Leben, seine Zeit*, 1978).

Robert HIGGS, *Crisis and Leviathan. Critical Episodes in the Growth of American Government*, Oxford University Press, New York (N. Y.) 1987.

–, *War and Leviathan in Twentieth-Century America: Conscription as the Keystone*, in John V. DENSON (edited by), *The Costs of War. America's Pyrrhic Victories*, Transaction Publisher, New Brunswick (New Jersey) 1999, p. 375-388.

Eric J. HOBSBAWM, *Il secolo breve. 1914-1991*, Rizzoli, Milano 2007 (*The Age of Extremes. The Short Twentieth Century, 1914-1991*, 1994).

–, *Le rivoluzioni borghesi. 1789-1848*, Il Saggiatore, Milano 1963 (*The Age of Revolution. Europe 1789-1848*, 1962).

–, *L'età degli imperi. 1875-1914*, Laterza, Bari 1991 (*The Age of Empires. 1875-1914*, 1987).

–, *Nazioni e nazionalismo dal 1780. Programma, mito, realtà*, Einaudi, Torino 2002 (*Nations and Nationalism Since 1780. Programme, Myth, Reality*, 1991).

Hans-Hermann HOPPE, *Democrazia: il dio che ha fallito*, prefazione di Raimondo Cubeddu, Liberilibri, Macerata 2008 (*Democracy: The God That Failed. The Economics and Politics of Monarchy, Democracy and Natural Order*, 2001).

–, *L'economia politica della monarchia e della democrazia, e l'idea di un ordine naturale*, in «Federalismo & Libertà», anno 6 (1999), n. 5-6, p. 269-297.

–, *Time Preference, Government, and the Process of De-Civilization: From Monarchy to Democracy*, in John V. DENSON (edited by), *The Costs of War. America's Pyrrhic Victories*, Transaction Publisher, New Brunswick (New Jersey) 1999, p. 455-493.

Michael HOWARD, *The Causes of Wars and other Essays*, Temple Smith, London 1983.

Jesús HUERTA de SOTO, *La Scuola Austriaca. Mercato e creatività imprenditoriale*, a cura di Paolo Zanotto, Rubbettino, Soveria Mannelli (Catanzaro) 2003.

Jörg Guido HÜLSMANN, *La Scuola austriaca tra la fine del Diciannovesimo e l'inizio del Ventesimo secolo*, in Philippe NEMO - Jean PETITOT (a cura di), *Storia del liberalismo in Europa*, Rubbettino, Soveria Mannelli (Catanzaro) 2013, p. 905-933.

Nicola IANNELLO, (a cura di), *La società senza Stato. I fondatori del pensiero libertario*, Rubbettino, Soveria Mannelli (Catanzaro) 2004.

Lorenzo INFANTINO, *Potere. La dimensione politica dell'azione umana*, Rubbettino, Soveria Mannelli (Catanzaro) 2013.

Lorenzo INFANTINO - Nicola IANNELLO (a cura di), *Ludwig von Mises: le scienze sociali nella Grande Vienna*, Rubbettino, Soveria Mannelli (Catanzaro) 2004.

Marco INVERNIZZI, *Il movimento cattolico in Italia dalla fondazione dell'Opera dei Congressi all'inizio della seconda guerra mondiale (1874-1939)*, Mimep-Docete, Pessano (Milano) 1996.

–, *L'Unione Elettorale Cattolica Italiana 1906-1919. Un modello di impegno politico unitario dei cattolici*, Edizioni Cristianità, Piacenza 1993.

Mario ISNENGHI, *Il mito della grande guerra da Marinetti a Malaparte*, Il Mulino, Bologna 1989.

Mario ISNENGHI - Daniele CESCHIN (a cura di), *La Grande Guerra: dall'Intervento alla "vittoria mutilata"*, UTET, Torino 2008.

Antonio JANNAZZO, *Il liberalismo italiano del Novecento. Da Giolitti a Malagodi*, Rubbettino, Soveria Mannelli (Catanzaro) 2003.

Oliver JANZ, *1914-1918. La Grande Guerra*, Einaudi, Torino 2014 (*Der große Krieg*, 2013).
Arturo Carlo JEMOLO, *Chiesa e Stato in Italia dalla unificazione ai giorni nostri*, Einaudi, Torino 1981.
James JOLL, *Cento anni d'Europa 1870-1970*, Laterza, Bari 1975 (*Europe since 1870. An international history*, 1973).
–, *The Origins of the First World War*, Taylor & Francis Ltd, Abingdon (U. K.) 1984.
Walter KARP, *The Politics of War. The Story of Two Wars which Altered Forever the Political Life of the American Republic (1890-1920)*, Harper and Row, New York (N. Y.) 1979.
George F. KENNAN, *The Decline of Bismarck's European Order. Franco-Russian Relations 1875-1890*, Princeton University Press Princeton (New Jersey) 1981.
John Maynard KEYNES, *Le conseguenze economiche della pace*, Adelphi, Milano 2007 (*The Economic Consequences of the Peace*, 1919).
–, *La fine del lasciar fare*, in IDEM, *Teoria generale dell'occupazione dell'interesse e della moneta e alti scritti*, a cura di Alberto Campolongo, UTET, Torino 1978, p. 83-108 (*The End of Laissez-Faire*, 1926).
Leopold KOHR, *Il crollo delle nazioni*, Edizioni di Comunità, Milano 1960 (*The Breakdown of Nations*, 1957).
Gabriel KOLKO, *The Triumph of Conservatism. A Reinterpretation of American History, 1900-1916*, The Free Press, Glencoe (Illinois) 1963.
Erik-Maria von KUEHNELT-LEDDIHN, *Leftism Revisited. From de Sade and Marx to Hitler and Pol Pot*, Arlington House Publishers, New Rochelle (New York) 1974.
–, *L'errore democratico. Il problema del destino dell'Occidente*, Volpe, Roma 1966.
–, *Liberale e liberal non sono la stessa cosa*, in «Cultura & identità», anno 2 (2010), n. 4 (marzo-aprile), p. 11-22.
Nicola LABANCA (diretto da), *Dizionario storico della Prima guerra mondiale*, Laterza, Roma - Bari 2014.
Nicola LABANCA - Oswald ÜBEREGGER (a cura di), *La guerra italo-austriaca (1915-1918)*, Il Mulino, Bologna 2014.
Antonello LA VERGATA, *Guerra e darwinismo sociale*, Rubbettino, Soveria Mannelli (Catanzaro) 2005.
Bernard LAZARE, *Les responsabilités de la guerre. À l'origine du mensonge*, Delpeuch, Paris 1925.
Eric J. LEED, *Terra di nessuno. Esperienza bellica e identità personale*, Il Mulino, Bologna 2014 (*No Man's Land. Combat and Identity in World War I*, 1979).
Giancarlo LEHNER, *Economia, politica e società nella prima guerra mondiale*, D'Anna, Messina - Firenze 1973.
Vladimir I. LENIN, *Imperialismo fase suprema del capitalismo*, in IDEM, *Opere*, vol. 22, Editori Riuniti, Roma 1966 (opera del 1916).
Bruno LEONI, *Il pensiero politico moderno e contemporaneo*, a cura di Antonio Masala, introduzione di Luigi Marco Bassani, Liberilibri, Macerata 2009.

Valeria LERDA GENNARO, *Woodrow Wilson*, in Romain RAINERO (a cura di), *I personaggi della storia contemporanea*, Marzorati, Milano 1983, vol. 2, p. 1217-1246.
Lucio LEVI, *Nazionalismo*, in Norberto BOBBIO - Nicola MATTEUCCI - Gianfranco PASQUINO, *Dizionario di politica*, UTET, Torino 2004, p. 602-609.
Carlo LOTTIERI, *Credere nello Stato? Teologia politica e dissimulazione*, Rubbettino, Soveria Mannelli (Catanzaro) 2011.
–, *Liberali e non. Percorsi di storia del pensiero politico*, La Scuola, Brescia 2013.
–, *L'oro e la civiltà dell'Occidente*, in «StoriaLibera. Rivista di scienze storiche e sociali», anno 1 (2015), n. 1, p. 109-116.
–, *Lo scambio: un "miracolo" profano*. IBL Occasional Paper n. 4, Istituto Bruno Leoni, Torino 2004.
Carlile Aylmer MACARTNEY, *L'Impero degli Asburgo 1790-1918*, Garzanti, Milano 1981 (*The Habsburg Empire. 1790-1918*, 1968).
Margaret MacMILLAN, *1914. Come la luce si spense sul mondo di ieri*, Rizzoli, Milano 2014 (*The war that ended peace. How Europe abandoned peace for the First World War*, 2013).
Stefano MAGNI, *Piazza Caporetto. Controstoria della Grande Guerra*, Libri di Libertates, Milano 2015.
Claudio MAGRIS, *Danubio*, Garzanti, Milano 1986.
–, *Il mito asburgico. Umanità e stile del mondo austroungarico nella letteratura austriaca moderna*, Einaudi, Torino 1963.
Olindo MALAGODI, *Da Sarajevo a Caporetto*, Ricciardi, Napoli 1960.
Curzio MALAPARTE, *Viva Caporetto! La rivolta dei santi maledetti*, cura di Marino Biondi, Vallecchi, Firenze 1995 (opera del 1921).
Bruno MALINVERNI, *Dall'equilibrio europeo all'equilibrio mondiale*, in AA. VV., *Nuove questioni di storia contemporanea*, Marzorati, Milano 1986, vol. 1, p. 49-105.
Maria Luisa MANISCALCO, *Europa, nazionalismi, guerra. Sociologie a confronto tra Otto e Novecento*, Armando, Roma 2013.
Giuseppe MARANINI, *La Costituzione degli Stati Uniti d'America*, a cura di Eugenio Capozzi, Rubbettino, Soveria Mannelli (Catanzaro) 2003.
Albert von MARGUTTI, *Francesco Giuseppe*, Castelvecchi editore, Roma 2016 (*K. Franz Joseph I*, 1919).
Francesco MARTINI, *Il movimento populista di fine Ottocento negli Stati Uniti e la sua perdurante influenza sulla politica americana*, in «Eunomia. Rivista semestrale di Storia e Politica Internazionali. Università del Salento», anno 2 nuova serie (2013), n. 2, p. 191-234.
Antonio MARTINO, *Semplicemente liberale*, Liberilibri, Macerata 2004.
Brigitte MAZOHL - Paolo POMBENI (a cura di), *Minoranze negli imperi. Popoli fra identità nazionale e ideologia imperiale*, Il Mulino, Bologna 2012.
Robert J. McMAHON - Thomas W. ZEILER, *Guide to U.S. Foreign Policy. A Diplomatic History*, CQ Press, Thousand Oaks (California) 2012.

Filippo MEDA, *L'Italia, la guerra e la pace*, Società Tipografica Editrice Mantovana, Mantova 1917.
Sergej Petrovic MEL'GUNOV, *Il terrore rosso in Russia 1918-1923*, Jaca Book, Milano 2010.
Charles L. MEE, Jr., *The End of Order. Versailles 1919*, Edward Payson Dutton, New York (N. Y.) 1980.
Piero MELOGRANI, *Orlando contro Cadorna: duello di Stato*, in «30 Giorni», anno 21 (2003), n. 8/9 (agosto/settembre), p. 86-92.
–, *Storia politica della Grande Guerra 1915-1918*, Mondadori, Milano 1998 (opera del 1969).
Carl MENGER, *Principi fondamentali di economia*, a cura di Raimondo Cubeddu, introduzione di Karl Milford, Rubbettino, Soveria Mannelli (Catanzaro) 2001 (*Grundsätze der Volkswirtschaftslehere*, 1871).
–, *Sul metodo delle scienze sociali*, a cura di Raimondo Cubeddu, introduzione di Karl Milford, Liberilibri, Macerata 1996 (*Untersuchungen über die Methode der Sozialwissenschaften und der politischen Ökonomie insbesondere*, 1883).
Daniele MENOZZI (a cura di), *La Chiesa italiana nella Grande Guerra*, Morcelliana, Brescia 2015.
Vincenzo MERCANTE, *Carlo I d'Austria. Tra politica e santità*, Gribaudi, Milano 2009.
Marco MESSERI, *Utopia e terrore. La storia non raccontata del comunismo*, Piemme, Casale Monferrato (Alessandria) 2003.
Guy MICHAUD, *La crisi della civiltà europea*, in AA. VV., *Nuove questioni di storia contemporanea*, Marzorati, Milano 1986, vol. 2, p. 1433-1466.
Walter MILLIS, *Road to War. America 1914-1917*, Houghton Mifflin, Boston (Massachusetts) 1935.
Ludwig von MISES, *Autobiografia di un liberale*, Rubbettino, Soveria Mannelli (Catanzaro) 1996 (*Notes and Recollections*, 1940).
–, *Burocrazia*, prefazione di Lorenzo Infantino, Rubbettino, Soveria Mannelli (Catanzaro) 2009 (*Bureaucracy*, 1944).
–, *I fallimenti dello Stato interventista*, prefazione di Lorenzo Infantino, Rubbettino, Soveria Mannelli (Catanzaro) 1997 (*Kritik des Interventionismus*, 1929).
–, *L'azione umana. Trattato di economia*, prefazione di Lorenzo Infantino, Rubbettino, Soveria Mannelli (Catanzaro) 2016 (*Human action. A Treatise on Economics*, 1949).
–, *Liberalismo*, prefazione di Dario Antiseri, Rubbettino, Soveria Mannelli (Catanzaro) 1997 (*Liberalismus*, 1927).
–, *Lo Stato onnipotente. La nascita dello Stato totale e della guerra totale*, introduzione di Victor Zaslavsky, Rusconi, Milano 1995 (*Omnipotent Government. The Rise of the Total State and Total War*, 1944).
–, *Nation, State, and Economy. Contributions to the Politics and History of Our Time*, New York University Press, New York (N. Y.) 1983 (*Nation, Staat, und Wirschaft*, 1919).

–, *Politica economica. Riflessioni per oggi e per domani*, introduzione di Lorenzo Infantino, Liberilibri, Macerata 2007 (*Economic Policy. Thoughts for Today and Tomorrow*, 1959).

–, *Socialismo. Analisi economica e sociologica*, a cura di Dario Antiseri, Rusconi, Milano 1990 (*Die Gemeinwirtshaft: Untersitchungen über den Sozialismus*, 1922).

–, *Teoria della moneta e dei mezzi di circolazione*, a cura di Riccardo Bellofiore, Edizioni Scientifiche Italiane, Napoli 1999 (*Theorie des Geldes und der Umlaufsmittel*, 1912).

Roberta Adelaide MODUGNO, *Murray N. Rothbard e l'anarco-capitalismo americano*, Rubbettino, Soveria Mannelli (Catanzaro) 1998.

Aldo A. MOLA, *Giolitti*, Mondadori, Milano 2003.

–, *Storia della massoneria italiana dalle origini ai giorni nostri*, Bompiani, Milano 1992.

Indro MONTANELLI, *L'Italia di Giolitti (1900-1920)*, Rizzoli, Milano 1974.

–, *Storia d'Italia. Vol. 6 (1861-1919)*, Rizzoli, Milano 2003.

Indro MONTANELLI - Mario CERVI, *L'Italia del Novecento. Un viaggio lucido e disincantato attraverso il Ventesimo secolo*, Rizzoli, Milano 2000, p. 20s.

Alberto MONTICONE, *La Germania e la neutralità italiana: 1914-1915*, Il Mulino, Bologna 1971.

Carlo MORANDI, *L'idea dell'unità politica d'Europa nel XIX e XX secolo*, in AA. VV., *Nuove questioni di storia contemporanea*, Marzorati, Milano 1986, vol. 2, p. 1371-1431.

Roberto MOROZZO DELLA ROCCA, *La fede e la guerra. Cappellani militari e preti-soldati (1915-1919)*, prefazione di Alberto Monticone, Studium, Roma 1980.

Gianfranco MORRA, *Fermenti irrazionalistici nella «Belle epoque»*, in Licia MORRA (a cura di), *L'Europa del XX secolo fra totalitarismo e democrazia*, Itaca, Lugo di Romagna (Ravenna) 1991, p. 11-21.

George L. MOSSE, *De la Grande Guerre au totalitarisme. La brutalisation des sociétés européennes*, Hachette littératures, Paris 1999.

–, *La nazionalizzazione delle masse. Simbolismo politico e movimenti di massa in Germania (1815-1933)*, introduzione di Renzo De Felice, Il Mulino, Bologna 1975 (*The Nationalization of the Masses: Political Symbolism and Mass Movements in Germany from the Napoleonic Wars through the Third Reich*, 1974).

–, *Le guerre mondiali. Dalla tragedia al mito dei caduti*, Laterza, Roma - Bari 2014 (*Fallen Soldiers: Reshaping the Memory of the World Wars*, 1990).

–, *Le origini culturali del Terzo Reich*, Il Saggiatore, Milano 1968 (*The Crisis of German Ideology. Intellectual Origins of the Third Reich*, 1964).

–, *L'olocausto, la morte e la memoria della guerra*, in Alessandra STADERINI - Luciano ZANI - Francesca MAGNI (a cura di), *La grande guerra e il fronte interno. Studi in onore di George Mosse*, Università di Camerino, Camerino (Macerata) 1998, p. 9-20.

–, *L'uomo e le masse nelle ideologie nazionaliste*, Laterza, Roma - Bari 2002 (*Masses and Man. Nationalist and Fascist Perceptions of Reality*, 1980).

Joshua MURAVCHIK, *Il paradiso in terra. Ascesa e caduta del socialismo*, Lindau, Torino 2005 (*Heaven on Earth. The Rise and Fall of Socialism*, 2002).

Ivo MUSAJO SOMMA, *La Prima Guerra Mondiale, il grande trauma*, in «StoriaLibera. Rivista di scienze storiche e sociali», anno 4 (2018), n. 8 (luglio), p. 174-179.

–, *Tra Vienna e Roma. L'intervento italiano nel conflitto e la situazione della monarchia danubiana alla vigilia della Grande Guerra*, in Maurizio DOSSENA - Ivo MUSAJO SOMMA (a cura di), *L'utile ideologico dell'inutile strage. Atti della giornata di studi della Gebetsliga Kaiser Karl. Piacenza, 17 maggio 2014*, Ellade, Piacenza 2015, p. 21-40.

Michael NELSON (edited by), *Guide to the Presidency and the Executive Branch*, CQ Press, Thousand Oaks (California) 2013.

Philippe NEMO - Jean PETITOT (a cura di), *Storia del liberalismo in Europa*, Rubbettino, Soveria Mannelli (Catanzaro) 2013.

Frank NINKOVICH, *Global Dawn. The Cultural Foundation of American Internationalism, 1865-1890*, Harvard University Press, Cambridge (Massachusetts) 2009.

–, *The United States and Imperialism*, Blackwell, Malden (Massachusetts) 2001.

–, *The Wilsonian Century. U.S. Foreign Policy since 1900*, The University of Chicago Press, Chicago 1999.

Robert NISBET, *Conservatorismo: sogno e realtà*, a cura di Spartaco Pupo, Rubbettino, Soveria Mannelli (Catanzaro) 2012 (*Conservatism: Dream and Reality*, 1986).

Enrico NISTRI, *Il trattato di Versailles*, in «Linea Tempo», anno 3 (1999), n. 1 (aprile), p. 51-68.

Francesco Saverio NITTI, *L'Europa senza pace*, R. Bemporad & Figlio, Firenze 1921.

–, *La decadenza dell'Europa. Le vie della ricostruzione*, R. Bemporad & Figlio, Firenze 1922.

–, *La tragedia dell'Europa. Che farà l'America?*, postfazione di Francesco Barbagallo, Edizioni di Storia e Letteratura, Roma 2012 (opera del 1924).

Albert Jay NOCK, *The Myth of a Guilty Nations*, Ludwig von Mises Institute, Auburn (Alabama) 2011 (opera del 1922).

Ernst NOLTE, *Concetti fondamentali per l'interpretazione del XX secolo: bolscevismo - fascismo - guerra civile mondiale*, in «Linea Tempo», agosto 2001, p. 47-58.

–, *Il giovane Mussolini. Marx e Nietzsche in Mussolini socialista*, a cura di Francesco Coppellotti, SugarCo, Milano 1996 (articolo *Marx Und Nietzsche Im Sozialismus Des Jungen Mussolini*, 1960).

–, *La guerra civile europea 1917-1945*, in «Il Nuovo Areopago», anno 9 (1990), n. 33, p. 55-70.

–, *Nazionalsocialismo e bolscevismo. La guerra civile europea 1917-1945*, Sansoni, Firenze 1989 (*Der europäische Bürgerkrieg 1917-1945. Nationalsozialismus und Bolschewismus*, 1987).
Gilberto ONETO, *Il guerrone. La nefandezza del 1915-18*, Il Cerchio, Rimini 2015.
Ferruccio PALLAVERA - Angelo STROPPA, *Il Piave mormorava. Il Lodigiano nella Prima Guerra Mondiale*, Edizioni dell'Archivio storico lodigiano, Lodi 2015.
Alan PALMER, *Francesco Giuseppe. Il lungo crepuscolo degli Asburgo*, Mondadori, Milano 1995 (*Franz Joseph I*, 1995).
Angelo PANEBIANCO, *Stato e Nazione*, in Fabrizio FOSCHI (a cura di), *Scoprire il Novecento*, Il Cerchio, Rimini 1999, p. 5-20.
Gabriele PAOLINI, *Offensive di pace. La Santa Sede e la prima guerra mondiale*, prefazione di Francesco Margiotta Broglio, Edizioni Polistampa, Firenze 2008.
Ron PAUL, *End the Fed. Abolire la banca centrale*, Liberilibri, Macerata 2010 (*End the Fed*, 2009).
–, *La tirannia si fonda sulla moneta statale*, a cura di Francesco Carbone, in «StoriaLibera. Rivista di scienze storiche e sociali», anno 3 (2017), n. 6, p. 121-151.
Michael PEARSON, *Il treno piombato*, Sperling & Kupfer, Milano 1976 (*The sealed train*, 1975).
Luciano PELLICANI, *Dalla società chiusa alla società aperta*, Rubbettino, Soveria Mannelli (Catanzaro) 2002.
–, *La Grande Guerra e la rivolta contro la civiltà liberale*, in «Eunomia. Rivista semestrale di Storia e Politica Internazionali. Università del Salento», anno 4 n.s. (2015), n. 2, p. 11-20.
–, *Lenin e Hitler: i due volti del totalitarismo*, Rubbettino, Soveria Mannelli (Catanzaro) 2013.
Francesco PERFETTI, *Il movimento nazionalista in Italia (1903-1914)*, Bonacci, Roma 1984.
–, *Il nazionalismo italiano dalle origini alla fusione col fascismo*, Cappelli, Bologna 1977.
–, *La Grande Guerra e l'identità nazionale. Il primo conflitto mondiale nella politica e nelle istituzioni*, Le Lettere, Firenze 2014.
– (a cura di), *Niente fu più come prima. La grande guerra e l'Italia cento anni dopo*, Le Lettere, Firenze 2015.
Roberto PERTICI, *Chiesa e Stato in Italia. Dalla Grande Guerra al nuovo Concordato 1914-1984*, Il Mulino, Bologna 2009.
Rocco PEZZIMENTI, *Il pensiero politico del XX secolo. La fine dell'eurocentrismo*, Rubbettino, Soveria Mannelli (Catanzaro) 2013.
Guglielmo PIOMBINI, *La superiorità delle piccole nazioni nel pensiero di Leopold Kohr*, in «StoriaLibera. Rivista di scienze storiche e sociali», anno 4 (2018), n. 8, p. 11-23.
–, *Prima dello stato. Il medioevo della libertà*, Leonardo Facco Editore, Treviglio (Bergamo) 2004.

–, Stefan Zweig e *"Il mondo di ieri"*, in «StoriaLibera. Rivista di scienze storiche e sociali», anno 3 (2017), n. 6, p. 63-73.
Richard PIPES, *Comunismo. Una storia*, Rizzoli, Milano 2003 (*Communism. A History*, 2001).
–, *Il regime bolscevico. Dal terrore rosso alla morte di Lenin*, Mondadori, Milano 1999 (*Russia Under the Bolshevik Regime: 1919-1924*, 1993).
Magda POLI, *Un mare d'inchiostro per un mare di sangue. La Grande Guerra*, Sandro Teti Editore, Roma 2011.
Paolo POMBENI (a cura di), *I cinque anni che sconvolsero il mondo. La prima guerra mondiale (1914-1918)*, Studium, Roma 2015.
Karl POPPER, *La società aperta e i suoi nemici. 2. Hegel e Marx falsi profeti*, a cura di Dario Antiseri, Armando, Roma 2002 (*The Open Society and Its Enemies*, 1944-1945).
Bruce D. PORTER, *War and the Rise of the State. The Military Foundations of Modern Politics*, Free Press, New York (N. Y.) 1993.
Alfred F. PRIBRAM (edited by), *The Secret Treaties of Austria-Hungary, 1879-1914*, Fertig, New York (N. Y.) 1921, 2 vols.
Giovanna PROCACCI, *Soldati e prigionieri italiani nella Grande Guerra*, Bollati Boringhieri, Torino 2016.
Pietro QUARONI, *L'Italia dal 1914 al 1945*, in AA. VV., *Nuove questioni di storia contemporanea*, Marzorati, Milano 1986, vol. 2, p. 1191-1255.
Romain RAINERO - Stefano B. GALLI, *L'Italia e la "grande vigilia". Gabriele D'Annunzio nella politica italiana prima del fascismo*, FrancoAngeli, Milano 2007.
Ralph RAICO, *Great Wars and Great Leaders. A Libertarian Rebuttal*, foreword by Robert Higgs, Ludwig von Mises Institute, Auburn (Alabama) 2010.
–, *La storia del liberalismo e della libertà occidentale*. IBL Occasional Paper n. 1, Istituto Bruno Leoni, Torino 2004.
–, *World War I: The Turning Point*, in John V. DENSON (edited by), *The Costs of War. America's Pyrrhic Victories*, Transaction Publisher, New Brunswick (New Jersey) 1999, p. 203-247.
Justin RAIMONDO, *Defenders of the Republic: The Anti-Interventionist Tradition in American Politics*, in John V. DENSON (edited by), *The Costs of War. America's Pyrrhic Victories*, Transaction Publisher, New Brunswick (New Jersey) 1999, p. 67-118.
Gaetano RASI, *Tutto è cambiato con la Prima Guerra Mondiale. Società ed economia dal 1915 al 1922*, Edizioni Tabula Fati, Chieti 2015.
Walter RATHENAU, *L'economia nuova*, introduzione di Lucio Villari, Einaudi, Torino 1976 (*Die neue Wirtschaft*, 1918).
John RAYBOULD, *Friedrich A. von Hayek*, a cura di Dario Antiseri e Lorenzo Infantino, Rubbettino, Soveria Mannelli (Catanzaro) 1999.
Ernest RENAN - Murray N. ROTHBARD, *Nazione, cos'è*, a cura di Nicola Iannello e Carlo Lottieri, Leonardo Facco, Treviglio (Bergamo) 1996.

Alberto ROSSELLI, *Il tramonto della mezzaluna. L'impero ottomano nella prima guerra mondiale*, Rizzoli, Milano 2003.

–, *L'olocausto armeno*, Edizioni Solfanelli, Chieti 2007.

–, *L'olocausto armeno (1914-1918). A cento anni dal genocidio*, in «StoriaLibera. Rivista di scienze storiche e sociali», anno 2 (2016), n. 4, p. 94-114.

Joseph ROTH, *Il mercante di coralli*, Adelphi, Milano 2004 (*Der Korallenhaendler*, 1934).

–, *La cripta dei cappuccini*, Adelphi, Milano 1974 (*Die Kapuzinergruft*, 1938).

–, *La marcia di Radetzky*, Feltrinelli, Milano 1996 (*Radetzkymarsch*, 1932).

Murray N. ROTHBARD, *A History of Money and Banking in the United States. The Colonial Era to World War II*, Ludwig von Mises Institute, Auburn (Alabama) 2002 (opera scritta tra il 1976 e il 1994).

.–, *America's Two Just Wars: 1775 and 1861*, in John V. DENSON (edited by), *The Costs of War. America's Pyrrhic Victories*, Transaction Publishers, New Brunswick (New Jersey) 1999, p. 119-133.

–, *Il Mistero dell'Attività Bancaria*, prefazione di Joseph T. Salerno, USEMLAB Economia e Mercati, Torino 2013 (*The Mistery of Banking*, 1983).

–, *Keynes, the Man*, Ludwig von Mises Institute, Auburn (Alabama) 2011 (opera del 1992).

–, *La Grande Depressione*, prefazione di Lorenzo Infantino, Rubbettino, Soveria Mannelli (Catanzaro) 2008 (*America's Great Depression*, 1963).

–, *L'etica della libertà*, introduzione di Luigi Marco Bassani, Liberilibri, Macerata 2000 (*The Ethics of Liberty*, 1982).

–, *Lo stato falsario. Ecco cosa i governi hanno fatto ai nostri soldi*, Leonardo Facco Editore, Treviglio (Bergamo) 2005 (*What Has Government Done to Our Money?*, 1963).

–, *Making Economic Sense*, Ludwig von Mises Institute, Auburn (Alabama) 2006 (opera del 1995).

–, *Man, Economy, and State. A Treatise on Economic Principles* with *Power and Market. Government and the Economy*, Ludwig von Mises Institute, Auburn (Alabama) 2009 (opere del 1962 e del 1970).

–, *Per una nuova libertà. Il manifesto libertario*, introduzione di Luigi Marco Bassani, Liberilibri, Macerata 2004 (*For a New Liberty. The Libertarian Manifesto*, 1973).

–, *Protezionismo e distruzione della prosperità*, in IDEM, *La libertà dei libertari*, a cura di Roberta A. Modugno Crocetta, Rubbettino, Soveria Mannelli (Catanzaro) 2000, p. 101-116 (*The Dangerous Nonsense of Protectionism*, 1986).

–, *Sinistra e Destra: le prospettive della libertà*, introduzione di Roberta Adelaide Modugno, Istituto Acton, Roma 2003 (*Left and Right: the Prospects for Liberty*, 1965).

–, *The Case Against the Fed*, Ludwig von Mises Institute, Auburn (Alabama) 1994.

–, *The Progressive Era*, foreword by Judge Andrew P. Napolitano, edited by Patrick Newman, Ludwig von Mises Institute, Auburn (Alabama) 2017 (raccolta di saggi).

–, *War Collectivism in World War I*, in Ronald RADOSH - Murray N. ROTHBARD (edited by), *A New History of Leviathan. Essays on the Rise of the American Corporate State*, E. P. Dutton, New York (N. Y.) 1972, p. 66-110.

–, *World War I as Fulfillment: Power and the Intellectuals*, in «Journal of Libertarian Studies», vol. 9, n. 1, Winter 1989, p. 81-125.

Giorgio RUMI, *La Chiesa di fronte ai totalitarismi*, in Licia MORRA (a cura di), *L'Europa del XX secolo fra totalitarismo e democrazia*, Itaca, Lugo di Romagna (Ravenna), p. 83-93.

Gian Enrico RUSCONI, *Il rischio 1914. Come si decide la guerra*, Il Mulino, Bologna 1987.

–, *L'azzardo del 1915. Come l'Italia decide la sua guerra*, Il Mulino, Bologna 2009.

–, *1914: attacco a Occidente*, Il Mulino, Bologna 2014.

Alessandro RUSSO, *La periodizzazione della storia contemporanea in alcune recenti pubblicazioni*, in Fabrizio FOSCHI (a cura di), *Scoprire il Novecento*, Il Cerchio, Rimini 1999, p. 69-78.

George H. SABINE, *Storia delle dottrine politiche*, Etas, Milano 1990 (*A History of Political Theory*, 1937).

Antonio SALANDRA, *I discorsi della guerra con alcune note*, Fratelli Treves, Milano 1922.

–, *La neutralità italiana (1914-1915)*, Mondadori, Milano 1931.

–, *L'intervento. 1915. Ricordi e pensieri*, Mondadori, Milano 1930.

Joseph T. SALERNO, *War and the Money. Concealing the Costs of War beneath the Veil of Inflation*, in John V. DENSON (edited by), *The Costs of War. America's Pyrrhic Victories*, Transaction Publisher, New Brunswick (New Jersey) 1999, p. 433-453.

Pascal SALIN, *La tirannia fiscale*, Liberilibri, Macerata 1997 (*L'arbitraire fiscal*, 1985).

–, *Liberalismo*, a cura di Giuseppina Gianfreda, Rubbettino, Soveria Mannelli (Catanzaro) 2002 (*Libéralisme*, 2000).

Oscar SANGUINETTI - Ivo MUSAJO SOMMA, *Un cuore per la nuova Europa. Appunti per una biografia del beato Carlo d'Asburgo*, invito alla lettura di Luigi Negri, D'Ettoris Edizioni, Crotone 2004.

Gaetano SALVEMINI, *Delenda Austria*, Fratelli Treves, Milano 1917.

Marco SCARDIGLI, *Viaggio nella terra dei morti. La vita dei soldati nelle trincee della Grande Guerra*, UTET, Torino 2014.

Ronald SCHAFFER, *America in the Great War. The Rise of the War Welfare State*, Oxford University Press, New York (N. Y.) 2013.

Leonard SCHAPIRO, *Totalitarianism*, MacMillan, London 1971.

Harry N. SCHEIBER, *The Wilson Administration and Civil Liberties, 1917-1921*, Quid pro Books, New Olreans (Louisiana) 2013.

Antonio SCOTTÀ (a cura di), *I Vescovi veneti e la Santa Sede nella guerra 1915-1918*, prefazione di Gabriele De Rosa, Edizioni di Storia e Letteratura, Roma 1991
– (a cura di), *La Conferenza di pace di Parigi fra ieri e domani (1919-1920)*, Rubbettino, Soveria Mannelli (Catanzaro) 2003.
–, *Papa Benedetto XV. La Chiesa, la Grande Guerra, la pace (1914-1922)*, Edizioni di Storia e Letteratura, Roma 2009.
Piero SINATTI, *Le rivoluzioni russe e l'Europa*, in Licia MORRA (a cura di), *L'Europa del XX secolo fra totalitarismo e democrazia*, Itaca, Lugo di Romagna (Ravenna) 1991, p. 55-66.
Alan SKED, *Grandezza e caduta dell'Impero asburgico 1815-1918*, Laterza, Roma - Bari 1993 (*The Decline and Fall of the Habsburg Empire, 1815-1918*, 1979).
Anthony D. SMITH, *Le origini culturali delle nazioni. Gerarchia, alleanza, repubblica*, Il Mulino, Bologna 2010 (*The Cultural Foundations of Nations. Hierarchy, Covenant and Republic*, 2008).
Werner SOMBART, *Mercanti ed eroi*, traduzione, cura e introduzione di Fabio Degli Esposti, ETS, Pisa 2014 (*Handler und Helden*, 1915).
Lawrence SONDHAUS, *World War One. The Global Revolution*, Cambridge University Press, New York (N. Y.) 2011.
Antonio SPINOSA, *Vittorio Emanuele III. L'astuzia di un re*, Mondadori, Milano 2015.
Alessandra STADERINI - Luciano ZANI - Francesca MAGNI (a cura di), *La grande guerra e il fronte interno. Studi in onore di George Mosse*, Università di Camerino, Camerino (Macerata) 1998.
David STEVENSON, *1914-1918 la Grande Guerra. Una storia globale*, Rizzoli, Milano 2004 (*1914-1918: The History of the First World War*, 2004).
Vittorio STRADA, *La Rivoluzione svelata. Una lettura nuova dell'Ottobre 1917*, Edizioni Liberal, Roma 2007.
William Graham SUMNER, *L'uomo dimenticato*. IBL Occasional Paper n. 87, Istituto Bruno Leoni, Torino 2012.
Arnold SUPPAN, *L'impero asburgico. Lineamenti essenziali e bilanci*, in Brigitte MAZOHL - Paolo POMBENI (a cura di), *Minoranze negli imperi. Popoli fra identità nazionale e ideologia imperiale*, Il Mulino, Bologna 2012, p. 295-327.
Jacob TALMON, *Le origini della democrazia totalitaria*, Il Mulino, Bologna 1967 (*The Origins of Totalitarian Democracy*, 1952).
Luca TANDUO - Paolo TANDUO (a cura di), *La Grande Guerra. Politica, Chiesa, Nazioni*, Lindau, Torino 2015.
Victor-Lucien TAPIÉ, *Monarchia e popoli del Danubio*, Società Editrice Internazionale, Torino 1993 (*Monarchie et peuples du Danube*, 1969).
Alan John Percivale TAYLOR, *L'Europa delle grandi potenze*, Laterza, Bari 1971, 2 voll. (*The Struggle for Mastery in Europe 1848-1918*, 1954).
–, *Storia dell'Inghilterra contemporanea*, Laterza, Bari 1975, 2 voll (*English History 1914-1945*, 1965).

Edmond TAYLOR, *La caduta delle dinastie*, Dall'Oglio, Milano 1968 (*The fall of the Dynasties. The collapse of the Old Order 1905-1922*, 1963).
Charles TILLY (a cura di), *La formazione degli Stati nazionali nell'Europa occidentale*, Il Mulino, Bologna 1984 (*The Formation of National States in Western Europe*, 1975).
Richard H. TIMBERLAKE, *Monetary policy in the United States. An intellectual and institutional history*, University of Chicago Press, Chicago (Illinois) 1993.
Lucio TONDO, *Woodrow Wilson, la crisi di Veracruz e il contrasto con il Kaiserreich (aprile 1914)*, in «Eunomia. Rivista semestrale di Storia e Politica Internazionali. Università del Salento», anno 3 nuova serie (2014), n. 1, p. 77-142.
Hunt TOOLEY, *The Great War. Western Front and Home Front*, Palgrave Macmillan, New York (N. Y.) 2016.
–, *The Western Front. Battleground and Home Front in the First World War*, Palgrave Macmillan, New York (N. Y.) 2003.
Lev TROTSKY, *Storia della rivoluzione russa*, Sugar Editore, Milano 1964 (opera del 1936-1938).
Barbara W. TUCHMAN, *The Proud Tower. A Portrait of the World Before the War, 1890-1914*, H. Hamilton, London 1966.
–, *The Zimmermann Telegram*, Random House, New York (N. Y.) 1985.
Leo VALIANI, *La Dissoluzione dell'Austria-Ungheria*, Il Saggiatore, Milano 1966.
–, *Il Partito socialista italiano nel periodo della neutralità 1914-1915*, Feltrinelli, Milano 1963.
Giovanni Battista VARNIER, *La Santa Sede e le ipotesi di un ritorno del potere temporale durante la Grande Guerra*, in Massimo de LEONARDIS (a cura di), *Fede e diplomazia. Le relazioni internazionali della Santa Sede nell'età contemporanea*, EDUCatt, Milano 2014, p. 69-91.
Leonardo VASARANO, *La Grande Guerra tra commemorazioni e banalizzazioni*, in «Rivista di Politica. Trimestrale di studi, analisi e commenti», anno 6 (2015), n. 1 (gennaio-marzo), p. 16-18.
Ferdinando VEGAS, *Gli Stati Uniti dal 1890 al 1945*, in AA. VV., *Nuove questioni di storia contemporanea*, Marzorati, Milano 1986, vol. 2, p. 1055-1104.
Angelo VENTRONE, *La seduzione totalitaria. Guerra, modernità, violenza politica (1914-1918)*, Donzelli, Roma 2003.
Piero VERNAGLIONE, *Il libertarismo. La teoria, gli autori, le politiche*, Rubbettino, Soveria Mannelli (Catanzaro) 2003.
Mariano VEZZALI, *La contemporaneità della Grande Guerra*, Diesse, Milano 2014.
–, *Tendenze politiche e culturali dell'Europa tra '800 e '900*, in AA. VV., *Novecento. L'Europa delle ideologie e delle guerre totali*, prefazione di Franco Cardini, Itaca, Castelbolognese (Ravenna) 1994, p. 15-22.
Brunello VIGEZZI, *L'Italia liberale e la guerra (1914-1915)*, in AA. VV., *Nuove questioni di storia contemporanea*, Marzorati, Milano 1986, vol. 1, p. 689-728.

Lucio VILLARI, *Liberismo e protezionismo. Lezioni di storia economica*, De Santis, Roma 1966.
C. Paul VINCENT, *The Politics of Hunger. The Allied Blockade of Germany, 1915-1919*, Ohio University Press, Athens (Ohio) 1985.
Alessandro VITALE,*Nazionalismo, neonazionalismo, Stato nazionale territoriale e patriottismo: quali rischi per le libertà*, in Nicola IANNELLO - Lorenzo INFANTINO (a cura di), *Idee in Libertà. Economia, Diritto, Società*, Rubbettino, Soveria Mannelli (Catanzaro) 2015, p. 109-126.
-, *"Omnipotent Government": alle radici del realismo politico di Ludwig von Mises*, in Lorenzo INFANTINO - Nicola IANNELLO (a cura di), *Ludwig von Mises: le scienze sociali nella Grande Vienna*, Rubbettino, Soveria Mannelli (Catanzaro) 2004, p. 297-317.
Max WEBER, *La Germania tra le grandi potenze europee*, in IDEM, *Scritti politici*, a cura di Paolo Manganaro, Giannotta editore, Catania 1970 (*Deutschland unter den europäischen Weltmächten*, 1916).
Thomas W. WILSON, *The New Freedom. A Call for the Emancipation of the Generous Energies of a People*, Doubleday, Garden City (New York) 1913.
Jay WINTER, *Il lutto e la memoria. La Grande guerra nella storia culturale europea*, Il Mulino, Bologna 1998.
Thomas E. WOODS jr., *Guida politicamente scorretta alla storia degli Stati Uniti d'America*, a cura di Maurizio Brunetti, con un invito alla lettura di Marco Respinti, D'Ettoris Editori, Crotone 2012 (*The Politically Incorrect Guide to American History*, 2004).
-, *The Church Confronts Modernity. Catholic Intellectuals and the Progressive Era*, Columbia University Press, New York (N. Y.) 2004.
Adam ZAMOYSKI, *16 agosto 1920. La battaglia di Varsavia*, Corbaccio, Milano 2009 (*Warsaw 1920. Lenin's Failed Conquest of Europe*, 2008).
Stefan ZWEIG, *Il mondo di ieri. Ricordi di un europeo*, Mondadori, Milano 1994 (*Die Welt von Gestern. Erinnerungen eines Europäers*, completato nel 1941).

*Note Biografiche*

BENIAMINO DI MARTINO

Beniamino Di Martino (www.BeniaminoDiMartino.it) è sacerdote della diocesi di Sorrento-Castellammare (in provincia di Napoli). È direttore di «StoriaLibera. Rivista di scienze storiche e sociali» (www.StoriaLibera.it) ed insegna Dottrina Sociale della Chiesa. Tra le sue pubblicazioni: *Note sulla proprietà privata* (2009), *Il volto dello Stato del Benessere* (2013), *I progetti di De Gasperi, Dossetti e Pio XII* (2014), *Rivoluzione del 1789. La cerniera della modernità politica e sociale* (2015), *Benedetto XIII nella "Storia dei Papi" di Ludwig von Pastor* (2015), *Povertà e ricchezza. Esegesi dei testi evangelici* (2016), *La Prima Guerra Mondiale come effetto dello "Stato totale". L'interpretazione della Scuola Austriaca di economia* (2016), *La Dottrina Sociale della Chiesa. Principi fondamentali* (2016), *"Conceived in liberty". La contro-rivoluzione americana del 1776* (2016), *La virtù della povertà. Cristo e il cristiano dinanzi ai beni materiali* (2017), *Stato di diritto. Divisione dei poteri. Diritti dell'uomo. Un confronto tra dottrina cattolica e pensiero libertario* (2017), *La Dottrina Sociale della Chiesa. Sviluppo storico* (2017), *Rerum novarum. Due prospettive liberali sulla proprietà e la libertà* (con Robert A. Sirico, 2018) e *La Grande Guerra 1914-1918. Stato onnipotente e catastrofe della civiltà* (2018).

«Colto e puntuale, don Di Martino ha il raro pregio di unire ortodossia dottrinale, lucidità intellettuale, studio, nessun timor reverenziale verso il "politicamente corretto" e attenzione agli autori della scuola sia tradizionalista sia *libertarian* del conservatorismo statunitense»
   *Marco Respinti*

«Beniamino Di Martino deve essere considerato il maggior studioso cattolico italiano vicino al pensiero *libertarian*»
   **Guglielmo Piombini**

*Recensioni*

«Con questo suo nuovo libro, Di Martino ci dona una lettura inedita della Grande Guerra, che appare come un grande conflitto tra un liberalismo ottocentesco che non pervenne mai a reale maturazione, e le nuove forze liberticide e centralistiche che terranno per oltre mezzo secolo in pugno l'Europa e il mondo, e la cui presenza è ancora purtroppo molto viva all'inizio del terzo millennio»
*Paolo L. Bernardini*
*(Accademia dei Lincei - Università dell'Insubria)*

«Dopo i riconoscimenti ricevuti per il libro *Rivoluzione del 1789*, don Beniamino Di Martino ha confermato le sue notevoli doti di storico pubblicando uno studio su un altro avvenimento decisivo della storia contemporanea, la Prima Guerra Mondiale, realizzando un altro grandioso lavoro di interpretazione storica, un libro che amplia notevolmente alcuni suoi precedenti studi sulla stessa epoca. Per Di Martino la Grande Guerra è stata una catastrofe della civiltà occidentale provocata dalle ideologie statolatriche»
*Guglielmo Piombini*
*(saggista ed editore)*

«Il centenario della Grande Guerra ha visto la pubblicazione di una cospicua quantità di studi sull'argomento, ma il saggio di Di Martino si caratterizza per un'interpretazione decisamente originale e innovativa»
*Giuliana Iurlano*
*(Università del Salento)*

«Una rassegna critica delle principali interpretazioni con una personale, convincente riflessione di Di Martino. Mi complimento con l'autore perché è riuscito a coniugare tante idee e condurle allo scopo»
*Marcello Pera*
*(professore emerito di Filosofia della scienza, già presidente del Senato della Repubblica Italiana)*

www.ingramcontent.com/pod-product-compliance
Lightning Source LLC
Chambersburg PA
CBHW021141080526
44588CB00008B/163